# Das Erbe der Klöster

# Das Erbe

HEIKE DRECHSLER • UWE A. OSTER

# der Klöster

## Geschichte und Gegenwart eines anderen Lebens

Mit einer Hinführung von Abt Odilo Lechner

HERDER

FREIBURG · BASEL · WIEN

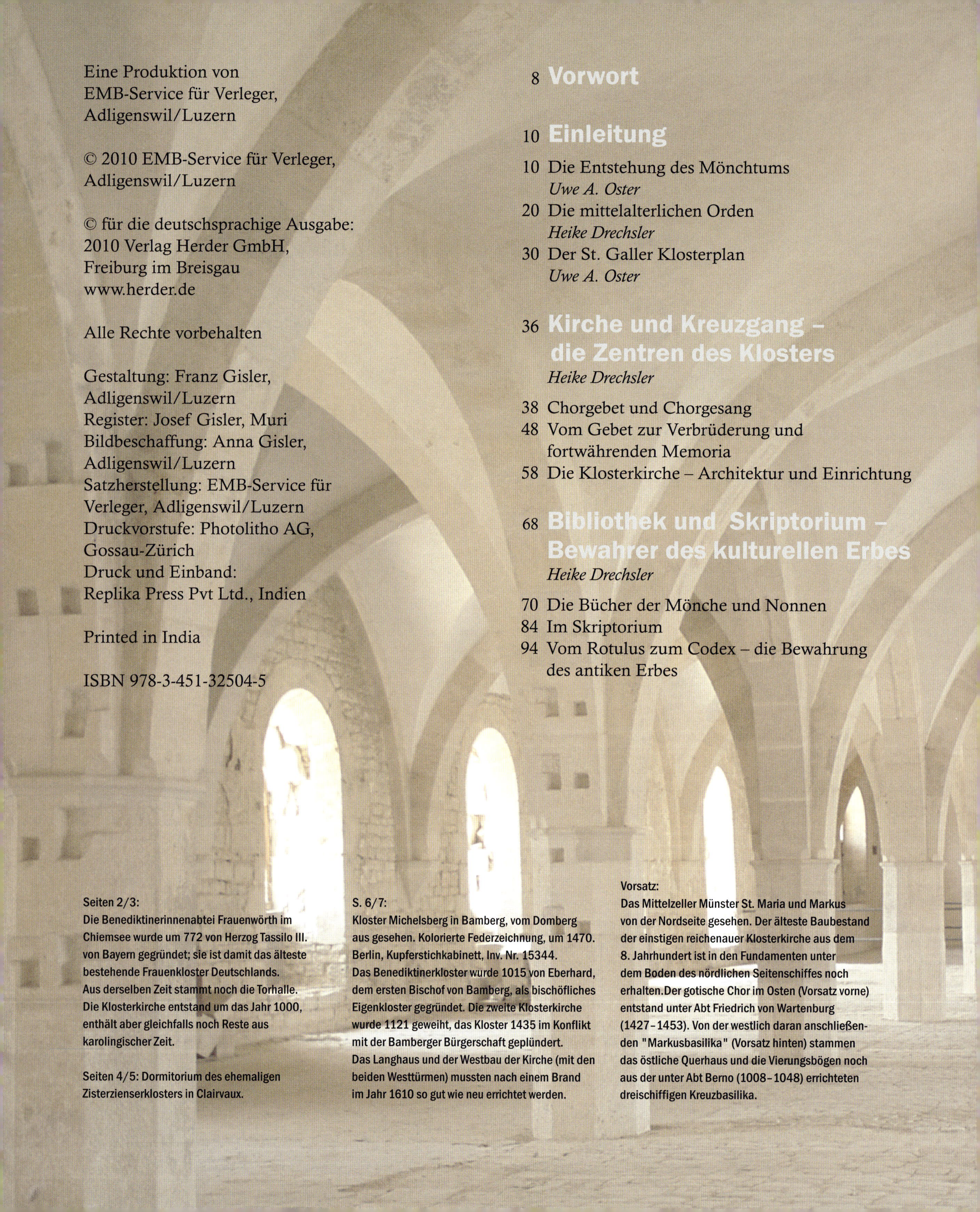

Eine Produktion von
EMB-Service für Verleger,
Adligenswil/Luzern



Gestaltung: Franz Gisler,
Adligenswil/Luzern
Register: Josef Gisler, Muri
Bildbeschaffung: Anna Gisler,
Adligenswil/Luzern
Satzherstellung: EMB-Service für
Verleger, Adligenswil/Luzern
Druckvorstufe: Photolitho AG,
Gossau-Zürich
Druck und Einband:
Replika Press Pvt Ltd., Indien

Printed in India

ISBN 978-3-451-32504-5



Seiten 2/3:
Die Benediktinerinnenabtei Frauenwörth im Chiemsee wurde um 772 von Herzog Tassilo III. von Bayern gegründet; sie ist damit das älteste bestehende Frauenkloster Deutschlands. Aus derselben Zeit stammt noch die Torhalle. Die Klosterkirche entstand um das Jahr 1000, enthält aber gleichfalls noch Reste aus karolingischer Zeit.

Seiten 4/5: Dormitorium des ehemaligen Zisterzienserklosters in Clairvaux.

S. 6/7:
Kloster Michelsberg in Bamberg, vom Domberg aus gesehen. Kolorierte Federzeichnung, um 1470. Berlin, Kupferstichkabinett, Inv. Nr. 15344.
Das Benediktinerkloster wurde 1015 von Eberhard, dem ersten Bischof von Bamberg, als bischöfliches Eigenkloster gegründet. Die zweite Klosterkirche wurde 1121 geweiht, das Kloster 1435 im Konflikt mit der Bamberger Bürgerschaft geplündert.
Das Langhaus und der Westbau der Kirche (mit den beiden Westtürmen) mussten nach einem Brand im Jahr 1610 so gut wie neu errichtet werden.

Vorsatz:
Das Mittelzeller Münster St. Maria und Markus von der Nordseite gesehen. Der älteste Baubestand der einstigen reichenauer Klosterkirche aus dem 8. Jahrhundert ist in den Fundamenten unter dem Boden des nördlichen Seitenschiffes noch erhalten. Der gotische Chor im Osten (Vorsatz vorne) entstand unter Abt Friedrich von Wartenburg (1427–1453). Von der westlich daran anschließenden "Markusbasilika" (Vorsatz hinten) stammen das östliche Querhaus und die Vierungsbögen noch aus der unter Abt Berno (1008–1048) errichteten dreischiffigen Kreuzbasilika.

# Vorwort

Was fasziniert so viele Menschen, wenn sie vor einem Kloster stehen, dessen Ursprünge im Mittelalter liegen und das manches von diesen Ursprüngen bewahrt hat? Selbst dann, wenn es schon seit langem, etwa seit der Säkularisation 1803, nicht mehr klösterliches Leben beherbergt, strahlt es doch noch eine eigene Atmosphäre aus. Auch der Blick auf die vielen Bilder in diesem Buch vermittelt den Eindruck einer eigenen, vielleicht fremden, geheimnisvollen und doch reichen Welt.

**Die Faszination der Kontinuität.** In einer Zeit immer rascherer Veränderungen mag es erstaunlich sein, dass etwa in einem Benediktinerkloster, das im 8. Jahrhundert gegründet wurde, noch immer Mönche oder Nonnen leben, die sich einer Ordensregel aus dem 6. Jahrhundert verpflichtet fühlen. Sie arbeiten heute zwar mit manchen technischen Neuerungen. Aber auch für diese Menschen mit all dem Wissen und all den Informationsmöglichkeiten des 21. Jahrhunderts ist die Regel zum Lebensmodell geworden. Die Weisungen für den inneren Weg und für den Umgang mit Mensch und Welt gelten unverändert. Der Rhythmus von Gebet, Lesung und Arbeit bestimmt noch immer den Tagesablauf. Selbst Gewänder scheinen noch dieselben zu sein wie auf den Abbildungen des Mittelalters.

Manche empfinden Geschichte vor allem als eine Reihe unterschiedlicher Epochen. Wir können aber auch die Kontinuität erspüren, die alle Wandlungen durchzieht. Ich bin immer wieder fasziniert von einem Kirchenbau, dessen romanische Grundanlage noch spürbar ist, der einen gotischen Umbau erfahren hat und eine barocke Ausgestaltung, der Elemente romantischer Frömmigkeit in sich birgt, aber auch Kunstwerke der Moderne aufgenommen hat. Die verschiedenen Stile sind zu einer Einheit zusammengebunden, auf das eine Christusgeheimnis bezogen. So ist auch ein Gang durch Klöster mit den verschiedenen Anbauten und Umbauten ein Gang durch Jahrhunderte – und doch ist zugleich in allem die Herkunft von einem Bleibenden und die Suche nach einem Bleibenden spürbar.

**Die Faszination des Bleibenden.** Am Kloster können wir erahnen, dass es auch im vielfältigen Wandel Bleibendes gibt: die menschliche Grundverfassung, die Botschaft des Evangeliums, die Regel etwa der heiligen Augustinus und Benedikt. Benedikt selbst lässt seine Mönche die *Stabilitas,* das Bleiben im Kloster, versprechen und setzt sich so von den Wandermönchen ab, die er beschreibt als „semper vagi, numquam stabiles – immer umherschweifend, niemals beständig". So konnte Walter Dirks in seinem Buch „Die Antwort der Mönche" (1952) schreiben: „Stabilitas loci hieß Schluss mit der Völkerwanderung. Hier wurde ihr zum ersten Mal ein Halt zugerufen, nicht polemisch, sondern nach dem Gesetz und der Methode der Heiligen, die nicht reden, sondern tun und sind. Die benediktinische Existenz war das Ende der Völkerwanderung." Benedikt verlangte, den Wanderstab niederzulegen und zu *bleiben,* die Gefahr der Unrast, der immerwährenden Flucht zu überwinden.

**Die Faszination der Ordnung.** Die Regel Benedikts stellt im 4. Kapitel Grundhaltungen christlichen Lebens vor Augen und sagt abschließend: „Die Werkstatt, in der wir das alles sorgfältig üben, ist der abgeschlossene Bereich des Klosters *(claustra)* und die Beständigkeit *(stabilitas)* in der Gemeinschaft." Klausur meint also nicht zuerst Mauern, die den heiligen Ort vor der unheiligen Welt schützen, sondern Umgrenzung eines Stücks dieser Welt, das auf Gott hin geordnet, heil werden soll und so für die ganze Welt steht als ein Anfang ihrer Verwandlung. So kann man gerade in diesem Buch ein Klostergebäude erfahren als eine Welt, in der alles seinen Platz hat. Da sind die Räume der Gottesverehrung wie Kirche und Kreuzgang; Räume des Wissens, des Studiums und der Bildung wie Bibliothek und Schule; Räume des täglichen Lebens wie Speise- und Schlafsaal; Räume der Arbeit in Werkstätten, Scheune und Mühle; Räume der Begegnung mit der Welt an der Pforte und im Gästehaus; Räume der Heilung wie im Krankenbereich; Räume gemeinsamer Beratung wie im Kapitelsaal; Räume der Verbundenheit mit der Natur im Klostergarten. So scheint in den Klosteranlagen unsere ganze Welt versammelt. Die Regel des heiligen Benedikt nennt gerade im Kapitel über den Wirtschaftsverwalter des Klosters das ganze Kloster „Haus Gottes" – also nicht nur Kapelle und Kirche –, und sie weist ihn an, alle Geräte und allen Besitz des Klosters wie geweihte Altargeräte zu achten. Er will ja, dass wir in allem, auch in ganz profanen Dingen wie beim Verkauf eigener Produkte, Gott verherrlichen, die Gloria, den Glanz Gottes aufleuchten lassen. So ist das Kloster der Versuch, die Welt in einem umgrenzten, geordneten Raum als Haus Gottes aufscheinen zu lassen.

**Die Faszination des Schönen.** Die kleine Welt des Klosters, von Menschen gestaltet, erscheint dem Betrachter als schöne Welt. Kardinal John Henry Newman hat in seinen „Historischen Skizzen" den Dominikanern das Erkennen, das Streben nach Wahrheit als besonderes Merkmal zugeschrieben, den Jesuiten das Wollen, die gute Tat – und den Benediktinern das Fühlen, die Wertschätzung des Schönen, Dichterischen. Diese Schönheit ist begründet in den guten Proportionen, und das heißt in der Suche nach dem rechten Maß, wie sie etwa die Regel des hl. Benedikt durchzieht. Das rechte Maß – im Rhythmus der

Zeiten, im Wechsel von Wachen und Schlafen, von Arbeit und Gebet, von Essen und Fasten, auch in den unterschiedlichen Beziehungen der Mönche untereinander und zu den Gästen und Fremden – findet seinen Ausdruck im rechten Verhältnis der einzelnen Gebäudeteile des Klosters zueinander und zu der sie umgebenden Natur. Weil dies unserem Auge gefällt, weil da die Wahrheit des Ganzen aufleuchtet, können wir das Kloster als schön bezeichnen, finden wir unsere Sehnsucht nach dem Ursprung, in dem Sein und Wahrheit und das Gute eins sind, erfüllt. Und wir können antworten mit dankendem Lobpreis.

**Die Faszination des Friedens.** Wenn so das Kloster mit seinen verschiedenen Bereichen als Einheit erscheint, kann es uns ein Zeichen des Friedens sein. Reinhold Schneider schrieb in der bedrängten Zeit der 40-er Jahre des vorigen Jahrhunderts in einer Ode an Benedikt: „Den Frieden zu gewinnen,/ verließest Du die Welt./ So hast Du ewige Zinnen/ tief in die Flut gestellt. […] Dein Antlitz leuchtet Frieden,/ Dir ist der Tag bestellt./ Lass, von der Welt geschieden,/ uns Friede sein der Welt." So ist über dem Eingang vieler Klöster das Wort *Pax* geschrieben. Selbstverständlich gab es und gibt es auch im Kloster Streit, Konflikte und Unrecht, wie überall, wo Menschen sind. Aber das Ziel des gemeinsamen Lebens ist doch, dass „alle Glieder in Frieden sind", gerade dann, wenn die Verschiedenheit ihrer Bedürfnisse und Fähigkeiten berücksichtigt wird. Die Brüder sollen versuchen, vor Sonnenuntergang wieder in den Frieden zurückzukehren. Die Ordnung des Klosters zielt die Einheit der Gemeinschaft an, in der wie in der Urgemeinde in Jerusalem allen alles gemeinsam ist und niemand etwas sein Eigen nennt. Zugleich betont die Regel die Eigenart eines jeden Einzelnen, will sie beschützt und bewahrt wissen. Der Abt soll „der Eigenart vieler dienen". Die eine große Klosteranlage ist das Zeichen einer großen Gemeinschaft, die Vielfalt der Räume drückt auch die Eigenart jedes Bereiches und jedes Einzelnen aus. Der Betrachter mag eine Ahnung einer umfassenden Friedensordnung mit in seinen Alltag nehmen.

**Die Faszination der Stille.** Das Kloster atmet Stille, weil es eine Schule des Hörens ist, der Suche nach dem rechten Maß, nach dem Frieden, nach einem umfassenden Ziel. Das erste Wort der Benediktsregel ist: „Horch, neige das Ohr deines Herzens". Mönche und Nonnen leben aus der Gewissheit, dass alles dem schöpferischen Segenswort Gottes entstammt und dass dem Menschen in besonderer Weise dieses Wort zugesprochen ist. Wir leben in einer Welt ständiger Beeinflussung, umfassender Kommunikation, in einer Welt des Lärms. Darum brauchen wir Räume der Stille, um das zu vernehmen, was wirklich uns selber meint und uns in Wahrheit gut tut. Nur in der Stille erfahren wir unser eigenes Wesen – dass wir im Innersten Angesprochene und darum Sprachfähige, Antwortende sind. Als am 24. Oktober 1964 Papst Paul VI. das nach der furchtbaren Kriegszerstörung wieder aufgebaute Kloster Montecassino einweihte, rief er den hl. Benedikt an, er möge uns helfen, „das persönliche Leben wiederzugewinnen". Denn der Mensch, der in Lärm und Veräußerlichung lebt, sei in seinem Inneren bedroht: „Es fehlt ihm das Schweigen, es fehlt ihm die Ordnung, es fehlt ihm das Gebet, es fehlt ihm er selbst."

**Die Faszination der Hoffnung.** Nichts wäre verfehlter, als den mittelalterlichen Klosterbau nur als Denkmal einer vergangenen Zeit zu sehen. Selbst wenn das Kloster nicht mehr von Mönchen oder Nonnen bewohnt ist, ist es ein Zeichen dafür, dass hier ein Anfang gesetzt wurde, dass immer wieder ein Anfang gesetzt wurde und dass dieser Anfang auch heute möglich ist. Kardinal Newman war auch fasziniert, wie die Mönche auf die Zerstörung ihrer Klöster durch feindliche Völker reagierten. „Im Staube lag die Arbeit der Zivilisation von Jahrhunderten … nichts war ihnen übrig geblieben, als ganz von vorne zu beginnen; aber dies taten sie ohne Murren … freudig und ruhig … sie waren den Blumen gleich und den Büschen und Fruchtbäumen, welche sie aufzogen und die, wenn sie schlecht behandelt werden, nicht Rache nehmen oder sich an das Böse erinnern, sondern ohne Weiteres frische Zweige, Blätter und Blüten treiben." Das Ausharren an einem bestimmten Ort bedeutet ja gerade keine Erstarrung, sondern ein Sich-Binden an beständige Bewegung, an die lebenslange Suche nach Gott, dem Unendlichen. Ein kleines Stück der Welt wird ihrer Hast und Unruhe entrissen, um anzuzeigen, dass diese unsere Erde auf dem Weg ist zu ihrer himmlischen Bestimmung, zu einem ewigen Ziel.

1962 hat Jean Leclercq OSB eine Lobrede auf die Stabilität gehalten und dabei das Gedicht eines Mitbruders zitiert: Eine Schnecke zieht ihr Schneckenhaus an einem eingepuppten Falter vorüber und fragt ihn: „Was tust du nur in deiner Puppe?" Der Falter antwortet aus seiner Puppe heraus: „Ich lasse mir Flügel wachsen. Du wirst nie welche haben, denn sie sind ein Geschenk Gottes an die Stabilität."

Das besinnliche Betrachten der Klosteranlage – auch in diesem Buch – kann uns für eine Weile ruhig werden und Stand gewinnen lassen in unserem eigenen Innern. Vielleicht mögen dann auch uns Flügel wachsen, Flügel der Zuversicht, dass unser Leben nicht der Sinnlosigkeit und dem Chaos anheimfallen muss, sondern ein ewiges Ziel hat.

*Odilo Lechner OSB*
*Altabt von St. Bonifaz (München) und Andechs*

## Die Entstehung des Mönchtums

Die Wurzeln des christlichen Mönchtums liegen im Nahen Osten, in Syrien, Palästina und Ägypten. Die ersten Mönche versuchten im 3./4. Jahrhundert radikal umzusetzen, was Jesus im Matthäusevangelium dem reichen Jüngling geraten hatte, um das ewige Leben zu gewinnen: „Willst du vollkommen sein, so geh hin, verkaufe, was du hast, und gib es den Armen, und du wirst einen Schatz im Himmel haben – komm und folge mir nach." Und im Hebräerbrief heißt es unter Bezug auf Glaubenszeugen des Alten Testaments: „Sie, deren die Welt nicht wert war, irrten umher in Einöden und Gebirgen, in Höhlen und Klüften der Erde."

Diese Zitate wurden interpretiert als Aufforderung zum Bruch mit der Welt, zur evangelischen Armut, zum Rückzug in die Einsamkeit, um auf diese Weise eins mit Gott zu werden. Das konnte ein Leben als Einsiedler in der Wüste sein, musste aber nicht zwangsläufig dem Blick der Welt entrückt sein. In Syrien gab es zahlreiche Säulenheilige (Styliten, von griechisch *stylos* = Säule), die auf Säulen bzw. auf kleinen Plattformen über dem Säulenschaft lebten. Dort trotzten sie Wind und Wetter – und wurden gerade aufgrund der Unbedingtheit ihrer Form der Christusnachfolge von den Gläubigen verehrt. Der berühmteste unter ihnen war der Syrer Symeon Stylites (389–459). Er lebte zuerst auf einer drei Meter hohen Säule, doch als immer mehr Gläubige Fäden aus seinem Gewand rissen, weil sie diesen wundertätige Kraft zusprachen, zog er – im wörtlichen Sinn – einige Stockwerke höher: auf eine 20 Meter hohe Säule, was den Ruf seiner Heiligkeit gleichermaßen weiter erhöhte. 30 Jahre soll er dort zugebracht haben: betend, fastend, sich selbst kasteiend …

Den Begriff „Mönch" verwenden wir heute fast selbstverständlich, doch erklärt sich das Wort erst, wenn man an seiner Wurzel ansetzt: „monos" ist das griechische Wort für „allein, einzeln", das davon abgeleitete „monachos" bezeichnet jemanden, der allein lebt – und genau das haben die ersten Mönche getan, ob in der Wüste oder auf einer Säule inmitten der Stadt. Sie lebten für sich bzw. allein für Gott, nicht in einer Gemeinschaft Gleichgesinnter. Diese frühen Mönche des Orients werden daher als Anachoreten bezeichnet. Auch dieses Wort stammt aus dem Griechischen – „anachoreo" heißt: sich zurückziehen. Diese Mönche lebten als Einsiedler, oder um auch hier die griechische Bezeichnung zu verwenden, als „Eremiten". Dahinter steckt das griechische Wort für Wüste: „eremos" – es handelt sich also um Menschen, die Christus entweder buchstäblich in der Wüste gesucht haben oder suchen – oder in der selbstgewählten Einsamkeit unter den Menschen.

Der berühmteste Einsiedler ist Antonius der Große, der um 251 in Ägypten geboren wurde. Auf ihn trifft die zitierte Stelle im Matthäusevangelium passgenau zu. Er verschenkte sein reiches Erbe, um sich völlig aus der Welt zurückzuziehen. In einem alten Felsengrab lebte er der Legende zufolge nur noch für Gott – bis zu seinem Tod im gesegneten Alter von 105 Jahren. Der Ruf seiner Heiligkeit führte dazu, dass es bald zahlreiche junge Männer in seine Nähe zog, um dort ebenfalls ein Gott geweihtes Leben zu führen. Antonius gilt aufgrund seiner Vorbildfunktion als einer der Mönchsväter, doch kann man von Klöstern in unserem Verständnis bei ihm noch nicht reden. Die Einsiedler lebten zwar beieinander, aber nicht eigentlich miteinander.

In der bildenden Kunst sind die Versuchungen des hl. Antonius zu einem der beliebtesten Sujets religiöser Malerei überhaupt geworden. Dies trug dazu bei, die Erinnerung an den Eremiten wachzuhalten. Doch führen sie zugleich zu der theologischen Grundlage des Mönchtums, denn so wie Jesus einst den Versuchungen des Satans widerstanden hatte, so widerstanden diesem nun auch die Mönchsväter, indem sie ihre Schwächen besiegten und damit Christus nachfolgten.

Ein weiterer Schritt auf dem Weg hin zu Klöstern, wie wir sie heute verstehen, waren die so genannten Lauren, von griechisch *laura* (= Straße), weil ihre Zellen wie Häuser an einer Straße angeordnet waren. Diese Einsiedlergemeinschaften waren vor allem im Palästina des 5. Jahrhunderts weit verbreitet. Die größte Wirkung hatte die um 450 gegründete Laura des hl. Gerasimos am Jordan. Der ursprünglich aus Myra in Lykien stammende Einsiedler hat für sein Kloster sogar eine Regel geschrieben, die eremitisches und gemeinschaftliches Leben verbindet. Die Mönche lebten unter der Führung eines Abts und kamen an den Wochenenden zu Gebet und gemeinsamer Mahlzeit zusammen. Den Rest der Woche verbrachten sie allein in ihren Zellen, beschäftigt mit Gebet und Handarbeit, womit bereits das benediktinische „Ora et labora“ angedeutet ist und damit ein zentrales Element des Mönchtums, das im diametralen Gegensatz zu der Verachtung der Handarbeit durch die antiken Oberschichten, aber im Einklang mit dem zweiten Brief des Apostels

Gegenüber: Der hl. Simeon Stylites, Ikone, griechisch, 1664. Privatbesitz. Am Säulenschaft steht Simeons Mutter, die hl. Martha.

Rechts: Antonius der Große (um 250–356?), Meister der Osservanza, 1440. Musée du Louvre, Paris. Der Heilige hält ein Buch in der Hand als Zeichen seiner Gelehrsamkeit. Auch der Kreuzstab mit Glöckchen gehört zu seinen typischen Attributen.

Links: Die Versuchung des hl. Antonius, Gemälde von Domenico Morelli, 1878.
Domenico Morelli (1826–1901) stammt aus Neapel. Er gilt als einer der bedeutendsten italienischen Maler des 19. Jh.s.

Paulus an die Thessalonicher steht: „Ihr wisst ja selbst, wie man uns nachahmen soll: Wir haben nicht gefaulenzt bei euch. Auch haben wir bei niemand ohne Entgelt Brot gegessen, sondern Tag und Nacht uns abgemüht und abgeplagt, um keinem von euch lästigzufallen … Wir haben euch ja, als wir bei euch waren, diesen Grundsatz eingeschärft: Wer nicht arbeiten will, soll auch nicht essen …" Und schon zeln und Wasser. Manche dieser Lauren bestehen als Klöster bis heute fort, so etwa Mar Saba bei Bethlehem. Dort hatte sich der hl. Sabas 478 niedergelassen. Auch sein Vorbild zog zahlreiche Nachahmer an.

Die Gemeinschaft war für die frühen Eremiten noch kein sinnstiftendes Element ihrer Lebensweise. Diesem Gedanken hat erst der Ägypter Pachomios zum Durchbruch verhol-

Kloster Mar Saba in der Kidronschlucht bei Bethlehem, Fotografie, um 1890/1900.
Das 478 gegründete Mar Saba ist eines der ältesten noch aktiven Klöster der Welt.

im Alten Testament, im Psalm 127, heißt es: „Den Lohn der Mühen deiner Hände wirst du genießen; glücklich bist du, und es wird dir wohlergehen."

In ihrer Lebensweise erinnern die Mönche der Lauren an den im Hochmittelalter gegründeten Kartäuserorden. Von seinen Mönchen verlangte Gerasimos eine strikt asketische Lebensführung. Gekochte Speisen durften sie nur bei den gemeinschaftlichen Mahlzeiten am Wochenende zu sich nehmen; den Rest der Woche ernährten sie sich von Brot, Wurfen. Er gilt als der Begründer des koinobitischen Mönchtums, und auch hinter diesem Ausdruck verbirgt sich eine griechische Wurzel, nämlich „koinos bios" – gemeinsames Leben. Und eben das strebte Pachomios mit seinen Gefährten an, im Bemühen, es der ersten Christengemeinde gleichzutun, über die es in der Apostelgeschichte heißt: „Die Menge der gläubig Gewordenen war ein Herz und eine Seele. Und kein Einziger sagte, dass etwas von seinem Besitz sein Eigen sei, sondern sie hatten alles gemeinsam."

Pachomios wurde um 290 in Oberägypten geboren, wo er als Kind einfacher Bauern aufwuchs. Im Alter von etwas über 20 Jahren wurde er zum Militär eingezogen. Auf diese Weise kam er zum ersten Mal mit dem Christentum in Berührung. Als er nämlich mit anderen zwangsrekrutierten Soldaten im Hafen von Theben ohne Wasser und Verpflegung auf seine Verschiffung wartete, waren es Christen, die den jungen Männern bereitwillig Essen und Trinken gaben – und sie trösteten. Vor dem Hintergrund dieser Hilfsbereitschaft gelobte Pachomios, den Glauben der Christen anzunehmen, sollte er „aus dieser Trübsal befreit werden“. Tatsächlich wurde er wenig später entlassen, nachdem die Kämpfe – es ist nicht ganz klar, um welche Auseinandersetzung es sich überhaupt gehandelt hat – zu Ende gegangen waren, ohne dass die ägyptischen Soldaten zum Einsatz gekommen waren.

Pachomios ließ sich, wie er gelobt hatte, taufen und lebte fortan als Einsiedler in strengster Askese, wie es in der „Vita Pachomii“ heißt: „Am Fuße jenes Gebirges lag eine Wüste voll von Dorngesträuch. Oft nun wurde Pachomios ausgesandt, um Holz zu lesen, und natürlich war er barfuß. Seine Füße schmerzten ihn, da sie meist von den Dornen durchbohrt wurden. Er erduldete dies freudigen Herzens, da er sich der Nägel an den Händen und Füßen des Herrn erinnerte, die am Kreuz ihm durchgestoßen wurden. Er liebte die Einsamkeit und hielt sich noch lieber in der Wüste auf. Hier stellte er sich hin zum Gebet und bat Gott, ihn und alle Menschen zu retten vor jeglicher Hinterlist des Feindes. So verweilte der Liebling Gottes immer besonders gern in der Wüste.“ Wurde er des Nachts vom Schlaf bedrängt, trug er Körbe voller Sand von einem Ort zum anderen, nur um sie dort auszuleeren. So hoffte er, länger wach zu bleiben – und damit länger beten zu können.

Solche Geschichten sind typisch für die frühen Anachoreten, die sich in ihrer Askese förmlich zu übertreffen suchten, um zu zeigen, wie radikal sie die von Christus geforderte Abkehr von der Welt lebten und wie sehr sie bereit waren, Leiden auf sich zu nehmen, so wie Christus für die Welt gelitten hatte – eine Radikalität, die eng verknüpft war mit dem weitverbreiteten Glauben an das nahe Ende der Welt.

Auch um Pachomios scharten sich bald Anhänger. Um 325 vollzog er den Schritt vom Anachoreten zum Koinobiten, von der Individualität zur Kommunität: Er gründete ein Kloster, dessen Mönche in Gemeinschaft lebten. Dieses Zusammenleben ordnete der Begründer des koinobitischen Mönchtums durch eine Regel, die weniger spirituelle Anleitung war denn konkrete Handlungsanweisung für den Alltag. Über 100 Mönche sollen noch zu Lebzeiten des Pachomios in das Kloster in einem verlassenen Dorf in der Nähe von Theben eingetreten sein. Auch äußerlich waren sie als Gemeinschaft erkennbar, denn sie trugen – erstmals in der Geschichte des Mönchtums – ein einheitliches Gewand. Die Gebäude des Klosters waren von einer Mauer umgeben, wie dies ebenfalls bis heute üblich ist, und erst seither kann man im eigentlichen Wortsinn von einem Kloster als einem abgeschlossenen Ort (lateinisch „claustrum“) sprechen. Die Gründung von Tochterklöstern führte sogar zu einer Etablierung ordensähnlicher Strukturen; allerdings blieben diese Klöster zu Lebzeiten des Pachomios auf Oberägypten beschränkt. Disziplin und Gehorsam gegenüber den Oberen waren für Pachomios wesentliche Bestandteile des Zusammenlebens, womöglich eine – bewusste oder unbewusste – Nachahmung der militärischen Hierarchien, denen er zuvor unterworfen gewesen war.

Die Kunde vom vorbildlichen Leben der Mönche im Orient erreichte bereits Ende des 4. Jahrhunderts das Abendland. So schrieb Bischof Athanasius von Alexandria um 360 eine Vita des Mönchsvaters Antonius, die auch im Weströmischen Reich große Verbreitung fand und erste Gläubige dazu anregte, es den Anachoreten des Nahen Ostens gleichzutun. Ein Beleg dafür findet sich in den „Bekenntnissen“ des hl. Augustinus. Dieser berichtet von einem Besuch seines afrikanischen Landsmanns Pontitianus in Mailand. Zufällig kam das Gespräch auf das Christen-

Hl. Pachomios (um 292/298–346), Ikone, um 1779, Tempera auf Holz. Privatbesitz.
Der Ägypter gilt als Begründer des koinobitischen Mönchtums.

Hl. Augustinus (354–430), Deckenfresko aus der Kirche S.ta Maria dei Servi, Niccoló Semitecolo, Venedig, 1370.

Der hl. Martin (316/17–397) teilt seinen Mantel mit dem Bettler. Temperamalerei in der Kirche St. Martin in Zillis, Graubünden, um 1115.
Die Holzdecke der kleinen Kirche ist nahezu vollständig bemalt. Auf 153 Feldern sind die Heilsgeschichte und das Leben des hl. Martin dargestellt.

tum, und Pontitianus bekannte, dass er ein „treuer Christ“ sei. Augustinus, der seit 384 in Mailand Rhetorik lehrte, war damals noch nicht getauft, interessierte sich aber für den neuen Glauben. Pontitianus wollte Augustinus daher ein herausragendes Beispiel der Christusnachfolge geben: „So kam er auf den ägyptischen Mönch Antonius zu sprechen, dessen Name … uns bis zu dieser Stunde unbekannt war. Als er dies erfahren, verweilte er bei diesem Gegenstande und entrollte uns voll Staunen über unsere Unkenntnis ein Bild von diesem großen Manne … Seine Rede verbreitete sich nun über die Herden der Klöster und über die gottgefälligen Sitten, über die fruchtbaren Einöden der Wüste, von denen wir nichts wussten. Auch vor Mailands Mauern war ein Kloster voll frommer Brüder unter des Ambrosius’ Pflege, und wir wussten es nicht. Er fuhr fort und sprach weiter, wir aber schwiegen gespannt. Er erzählte, einst sei er in Trier, während der Kaiser am Nachmittag sich im Zirkus befand, mit drei Freunden in den an die Stadtmauer grenzenden Gärten spazieren gegangen; zufällig hätten sie sich dort in zwei Paare getrennt, einer sei mit ihm diesseits, die andern beiden jenseits gegangen. Diese seien beim Umherstreifen auf eine Hütte gestoßen“, in der Mönche gelebt hätten. „Dort fanden sie ein Buch, welches die Lebensbeschreibung des Antonius enthielt. Der eine begann dasselbe zu lesen; er ward von mächtiger Bewunderung ergriffen, und beim Lesen sann er darauf, ein solches Leben zu ergreifen, den Dienst der Welt zu verlassen und dir zu dienen.“

Augustinus ließ sich 387 taufen und kehrte nach Nordafrika zurück, wo er ein Kloster gründete. Für dieses Kloster schrieb er eine Regel, die zum ersten Mal feste Zeiten für das Stundengebet enthielt. Zwar nahmen zahlreiche Klöster die Regel des Augustinus an, doch musste der Heilige selbst seine Prioritäten nach der Wahl zum Bischof von Hippo 397 anders setzen. Ihre größte Verbreitung fand die Regel des hl. Augustinus erst durch die Kanonikerreform des hohen Mittelalters. Kanoniker sind gemeinschaftlich lebende Kleriker, etwa an einer Bischofskirche. Die zunehmende Verweltlichung ihres Lebensstils löste im 11./12. Jahrhundert eine Gegenbewegung aus, die auf der Basis der Augustinusregel das gemeinsame Leben wieder in den Vordergrund rückte und den monastischen Charakter stärker betonte.

Erst damals entstand auch der Orden der Augustiner(-eremiten), indem Papst Alexander IV. verschiedene Gruppen von Bettelmönchen unter diesem einenden Dach zusammenfasste. Auch der hl. Dominikus übernahm für seine Gründung später die Regel des hl. Augustinus. Augustinus selbst wurde durch sein umfangreiches theologisches Werk zu einem der nachhaltig wirkungsvollsten Kirchenlehrer.

Einen der anderen frühen Förderer des Mönchtums im Westen hat Augustinus in seinem Gespräch mit Pontitianus erwähnt: Bischof Ambrosius von Mailand. Dazu gehört aber gleichfalls ein bis heute so populärer Heiliger wie Martin von Tours. Er hat eben nicht nur seinen Mantel mit dem Bettler (= Christus) geteilt, sondern als Bischof von Tours seit 371 großen Einfluss auf die Verbreitung mönchischen Lebens im Fränkischen Reich genommen, nachdem er selbst zuvor einige Jahre als Anachoret gelebt hatte. Aus seiner Einsiedelei bei Tours entstand um 375 das Kloster Marmoutier: „Dieser Ort war so verborgen und abgelegen, dass es den Heiligen nicht nach der Einsamkeit der Wüste verlangte. Auf der einen Seite war der Ort abgeschlossen von einer hohen, jähen Felswand; die frei bleibende Ebene umgrenzte die Loire mit einer kleinen Krümmung; nur auf einem einzigen, dazu noch recht engen Wege konnte man dorthin gelangen. Martinus hatte eine roh gezimmerte Zelle, ebenso auch viele seiner Brüder. Manche hatten den Fels des überhängenden Berges ausgehöhlt und sich so eine Wohnstätte geschaffen. Es waren ihrer gegen 80 Jünger. Diese suchten sich nach dem Vorbild des heiligen Meisters zu bilden. Keiner besaß dort Eigentum, alles war Gemeingut. Keiner durfte etwas kaufen oder verkaufen, wie dies bei den Mönchen vielfach üblich ist. Handarbeit wurde nicht betrieben, das Bücherschreiben ausgenommen; für dieses Geschäft wurden jedoch nur die Jüngeren verwendet, die Älteren lagen ausschließlich dem Gebete ob. Selten verließ einer seine Zelle, es sei denn, man ging gemeinschaftlich zum Gotteshaus. Ihre Mahlzeit nahmen sie zusammen erst nach der Stunde des Fastens. Alle enthielten sich des Weines, außer wenn Krankheit es anders verlangte. Die meisten trugen ein Gewand aus Kamelhaaren; feinere Kleider zu tragen, galt dort als Vergehen. Diese Strenge ist um so bewunderungswerter, als viele Vornehme unter ihnen waren; obwohl ganz anders erzogen, hatten sich diese freiwillig zu jener Übung der Demut und Geduld verpflichtet. Gar manche von ihnen sahen wir später auf Bischofsstühlen. Welche Stadt oder welche Kirche hätte sich nicht auch einen Oberhirten aus dem Kloster des Martinus gewünscht?"

Diese Beschreibung stammt aus der Vita des hl. Martin von Sulpicius Severus (um 363 bis um 420), der selbst Mönch in Marmoutier war. Er berichtet zudem darüber, dass Martin überall dort, „wo er Heidentempel zerstörte, sofort Kirchen oder Klöster" bauen ließ. Deutlich wird in der Beschreibung des Sulpicius Severus, dass die Klöster des hl. Martin noch stark anachoretische Züge aufwiesen, die Mönche nur selten ihre Zellen verließen.

**Die ersten Nonnen**

Heute gibt es weltweit deutlich mehr Nonnen als Mönche, sprich mehr Frauen, die in klösterlicher Gemeinschaft leben, als Männer. Von den rund 950.000 Ordensleuten sind 753.000 Frauen! Ursprünglich wurden weibliche Klosterangehörige – entsprechend ihren männlichen Pendants – als „monacha" bezeichnet (so vom hl. Hieronymus), was man frei ganz einfach mit „Mönchin" übersetzen könnte. Im Mittelalter war die mittellateinische Bezeichnung „Moniale" verbreitet. Der Ursprung der heute gebräuchlichen Bezeichnung „Nonne" lässt sich noch am italienischen „nonna" festmachen, also an der Großmutter als einer besonders verehrungswürdigen Frau. Nichts anderes bedeutete das aus dem Griechischen stammende Wort eigentlich, und weil dieses Attribut auch Frauen zukam, die ein vorbildliches Leben hinter Klostermauern führten, ging die Bezeichnung auf sie über.

Hl. Maria von Ägypten, Gemälde von Lorenzo di Credi (um 1459–1537). Gemäldegalerie Berlin, Staatliche Museen zu Berlin, Stiftung Preußischer Kulturbesitz.
Die Heilige ist dargestellt als Einsiedlerin im härenen Büßergewand.

Schon in der Frühzeit des Mönchtums waren es auch Frauen, die ihr Leben auf diese Weise Gott widmen wollten. Interessanterweise waren es oft Geschwisterpaare, die als Klostergründer aufgetreten sind: Das gilt für Pachomios' Schwester Maria, die um 340 zusammen mit ihrem Bruder zwei Frauenklöster in Oberägypten gegründet hat, ebenso wie für die hl. Marcellina, die Schwester des Bischofs Ambrosius von Mailand, oder Scholastika, die Schwester Benedikts von Nursia, wenngleich uns ihre Vita nur bruchstückhaft in der Lebensbeschreibung Benedikts von Papst Gregor dem Großen überliefert ist.

Ebenso gab es Anachoretinnen, die in der Einsamkeit der Wüste Gott suchten, wie die hl. Sarra in Libyen oder Maria von Ägypten. Die beiden Einsiedlerinnen lebten im 4. Jahrhundert. Während Sarra aus einer vornehmen Familie stammte, war Maria eine Prostituierte, die ihr Leben nach einem Bekehrungserlebnis nur noch Gott weihen wollte. Sie gilt bis heute als Beispiel dafür, dass eine Bekehrung immer möglich ist, völlig unabhängig von dem, wie ein Mensch bis dahin gelebt hat.

Auch die hl. Paula von Rom (347–404) hatte mit tieferen Glaubenseinsichten zunächst wenig im Sinn. Sie stammte aus einer reichen Familie, war verheiratet und hatte fünf Kinder – sie führte ein Leben im Luxus, das mit dem frühen Tod ihres Mannes jäh endete. Auf der Suche nach einem neuen Lebensinhalt traf sie auf den hl. Hieronymus, von dessen Erzählungen sie tief beeindruckt war. Nachdem sie all ihren Besitz verschenkt hatte, begleitete sie Hieronymus zusammen mit einer ihrer Töchter nach Bethlehem und gründete dort ein Kloster, in das sie selbst eintrat.

Oben: Abtei Lérins vor der Küste von Cannes, Frankreich.
Lérins gehört zu den ältesten Klöstern des westlichen Mönchtums.

Was die Durchsetzung der koinobitischen Form des Mönchtums anbelangt, kommt daher wieder Pachomios ins Spiel. Der hl. Honoratus, der aus einer vornehmen gallo-römischen Familie stammte, zog sich mit seinem Bruder Venantus auf ein Landgut seiner Familie zurück, wo sie in asketischer Zurückgezogenheit lebten. Auf einer Reise in den Orient wollten die Geschwister die Wurzeln des von ihnen so bewunderten Mönchtums kennenlernen. Venantus starb auf der Reise, und Honoratus kehrte allein nach Gallien zurück, wo er zwischen 400 und 410 auf den Lérins-Inseln vor Cannes ein Kloster nach dem Vorbild der koinobitischen Gemeinschaften in Ägypten gründete. Er gab dem Kloster eine Regel, die an deren Lebensweisen angelehnt war. Während der Französischen Revolution aufgehoben, wurde die Abtei 1869 von Zisterziensern aus Sénanques bei Avignon wieder besiedelt.

Auch der hl. Hieronymus (um 347 – um 420) hatte als Einsiedler in der ägyptischen Wüste gelebt, ehe er von Papst Damasus I. als Sekretär nach Rom gerufen wurde. Indem er die Regel des Pachomios ins Lateinische übersetzte, öffnete er sie endgültig der westlichen Welt. In seiner Zeit in Rom ließ Hieronymus zudem keine Gelegenheit aus, das heiligmäßige Leben der Einsiedler im Orient zu rühmen und zur Nachahmung zu empfehlen.

Johannes Cassianus (um 360 – um 435) verbrachte seine mönchischen Lehrjahre in Bethlehem und danach gleichfalls in Ägypten, was dessen zentrale Bedeutung unterstreicht. Über Konstantinopel kam er um 405 nach Rom. Zehn Jahre später zog er weiter nach Marseille, wo er das Kloster St. Victor gründete. Theoretisch untermauerte Johannes Cassianus das frühe Mönchtum im Abendland durch seine Schrift „Über die Grundsätze der Koinobiten und die acht Hauptlaster“.

Wie weit die Strahlkraft des ägyptischen Mönchtums reichte, zeigt das Beispiel Irlands. Offensichtlich waren die ersten Missionare

Links: Benedikt von Nursia (um 480–547), romanische Malerei am Altar der Kirche S. Benedetto al Monte bei Civate, Lombardei, Ende 11. Jh.
Der Mönchsvater hält in seiner rechten Hand einen Abtstab. In dem aufgeschlagenen Buch ist zu lesen: „Ego sum Benedictus abbas“ („Ich bin Abt Benedikt“).

Rechts: Ludwig der Fromme (778–840), Buchmalerei aus: Hrabanus Maurus (um 776–856), De laudibus sancte crucis, um 831, Österreichische Nationalbibliothek, Wien.
Der Sohn Karls des Großen war die entscheidende politische Kraft bei der Durchsetzung der Benediktregel als allgemein gültiger Richtschnur monastischen Lebens.

Gegenüber unten: hl. Hieronymus (um 347–420), Ölgemälde auf Holz, um 1430, von Jacopo Bellini (um 1400–1470/71). Gemäldegalerie Berlin, Staatliche Museen zu Berlin, Stiftung Preußischer Kulturbesitz.
Der Kirchenvater ist dargestellt als Kardinal, wie dies seit dem 15. Jh. allgemein üblich ist.

auf der Grünen Insel tatsächlich Mönche aus dem Land am Nil. Zum eigentlichen Begründer des irischen Christentums wurde dann aber der aus Westengland stammende hl. Patrick (um 385–461). Mitbedingt durch die weite Entfernung von Rom und die politische Isoliertheit, entwickelte sich das irische Christentum auf eine ganz eigene Weise. Zur Keimzelle und typischen Organisationsform des christlichen Lebens wurde das blühende Klosterwesen. Anders als die Bischöfe auf dem Kontinent standen die Klöster in keiner direkten Abhängigkeit von Rom. Die Strenge der irischen Mönche atmete durchaus noch das Vorbild der orientalischen Eremiten. Indem sie als Missionare den Kontinent durchwanderten und dort Klöster gründeten, wurden auch sie zu Gründervätern des europäischen Mönchtums.

Der erste Platz in dieser Reihe gehört jedoch zweifelsohne Benedikt von Nursia (um 480 bis 560). Aber auch sein Wirken ist nicht losgelöst im luftleeren Raum zu denken. So fußt die Lebensordnung, die er für das von ihm gegründete Kloster Montecassino geschrieben hat, in weiten Teilen auf der Magisterregel, die so bezeichnet wird, weil sie nach dem Muster eines Frage- und Antwort-Gesprächs zwischen Schüler und Meister/Lehrer (= lateinisch Magister) verfasst ist. Zwischen der im frühen 6. Jahrhundert verfassten Magisterregel und der Benediktregel liegen nur wenige Jahrzehnte. Benedikts Leistung bestand darin, die ältere Regel „alltagstauglich“ zu machen. Er befreite sie von theologischem Ballast und konzentrierte sich auf die wesentlichen Inhalte des Zusammenlebens in einer Mönchsgemeinschaft. Dabei entfernte sich Benedikt – deutlicher als Pachomios – von den anachoretischen Wurzeln des Mönchtums. Während bei Pachomios die Brüder in ihren Zellen schlafen, will Benedikt, dass „alle im gleichen Raum schlafen“.

Zu *der* Richtschnur mönchischen Lebens wurde die Benediktregel erst Jahrhunderte

## Das orthodoxe Mönchtum

Das zentrale Element des orthodoxen Mönchtums ist die Askese, die konsequente Verwirklichung der Christusnachfolge im Sinne des Evangeliums, um Gott so nahe wie möglich zu kommen. Als Vater des orthodoxen Mönchtums gilt Basilios der Große (um 330–379), ein herausragender intellektueller Kopf, der in Cäsarea Rhetorik lehrte, ehe er der Welt den Rücken kehrte, um als Einsiedler zu leben, zuerst unter dem Einfluss des Eusthatius von Sebaste in seiner kleinasiatischen Heimat. Doch auch Basilios zog es bald in den Nahen Osten. Von dort zurückgekehrt, brach er endgültig mit der Welt und verschenkte seinen Besitz. Am Ufer des Flusses Iris (türkisch Yeşilırmak) gründete er eine Einsiedelei. Bedingt durch seine Wahl zum Bischof von Cäsarea im Jahr 370, musste er sich wieder vermehrt weltlichen Fragen zuwenden bzw. in den großen theologischen Auseinandersetzungen seiner Zeit Position beziehen. Dabei wurde er zu einem der schärfsten Gegner des Arianismus, dem zufolge Gott und Christus nicht wesensgleich, sondern nur wesensähnlich seien.

Noch in seiner Zeit als Einsiedler am Iris schrieb Basilios mehrere Texte, die unter dem Oberbegriff Basiliosregel in die Geschichte eingegangen sind. Zu Recht hat jedoch der bedeutende Schweizer Theologe Hans Urs von Balthasar darauf hingewiesen, dass Basilios eigentlich keine Ordens-, sondern eine Kirchenregel geschrieben hat. Deren Leitsätze „wenden sich an alle Christen guten Willens“ und „enthalten gegen Ende auch biblische Anweisungen für Klerus und Laien, Verheiratete, Witwen, Jungfrauen, Eltern, Meister und Soldaten.“ Basilios' Ideal war die christliche Urgemeinde der Apostelgeschichte; dafür sollte seine Gemeinschaft ein Vorbild sein, dem die ganze Christenheit nachstreben konnte und sollte; „eine Kerngruppe zur Belebung des Ganzen“ hat von Balthasar sie genannt. „Das große Anliegen der basilianischen Askese bleibt das Absterben mit Christus zusammen: als Ablegung aller weltlichen Güter und als Entsagung von allen weltlichen Leidenschaften und Genüssen.“

Diese Askese wollte Basilios zusammen mit seinen Brüdern am Iris leben, Christus so konsequent wie möglich folgen. Da ihm aber bewusst war, dass ein Zusammenleben von Menschen der Organisation bedurfte, beantwortete er in seiner so genannten „Kleinen Mönchsregel“ die konkreten, den Alltag betreffenden Fragen seiner Mitbrüder: wie man es mit der Kleidung und mit dem Eigentum halten sollte, über das Maß der Enthaltsamkeit, vom gemeinsamen Gebet, von der täglichen Arbeit, von Verwaltung und Leitung des Klosters.

Vor diesem Hintergrund ist es in der östlichen Kirche nie zur Ausbildung von Orden gekommen. Jedes Kloster ist eine Einheit für sich und hat seine eigenen Gewohnheiten. Ihren prägnantesten Ausdruck fand die klösterliche Selbständigkeit in den Athos-Klöstern auf der griechischen Halbinsel Chalkidiki. Derzeit leben dort insgesamt über 1300 Mönche, in Großklöstern, aber auch in kleinen Gemeinschaften oder als völlig weltabgewandte Einsiedler nach dem Vorbild der orientalischen Anachoreten. Das Mönchtum wurde so – ganz im Sinne des Basilios – zum „Träger der geistigen Integrität und Identität der Kirche, weil es das Leben der Askese par excellence ist“.

**Basilios der Große (um 330–397), Ikone, Mazedonien, 1699.**
**Der Kirchenvater, der als Begründer des östlichen Mönchtums gilt, hat seine rechte Hand zum Segen erhoben.**

Kloster St. Johann in Müstair, Graubünden.
Das um 800 gegründete Kloster zwischen Umbrailpass und Vinschgau gehört zum Weltkulturerbe der Unesco.

später durch das beispielhafte Zusammenspiel von geistlichem und weltlichem Reformwillen. Dessen Protagonisten waren Benedikt von Aniane (um 750–821) und Kaiser Ludwig der Fromme (778–840). Benedikt war ein fränkischer Adliger gotischer Abstammung, der auf seinem Gut bei Montpellier ein Kloster gründete, in das er selbst eintrat. In kurzer Zeit schlossen sich Benedikt über 300 Mönche an. So wurde bald auch Ludwig der Fromme auf das vorbildhafte Kloster und seinen Gründer aufmerksam. Als Ludwig 814 Kaiser wurde, war es sein Ziel, dem monastischen Wildwuchs an Regeln, Mischregeln und unterschiedlichen Gewohnheiten ein Ende zu bereiten. Er setzte damit Bestrebungen seines Vaters fort.

Teil der kaiserlichen Überzeugungsarbeit war die Gründung der – bis heute bestehenden – Abtei Kornelimünster bei Aachen durch Benedikt von Aniane im Jahr 815. Nur ein Jahr später wurde die Regel Benedikts auf der Reformsynode von Aachen verbindlich vorgeschrieben. Treibende Kräfte hinter diesen Reformen war Benedikt von Aniane, der damit zum eigentlichen Gründer des Benediktiner*ordens* wurde. Die Klosterreformen ihrerseits waren ein Teil der unter Karl dem Großen begonnenen „renovatio imperii“, der Wiederaufrichtung des Reichs in Verbindung antiker und christlicher Tradition. Die Klöster wurden dabei zu Stützen der königlichen Herrschaft. Dies galt vor allem für die großen Reichsklöster wie beispielsweise das vom hl. Bonifatius im Jahr 744 gegründete Kloster Fulda. Klöster erfüllten aber auch darüber hinaus wichtige Aufgaben im Sinne der „renovatio imperii“, indem sie das Land kultivierten und bewirtschafteten oder als Wegstationen an den großen Verkehrsachsen, wie etwa das um 800 von Karl dem Großen gegründete St. Johann in Müstair zu Füßen des Umbrailpasses, dessen Kirche und Klosteranlage zum Teil noch bis in das frühe Mittelalter zurückreichen und von der Unesco in ihre Welterbeliste aufgenommen worden sind.

## Die mittelalterlichen Orden

Der Begriff „Orden“ leitet sich vom lateinischen *ordo* ab und bezeichnet mehrere, zum Teil historisch gewordene Sachverhalte und Institutionen. Im Gegensatz zu geistlichen Gemeinschaften anderer Rechtsnatur gehören einem Orden zunächst Personen an, die in einem gesellschaftlich anerkannten, festen Verband unter der Leitung eines Oberen stehen. Sie haben die Gelübde der Keuschheit, des Gehorsams und der Armut abgelegt und sich damit bestimmten Lebensordnungen (Regeln, Konstitutionen) unterworfen sowie gewisse Verpflichtungen übernommen. In weiterem Sinne versteht man unter Orden aber auch die als Stand bezeichnete Gesamtheit von einzelnen Menschen, die ein Ordensleben führen oder Ordensfamilien bilden. Ihre Angehörigen bilden keinen organisierten Verband im engeren Sinne, gehörten aber nach Tradition, Regelbekenntnis, Lebensweise und Spiritualität zusammen. Die Vorschriften für Lebensweise und Amtsführung, vor allem aber für die Liturgie einzelner Gemeinschaften, bezeichnet man als *Ordines.*

Westfassade des Prämonstratenserklosters Jerichow im Elb-Havel-Gebiet, 13.–15. Jh.
Jerichow ist das besterhaltene ganz in Backstein errichtete Kloster der Romanik in Deutschland und zugleich ein Meisterwerk der Baukunst des Prämonstratenserordens.

Das Ordenswesen ging aus dem frühen Mönchtum hervor, welches noch keine über lose Verbindungen hinausgehenden Zusammenschlüsse kannte. Charakteristisch für das sich seit dem 4. Jahrhundert ausbildende Mönchtum war das autonome Kloster *(Monasterium)* mit seiner geschlossenen Wirtschafts- und Organisationsstruktur, in der Regel mit dem Abt als Vorsteher an der Spitze. Orden als organisierte Verbände geistlicher Gemeinschaften entstanden erst im hohen Mittelalter, in engem Zusammenhang mit der Entwicklung der kirchlichen und staatlichen Machtverhältnisse. Nach einem ersten Höhepunkt zu Ende des 13. Jahrhunderts kam es infolge der „Krise“ des 14. Jahrhunderts, der Reformation und später der im 18. Jahrhundert einsetzenden Säkularisationen immer wieder zu Rückschlägen, denen jedoch stets bald neue Aufschwünge folgten.

Eine weitere Wurzel der Orden bildet das im Mittelalter vielfach übliche gemeinsame Leben der Kleriker. Als Chorherren oder Kanoniker waren sie meist Mitglieder von Domkapiteln oder Ordensangehörige in einem Stift. Sie unterstanden dann einem Propst und lebten nicht nach einer Mönchsregel, sondern nach Richtlinien *(Canones)* gemeinsam unter den drei Ordensgelübden Keuschheit, Gehorsam und Armut. Zu den Kanonikern zählen etwa auch die Angehörigen des von Norbert von Xanten († 1134) gegründeten Prämonstratenserordens, der sich um die Missionierung und Ostkolonisation besonders verdient machen sollte. Entstanden im Gefolge der mittelalterlichen Kirchenreform, der Gregorianischen Reform, war die wichtigste Aufgabe der Prämonstratenser der gemeinsame Chordienst. Darüber hinaus widmeten sie sich der Seelsorge, dem Unterricht und der Wissenschaft.

Die Entwicklung des Ordenswesens verlief keineswegs ein- bzw. geradlinig. Orden konnten aufgehoben, geteilt oder miteinander vereinigt werden. Überdies passten sie ihre Organisation und Rechtsstellung den jeweils zeitgemäßen Anforderungen an, wodurch sich Änderungen ihrer Stellung im System des Ordenswesens ergaben. Von „der“ Geschichte des Ordenswesens zu sprechen ist daher problematisch, denn sie bildet das Resultat sozialer Prozesse und historischer Entwicklungen.

Da auch die Begriffe Mönchs-, Ordens- und Klosterwesen (womit die mönchische und klösterliche Lebensweise gemeint ist) oft synonym verwendet werden, verbergen sich hinter der Redensart „er/sie ist ins Kloster gegangen“ äußerst unterschiedliche Lebensformen und Tätigkeiten. Im Ordens- und Kirchenrecht der römisch-katholischen Kirche hingegen werden all diese Lebensformen mit ihren Zielen und Aufgaben klassifiziert und differenziert. Man unterscheidet hier zwischen Kongregationen und Orden, trennt bei diesen Kanoniker von Mönchen bzw. Mendikanten (Bettelorden). Der die verschiedenen Institute zusammenfassende Oberbegriff war früher „Religiosen“, im neuen Kirchenrecht (von 1983) ist dieser durch die Formel „Institute des gottgeweihten Lebens“ ersetzt worden.

Links: Birgitta von Schweden empfängt von Christus den „Liber celestis" und überreicht ihn zwei Geistlichen. Ausschnitt aus dem Liber celestis, Ende 14. Jh. Königliche Bibliothek und Schwedische Nationalbibliothek, Stockholm, A70b, fol. 96v.

Rechts: Benedikt in seiner Höhle lässt einen Raben das vergiftete Brot wegtragen. Fresco aus der Unterkirche im Kloster S. Benedetto in Subiaco, 1. Hälfte 13. Jh.
Den umfangreichen Zyklus mit Begebenheiten aus dem Leben Benedikts schuf der römische Maler Conxolus.

Diese „Institute des gottgeweihten Lebens" kann man in Religiosen- und Säkularinstitute unterteilen. Beide sind dadurch gekennzeichnet, dass sich ihre Angehörigen zu einem auf Dauer angelegten geistlichen Leben verpflichten, die Mitglieder der Säkularinstitute jedoch durch eine auch als einfache Profess (= Ablegung der Ordensgelübde) bezeichnete Bindung zu einem Leben „in der Welt" ohne klösterliche Gemeinschaft. Die Angehörigen der Religioseninstitute hingegen führen ein „brüderliches Leben in Gemeinschaft". Sie legen ihre Profess in der Form eines feierlichen, kirchenrechtlich verbindlichen Gelübdes ab.

Das Mönchtum des Ostens hielt an der durch die Vorherrschaft des Einzelklosters gekennzeichneten Struktur fest. Im Abendland jedoch verstärkte sich eine Tendenz zur Vereinheitlichung und Verbandsbildung. Sie stand ganz unter dem Zeichen der Benediktregel, die zu Eigentumsverzicht und Keuschheit, Gehorsam und Ortsbeständigkeit verpflichtet. Sie wurde bereits im 7. Jahrhundert vom angelsächsischen Mönchtum propagiert, da die schon ein Jahrhundert zuvor einsetzende Festlandsmission ihre stärksten Impulse durch die irischen Mönche erfuhr. Nach einem harten Seelsorgekonzept bisweilen eigenwillig missionierend, errichteten sie auf dem europäischen Festland ihre Stützpunkte: das Kloster Luxeuil am Westrand der Vogesen (um 590), später St. Gallen (613) und Bobbio in Oberitalien (614), um nur einige wenige zu nennen.

Auf der Aachener Reformsynode von 816 machte Kaiser Ludwig der Fromme die von Benedikt von Aniane vorgenommene Auslegung der Benediktregel zur Norm für die zu politischen und kulturellen Zentren gewordenen Klöster. Diese „anianische Reform" führte in der Folge dazu, dass im Westen Mönchtum und Benediktinerorden als identisch angesehen wurden.

Der auf Benedikt von Nursia (um 480–560) zurückgehende Orden war kein straff organisierter Verband, kann aber mit Blick auf die Lebensweise seiner Mitglieder als Orden bezeichnet werden, da sie nach der Regel des hl. Benedikt ein monastisches Leben führten. Mit ihren zahlreichen Niederlassungen im ganzen Abendland hatten die Benediktiner im schwarzen Ordenskleid wesentlichen Anteil an der Missionierung und der kulturellen Entfaltung in Europa. Sie hinterließen ihre Spuren in Kloster- und Kirchenbauten, durch Rodungen, Landwirtschaft, Handwerk und Schulen genauso wie durch ihre Frömmigkeit. Aus ihren Reihen rekrutierten sich bis in die heutige Zeit 24 Päpste, die in der katholi-

Links: Cluny III, Turm über dem Südquerhaus, ab 1088.
Von der einst 187 Meter langen Abteikirche blieb nur dieser Teil vom Abbruch verschont.

Rechts: Choransicht von Cluny III in der Rekonstruktion von K. J. Conant.

schen Kirche den Rang des Stellvertreters Christi auf Erden bekleiden. Die Benediktiner können also zu Recht als bedeutende Mitgestalter des Abendlandes betrachtet werden.

Das benediktinische Mönchtum war keineswegs eine reine „Männerdomäne". Schon früh taten sich auch Frauen als Missionshelferinnen und bei Klostergründungen hervor. So wurde beispielsweise das um 735 durch Bonifatius (672/75–754) gegründete, wenn auch nicht sehr lange bestehende Frauenkloster Tauberbischofsheim von seiner Verwandten Lioba († 782) geleitet, die durch die Unterrichtung junger Mädchen missionierte. Die angelsächsische Walburga († 779 oder 790) folgte wohl in den 730er Jahren gleichfalls dem Ruf des Bonifatius auf das Festland und lebte vielleicht einige Jahre bei ihrer Verwandten Lioba in Tauberbischofsheim. Um 762 übernahm sie die Leitung des Klosters Heidenheim, das nach angelsächsischem Vorbild in ein Doppelkloster umgewandelt wurde, bevor es Bischof Gerhoh von Heidenheim um 790 in ein Säkularkanonikerstift transformierte, also in eine Niederlassung für Kanoniker, die nach Gemeinschaftsregeln lebten, ohne jedoch Gelübde abgelegt zu haben.

Der maßgebliche Anteil der Benediktinerinnen an der Christianisierung in unseren Breitengraden wird meist nicht entsprechend gewürdigt, da die Zahl ihrer Klöster – und damit der Klosterschwestern – das ganze Mittelalter hindurch immer hinter der ihrer männlichen Kollegen zurückblieb. Heute hingegen leben etwa 9.000 Nonnen in mehr als 300 Klöstern. Ihr männliches Pendant zählt über 7.000 Mönche in 287 Abteien bzw. Prioraten.

Zu Beginn des 10. Jahrhunderts ging vom burgundischen Cluny eine Reformbewegung aus, die eine freie Abtwahl forderte. Zudem betrachteten die Anhänger dieser Reform die Unterstellung unter den Schutz des Heiligen Stuhles – also des Papstes – als Voraussetzung für ein regelgerechtes Klosterleben. Daher lehnten sie eigenkirchliche Bindungen und bischöfliche Einflussnahmen ab. Seit der Mitte des 10. Jahrhunderts bildete sich ein von England bis Oberitalien, Flandern und Portugal ausbreitender Verband reformierter Klöster. Sie standen in einer rechtlich und organisatorisch abgestuften Abhängigkeit von Cluny und verfügten über Rechte und Privilegien, nach denen sie ein an der Regel Benedikts und den Gewohnheiten *(Consuetudines)* Clunys orientiertes und von ihm kontrolliertes Mönchsleben führen konnten.

Die cluniazenische Reform wird als Fortsetzung der anianischen Reform gesehen, aber auch ihr gelang es nicht, das gesamte benediktinische Mönchtum auf eine Lebensform festzulegen oder gar organisatorisch zusammenzufassen. Unter ihrem Einfluss bildeten sich indes andere Reformkreise, wie etwa St. Blasien und Hirsau. Sie passten teilweise ihre Lebensform an Cluny an und übernahmen das von ihm entwickelte Organisationsmodell ganz oder wenigstens zeitweise. Die 933 wiederhergestellte lothringische Abtei Gorze nahm dabei eine Sonderstellung ein. Von hier aus reformierte Klöster behielten eine größere Eigenständigkeit, man verzichtete sowohl auf die Herausnahme aus der Diözesangewalt (Exemption) wie auf eine enge Bindung an Rom und das Papsttum. Daraus erklärt sich, dass sich die Gorzer Reform – im Gegensatz zu derjenigen von Cluny – im Reich mit Erfolg durchsetzte und hier die Lebensform zahlreicher Klöster bestimmte. Während Gorze in der Abtei St. Maximin in Trier seinen Mittelpunkt erhielt und vor allem auf den süddeutschen Raum einwirkte, fasste die Reformbewegung von Cluny vor allem in Frankreich, Spanien, England und Italien Fuß.

Im 11. und 12. Jahrhundert verstärkten sich zudem die schon im 8. Jahrhundert einsetzenden Bestrebungen, den Klerus von Dom- und Stiftskirchen zu einem gemeinsamen regulierten Leben zusammenzuführen. Mit Unterstützung des Reformpapsttums etablierte sich in der zweiten Hälfte des 11. Jahrhunderts der *Ordo canonicus.* Dabei wurde unter Berufung auf Augustinus bzw. Benedikt der trotz Übernahme monastischer Lebensformen grundsätzlich klerikale Charakter des Kanonikertums betont, also die Ansprüche der Priester gefördert und unterstützt. Auch die Herkunft des in der Zwischenzeit stark klerikalisierten Mönchtums aus dem Laientum wurde stärker hervorgehoben und damit die Grenze zum *Ordo monasticus* deutlicher als bisher gezogen. In Analogie zu den klösterlichen Reformkreisen entstanden zahlreiche Zusammenschlüsse regulierter Kanoniker, die auf die Initiative von Klerikern, aber auch von Päpsten und Bischöfen, Herrschern und Adligen zurückgingen. Ihre Verbände wurden Kongregationen genannt. Ähnlich wie die aus den monastischen Reformen hervorgegangenen Verbände, wiesen auch diejenigen der regulierten Kanoniker große Unterschiede in ihren Organisationsstrukturen auf: Manche von ihnen waren dem „Mutterkloster" unterstellt wie das 1090 gegründete Arrouaise an der Grenze zwischen Flandern und Vermandois. Die Äbte von St. Ruf konnten Einfluss nehmen auf die ihnen unterstellten Klöster. Zwischen den von Rottenbuch bzw. Springiersbach aus reformierten Stiften wiederum ergab sich aus der Befolgung der gleichen *Consuetudines* lediglich eine lockere Verbindung.

Nach der Jahrtausendwende gelangte das Ideal des Einsiedlers zu neuer Blüte. Aus der Verschmelzung des orientalischen Eremitentums mit dem benediktinischen Klosterideal bildeten sich neue Reformorden. Die von Romuald von Ravenna († 1027) gegründete Einsiedelei Camaldoli gab den Kamaldulensern im weißen Habit ihren Namen, der Reimser Scholastiker Bruno von Köln († 1101) grün-

Doppelseite aus einer der 17 erhaltenen Fassungen der „Constitutiones Hirsaugienses" vom Ende des 11. bis ins frühe 13. Jh. Württembergische Landesbibliothek Stuttgart, HB XV 70, fol. 86v/86r.
Die um 1085 entstandenen „Constitutiones Hirsaugienses" wurden jeweils für den unmittelbaren Gebrauch kopiert und waren wohl in jedem der Hirsauer Bewegung zugehörigen Kloster vorhanden. Das Stuttgarter Exemplar stammt ursprünglich aus Weingarten und war so zerlesen, dass die ersten Seiten bereits im Mittelalter verlorengingen.

## Doppelklöster

Der vielschichtige Begriff „Doppelkloster“ umfasst eine Gemeinschaft von Männern und eine von Frauen, die unter gemeinsamer Autorität und in Gütergemeinschaft nach denselben Regeln an einem Ort lebten. Doppelklöster entstanden im Osten und breiteten sich seit dem 6. Jahrhundert im Westen aus, besonders in Spanien und England.

Solche Gemeinschaften lebten zwar klar voneinander getrennt, jedoch in räumlicher Nähe zueinander. Daher sahen viele Zeitgenossen Gefahren in dieser Lebensweise, zahlreiche Konzilien rieten von der Aufrechterhaltung derartiger Doppelklöster ab, sie wurden teilweise auch verboten.

Im 12. und 13. Jahrhundert kam es durch die Vereinigung mehrerer Klöster zu einer Art „Neubelebung“ von Doppelklöstern. Als große Gemeinschaft von Mönchen und Nonnen unter der Leitung eines Abtes lebten im Zwiefalten des Jahres 1188 beispielsweise 62 Männer und 70 Frauen.

Oft entwickelten sich ursprüngliche Doppelklöster auch rasch zu einfachen Klöstern, manche Doppelklöster waren auch tatsächlich „nur“ Frauenklöster, denen mehr oder weniger bedeutende Männergemeinschaften (Mönche oder Kleriker) angeschlossen waren.

Benedikt unterweist die Petersfrauen und Mönche in der Regel. Registerbuch des Abtes Otto II. für Petersfrauen. Salzburg, um 1385. Stiftsarchiv der Erzabtei St. Peter, Salzburg, Hs A 7, fol. 1. In der unteren Bildhälfte des Widmungsbildes kniet der Stifter zu Füßen der Szene.

dete 1084 in der Chartreuse östlich von Grenoble eine Einsiedlergemeinschaft, aus der auf Initiative der Prioren Guigo und Anthelm der Kartäuserorden als ein loser Verband von nach gleichen *Consuetudines* lebenden „Kartausen“ hervorging.

Im westlichen und nördlichen Frankreich war die Erneuerung des Eremitenlebens stärker als in Italien mit einer Wiederbelebung des frühchristlichen Wanderasketentums verbunden. Viele „Wanderprediger“ gründeten Klöster oder Stifte, in denen sie mit ihren männlichen und weiblichen Gefährten ein reguliertes Leben monastischen oder kanonikalen Charakters führten, unter anderem in der Form von Doppelklöstern. Damit bereiteten sie den Weg für Orden und ordensähnliche Verbände, darunter Prämonstratenser und Grammontenser. Der auf Robert von Arbrissel († 1117) zurückgehende, 1106 von Papst Paschalis II. anerkannte Orden von Fontevrault und der von Gilbert von Sempringham († 1189) gegründete Gilbertinerorden waren von besonderer Bedeutung. Die bisher isoliert oder in Abhängigkeit von Männerklöstern bzw. -stiften lebenden weiblichen Religiosen wurden hier auf eine Weise in die Organisationen eingebunden, dass sie beide als „Doppelorden“ bezeichnet werden dürfen.

Mit dem 1098 von Robert von Molesme in Cîteaux gegründeten Zisterzienserorden erreichte die im Zuge der Reformbewegung des 10. Jahrhunderts einsetzende Verbandsbildung ihren Höhepunkt. Die vom Willen zur Zentralisierung und Uniformierung geprägte Verfassung des Ordens schrieb eine am ursprünglichen Benediktinertum ausgerichtete Lebensordnung vor. Ihre Einhaltung wollte sie durch den sich in kurzer Zeit über fast ganz Europa ausbreitenden Orden zugleich garantieren. In erster Linie durch das Filiationssystem (Tochterklöster), die Visitation und das Generalkapitel gekennzeichnet, verband die Verfassung hierarchische und genossenschaftliche, zentralistische und föderalistische Elemente. Auf diese Weise wurde einerseits die Einheit des Ordens und andererseits die Gleichheit und Selbständigkeit der ihm angehörenden Klöster ermöglicht und eine Vorbildfunktion für weitere Orden geschaffen.

Es entstanden mit den Ritter-, Hospital- und Gefangenenbefreiungsorden sowie den Bettelorden Formen des Ordenslebens, die sich durch Spiritualität und Funktion, Besitzerwerb und Wirtschaftsweise, Organisation und Wirkungsfeld wesentlich vom bisherigen Mönch-, Kanoniker- und Eremitentum unterschieden.

Als Prototyp der in Palästina, auf der Iberischen Halbinsel und im baltischen Raum entstandenen bzw. heimisch gewordenen Ritterorden ging der Templerorden aus einer Gruppe französischer Kreuzfahrer hervor. Diese hatten sich um 1120 in Jerusalem zu einem gemeinsamen geistlichen Leben zusammengeschlossen. Zu ihrer Aufgabe machten sie sowohl den Schutz der Pilger als auch die bewaffnete Verteidigung des Heiligen Landes. Damit stellten sie sich in die Tradition des hl. Bernhard von Clairvaux († 1153), der die innere und äußere Sicherung des Gottesreiches theologisch begründet und den Glauben an die Gottgefälligkeit des Zweiten Kreuzzuges 1147/49 gepredigt hatte. Straff organisiert, unter der Leitung eines Hochmeisters, gehörten dem Orden Ritter, dienende Brüder und Kleriker an.

Bereits in der Frühzeit des Christentums gab es aus dem Geist christlicher Nächstenliebe hervorgegangene Einrichtungen zur Unterstützung Armer und Kranker wie zur Beherbergung von Pilgern. Als Hospitalorden im engeren Sinne zu verstehen ist jedoch erst der Antoniterorden, der aus einer am Ende des 11. Jahrhunderts bei dem Benediktinerpriorat La-Motte-aux-Bois entstandenen Laienbruderschaft hervorging. Ein weiterer Hospitalorden entstand mit dem Heilig-Geist-Orden durch die Vereinigung einer 1170/75 in Montpellier gegründeten Spitalbruderschaft mit dem älteren römischen Hospital S. Maria in Sassia. Andere sollten bald folgen.

Gefangenenbefreiungsorden sind der 1198 in Cerfroid bei Soissons in Frankreich von Johannes von Matha († 1213) gegründete Trinitarierorden und der auf ein 1218 in Barcelona von Petrus Nolascus gegründetes Hospital zurückgehende Orden der Mercedarier. Sie kauften in die Hände der Muslime gefallene Christen frei oder tauschten sie aus. Erst später verbanden sie damit die ursprünglich zu den Aufgaben der Bischöfe gehörende Betreuung von Gefangenen. Beide Orden befolgten die Augustinerregel und orientierten sich ähnlich wie die Hospitalorden an dem von den Templern entwickelten Modell eines Personalverbandes mit überregionalem Aufbau.

Die Entstehung der Bettelorden steht in engem Zusammenhang mit den religiösen Bewegungen des hohen Mittelalters. Die auf den Kaufmannssohn Franz von Assisi († 1226) zurückgehenden Franziskaner oder Minderbrüder verstanden sich als eine brüderliche Gemeinschaft, als Personenverband vornehmlich von Laien. Unter Verzicht auf eine der hergebrachten Regeln und unter direkter Berufung auf die Heilige Schrift hatten sie sich zu einem Leben in vollkommener Armut und Heimatlosigkeit entschlossen.

Die Angehörigen des weiblichen Zweiges (Zweiter Orden) der Franziskaner nennen sich nach Klara von Assisi (um 1193/94–1253) Klarissen. Begeistert von der evangelischen Lebensweise des Franziskus, hatte Klara heimlich ihre vornehme Familie verlassen und sich 1212 von Franziskus in Portiuncula Tonsur und Schleier geben lassen.

Der mit päpstlicher Erlaubnis von 1216 von dem Spanier Dominik von Caleruega († 1221) gegründete Prediger- oder Dominikanerorden hingegen konstituierte sich als Klerikerorden. Seine Mitglieder im weißen Habit mit Kapuze und schwarzem Mantel verbanden Studium und Predigt mit einer armen, am Vorbild der Apostel orientierten Lebensführung. Von Anfang an widmeten sie sich neben der Seelsorge vor allem der Bekämpfung der Häresie. Die von 1232 an führende Rolle der Dominikaner in der Inquisition sollte das Ansehen des Ordens indes belasten. Auch Karmeliter und Augustinereremiten wollten innerhalb der Kirche die kompromisslose Armut der Christusnachfolge verwirklichen. Ihre beispielhafte Lebensweise wie ihre Seelsorgtätigkeit im Abendland, aber auch die Missionen im Nahen und Fernen Osten trugen entschieden zur Reform der Kirche bei.

Franz von Assisi empfängt die Stigmata. Glasmalerei aus dem Franziskus-Zyklus in der Klosterkirche Königsfelden bei Windisch (Schweiz), vor 1320.
Der Zyklus des Franziskus-Lebens ist eine Stiftung Herzog Ottos von Habsburg († 1339), des jüngsten Sohnes von König Albrecht I., zum Gedächtnis an seinen an dieser Stelle von einem Neffen ermordeten Vater.

### Der Deutsche Orden

Als jüngster der drei großen geistlichen Ritterorden entstand der Deutsche Orden (Deutschherren-, Deutschritter- oder Kreuzritterorden) aus einer 1189/90 von Lübecker und Bremer Kaufleuten für Pilger gegründeten Spitalsbruderschaft, die 1198/99 in einen Ritterorden mit der Templerregel und Sitz in Akko (nördlich von Haifa) umgewandelt wurde.

Durch die Vereinigung mit dem Schwertbrüderorden 1237 fasste der Deutsche Orden in Livland Fuß, gewann 1308 Pomerellen mit Danzig und 1346 das bis dahin dänische Estland. Mit dem Gewinn Gotlands 1398 und der Neumark 1402 erreichte der Deutsche Orden seine größte Ausdehnung. Seine Leistung als staatsbildender Faktor sowie in Kunst, Literatur und Wissenschaft war ebenso bedeutend wie bei der Christianisierung und Kultivierung des Landes.

An der Spitze des Ordens stand der auf Lebenszeit gewählte Hochmeister, der seinen Sitz 1291 nach Venedig, 1309 auf die Marienburg, 1466 schließlich nach Königsberg verlegte. Die Mitglieder des Ordens (in weißem Mantel mit schwarzem Kreuz) setzten sich gleichberechtigt aus Ritter- und Priesterbrüdern zusammen, die beide auf mönchische Gelübde verpflichtet waren. Hinzu kamen dienende, nichtadlige Brüder.

Ursprünglich unter Napoleon 1809 in Deutschland aufgehoben, wurde der Orden 1834 in Österreich erneuert und 1929 in einen geistlichen Orden umgewandelt, um in der NS-Zeit erneut aufgehoben und nach 1945 in Österreich und der Bundesrepublik wiederhergestellt zu werden, desgleichen in Tschechien, der Slowakei, Slowenien und Italien (Südtirol).

Hochschloss und Mittelschloss der Marienburg im westpreußischen Pomesanien am rechten Ufer der Nogat, 1274 bis Mitte 15. Jh. Die Marienburg gilt als eine der größten Burg- und zugleich Klosteranlagen aller Zeiten und ist der größte Backsteinbau der Welt.

Franziskaner wie Dominikaner übten seit ihren Anfängen eine starke Anziehungskraft auf die religiös bewegte Frauenwelt aus. Neben den großen Ordenstheologen dieser Zeit wie Albertus Magnus († 1280), Thomas von Aquin († 1274) oder Bonaventura († 1274) und Johannes Duns Scotus († 1308) ist auch ein mächtiger Aufbruch mystischer Frauenfrömmigkeit zu konstatieren, für die etwa Hildegard von Bingen († 1179), Mechthild von Magdeburg († 1280) oder Gertrud die Große († 1302), die Nonne in Helfta bei Eisleben war, stehen.

Seit dem Ende des 13. Jahrhunderts nahm die Zahl der Ordensgründungen erheblich ab. Hauptgrund dafür waren die sich krisenhaft

zuspitzenden politischen, wirtschaftlichen und demographischen Veränderungen des 14. Jahrhunderts. Als Reaktion auf diesen so genannten Verfall des Ordenswesens, setzten in der zweiten Hälfte des 14. Jahrhunderts Reform-, Anpassungs- und Reorganisationsbemühungen ein, die zu tiefgreifenden organisatorischen Veränderungen führten. Es kam zu Kongregationsbildungen, zur Vereinigung reformwilliger Klöster und Stifte, teilweise auch bei den Bettelorden.

Die 1517 vereinigten Observantengruppen der Franziskaner schlossen sich endlich zu einem neuen Orden zusammen, dem 1537 als dritter großer Bettelorden franziskanischer Prägung der Kapuzinerorden folgte.

Armenspeisung in einer Klostervorhalle durch Kapuzinermönche. Öl auf Leinwand, 1847, von Lorenzo Quaglio (1793–1869). Staatliche Schlösser und Gärten Potsdam-Sanssouci, GK I 6005.
Die Betreuung von Armen, Obdachlosen und Kranken gehörte zu den Funktionen der in den Städten ansässigen Orden.

Rechts: Ordenssaal von Kloster Schöntal, Vorraum der Abtswohnung mit 302 katholischen Ordens- und Würdenträgertrachten.
Die im 12. Jh. gegründete ehemalige Zisterzienserabtei ist die schönste geistliche Residenz der Barockzeit im Norden Baden-Württembergs.

Neben den Reformbemühungen der alten und der Gründung neuer Orden wie etwa der Birgittinnen wuchs im Spätmittelalter auch die Bedeutung der Semireligiosen, das heißt der allein oder in Gemeinschaft ohne Gelübde und offiziell anerkannte Regel ordensähnlich lebenden Laien. Sie formierten sich zu Bruder- und Schwesternschaften oder Kommunitäten.

Die Reformation schließlich stellte die theologischen Grundlagen des Ordenslebens in Frage. Die ihr folgenden konfessionellen Auseinandersetzungen führten zunächst zu einer starken Dezimierung der Klöster und Ordensleute. Andererseits beschleunigten sie aber auch eine Ausbildung neuer Orden und Ordenstypen, wie etwa der Jesuiten, die zwar anders als die meisten Orden keinen männlichen und weiblichen Zweig haben, dafür aber noch zu Beginn des dritten Jahrtausends mit ihren über 20.000 Mitgliedern weltweit nach den Franziskanern mit über 32.000 Mitgliedern die Spitze der katholischen Ordensgemeinschaften anführen, während bei den Frauen die Dominikanerinnen mit mehr als 24.000 Schwestern an erster Stelle stehen.

Der hl. Dominikus bittet seinen Begleiter vorauszugehen (links), damit er ungestört zu Gott beten kann (rechts). „Modi orandi sancti Dominici" (Gebets- und Andachtsgesten des hl. Dominicus), Südfrankreich, um 1330. Biblioteca Apostolica Vaticana, Vatikanstadt, Cod. Ross. 3 (1), fol. 13r.
In der alle neun Gebetsanweisungen illustrierenden Sammelhandschrift bilden die „Meditationes" des Pseudo-Bonaventura den Hauptteil.

Gegenüber oben:
Fürstabtei St. Gallen, Kupferstich von Johann Franz Roth (1731–1798), 1780.
Der Kupferstich zeigt bereits die von den Baumeistern Peter Thumb (1681–1766) und Johann Michael Beer (1696–1780) in dieser Zeit neu errichtete Klosterkirche. Von dem romanischen Vorgängerbau haben sich nur Teile der Krypta erhalten.

Hl. Gallus (um 550?–640?), Gründer des Klosters St. Gallen, 17. Jh. Barocke Skulptur im Bibliothekssaal des Klosters.

## Der Sankt Galler Klosterplan

Die nachstehenden Kapitel dieses Buchs folgen in ihrem Aufbau dem berühmten Klosterplan von St. Gallen. Anhand der dort aufgeführten Gebäude und Einrichtungen soll das mittelalterliche Klosterleben anschaulich dargestellt werden.

Die Geschichte dieses Klosterplans führt uns in die erste Blütezeit der beiden bedeutendsten Abteien im alemannischen Raum: ins Kloster Reichenau am Bodensee und ins Kloster St. Gallen in der heutigen Schweiz. Beide Klosterkomplexe gehören zum Weltkulturerbe der Unesco, die Reichenau vor allem wegen des erhaltenen Baubestands aus der Zeit der Romanik, St. Gallen nicht zuletzt aufgrund der Kostbarkeiten seiner Bibliothek. Dazu gehört auch der Klosterplan, der wiederum beide Abteien miteinander verknüpft: denn hergestellt wurde er auf der Reichenau – für St. Gallen, wo er seit nunmehr fast 1200 Jahren aufbewahrt wird.

Die Geschichte des Klosters St. Gallen beginnt im Jahr 612. Damals war eine Gruppe irischer Wandermönche um den hl. Kolumban auf dem Weg nach Italien. In Bregenz am Bodensee blieb einer von ihnen zurück: Gallus. Ob er krank geworden war, wie es die Legende will, oder Streit mit den anderen Mönchen bekommen hatte – niemand weiß es. Auch nicht, ob Gallus wirklich Ire war oder aus dem alemannisch-lothringischen Grenzgebiet stammte, wie die neuere Forschung vermutet. Von Bregenz aus wanderte er jedenfalls in ein weitgehend unbevölkertes Hochtal und gründete eine Mönchszelle. Gefährten schlossen sich ihm an, aus der Mönchszelle wurde ein Kloster.

Nicht jedem behagte die irische oder jedenfalls nach irischer Tradition lebende Gemeinschaft. Dem Bischof von Konstanz, zu dessen Diözese St. Gallen gehörte, gelang es schließlich, einen Mann seines Vertrauens als Abt an die Spitze des Konvents zu stellen: den Alamannen Otmar. Dies geschah im Jahr 719. Knapp 30 Jahre später übernahmen die Mönche von St. Gallen die Regel des hl. Benedikt.

In kürzester Zeit wurde St. Gallen zu einer der herausragenden Abteien des Fränkischen Reichs, zu einem Zentrum des Wissens und der Gelehrsamkeit. Vor allem das Skriptorium des Klosters, in dem rund 60 Mönche arbeiteten, hatte seinesgleichen nicht. 818 gelang es den Mönchen auch noch, sich von den Fesseln des Konstanzer Bischofs zu lösen. Keine weltliche Macht stand künftig mehr zwischen dem Abt von St. Gallen und dem Kaiser.

In diese Zeit fällt die Entstehung des Klosterplans. Zwar enthält der Plan kein Datum, doch findet sich am linken unteren Rand ein Begleitschreiben, in dem der Adressat als „Mein liebster Sohn Gozbert“ angesprochen wird. Mit dieser Formulierung kann kein anderer als der St. Galler Abt Gozbert gemeint sein, der die Geschicke des Klosters von 816 bis 837 geleitet hat. Vielleicht war es die neu gewonnene Freiheit vom Einfluss des Konstanzer Bischofs, die Gozbert bewog, Kirche und Kloster neu – und das hieß vor allem größer und prächtiger – zu bauen. Und so funktional, wie dies auf den Aachener Synoden von 816/17 unter dem Einfluss Benedikts von Aniane festgelegt worden war.

Doch wer war der Absender von Plan und Schreiben? Diese Frage ist lange und kontrovers diskutiert worden. Heute ist man sich in der Forschung überwiegend darin einig, dass der Plan auf der Insel Reichenau entstanden ist. Der Reichenauer Abt Haito war ein enger Vertrauter Karls des Großen und für den Kaiser in diplomatischer Mission sogar einmal bis nach Byzanz gereist. In Personalunion war Haito Bischof von Basel und damit einer der führenden Köpfe der fränkischen Reichskirche. Auf Haito geht der Bau des romanischen Basler Münsters ebenso zurück wie jener des 816 geweihten Marienmünsters auf der Insel Reichenau.

Um in der Frage der Klosterreform auf dem Laufenden zu sein, sandte Haito zwei Reichenauer Mönche zu Benedikt von Aniane in das kurz zuvor gegründete Musterkloster Kornelimünster. Es wäre also möglich, dass diese das Original des klösterlichen Idealplans von dort mit auf die Reichenau gebracht

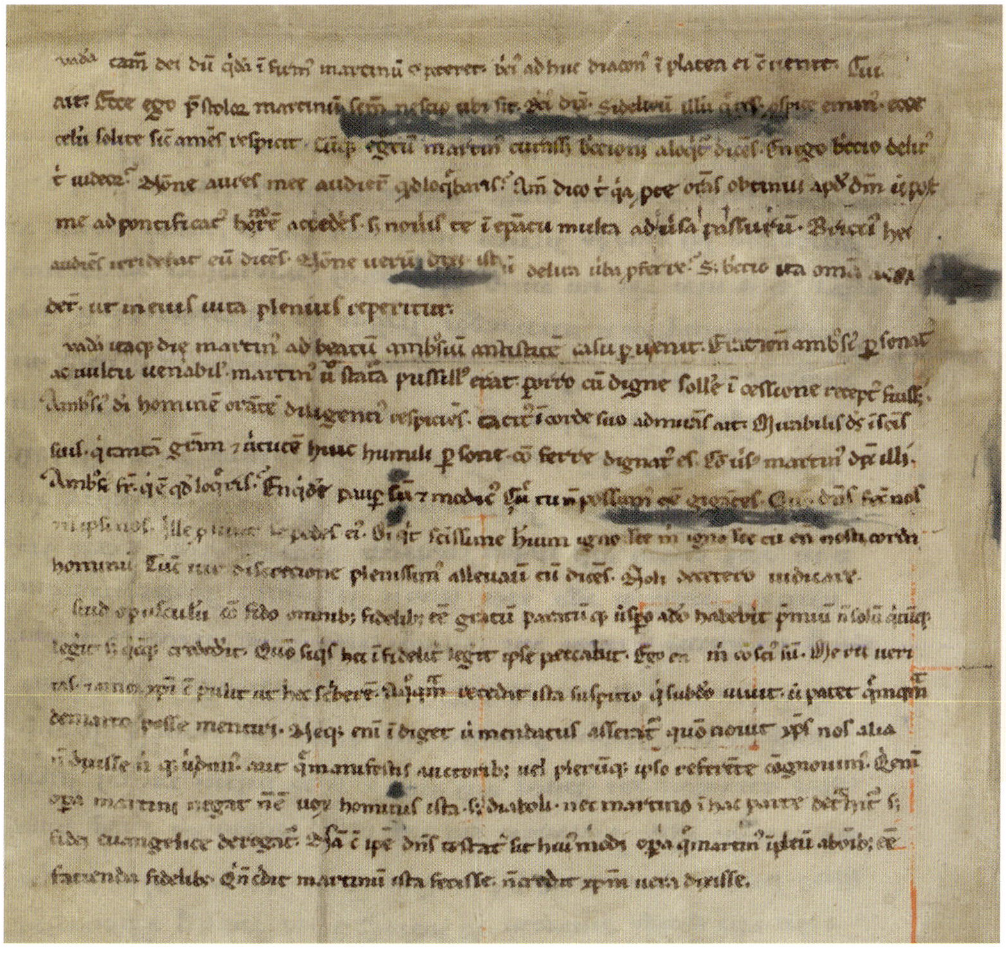

**Das Anschreiben des St. Galler Klosterplans**

Mein liebster Sohn Gozbert, ich habe diese Kopie von der Anlage des Klosters an dich gesandt, damit du deinen Kunstsinn betätigen und meine Ergebenheit erkennen kannst. Ich vertraue darauf, dass ich in der Befriedigung deiner Wünsche nicht lästig befunden werde. Argwöhne aber nicht, dass ich die Kopie deswegen gemacht habe, weil wir glauben, dass ihr unserer guten Ratschläge bedürft; vielmehr habe ich sie aus Liebe zu Gott für dich allein zu deinem Gebrauch gezeichnet. Leb wohl in Christus, gedenke stets unser. Amen

Gegenüber: St. Galler Klosterplan, um 818.

1 Klosterkirche
2 Apsis
3 Rundtürme
4 Kreuzgang
5 Schlafsaal der Mönche
6 Refektorium, Essraum
7 Küche
8 Vorratsraum
9 Kapitelsaal
10 Abort
11 Badhaus
12 Bibliothek/Schreibstube
13 Abthaus
14 Schule
15 Gästehaus (Gäste des Abtes)
16 Herberge (für Pilger)
17 Aderlasshaus
18 Arzthaus
19 Heilkräutergarten
20 Hospital
21 Doppelkirche
22 Noviziat
23 Kreuzgang
24 Friedhof/Obstgarten
25 Gemüsegarten
26 Geflügelhof
27 Handwerkerhaus
28 Bäckerei
29 Brauerei
30 Drechslerei, Küferei
31 Speicher
32 Fruchtdarre
33 Mühle
34 Stampfe
35 Stallungen für Pferde, Ochsen, Schafe, Ziegen, Kühe und Schweine
36 Gesindehaus

Die Zentren mittelalterlicher Klöster:

A Kirche und Kreuzgang
B Bewahrer des kulturellen Erbes: Bibliothek und Skriptorium
C Bildung als Auftrag: die Schule
D Die Leitung des Klosters: das Abthaus
E Alltag im Kloster: Refektorium und Dormitium
F Wirtschaft: Landwirtschaft, Handwerksbetriebe
G Gästehaus und Pilgerherberge
H Klostergarten

haben, wo er dann für St. Gallen kopiert wurde. Damit ist aber noch nicht gesagt, dass der Plan in Kornelimünster oder im Umfeld der Aachener Reformsynoden entstanden ist. Manche Details sprechen für eine Entstehung des Originals bereits in Südfrankreich, im Umfeld der ersten Klostergründungen Benedikts von Aniane.

Um 820/30 muss der Klosterplan dann von der Reichenau nach St. Gallen gebracht worden sein. Das Bischofsamt Haitos könnte dabei die Benennung des St. Galler Abts als „liebsten Sohn" erklären, die nur von einer im Rang höherstehenden Persönlichkeit verwendet worden sein kann.

Der Plan ist mit roter Tusche auf fünf Pergamentstreifen gezeichnet, die mit weißen Darmsaiten zusammengeheftet wurden. Insgesamt ergibt sich so eine Gesamtfläche von 112 mal 77,5 Zentimetern. Mit schwarzer Tinte sind alle Gebäude und Einrichtungen beschriftet. Selbst Baumarten und Gemüsesorten sind detailliert aufgeführt. Auf die Rückseite des Plans wurde im 12. Jahrhundert eine Lebensbeschreibung des hl. Martin geschrieben. Was heute als Barbarei erscheinen mag, war einst nur sparsam: Das beim St. Galler Klosterplan verwendete Kalbspergament war teuer, und weshalb sollte man die Rückseite eines alten Plans, mit dem kaum mehr jemand hatte etwas anfangen können, nicht beschreiben?

Der Klosterplan von St. Gallen ist eine der wenigen erhaltenen Architekturzeichnungen des Mittelalters. Allerdings wurde er bei dem 830 begonnenen Neubau der Klosterkirche in St. Gallen nicht exakt umgesetzt. Doch mag er Maßstäbe gesetzt haben, an denen sich die klösterlichen Bauherren orientieren konnten. Als Idealvorstellung eines karolingischen Klosterbaus ist er daher oft bezeichnet worden, ganz im Sinne der Vereinheitlichung, die Benedikt von Aniane angestrebt hatte.

Im Mittelpunkt des idealen Klosters, wie es in dem St. Galler Plan präsentiert wird, steht natürlich die Klosterkirche (1). Sowohl im Osten wie auch im Westen wird das dreischiffige Gotteshaus von einer halbrunden Apsis (2) abgeschlossen. Gewölbte Gänge führen in die unter dem Hauptaltar gelegene Krypta. Alle Altäre sind Heiligen zugeordnet, der Hauptaltar dem hl. Gallus und der Gottesmutter Maria. Vor der westlichen Apsis sind zwei Rundtürme (3) eingezeichnet.

Im Süden der Kirche liegt die Klausur der Mönche. Um den Kreuzgang (4) mit seinen vier Wegachsen gruppieren sich der direkt mit der Kirche verbundene Schlafsaal (5) der Mönche (kurze Wege zum Gebet!) und das Refektorium/der Essraum (6), woran sich sinnvollerweise der Küchenbau (7) anschließt, neben dem das Vorratshaus (8) mit dem Weinkeller steht – die großen Fässer sind nicht zu übersehen. Als Kapitelsaal (9), in dem sich die Mönche zu Beratungen trafen, diente der an der Kirche gelegene Flügel des Kreuzgangs.

Mit dem Schlafsaal durch Gänge verbunden sind der Abort (10) und das Badhaus (11). Diese beiden Bauten sind nach dem Zusammenbruch des vorbildlichen römischen Sanitärwesens keine Selbstverständlichkeiten und zeugen davon, dass es gerade die Klöster waren, die diese Kultur bewahrt haben.

An den Chor der Kirche schließen im Norden die Bibliothek (12) und die Schreibstube an. Hat man den großartigen barocken Bibliothekssaal von St. Gallen vor Augen, erscheint der Bau klein. Doch ist für die Zeit bereits außergewöhnlich, dass überhaupt ein eigener Bibliotheksbau vorgesehen ist. Die St. Galler Bibliothek zählte im 9. Jahrhundert über 400 Titel – im frühen Mittelalter kam diese Zahl einem Weltwunder gleich. Denn auch große Klöster besaßen damals kaum mehr als ein paar Dutzend Bücher.

Nördlich der Kirche befindet sich das Haus des Abts (13). Dass seine Wohnung abseits der Klausur liegt, zeugt von seiner repräsentativen Funktion, die Außenkontakte unumgänglich machte. Die Äbte der großen Klöster waren vielfach Diplomaten im königlichen Dienst, Politiker und Kirchenmänner gleichermaßen.

An das Abtshaus schließen sich in westlicher Richtung das Schulhaus (14) und ein Gästehaus (15) an, beides zentrale Einrichtungen in Benediktinerklöstern, sollten doch alle Gäste, die ins Kloster kamen, aufgenom-

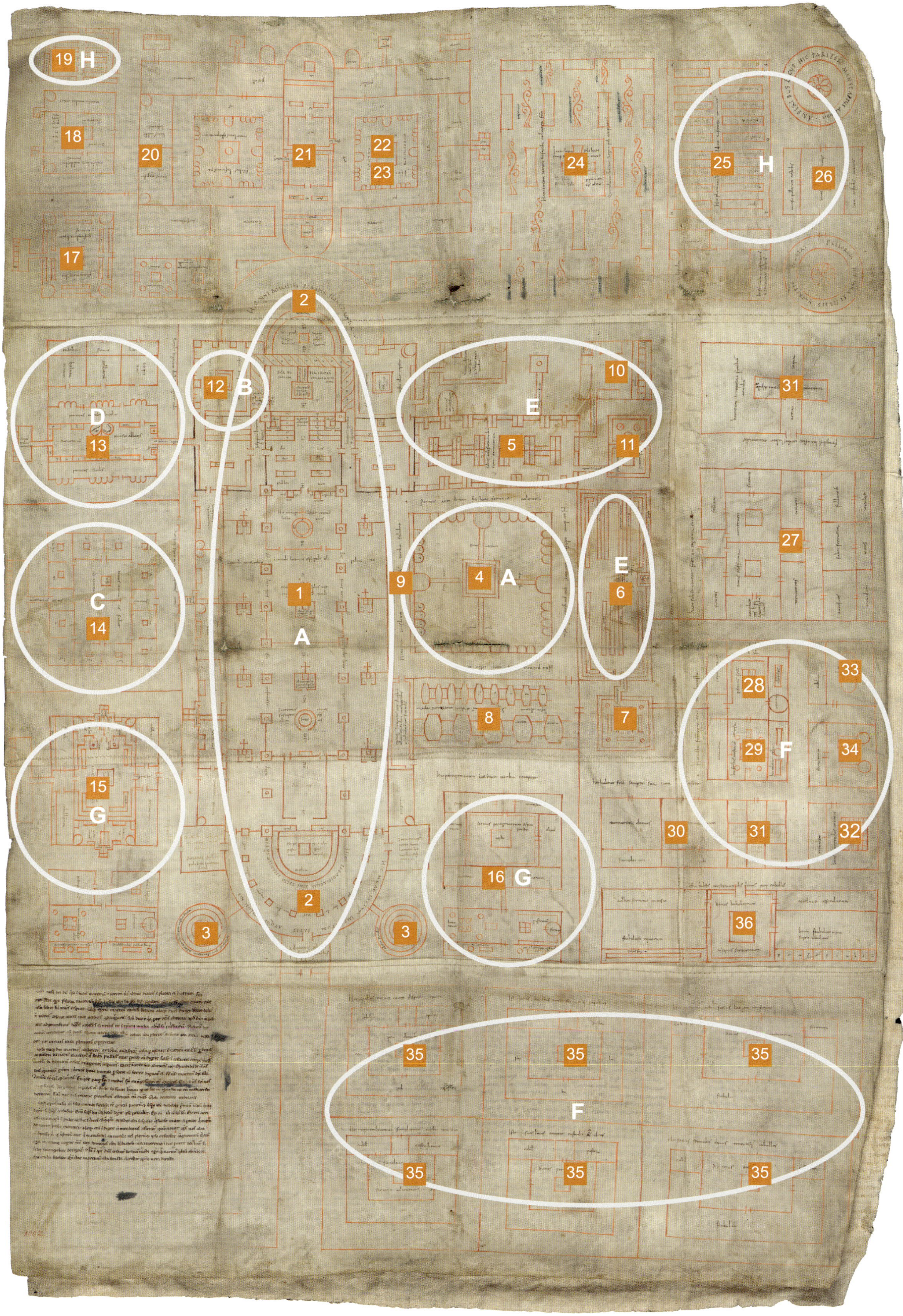
19 H
18
20
21
22
23
24
25 H
26
17
2
12 B
D
13
E
10
5
11
31
C
14
1
A
9
4 A
E
6
27
8
7
33
28
29 F
34
15
G
30
31
32
16 G
2
3
3
36
35
35
35
F
35
35
35

men werden wie Christus selbst. Das große Gästehaus im Außenbereich war wohl den hochrangigen Besuchern des Abts vorbehalten; für die Pilger ist südlich des Kreuzgangs (16) ein eigenes, etwas kleineres Gebäude eingezeichnet. Klosterschulen wiederum erfreuten sich bereits im Mittelalter größter Beliebtheit; die Bildung lag ganz in der Hand der Kirche. Dies galt für die Grundlage des Wissens – Schreiben, Lesen und Rechnen – ebenso wie für die höhere Bildung.

Wie funktional der Klosterplan aufgebaut ist, zeigt sich beispielhaft östlich der Kirche: Dort finden sich, gruppiert um einen kleinen Kreuzgang (23), das Aderlasshaus (17), die Arztwohnung (18), der Garten für Heilkräuter (19), das Hospital (20), dazu eine kleine einschiffige Doppelkirche (21) mit zwei Apsiden. Sie diente den Kranken, aber auch den Novizen, deren Schule sich südlich anschließt. Auch beim Noviziat (22) ist ein eigener kleiner Kreuzgang (23) vorgesehen.

Den gesamten südlichen Bereich des Plans nimmt die Ökonomie ein; schließlich waren Benediktinerklöster auf Selbstversorgung ausgerichtete Wirtschaftsbetriebe. So finden sich Obstgarten (zugleich Friedhof, [24]), Gemüsegarten (25), Geflügelhof (26), Scheune, Handwerkerhaus (27), Bäckerei (28) und Brauerei (29), Fruchtdarre (32), Mühle (33), Küferei (30), Drechslerei (30), Speicher (31) … Stallungen (35) für Pferde, Ochsen, Schafe, Ziegen, Kühe und Schweine schließen sich an. Dazwischen befindet sich das Gesindehaus (36), und auch dessen Lage folgt der Funktionalität, denn der große landwirtschaftliche Betrieb konnte von den Mönchen allein überhaupt nicht betrieben werden. Auffallend ist der gewaltige Wagenschuppen in der westlichen Ecke des Plans.

Insgesamt bietet der St. Galler Klosterplan eine bis ins letzte Detail durchdachte, sinnvolle Gliederung eines Klosterbaus. Die einzelnen Bauteile sind funktional um die Kirche als zentrales Element des Klosterlebens gruppiert.

Über Jahrhunderte blieb St. Gallen nicht nur ein Hort der Gelehrsamkeit, sondern eine treue Stütze des römisch-deutschen Königtums. Ob der Salier Heinrich IV. oder der Staufer Friedrich II. – sie alle konnten sich auf St. Gallen verlassen. Als der junge Friedrich II. 1212 mit seinen wenigen Rittern über die Alpen zog, um die Herrschaft im deutschen Reich anzutreten und den Welfen Otto IV. vom Thron zu stoßen, da war es unter anderen der Abt von St. Gallen, der ihn aufnahm und nach Konstanz begleitete. Erst mit der Säkularisation endete 1805 die Geschichte des Mönchtums in St. Gallen. Über 100 Mönche lebten damals hinter den altehrwürdigen Mauern – ein Zeichen dafür, dass die Gründung des hl. Gallus alle Stürme der Zeit gut überstanden hatte.

Das kann von der Reichenau nicht behauptet werden. 724 wurde das Kloster von dem irischen (?) Wandermönch Pirmin gegründet. Dank herausragender Äbte und der Förderung durch das karolingische Herrscherhaus wurde die Reichenau zu einem weit ausstrahlenden kulturellen Zentrum. Die Reichenauer Malschule wurde im 10. und 11. Jahrhundert zur „größten und einflussreichsten Europas“

Gegenüber: Jubiläumsbild zur 900-Jahr-Feier der Reichenau, Tafelmalerei im Münster St. Maria und Markus, Reichenau-Mittelzell, 1624. Dargestellt ist die Gründung des Klosters durch den hl. Pirmin.

Unten: Stiftskirche St. Peter und Paul, Reichenau-Niederzell. Die kleinste der drei Reichenauer Kirchen entstand im 11./12. Jh.; auch sie birgt im Inneren romanische Wandmalereien der Reichenauer Schule

(Albert Boeckler). Die Weltchronik Hermanns des Lahmen umspannt die Geschichte der damals bekannten Welt von der Geburt Christi bis in das Jahr 1054. Im 14. Jahrhundert begann der Niedergang des Klosters, von 1540 an war die Reichenau nur noch ein kleines Priorat, das dem Bischof von Konstanz unterstellt war. 1757, also noch vor der allgemeinen Säkularisation durch den Reichsdeputationshauptschluss von 1803, wurde das Kloster aufgehoben. Doch anders als in St. Gallen ist auf der Reichenau inzwischen ein Neuanfang gemacht: Im ehemaligen Pfarrhaus von Niederzell leben seit 2001 wieder Benediktinermönche!

**Die Gründungslegende der Reichenau**

Pirmin wandte sich an seinen Freund Sintlas, von dessen hoch gelegenem Schlosse man eine herrliche Aussicht über den Bodensee genoss. Eine Insel im See gefiel dem Glaubensboten so sehr, dass er den königlichen Landvogt bat, ihm die Insel zu überlassen, damit er dort ein Kloster gründen könne. Sintlas stellte dem Heiligen vor, dass die unwirtliche Insel nur von Schlangen und wildem Getier bewohnt sei und dass man den Urwald mit seinem Gestrüpp nicht durchdringen könne. Ihm erwiderte der glaubensreiche Pirmin: „Die Erde ist überall des Herrn. Wer unter dem Schutze des Allmächtigen steht und ihm vertraut, wandelt unversehrt über Nattern und Schlangen und tritt Löwen und Drachen unter die Füße." Pirmin fuhr mit seinen Gefährten über den See, pflanzte auf der Insel das Kreuz auf, fällte Bäume und Gesträuch und begann im Jahre 724 den Bau des später so berühmten Klosters.

# Kirche und Kreuzgang – die Zentren des Klosters

In der modernen Welt sind Klöster „Orte der Stille“. Gleich, ob man als mehr oder minder kulturhistorisch vorgebildeter Tourist oder als Gläubiger eine Klosterkirche oder einen mittelalterlichen Kreuzgang betritt, vielleicht auch nur in den Ruinen einer einstigen Klosteranlage steht: Überall ist die besondere Atmosphäre spürbar, die einen unwillkürlich ehrfürchtig die eigene Stimme senken oder gar schweigen lässt. Wie einst und teilweise auch heute noch die in einem Kloster lebenden Mönche und Nonnen eine gewisse Distanz zur übrigen Welt wahrten und wahren, möchte hier auch der moderne Mensch – abseits von lärmender Hektik – zu jener Stille finden, in der die leise, eindringliche Stimme zu vernehmen ist, die Menschen von Ewigkeit her anspricht.

# Chorgebet und Chorgesang

Seiten 36/37:
Spätgotischer Kreuzgang mit älterem Langhaus und südlichem Querhaus der Zisterzienserklosterkirche von Bebenhausen, Mitte 15. Jh.
Der Vierungsturm der Kirche ist eine Kostbarkeit gotischer Baukunst.

In der Antike verstand man unter dem griechischen „choros“ sowohl den Tanzplatz für den Reigen als auch diesen selbst, den ihn begleitenden Gesang und die Gemeinschaft der Sänger. Dieser Begriff wurde in das kirchlich-liturgische Leben des Mittelalters übernommen und bezeichnet hier den für das Gebet der Geistlichen bzw. Mönche bestimmten Platz in der Kirche. Bei größeren Basiliken mit Querhaus war es meist der quadratische Raumteil (Chorquadrat), der durch die Verlängerung des Mittelschiffs über das Querschiff hinaus gebildet wurde. An ihn schließt sich im Osten die nun den Chorschluss oder das Chorhaupt bildende Apsis an. Der Chorschluss kann dabei halbrund oder polygonal – eine Chornische –, aber auch gerade sein, Letzteres hauptsächlich bei Bauten der Hirsauer und Zisterzienser.

Klosterkirche St. Michael in Hildesheim von Süden, nach 1001.
Die beiden quadratischen Vierungstürme der Doppelchoranlage sind nach Zeichnungen des 17. Jh.s rekonstruiert.

Aus dem St. Galler Klosterplan geht hervor, dass man bereits um 830 auch Kirchen mit je einem Chor im Osten und einem im Westen des Gotteshauses kannte. Derartige Doppelchoranlagen wurden in karolingischer und ottonischer Zeit häufiger errichtet. Oft wurde dabei auch das Querhaus verdoppelt, wie etwa bei St. Michael in Hildesheim. Ein zweiter Chor konnte beispielsweise bei der Aufnahme eines neuen Kirchenpatrons oder eines Heiligengrabes geschaffen werden, aber auch aus anderen Gründen.

Im Unterschied zu Kirchen von Männerklöstern konnten die der Frauen über eine so genannte Nonnenempore, einen Nonnenchor, verfügen. In diesem Emporenraum – meist über den Seitenschiffen einer Nonnenkirche – wohnten die Nonnen dem Gottesdienst bei, für Priester und Laien nicht sichtbar. Die Nonnenempore konnte auch über einer meist dreischiffigen, niedrigen Halle im Westen der Kirche liegen.

Bis in das 9. Jahrhundert hinein lassen sich Frauenkonvente kaum der monastischen oder kanonikalen Lebensweise zuordnen. Die später Nonnen *(monachae)* oder Kanonissen *(canonicae)* genannten religiösen Frauen bezeichneten sich allgemein als „Sanktimonialen“, als Dienerinnen Gottes. Konvente lassen sich erst von der zweiten Hälfte des 10. Jahrhunderts an in „Stift“ und „Kloster“ unterscheiden. In beiden wollten sich die Frauen ungestört dem Gebet widmen können.

Der Platz von Nonnen und Stiftsfrauen in einer Empore am Westende der Kirche war seit dem 12. Jahrhundert in Deutschland meist die Regel. In England, Frankreich und der Schweiz hingegen waren ebenerdige Frauenchöre üblich. Dort, wo Laien in der Kirche nicht zugelassen waren, nahmen sie das ganze Langhaus ein. Dies gilt beispielsweise auch für die wichtigste Zisterzienserinnenabtei Spaniens, Las Huelgas vor den Toren der kastilischen Bischofsstadt Burgos, Grablege der kastilischen Königsdynastie und Haupt aller Nonnenkonvente dieses Reichs.

Das gemeinsam in Klöstern oder Domkirchen verrichtete Gebet wird als Chorgebet bezeichnet. Dazu versammeln sich Mönche oder Nonnen in regelmäßigen Abständen, um das jeweilige Stundengebet (das Wort „Chor“ geht zurück auf lat. *hora* = Stunde) zusammen zu beten. Sie begannen im Mittelalter mit der Mette, dem nächtlichen Stundengebet, auch Vigilien genannt. Bei Tagesanbruch folgten die Laudes (das Morgengebet), die Prim, dann die Gebete zur Terz, Sext, Non und Vesper (abendliche Gebetsstunde vor dem Nachtmahl). Den Tag und die Tageszeit beendete schließlich die Komplet mit direkt anschließender Nachtruhe. Diese Tagzeitenliturgie entstand aus der Aufforderung „Betet ohne Unterlass“ (1 Thess 5,17) und dem Psalmwort „Siebenmal am Tag singe ich dein Lob und nachts stehe ich auf, um dich zu preisen“ (Ps 119,62.164).

Im Urchristentum war das Stundengebet bzw. seine aus der jüdischen Tradition, drei Mal am Tag zu beten, entwickelte Vorstufe, noch von gemeindegottesdienstlichem Charakter. Wie einst die Juden, sollten nun auch die Christen die Tradition fortsetzen, die Psalmen des Alten Testaments zu beten, ergänzt um das Vaterunser und den Gesang christlicher Hymnen.

Mit dem Aufkommen des christlichen Mönchtums seit dem 3. Jahrhundert wurde die Entwicklung des Stundengebets entschieden beeinflusst. Für Mönche – und natürlich auch Nonnen – machte es einen wesentlichen Teil des Tages aus. Es wurde üblich, während der langen Gebetszeiten täglich alle 150 Psalmen zu beten.

Im östlichen Christentum behielt das Stundengebet stets seine zentrale Rolle im Gemein-

Links: Nonnenchor im Mittelschiff von Las Huelgas, Spanien, um 1220/1225; im Ostteil des Chores der Sarkophag des Stifterpaares Alfonso VIII. und Eleonore Plantagenet.
Las Huelgas war das Haupt aller Nonnenkonvente von Kastilien.
Seine Äbtissin, die mächtigste in ganz Europa, wäre um 1600 eine passende Partie für den Papst gewesen, hätte dieser je an eine Heirat gedacht.

Mönche beim Chorgebet. Buchmalerei, „Bible historiale“ von Guiart Desmoulins, 1. Viertel 14. Jh., Bodleian Library, Oxford, Ms. Douce 211, fol. 268.

### Das Oratorium

An welcher Stelle der Klosterbauten befand sich nun eigentlich das „Oratorium“? Die Stundengebete, so heißt es landläufig, stehen für das gemeinsam abgehaltene Chorgebet. Dann müsste das Oratorium mit dem bzw. einem der Chöre identisch sein oder doch zumindest ein Teil davon. Benedikt spricht aber von einem Raum mit einer Tür, in dem sich die Mönche wenigstens zu einigen der Gebetszeiten versammeln sollen. Dann müsste man darunter ein Bethaus verstehen, eine für den Privatgottesdienst errichtete Kapelle ohne Baptisterium, wie sie auch in Klöstern eingerichtet wurden. Oratorien waren in der Zeit der Karolinger weit verbreitet. Bereits im Mittelalter unterschied man drei Formen: das *Oratorium privatum* war weder konsekriert noch feierlich gesegnet; das *Oratorium publicum* war für ein Kollegium oder Privatpersonen öffentlich zugänglich; das *Oratorium semipublicum,* das eingeschränkt öffentliche Oratorium, war ebenfalls nicht konsekriert und benediziert und diente religiösen Genossenschaften und Bruderschaften. Die Sprache der Architektur versteht unter einem Oratorium in erster Linie eine gegen den Hauptraum meist durch Fenster abgeschlossene Empore im Chor (seltener im Langhaus) einer Kirche, die meist für besonders hochrangige Kirchenbesucher bestimmt war. Tatsächlich gab es also in den Klostergebäuden neben der Kloster- oder Stiftskirche zusätzliche Oratorien, in denen ein Teil des Stundengebets gefeiert wurde. Als Gebetssaal der Mönche und Nonnen gehörte das Oratorium zum Zentrum der Klosteranlage, denn Benedikts Regel schreibt vor, dass alle Brüder, die nicht zu weit vom Oratorium entfernt sind, sich sofort beim Zeichen zum Gebet dorthin begeben sollen, um dort im Stehen zu beten. In der Realität wurde, je nach geographischer Lage eines Klosters, dabei mitunter auch zwischen Sommer- und Winteroratorien unterschieden.

Oratorio di S. Bernardino, Siena, mit Stuckverzierungen von 1496.
Das Oratorium bei S. Francesco wurde noch im 15. Jh. an der Stelle errichtet, wo der Franziskanermönch Bernardino di Siena († 1444) zu beten pflegte.
Die Fresken im Obergeschoss stammen vom Hauptmeister des sienesischen Manierismus Sodoma (1477–1549), Girolamo del Pacchia und Domenico Beccafumi, genannt Mecarino (1484–1551).

deleben. Im westlichen Christentum hingegen wurde sein Umfang mit der Zeit an das Gemeinde- und Klosterleben angeglichen. Als die Benediktregel zur Norm aller monastischen Gemeinschaften wurde, beschrieb sie erstmals eine detaillierte Ordnung der Tagzeitenliturgie. Die herkömmlichen Gemeindekirchen konnten ihr keinen vergleichbaren Normtext zur Seite stellen. Nun sollten alle 150 Psalmen im Laufe einer Woche gebetet werden, was eigentlich nur von Ordensleuten und Klerikern zu bewältigen war. Erst im Zuge der Liturgiereform des letzten Jahrhunderts wurde der Umfang des Stundengebets reduziert. Von den einst acht Gebetszeiten zwischen Sonnenaufgang und den Vigilien werden heute meist nur noch die Laudes, Mittagshore – bzw. nach Wahl eine der kleinen Horen Terz, Sext oder Non –, Vesper, Komplet und die Lesehore täglich vollzogen. Unter wenigen Auslassungen werden dabei die 150 Psalmen auf vier Wochen verteilt, das bis dahin lateinische Stundengebet darf nun zudem in der jeweiligen Landessprache gebetet werden.

Während man bei Männerklöstern wenig Schwierigkeiten hat, sich die Verrichtung des Chorgebets an der Stelle vorzustellen, die der Name impliziert, gilt das für Nonnen keineswegs immer. Zwar gab es auch hier Regeln, die dies für die Stundengebete ausdrücklich vorsahen, wie etwa die „Ordinatio“ des Reformers Bartholomäus Texery von 1429, aber Regel und Wirklichkeit stimmten nicht immer und überall überein. Die Nonnen des Nürnberger Katharinenklosters etwa kannten diese Regel, denn sie verfügten über eine bis heute erhaltene Kopie davon. Das hielt sie indes nicht davon ab, die frühen Stundengebete bis zur Non mitunter vor einer Marienskulptur im Dormitorium, dem Schlafsaal, zu lesen. Erst die späteren Horen las man stets im Nonnenchor.

Dass im klösterlichen Leben alles nach dem Gebet ausgerichtet war, zeigen auch Benedikts Bußanweisungen für unpünktliche Brüder. Sie waren nämlich angehalten, sofort alles aus der Hand zu legen und – würdig und ernsthaft – zum Gottesdienst zu eilen, sobald sie das Zeichen dazu vernahmen, denn nichts kam an Bedeutung dem Gottesdienst gleich. Seine Ankündigung zu Tag und Nacht war Aufgabe des Abtes, der diese aber auch einem gewissenhaften, pünktlichen Bruder übertragen durfte.

Dabei wurde durchaus ein gut Maß Rücksicht auf die Langsamkeit einzelner Brüder genommen, die, nächtens aus dem Schlaf gerissen, erst einmal „zu sich kommen“ mussten. Der 94. Psalm sollte bei den Vigilien nämlich sehr langsam und gedehnt gesungen werden, bis möglichst alle Brüder anwesend waren. Kam einer von ihnen dennoch erst danach, durfte er seinen Platz im Chor nicht mehr einnehmen. Vielmehr musste er als Letzter vor allen stehen oder abseits auf dem Platz, den der Abt für derart Nachlässige bestimmte, damit sie von ihm und allen anderen gesehen wurden. Dort musste der Unpünktliche dann bleiben, bis er am Schluss des Gottesdienstes öffentlich Buße getan hatte.

Benedikt hat auch eine Begründung für diese erzieherischen Maßnahmen: „Wir lassen die unpünktlichen Brüder bewusst auf dem letzten Platz oder abseits stehen, damit sie von allen gesehen werden und sich schämen und deshalb sich bessern. Bleiben sie nämlich außerhalb des Oratoriums, könnte sich vielleicht einer wieder schlafen legen …“ Diesen letzten Platz musste auch ein sich zu den Gottesdiensten der Gebetszeiten am Tag Verspätender einnehmen. Er durfte sich den Psalmen singenden Brüdern im Chor erst dann anschließen, wenn er zuvor Buße getan hatte – es sei denn, sein Abt übte Nachsicht und erlaubte, die geforderte Buße nachzuholen.

Zur Buße für ein schweres Vergehen – wenn man sich nicht an die strengen Vorschriften hielt – musste sich der reuige Sünder am Ende des Gottesdienstes vor der Tür des Oratoriums auf den Boden werfen. Wortlos, das Gesicht zur Erde, sollte er dort zu Füßen aller liegen, die aus dem Oratorium kamen – bis ihn der Abt zu sich rufen ließ. Kam er auf diese Aufforderung herein, sollte er sich dem Abt und dann allen Anwesenden zu Füßen zu werfen, damit sie für ihn beteten. Erst dann wurde er auf des Abtes Anordnung wieder in den Chor aufgenommen, der ihm nun einen bestimmten Platz zuwies. Allerdings war es ihm ohne erneute Erlaubnis des Abtes weiterhin untersagt, einen Psalm, eine Lesung oder sonst etwas im Oratorium vorzutragen. Stattdessen sollte er sich bei allen Gebetszeiten am Ende des Gottesdienstes an seinem Platz zu Boden werfen und dadurch Buße tun, bis ihm der Abt befahl, diese zu beenden.

Zelebrierung einer Messe im Nekrolog von Obermünster. Regensburg, um 1180. Bayerisches Hauptstaatsarchiv München, KL Regensburg-Obermünster 1, fol. 67v.
Der Codex entstand unter der Äbtissin Eufemia (um 1177–um 1190); die Listen mit den Namen der Verstorbenen in den Arkaden wurden in späterer Zeit weitergeführt, dabei blieb aber ein Großteil der auf Ergänzung berechneten Arkaden leer.

### Von Neumen zu Noten

Karls des Großen Forderung, in der Kirche nach „römischem“ Brauch zu singen, führte dazu, dass Eigenarten der Tonführung mit *Neumen* (griech. = Winke) notiert wurden. Damit war der erste Schritt zur Erfindung der Notenschrift getan, ohne die sich die europäische Musik kaum so hätte entwickeln können, wie man sie heute kennt. Die Melodien mussten nämlich sicher fixiert und damit in stets gleicher Weise wiederholbar werden. Dazu erfand man zur Zeit der Einrichtung der Gesangsschulen eine besondere Schrift, die Notation. Sie bestand aus den Neumen, also Tonzeichen, die Rhythmus und Bewegung der Melodie, nicht aber die genauen Intervalle der Töne angaben. Sie dienten damit wohl in erster Linie einem Vorsinger bei der Einübung und Leitung der Gesänge. Seit dem 9. Jahrhundert ist zweistimmige Musik bekannt. In Verbindung mit den Sequenzen Notkers des Stammlers entwickelte Tuotilo († um 913) als Dichter freier Lieder, die Tropen genannt und zwischen die eigentlichen Hauptgesänge eingeschoben werden, in St. Gallen den Gregorianischen Choral weiter. Als der Benediktinermönch Guido von Arezzo (um 995–1050) das vierzeilige Notensystem einführte, wie es heute noch für die Choralmusik verwendet wird, benutzte er allerdings noch Neumen und keine Quadratnoten. Diese kamen im 11. Jahrhundert zuerst in nordfranzösischen Klöstern auf. Indem man die Schreibfeder breit zuschnitt, entstand aus dem einfachen Punkt ein Quadrat, eine neue Form der Notenzeichen, von der die Neumen bald aus den Skriptorien verdrängt werden sollten.

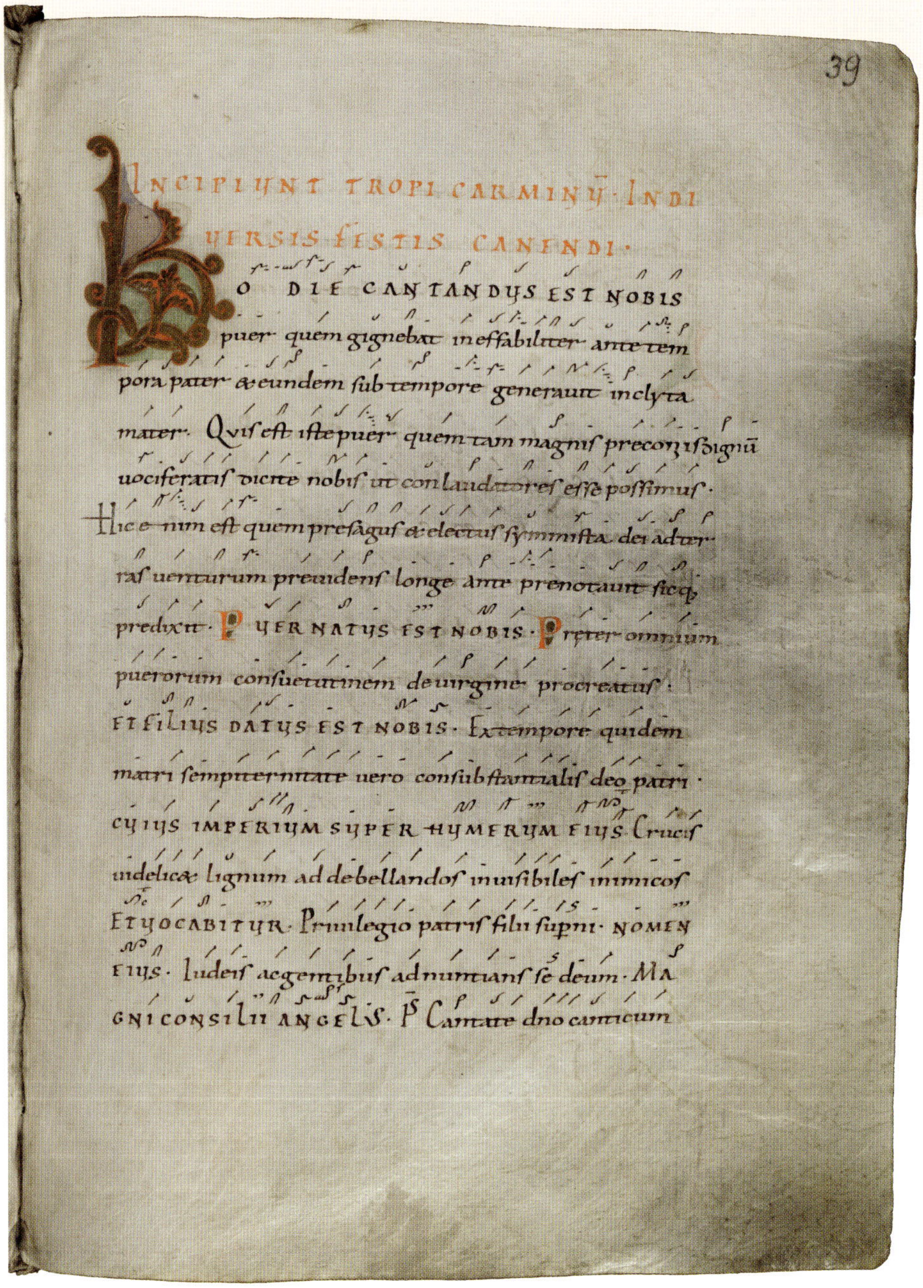


Psalmen und Antiphonen (Wechselgesänge oder Kehrverse) trugen nach dem Abt einzelne Brüder gemäß ihrer Rangordnung vor. Der „Dienstgrad“ eines Mönches (abhängig von seiner Verweildauer im Kloster, nicht etwa von seinem Eintrittsalter) war für die Ausübung dieser Aufgabe keineswegs ausschlaggebend. Im Vordergrund stand nämlich die Erbauung der Hörer – jemand, der diese Aufgabe nicht erfüllen konnte, sollte sich nicht herausnehmen zu singen oder zu lesen, denn dies hatte mit Demut, Ernst und Ehrfurcht sowie im Auftrag des Abtes zu erfolgen. Unterlief nämlich dem Vortragenden eines Psalms, eines Responsoriums, einer Antiphon oder einer Lesung ein Fehler, so musste er sich gleich vor allen demütigen und damit Buße tun. Im anderen Fall sollte ihn eine schwerere Strafe treffen, da er nicht durch Demut wiedergutmachen wollte, was er durch Nachlässigkeit verschuldet hatte. Knaben sollten für eine solche Verfehlung indes Rutenschläge erhalten. Diese Züchtigung ist aus heutiger Sicht eine merk-

### Von der Einteilung der Zeit zur Erfindung der Uhr

Im Kloster hatte man entdeckt, dass man die Zeit für seine Belange nutzen und gebrauchen konnte. Die dort üblich gewordene Tagesplanung nach Gebetszeiten sollte auch die säkulare Gesellschaft verändern. Hier wurde die Einteilung des Tages in zwölf Stunden übernommen, ebenso die Bemessung der Zeit über den Tag hinaus: Das Kirchenjahr beginnt nämlich nicht am 1. Januar, sondern hat seine eigene Strukturierung und setzt am 1. Advent ein.

Schließlich wurden die Horen der Klosterinsassen zum Zeitmaß der ganzen Gesellschaft: *prîmezît, nônezît, vesperzît.* Die Vesper ist in vielen Landstrichen bis heute ein bekannter Begriff, und auch an den Kirchenglocken kann man sich im Tageslauf orientieren. Wie das Angelus- oder Ave-Läuten des Morgens den Arbeitsbeginn ankündigte, so zeigte das Zwölf-Uhr-Läuten den Bauern auf dem Feld, Handwerkern und Waldarbeitern, aber auch städtischen Angestellten seit dem 14. Jahrhundert die Mittagszeit an. Das Abendläuten um 18 Uhr schließlich bedeutete das Ende der Arbeitszeit. Um das Jahr 1300 ist in schriftlichen Quellen erstmals von einer mechanischen Uhr die Rede. Es wird vermutet, dass sie von Benediktinern erfunden wurde – belegen lässt sich diese Hypothese bislang nicht.

Mönch mit Sehrohr. Pergament mit Federzeichnung, St. Gallen, um 1000. Stiftsbibliothek St. Gallen, Cod. Sang. 18, pag. 43.
Das Sehrohr wird als Nachtuhr *(horologium nocturnum)* gedeutet, eine Erfindung, die wohl auf den Veroneser Archidiakon Pacificus (9. Jh.) zurückgeht.

Gegenüber: Weihnachtstropus „Hodie cantandus est nobis puer" von Tuotilo (um 850–913), St. Gallen. Stiftsbibliothek St. Gallen, Cod. Sang. 376, pag. 39.
Die Zeichen über den Textzeilen sind die Neumen.

würdige Art der Erziehung von Kindern, die man noch bis in das 20. Jahrhundert hinein als notwendig und angebracht ansah.

Zum vollständigen Vollzug des Stundengebets, des offiziellen Gebets der Kirche, sind Mönche und Nonnen bis heute verpflichtet. Da sie das Stundengebet nicht nur zur persönlichen Tagesheiligung, sondern auch stellvertretend für die ihnen anvertrauten Gläubigen beten, vollziehen sie damit einen liturgischen Dienst. Psalmen oder sonstige Texte müssen dabei nicht feierlich gesungen, sondern dürfen auch einfach gesprochen werden.

Musik hat es in Klöstern zunächst nur in der Liturgie gegeben. Der einstimmige Gregorianische Choralgesang mit seinen schlichten Melodien durchzog den Tagesablauf der Mönche und Nonnen. Wie groß die Bedeutung der kirchlichen Liturgie im öffentlichen Leben war, zeigt sich darin, dass Karl der Große bereits im Jahr 789 die „Admonitio generalis", eine „allgemeine Ermahnung", erließ, in der er unter anderem bestimmte, dass in den Kirchen nach „römischem" Brauch zu singen sei. Mönchsgemeinschaften hatten die Psalmen, ihr Hauptgebet, vermutlich tatsächlich meist gesungen, denn „Gesang bedeutet geistiges Wissen, ist ein Teil des kontemplativen Lebens." So sah es auch der Benediktiner Hrabanus Maurus (780–856), der ein halbes Jahrhundert nach dieser „Admonitio generalis" zum Bischof von Mainz avancierte. Für ihn war Musik nicht Mittel der Unterhaltung, sondern Wissenschaft und Bildungszweig. Auch sein Lehrer Alkuin beschäftigte sich in philosophischen Traktaten mit der Musik. Vokal wie instrumental, wurde sie in ihre Bestandteile zergliedert und als „die Einteilung der Töne, die Mannigfaltigkeit der Stimmen und die Melodie beim Singen" definiert. Überdies wollte man in der Regelmäßigkeit der Tonfolge und in den Harmonien einen Ausdruck der göttlichen Schöpfung erkennen, da ohne die Musik nichts existiere.

Im monastischen Chorgesang verbanden sich schließlich Form und Inhalt, das gesun-

gene Wort, zum perfekten Gotteslob. Sein Ursprung ist wohl der jüdische Lesegesang in der Synagoge, der dann über die Ostkirche in die römische Kirche getragen wurde.

Die Benediktregel schreibt den Psalmengesang für das Stundengebet vor. Die meisten Mönche konnten die Psalmen so, wie man sie in ihrem Kloster sang, wohl auswendig. Die erste Zusammenstellung liturgischer Gesänge schreibt man im westeuropäischen Raum Papst Gregor dem Großen (540–608) zu. Seit dem 8. Jahrhundert wurden auch in den Klöstern des Frankenreiches die römischen Gesänge angestimmt. Es bildete sich der Gregorianische Choral mit seinem System von acht Tönen als einstimmiger, unbegleiteter liturgischer Gesang. Seine lateinischen Texte werden in Melodien aus kleinen Tonintervallen in ruhigem, getragenem Tempo dargeboten.

Bei der hohen Bedeutung, die der liturgische Gesang allmählich einnahm, wurde auch eine angemessene Schulung der ausschließlich dem Klerus angehörenden Sänger nötig. Mit der *schola cantorum* entstand eine Gesangsschule, die die textliche und melodische Festlegung der liturgischen Gesänge zum Ziel hatte. Bis ins späte Mittelalter hinein berichten klösterliche Chroniken immer wieder von Gesangslehrern, die sich Kloster eigens zur Schulung des korrekten Gesangs ihrer Mitglieder untereinander „ausliehen". Man war schließlich bestrebt, diesen wichtigen Teil des *Opus Dei* in der gebotenen Weise zu erfüllen.

Der Chorgesang sollte sich nun zu einem im höchsten Maße formalisierten Gesang entwickeln, in dem vorgeschriebene Texte passend zu den jeweiligen liturgischen Ereignissen in ebenso festgelegte Gesangsabläufe eingebunden waren. Ein weiteres Charakteristikum des mönchischen Chorgebetes wurde der Wechselgesang: Im ersten Schritt sang der Vorsänger einen Text vor, den der Chor wiederholte *(repetitio)* oder auf den er mit einem anderen vorgegebenen Text antwortete.

Ein solcher Wechselgesang konnte auch von zwei „Chorgruppen" gesungen werden, vielleicht wenn die Knabenstimmen der Schüler den Männerstimmen der Mönche antworten. Dazu saßen die Mönche „im Chor", das heißt unmittelbar vor dem im äußersten Osten stehenden Hochaltar, und zwar auf zwei einander gegenüberstehenden Bänken, die sich im Laufe des Hochmittelalters zum reich verzierten Chorgestühl mit hölzernen Verbreiterungen an den hochgeklappten Sitzen, so genannten Misericordien, entwickelten. Diese Anordnung war ideal für den Wechselgesang der Mönche.

Neben dem Stundengebet gab es bei den Mönchen noch weitere Zeremonien im Dienst für Gott. Nach dem St. Galler Klosterplan standen in der dazugehörigen Kirche dreizehn Altäre. Im Kloster Centula in St-Riquier bei Amiens aus dem 7. Jahrhundert – durch Angilbert, einen Schwiegersohn Karls des Großen, neu erbaut – sollten in karolingischer Zeit elf Altäre stehen. Diese zahlreichen Altäre waren nötig, weil jeder Priester zur täglichen Zelebration der Messe verpflichtet war und man keine Konzelebration (gemeinschaftliche Zelebration) kannte. Obwohl diese Messen an den Seitenaltären in der Regel am frühen Morgen ohne Gemeinde stattfanden, waren sie nicht nur eine Übung privater Frömmigkeit für die Priester – vergegenwärtigte doch jede Messe das Kreuzesopfer Christi und brachte Segen für Kirche und Welt.

Am Hauptaltar der Klosterkirche hingegen wurden Messen zelebriert für das Volk, die Mönche im Chor und die Gläubigen aus der Umgebung des Klosters im Kirchenschiff. Weilte ein hoher Gast im Kloster, wurde eine solche Messe besonders festlich gestaltet. Instrumentalmusik war dabei in der Kirche nicht erlaubt. Musik war nur dann wertvoll, wenn *Menschen* heilige Worte verständlich sangen. Die ersten Formen einer solchen Musik hohen Stils waren lange, über Endvokalen vorgetragene Tonfolgen, die dem Gedächtnis der Mönche viel abverlangten. Notker der Stammler (840–912), Mönch aus St. Gallen, machte dabei aus seiner „Vergesslichkeit" eine Tugend – als berühmtester Verfasser einer neuen Art von Dichtung, der Sequenz (lat. = Folge), welche die langen, sich wiederholenden Tonfolgen mit Worten unterlegt.

Ganz oben: Chorsänger, 1460. Stiftsbibliothek St. Gallen, Cod. Sang. 602, pag. 315.

Oben: Notker der Stammler, meditierend. Einzelblatt, spätes 11. Jh. (ursprünglich Frontispiz von Cod. Sang. 376). Zentralbibliothek Staatsarchiv, Zürich, AG 19 XXXV.

Gegenüber: Mönchschor in Maulbronn mit spätgotischem Chorgestühl, um 1450.

Seite 47: Thronbild des Psalmisten David. Goldener Psalter von St. Gallen, 1. Hälfte 11. Jh., Stiftsbibliothek St. Gallen, Cod. Sang. 22, pag. 2.

**Aus den Gebetsanweisungen des heiligen Benedikt**

Die eigentliche Aufgabe des Klosters war das Gebet, der Dienst an und für Gott, Tag für Tag, rund um die Uhr. In der Ordensregel der Benediktiner bildet das Gebetsthema den größten Einzelkomplex. 18 der 73 Kapitel beschreiben die Verpflichtungen und Verhaltensweisen beim Gebet, das den Tagesablauf, das ganze Leben der Klosterinsassen bestimmt: „Siebenmal des Tages lobe ich dich um deiner gerechten Ordnungen willen", heißt es im 119. Psalm, Vers 164. Und so ruft Benedikt seine Brüder siebenmal am Tag zum Gebet sowie, nach Psalm 119, Vers 62, zum Nachtgottesdienst: „Um Mitternacht stehe ich auf, dir zu danken für deine gerechten Ordnungen."

Der Tag eines Mönchs begann normalerweise mit den Vigilien und endete mit der Komplet, dem Abendgebet als Schluss der kirchlichen Tagzeiten. Denn man orientierte sich nicht am Tageslicht, sondern an der Zeitspanne von Mitternacht bis Mitternacht, wobei die Vigilien nach unserer Zeitrechnung bis etwa gegen 2 Uhr morgens zelebriert wurden.

Benedikt gibt seinen Brüdern genaue Vorgaben mit auf den Weg, ordnet die Vigilien für Sommer und Winter sowie den Sonn- und Feiertag, die Laudes für Sonn- und Werktage.

*Die Laudes am Sonntag*
*Zu den Laudes am Sonntag singt man zuerst Psalm 66*
*ohne Antiphon und ohne Unterbrechung.*
*Es folgen Psalm 50 mit Halleluja,*
*Psalm 117, Psalm 62,*
*der Lobpreis, die Lobpsalmen,*
*eine Lesung aus der Apokalypse,*
*auswendig vorgetragen,*
*ein Responsorium,*
*ein Hymnus des Ambrosius,*
*der Versikel, das Canticum aus dem Evangelium,*
*die Litanei und der Abschluss.*
(Regula Benedicti, XII)

Auch für die übrigen Gottesdienste am Tag gibt Benedikt eine Ordnung der Psalmen vor: Zur Prim, Terz, Sext und Non – also der ersten, dritten, sechsten und neunten Stunde des Tages – folgen je drei einzelne Psalmen auf den Vers „O Gott, komm mir zu Hilfe" und den Hymnus der Gebetszeit. An diese schließen sich jeweils Lesung, „Kyrie eleison" und Abschluss an. Für die Feier der Vesper – die abendliche Gebetsstunde – sind vier Psalmen vorgesehen. Bei der Komplet werden schließlich täglich wiederholend dieselben drei Psalmen ohne Unterbrechung gebetet: Die Psalmen 4, 90 und 133 sollen die Mönche Unverzagtheit lehren, die Weisheit, dass der vergängliche Mensch Zuflucht beim ewigen Gott sucht und findet, und sie dem Segen der brüderlichen Gemeinschaft anvertrauen.

Diese Vorgaben sind für Benedikt dabei keineswegs unumstößlich, denn so beendet er seine Ordnung der Psalmen:

*Wir machen ausdrücklich auf Folgendes aufmerksam:*
*Wenn jemand mit dieser Psalmenordnung*
*nicht einverstanden ist,*
*stelle er eine andere auf, die er für besser hält.*
*Doch achte er unter allen Umständen darauf,*
*dass jede Woche der ganze Psalter*
*mit den 150 Psalmen gesungen*
*und zu den Vigilien am Sonntag*
*stets von vorn begonnen wird.*
*Denn Mönche, die im Verlauf einer Woche*
*weniger singen als den ganzen Psalter mit den üblichen Cantica,*
*sind zu träge im Dienst, den sie gelobt haben.*
*Lesen wir doch, dass unsere heiligen Väter in ihrem Eifer*
*an einem einzigen Tag vollbracht haben,*
*was wir in unserer Lauheit*
*wenigstens in einer ganzen Woche leisten sollten.*
(Regula Benedicti, XVIII 22–25)

Der altchristliche Aufruf „Betet ohne Unterlass" (1 Thess 5,17) wurde in der christlichen Tradition pragmatisch umgedeutet. Dem Gebet werden bestimmte, festgelegte Zeiten – also die oben genannten – gewidmet, als Ausdruck für das unablässige Gebet. Bei Benedikt sollen die Mönche den Tag durch gemeinsame Gebetszeiten eröffnen, begleiten und vollenden. Dieses Opus Dei – das gemeinsame Gebet – hat Vorrang vor jeder sonstigen Tätigkeit. Auch wenn es nur wenige Minuten andauern sollte, so erfolgt es doch in Ehrfurcht. Damit wird Gott, der Herr, anerkannt und angebetet, der Himmel und Erde geschaffen hat und über allem steht:

*Wenn wir mächtigen Menschen etwas unterbreiten wollen,*
*wagen wir es nur in Demut und Ehrfurcht.*
*Um wie viel mehr müssen wir zum Herrn,*
*dem Gott des Weltalls,*
*mit Demut und lauterer Hingabe flehen.*
*Wir sollen wissen, dass wir nicht erhört werden,*
*wenn wir viele Worte machen,*
*sondern, wenn wir in Lauterkeit des Herzens*
*und mit Tränen der Reue beten.*
*Deshalb sei das Gebet kurz und lauter,*
*nur wenn die göttliche Gnade uns erfasst und bewegt,*
*soll es länger dauern.*
*In der Gemeinschaft jedoch sei das Gebet auf jeden Fall kurz,*
*und auf das Zeichen des Oberen hin*
*sollen sich alle gemeinsam erheben.*
(Regula Benedicti, XX)

# Vom Gebet zur Verbrüderung und fortwährenden Memoria

Mönche und Nonnen dienten in stellvertretender Frömmigkeit auch den Menschen draußen mit ihren Gebeten für das Seelenheil von Lebenden und Verstorbenen; sie beteten freilich auch für ihre Mitbrüder und -schwestern. Dazu riefen sie insbesondere Märtyrer und Heilige um Hilfe an, die als Bindeglied zur göttlichen Allmacht das Flehen der Irdischen um himmlischen Beistand durch ihre Intervention unterstützen sollten. Die Namen der Märtyrer und Heiligen, deren Fürsprache man sich durch Anrufung vergewissern wollte, wurden in Martyrologien niedergeschrieben.

Ein Gebet an einem Heiligengrab verstärkte die unterstützende Wirkung bei der Anrufung Gottes. Da nördlich der Alpen, anders als in Rom, nur wenige Christen das Martyrium erlitten hatten, kam hier der Kirche von Tours mit der Grabstätte des hl. Martin, des ersten Mönchbischofs im Abendland, und dem Dionysiusgrab in St-Denis nördlich von Paris, besondere Bedeutung zu. Die symbolische Funktion von Heiligengräbern wurde auf Heiligenreliquien übertragen, von denen viele aus Rom in neu erbaute Kirchen des Frankenreichs überführt wurden. Oft wurden sie als wertvollster Teil des Klosterschatzes angesehen, und um ihre Bedeutung zu unterstreichen, fertigte man für sie kostbare Behältnisse (Reliquiare) an.

Manche Konvente waren ausdrücklich als Stiftsgemeinschaft gegründet, deren Bestimmung es war, Tag und Nacht das Fürbittgebet für die Stifter und ihre Familie, die Lebenden wie die Toten, aufrechtzuerhalten. Die Stifter hegten damit auch die Erwartung, dass dadurch ihre Sündenstrafen im Jenseits gemindert würden.

Schon für Benedikt hatte das Fürbittgebet Bedeutung. Er hatte gefordert, der Konvent solle für seine auf Reisen ausgesandten Brüder beten: „Stets gedenke man nach dem Schluss des Chorgebetes aller Abwesenden." Im Frühmittelalter wurde der Kreis derer, für die Mönche und Nonnen Fürbitte leisteten, ausgeweitet. Aus dem Munde gottgeweihter Jungfrauen galt dieses Fürbittgebet als ebenso gottgefällig wie das Lesen von Messen. Als sich in karolingischer Zeit Gebetsbünde bildeten, wurde nicht mehr allein das Gebet als Fürbittleistung gewertet. Das Psalmengebet als Memorialleistung wurde in den Hintergrund gedrängt, zugunsten der Messe, die den Mönchen als besondere Aufgabe übertragen wurde. Da man für diese Memorialdienste eine Gegenleistung in Form von Einkünften erhielt, gerieten Gemeinschaften von Frauen, die ja keine Messe lesen durften, wirtschaftlich letztlich ins Hintertreffen.

Einen Gebetsbund hatten 762 in Attigny am Rande einer fränkischen Reichssynode 17 Äbte, 5 Abtbischöfe und 22 Bischöfe vereinbart. Angefangen mit Bischof Chrodegang von Metz, verpflichtete sich jeder der 44 „Bundesbrüder" dazu, im Falle des Todes eines Vertragspartners für diesen jeweils 100 Psalter – je mit allen 150 Psalmen – und Messen singen zu lassen und zusätzlich 30 Messen persönlich zu feiern. Diese Verpflichtungen beschränkten sich indes nur auf die Vertragsteilnehmer. Ihr Klerus, ihre Priester, Diakone und Mönche oder gar Laien waren davon ausgenommen. In den auf Bayern beschränkten Gebetsbund von Dingolfing wurden 10 Jahre später auch Priester und Mönche einbezogen.

Mit den Verbrüderungen der kommenden Jahrzehnte entstanden Gebetsvereinigungen, denen neben ganzen Klöstern auch Laien, Klosterhörige sowie Weltpriester und Kanonikerstifte beitreten konnten. So entstand etwa aus der Gebetsverbrüderung zwischen den Klöstern St. Gallen und der Reichenau schließlich ein Bund, dem sich Abteien und Personen aus dem ganzen Frankenreich anschließen konnten. Im Jahr 825 gehörten der Bruderschaft bereits über 50 Klöster und zwei Kanonikerstifte an, gegen Ende des 10. Jahrhunderts waren es über 100 Gemeinschaften. Das Verbrüderungsbuch, in dem jedes Mitglied mit Stand, Spende und Todestag notiert wurde, wies letztlich über 40.000 Namen auf, die alle nach den gleichen Maßgaben der verstorbenen Mitglieder des Gesamtverbandes gedenken sollten: Traf die Nachricht vom Tod eines Mitglieds ein, sollten zunächst sofort unter anderem drei Messen gelesen und ein Psalter gebe-

Reliquiar der hl. Fides (Ste-Foy). Goldblech, Edelsteine und Bergkristalle über einem Holzkern, Ende 9. Jh., Schatz der ehemaligen Abtei Conques. Die 85 Zentimeter hohe Statuette ist das einzige noch erhaltene mittelalterliche Sitzreliquiar des Abendlandes. Die Reliquien der 307 in Agen enthaupteten Fides gelangten 855 nach Conques und wurden 1094 nach Schlettstatt überführt. Seither gehört die hl. Fides zu den Schutzheiligen des Elsass.

tet werden. Dann gedachte man seiner – und der weiteren Verstorbenen – entsprechend jeweils zum Monatsanfang, und dann nochmals am 14. November eines jeden Jahres. Allerdings kann nicht davon ausgegangen werden, dass jedes Mal, wenn ein Mitglied verschied, immer gleich ein „reitender Bote" durch die Gegend geschickt wurde. Die geistlichen Gemeinschaften notierten vielmehr die Namen ihrer Mitbrüder, die im Laufe eines Jahres verstorben waren, auf Pergamentrollen *(rotuli)*, die dann an die mit ihnen verbundenen Gebetsgemeinschaften gesandt wurden.

Wurden in ein derartiges Buch in erster Linie die Namen von Verstorbenen eingetragen, spricht man von Totenbüchern oder Nekrologien. Bei Stiftern und Wohltätern von Konventen wurden aufgrund ihrer Legate in Gedenkbüchern detailliert beschriebene Memorien festgehalten.

Oft war den Nekrologien eine Liste der Konvente vorangestellt, mit denen eine Gebetsverbrüderung bestand, wie etwa beim 1140–1155 geführten Gladbacher Totenbuch der Abtei St. Vitus, wo 51 Konvente genannt werden. Im Totenbuch selbst erhielten neben den verstorbenen Mönchen des Gladbacher und des Neuwerker Konvents sowie den Mönchen der verbrüderten Konvente auch weitere bedeutende Persönlichkeiten (Kaiser, Könige, Erzbischöfe) sowie Wohltäter der Abtei einen Eintrag.

Mit der Abtei Corvey waren um die Mitte des 12. Jahrhunderts 73 geistliche Gemeinschaften verbrüdert. Jeder von ihnen ist im „Liber Vitae" der Abtei Corvey, der gegen Ende der 50er Jahre des 12. Jahrhunderts im Skriptorium von Helmarshausen entstand, eine Seite vorbehalten, die mit den Namen der verstorbenen Brüder und Schwestern gefüllt werden sollte. Diese Einträge in das Verbrüderungsbuch sollten das Gedenken der verstorbenen Brüder lebendig halten. Viele der leer gebliebenen oder nur spärlich gefüllten bzw. ergänzten Seiten deuten auf eine veränderte Praxis des Totengedenkens, das immer mehr vom individuellen Gedächtnis an den Todestagen bestimmt war und die gruppengebundene Memoria allmählich ablösen sollte.

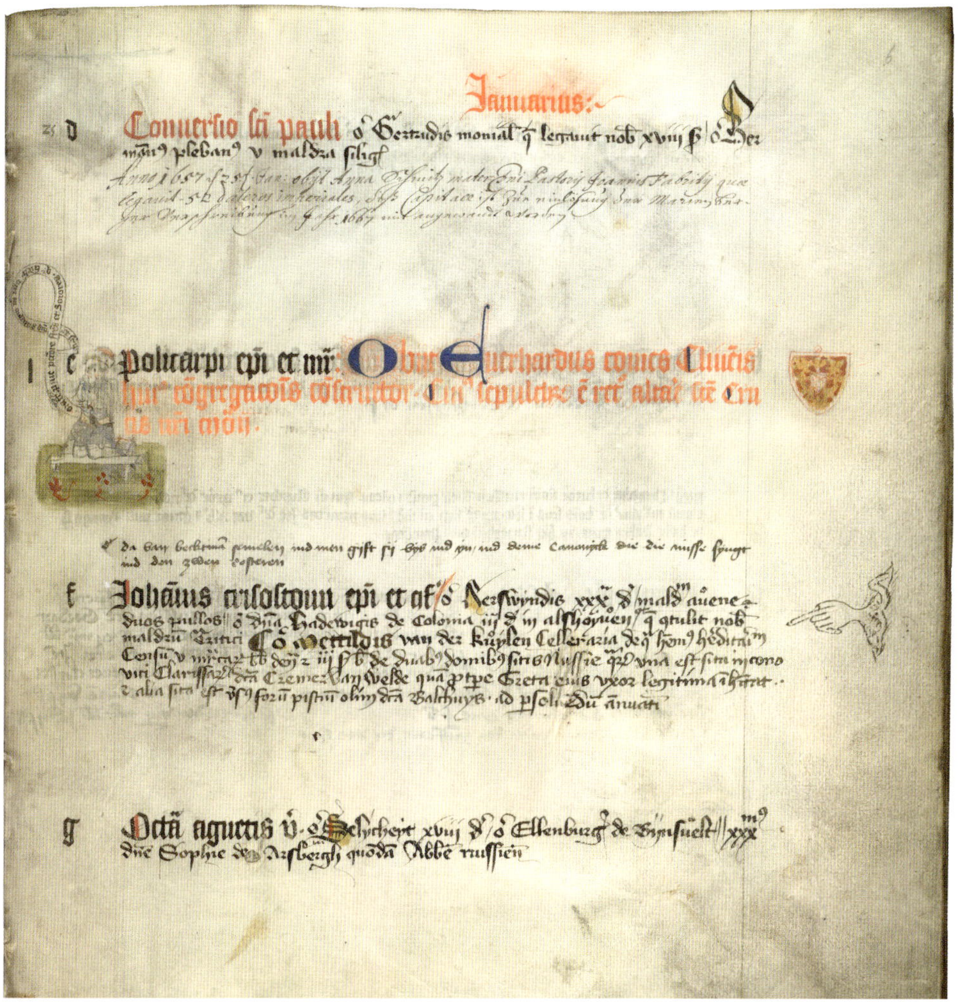

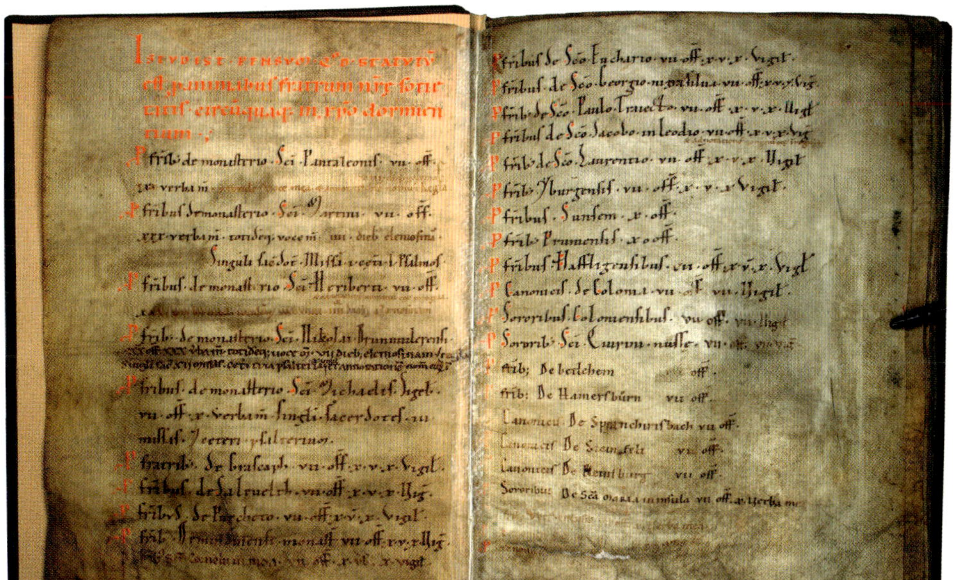

Ganz oben: Eintragungen der Jahrzeitgedächtnisse und Memorienstiftungen, Monat Januar, im Nekrolog des Quiriniusstifts Neuss, 1421. The British Library, London, Add. Ms. 15456 fol. 6v.

Oben: Liste aus dem Verbrüderungs- und Totenbuch der Vitusabtei Mönchengladbach, 1140–1155. Münsterarchiv Mönchengladbach, Hs. 2a, fol. 1v/2r.

Gegenüber oben: Der Leichnam König Edwards des Bekenners († 1066) wird zur Apostel-St.-Petri-Kirche getragen. Szene auf dem Teppich von Bayeux, Südengland, Wollstickerei, um 1070/80. Centre Guillaume le Conquérant, Bayeux.
Die Bahre des kurz nach der Weihe des Neubaus verstorbenen Königs ist von einem reich bestickten Tuch bedeckt, zwei Kleriker des Trauerzuges tragen geöffnete Bücher, einer hält einen Bischofsstab. Die Geistlichen hinter ihm singen.

Gegenüber unten: Familie Viheli bei der Messfeier. Schwaben, um 1410. Württembergisches Landesmuseum, Stuttgart, WCM 7796.
Möglicherweise ein Gedächtnisbild anlässlich einer Altarstiftung.

Unten: „Liber Vitae" der Abtei Corvey. Helmarshausen, 12. Jh. Staatsarchiv Münster, Msc. I Nr. 133 p. 50.
Die Einträge der Namen für die Ludgerusabtei in Werden erfolgten später, teilweise bis ins 16. Jh.

Die zum Zwecke gegenseitiger Hilfe geschlossenen Gebetsverbrüderungen dienten auch dem festeren Zusammenschluss von geistlichen und weltlichen Personen und Gruppen. Mönche und Nonnen erflehten stellvertretend für ihre weltlichen Zeitgenossen göttliche Gnade und Barmherzigkeit und sangen das Lob des allmächtigen Gottes und Herrschers.

Die Unterstützung einer solchen Gemeinschaft, den Eintrag seines Namens in ihre Verbrüderungs- und Totenbücher, ließ sich so mancher Laie in Form von Stiftungen etwas kosten, da diese spirituelle Verbindung über den Tod hinaus bestehen blieb. Ein Toter wurde vergegenwärtigt, nannte man seinen Namen während des Gedächtnisgebetes.

Einige klösterliche Gemeinschaften gingen dabei enge Verbindungen mit verschiedenen gesellschaftlichen Bereichen ein. In St. Gallen, in Fulda oder bei den Gemeinschaften der Bodenseeinsel Reichenau wurden neben den Mitgliedern des eigenen Konvents auch Herrscher und Angehörige der benachbarten Adelsfamilien aufgenommen. Sie gedachten in ihrem Gebet zudem Bischöfen und Klerikern, der Verstorbenen anderer Klöster, aber auch vieler nicht immer eindeutig bestimmbarer Männer und Frauen.

Insbesondere beim Messopfer wurde lebender und verstorbener Mönche, Kleriker und Laien gedacht. Dabei waren genau festgelegte liturgische und karitative Leistungen zu erbringen. Als Werk der Barmherzigkeit galt dabei etwa eine Armenspeisung oder die Verteilung von Kleidung zugleich dem Gedächtnis von Einzelnen, aber auch von Gruppen. Da derartige milde Gaben sich nicht nur aus Geldspenden, sondern oft aus dem Ertrag von Güterschenkungen speisten, waren insbesondere hoch angesehene Klöster auf den Ausbau ihrer Memorialleistungen erpicht, welche sie als ihre wichtigste Aufgabe ansahen.

Eine der umfangreichsten und aufschlussreichsten Stiftungen des ganzen Mittelalters hat sich mit dem Testament der Essener Äbtissin Theophanu († 1054) erhalten. In diesem für seine Zeit noch ungewöhnlichen Memorialzeugnis stiftete die Enkelin Kaiser Ottos II. in Erwartung des Jüngsten Tages ein Gedächtnisjahr, in dem an zahlreichen Tagen unterschiedliche Leistungen für ihr Seelenheil zu erbringen waren. So sollten unter anderem am 30. Tag nach Theophanus Tod an 30 Priester ebenso viele Denare gezahlt werden, damit sie an diesem Tag für Theophanus Seelenheil die Messe feierten; zum alljährlichen Jahresgedächtnis sollten ihre Kanoniker ebenfalls 30 Messen lesen und mit 30 Denaren honoriert werden. Überdies sollten an diesem Tag 100 Arme mit insgesamt 5 Denaren bedacht werden. Auch den Fall, dass in Essen nicht genügend Priester zusammenkämen, hatte Theophanu dabei bedacht – dann sollten nämlich Priester aus St. Liudger in Werden die Gebetsleistungen vervollständigen.

Waren allzu viele Gläubige bereit, einen Konvent mit der Aufgabe der Memorialleistung zu betrauen, konnte diese Verbindung zu gegenseitigem Nutzen auch in das Gegenteil umschlagen: In Cluny las gegen Ende des 11. Jahrhunderts eine Vielzahl von Priestern vom Morgen bis zum Abend an zahlreichen

## Familienmemoria

Eine mittelalterliche Adelsfamilie, die etwas auf sich hielt, baute sich nicht nur eine Stammburg, sondern gründete auch ein Hauskloster, in dem ihre Mitglieder bevorzugt bestattet wurden. Für die Stifterfamilie musste der Konvent, dem immer auch Mitglieder dieser Familie oder deren Verwandtschaft angehörten, regelmäßige Gebete und Jahrgedächtnisse abhalten. Dazu wurden oft große Summen gestiftet, und durch Vermächtnisse konnte der klösterliche Speiseplan zum Jahrgedächtnis etwas üppiger gestaltet werden. Die Stifter hofften, dadurch besonders gut im Gedächtnis der Mönche und Nonnen haften zu bleiben, da durch das ewige Totengedächtnis des Konvents das eigene Seelenheil nach dem Tod gerettet bzw. die Aufenthaltsdauer im Fegefeuer verkürzt werden sollte. In der Gemeinschaft der lebenden und verstorbenen Mönche hoffte man geborgen zu sein, mit ihnen zusammen wollte man das Ende der Welt erwarten.

Natürlich hatten auch Herrscherhäuser derartige Hausklöster und Hausstifte mit entsprechenden Grablegen für Familienangehörige, manchmal mit tragischem Hintergrund. Im um 1152/53 von Alfons I. (Affonso Henriques), dem ersten König Portugals, gegründeten Kloster Alcobaça etwa, der größten Zisterzienserabtei Portugals, die seit 1985 zum Unesco-Weltkulturerbe gehört, ruhen heute Peter I. (Pedro) und Ines de Castro. Ihre weißen Sarkophage gehören zu den besten Leistungen der portugiesischen Skulptur um 1360. Ines de Castro, Geliebte und heimliche Ehefrau Pedros, war 1355 auf Befehl seines Vaters, König Alfons IV., ermordet worden. Nach seiner Thronbesteigung 1357 ließ Pedro die Tote exhumieren und in der Kathedrale von Coimbra feierlich zur Königin krönen. Von Engeln bewacht, ist sie so auch auf ihrem Sarkophag dargestellt.

„Kleinere" Leute mussten sich – entsprechend ihrem „kleineren Geldbeutel" – mit bescheideneren Gedenkstätten oder Gedächtnisbildern begnügen. So entstand vielleicht auch um 1410 eine schwäbische Miniatur mit der Darstellung der Familie Viheli bei der Messfeier. Alle vier Schwestern des Herrenberger Dekans Siegfried Viheli waren Dominikanerinnen in Maria-Reuthin in der Nähe von Calw. Als zwei dieser Schwestern 1404 einen Altar stifteten, war eine dritte, bildlich ebenfalls Dargestellte bereits verstorben. Das Bild zeugt also von einer Memoria, die die Klosterfrauen über den Tod hinaus und über die Grenzen der Klausur hinweg mit ihrer Familie verband.

***Claustrum:* Kloster oder Kreuzgang?**

Die Bezeichnung Kloster leitet sich vom lateinischen *claustrum* her und bedeutet soviel wie „verschlossener Ort“. Zunächst bezeichnete man damit das Kloster als Ganzes, später wurde der Begriff *claustrum* insbesondere für den in der abendländischen Klosterarchitektur typischen Kreuzgang eines Klosters verwendet, der einen Garten oder Hof umschließt.

Die lateinische Wurzel des Wortes lebt in vielen Sprachen in ihrer ursprünglichen Bedeutung bis heute fort – im englischen *cloister* und im französischen *cloître* genauso wie im italienischen *chiostro* und im spanischen *claustro* oder auch im estnischen *klooster* bzw. dem polnischen *klasztor.* Im Sprachgebrauch des Deutschen, Niederländischen *(klooster)* und Ungarischen *(kolostor)* sowie in den skandinavischen Sprachen *(kloster)* hingegen versteht man heute darunter das Klosterbauwerk als Ganzes bzw. als Einrichtung an sich.

Die Bezeichnung *claustrum* in mittelalterlichen Quellen führt oft zu Verwirrung. Der zum Kern eines jeden Klosters gehörige vierflügelige Kreuzgang, der sich seitlich an das Langhaus der Kirche anschloss, bildete zwar einen überdachten Verbindungsweg zum Klausurbereich, gehört aber entgegen anders lautender Meinungen nicht zu diesem selbst, sondern kam erst sekundär zum Klausurhof hinzu. Laien hätten sonst unter keinen Umständen Zutritt zum Kreuzgang gehabt.

Altären die notwendigen Messen, um den vom Kloster eingegangenen Verpflichtungen gerecht zu werden. Die an die Memorienstiftungen gekoppelten Armenspeisungen indes sollten das Kloster an die Grenzen seiner wirtschaftlichen Leistungsfähigkeit bringen.

Über die schriftlichen memorialen Verzeichnisse hinaus dienten zunehmend auch Bildwerke dem Zweck der Erinnerung an Personen, aber auch an mit ihnen verknüpfte Ereignisse. Auf dem so genannten Teppich von Bayeux, der die Geschichte der Eroberung Englands 1066 schildert, erzählt eine Szene vom Begräbnis Edwards des Bekenners, der in Westminster Abbey begraben liegt. Der nach heutiger Ansicht um 1070/80 wohl in der südenglischen Abtei St. Augustinus in Canterbury entstandene, 70 Meter lange und 50 Zentimeter hohe, mit Wollfäden bestickte Tuchstreifen ist das bedeutendste Kunstwerk des frühen Mittelalters. Er war ursprünglich noch länger und zählt seit 2007 zum Unesco-Weltdokumentenerbe.

Zum Zwecke der ewigen Erinnerung wurden Stifter bei der Überreichung ihrer Gabe im Bild festgehalten, Kloster- und Kirchenstifter oft mit dem Kirchenmodell in der Hand, andere Personen auch schon einmal eher klein und unscheinbar, aber keineswegs zu übersehen. War das Geschenk selbst, eine Monstranz etwa, mit dem Namen des Stifters oder seinem Wappen versehen, wurde der Benutzer dadurch stets aufgefordert, des Stifters zu gedenken, der sich damit seiner Memoria gewiss sein durfte.

Wollte ein Kloster selbst die Erinnerung an seinen Gründer oder einen Wohltäter hervorheben oder sich auch durch diesen selbst aufwerten lassen, kamen schon einmal große Bild-

werke ins Spiel. Das Schweizer Kloster St. Johann in Müstair nahe der Grenze zum Südtiroler Vintschgau wurde Ende des 8. Jahrhunderts von Bischof Constantius von Chur oder seinem Nachfolger Remigius gegründet. Beide Bischöfe übten für Karl den Großen das weltliche Verwaltungsamt als Präses oder Rektor der churrätischen Provinz aus. Dem bischöflichen Eigenkloster am Ausgang des Ofenpasses kam dabei eine bedeutende Rolle auf dem Weg ins Vintschgau zu. Als ursprünglich benediktinische Gründung – Müstair bedeutet *monasterium,* Kloster – wurde die Mönchsabtei in der ersten Hälfte des 12. Jahrhunderts in ein Benediktinerinnenkloster umgewandelt, das bis heute besteht und zum Weltkulturerbe der Unesco gehört. In der Kirche erinnert ein lebensgroßes Standbild an Karl den Großen, der das Kloster nach späterer Überlieferung im Jahr 801 gestiftet haben soll. Das Stuckbildnis des Kaisers mit herrscherlichen Insignien (Krone, Reichsapfel und Zepter) entstand wohl zur Zeit Friedrich Barbarossas, auf dessen Betreiben Karl 1166 heiliggesprochen worden war.

Neben gemalten Bildnissen von einstigen Klosterinsassen hielten zunehmend Bildgrabmäler wie etwa die bis kurz vor 1100 geschaffenen, heute in der Krypta der Quedlinburger Stiftskirche aufgestellten Stuck-Grabplatten von drei Äbtissinnen die Erinnerung an die Dargestellten weiter wach. Die gleich großen Grabplatten lagen ursprünglich im Mittelschiff über ihren Gräbern vor dem Kreuzaltar, waren also für jeden Besucher der Kirche sichtbar, der damit aufgerufen war, auch der Äbtissinnen von Quedlinburg – Mitglieder des ottonischen Herrscherhauses – im Gebet zu gedenken.

Oben: Krypta von Quedlinburg, 10. Jh. Die aus Stuck gearbeiteten Grabplatten der Äbtissinnen des vornehmsten Damenstiftes in ottonischer Zeit lagen ursprünglich nebeneinander im Mittelschiff der Kirche vor dem Kreuzaltar.

Gegenüber oben: Kirche und Kreuzgang von Alcobaça in Portugal, nach 1222.
Die 106 Meter lange Kirche gehört zu den größten der Zisterzienser.

Gegenüber unten: Lebensgroßes Standbild Karls des Großen in der Klosterkirche St. Johann in Müstair, Stuck, wohl um 1166.

## Funktionen des Kreuzgangs

Der bereits auf dem Klosterplan von St. Gallen eingezeichnete Kreuzgang war im frühen 9. Jahrhundert noch längst nicht die Regel. Hier grenzt er an die Südseite der Kirche; er konnte aber, je nach Geländebeschaffenheit, auch auf der Nordseite einer Kirche angelegt werden. Er geht in seiner Form auf die Vorhöfe antiker Kirchen zurück. Eine Sonderform weisen die Klosteranlagen der Kartäuser mit zwei Kreuzgängen auf: Um den kleinen sind die gemeinschaftlichen Gebäude gelegt, der große verbindet als überdeckter Gang die Zellen der Mönche miteinander. Der kleine Kreuzgang *(claustrum)* verkörpert die Abgeschlossenheit, während der große Kreuzgang *(galilea)* in mittelalterlichen Texten als Ausdruck für physische und spirituelle Erhebung steht.

Im klösterlichen Alltag des Mittelalters diente der Kreuzgang das ganze Kirchenjahr hindurch vor allem als Prozessionsweg. Dazu gehörte bereits im 8. Jahrhundert die sonntägliche Weihwasserprozession, bei der die Kirche und die an den Kreuzgang angrenzenden Konventualgebäude besprengt wurden. Hinzu kamen Festprozessionen an besonderen Tagen. Während des Oster- und Weihnachtsfestkreises wurde er mancherorts fast täglich in Prozession durchschritten.

Im Kreuzgang gingen die Mönche der täglichen stillen Lektüre nach. Der „Liber Ordinis“ von St-Victor in Paris schrieb dabei eine bestimmte Sitzordnung vor, die Brüder mussten alle nebeneinander in einer langen Reihe sitzen. Auf dem St. Galler Klosterplan sind an den Längswänden des an die Kirche angrenzenden Nordflügels Sitzbänke eingezeichnet: „hinc pia consilium pertracet turba“ („Hier möge die fromme Schar heilsamen Rat halten“). Anders als die Benediktiner, versammelten sich die Zisterzienser nach der in der Benediktregel vorgeschriebenen, allabendlich vor der Komplet stattfindenden gemeinsamen kultischen Lesung nicht im Kapitelsaal, sondern im Kreuzgang, dessen Fenster oft verglast waren. In ihren Klöstern ist dieser intensiv genutzte Kreuzgangsflügel daher oft zweischiffig, was aber kein ausschließliches Merkmal von Zisterzienserklöstern ist.

Der Kreuzgang diente auch als Ort spezieller liturgischer Riten wie der Fußwaschung am Gründonnerstag. Die Mönche hatten sich hier vor den Mahlzeiten die Hände zu waschen und versammelten sich mehrmals im Jahr zum gemeinsamen Rasieren und Haareschneiden.

Unter cluniazensischem Einfluss wurden auch einst eher schmucklose Kreuzgänge künstlerisch aufgewertet. Ausgehend von La Daurade in Toulouse und von Moissac sollten insbesondere in katalonischen und südfranzösischen Klöstern skulptierte Welt- und Heilsdeutungen in die Kreuzgänge Einzug halten. Die Pfeiler des Kreuzgangs in Moissac zeigten Reliefbilder der Zwölf Apostel, die Kapitelle der Säulen eine ganze Enzyklopädie von

Oben: Kreuzgang von Moissac mit einem Beispiel seiner reichverzierten Kapitelle, die für die Zeit um 1100 beispiellos sind. Die heute gotischen Spitzbögen stammen aus der Zeit des Wiederaufbaus nach 1212.

Gegenüber: Spätgotischer Kreuzgang von Heiligkreuztal mit vollständiger Äbtissinnengalerie.

Seiten 54/55: Kreuzgang von Bélem/Lissabon, nach 1501 in manuelinischem Stil errichtet.

Szenen und Figuren der Heiligen Schrift. Hinzu kamen Darstellungen von Leben und Leiden der Heiligen, wodurch der Kreuzgang auch Ort der Belehrung und der Betrachtung wurde.
Einen derartigen Bauluxus lehnte der hl. Bernhard von Clairvaux (1090–1153) entschieden ab, da diese gemeißelten Werke dazu verführen würden, lieber den ganzen Tag sie zu bestaunen als das Gesetz Gottes zu bedenken – von den Kosten für derartigen Prunk einmal ganz zu schweigen ...

Der Kreuzgang war aber auch Laien zugänglich, und das nicht nur in Stiften, deren Mitglieder ein der Welt zugewandteres Leben führten als die Mönche und Nonnen, die ja weder heiraten noch reisen durften, geschweige denn über eigenen Besitz verfügen und einen eigenen Haushalt führen. Zumindest Mönche kamen aber über den Kreuzgang auch in Kontakt mit der Außenwelt. Laien unterschiedlichen Ranges, und zwar Männer wie Frauen, durften etwa zur Teilnahme an Prozessionen den Kreuzgang sowie wenigstens Teile der Kirche betreten. Auch hatte Benedikt den Klosterinsassen das Gebot der Gastfreundschaft auferlegt. Diesem kamen Mönche nach, wenn sie etwa Pilger im Kreuzgang beherbergten. Als trockener, gut gelüfteter Raum war er das ideale Massenquartier – sogar für Reittiere.

Schließlich konnte der Kreuzgang auch Ort von Rechtsgeschäften werden: Notarielle Akte wurden hier vorgenommen, Schiedsgerichte und Besitzübertragungen im Beisein von Weltlichen verhandelt. In der Regel waren dies jedoch Männer als Garanten der Rechtssicherheit. Mitunter wurden hier auch Eide geschworen – Ritter Burkhard von Ramschwag etwa leistete im Kreuzgang des Barfüßerklosters Lindau mit erhobener Hand den Eid, mit seiner Burg dem Pfleger des Klosters St. Gallen zu dienen.

Für Nonnen galt indes vieles davon nicht. Für sie war der Kreuzgang der zentrale Raum ihres klösterlichen Lebens, das insbesondere Franziskanerinnen und Dominikanerinnen, nachdem sie einmal das Gelübde abgelegt hatten, in lebenslanger Klausur verbrachten. Sie betraten den Kreuzgang dann nur unter Ausschluss der Öffentlichkeit. Mönche wie Nonnen kamen hier mit dem Totengedenken einer weiteren zentralen Aufgabe nach.

Neben den einst zahlreichen spätmittelalterlichen Freskenzyklen und Glasscheiben mit oft frommen und lehrreichen Themen, die sich in Kreuzgängen nördlich der Alpen aber kaum erhalten haben, kam dem Kreuzgang seit dem 14. Jahrhundert auch verstärkt die Rolle eines wichtigen Bestattungsplatzes zu. Grabplatten im Boden waren oft mit Inschriften versehen, an Wänden konnten große Grabmäler angebracht werden. Zudem glaubte man an die Teilhabe der Toten an den Segenswirkungen der täglichen Gebetszeiten und Messen. Bei der Allerseelenprozession schritten die Gläubigen über die Gräber der im Kreuzgang Bestatteten hinweg, an ihren Erinnerungsbildern vorbei und gedachten dabei ihrer Toten. Auch der umschlossene Hof diente zunehmend als Bestattungsplatz.

Der klösterliche Kreuzgang wurde überdies zum Vorbild für die profane Architektur. Innenhöfe entstanden, denen keinerlei sakrale Funktion zukam, Oasen der Ruhe und Schönheit. Auch die Friedhofsarchitektur wurde von der Gestalt des Kreuzgangs wesentlich beeinflusst. So war etwa der italienische Camposanto seit dem ausgehenden Hochmittelalter ein von der Kirche losgelöster Friedhof, der anstelle einer Mauer von einem kreuzgangähnlichen Arkadengang umgeben wurde. Nach der Reformation wurden die Innenhöfe der Kreuzgänge (sog. Kreuzganggärten) teilweise als städtische Friedhöfe weitergenutzt, hier befanden sich bis ins 19. Jahrhundert oft gehobene Grabstätten. Erst der Wandel der Hygienevorstellungen am Ende des 18. Jahrhunderts führte zu einem Verbot der Weiternutzung.

# Die Klosterkirche – Architektur und Einrichtung

Mittelpunkt einer Klosteranlage ist in der Regel die Klosterkirche. Als Haus Gottes auf Erden errichtet, repräsentiert sie gleichzeitig das Selbstverständnis und den Anspruch ihrer Gemeinschaft wie ihrer Gründer.

Früheste Form des Gotteshauses in christlicher Zeit ist die Basilika (griech. = Königshalle). Schon seit konstantinischer Zeit ist sie drei- bis fünfschiffig mit überhöhtem Mittelschiff, die Apsis Zielort des Innenraumes. Im westlichen Abendland blieb dieser Bautypus das ganze Mittelalter über maßgebend, Hallen- und Saalkirchen bildeten dabei Sonderformen aus.

Das basilikale Mittelschiff des drei- bis fünfschiffigen Laienraumes ist breiter und höher als die von ihm durch Stützen (Säulen, Pfeiler) getrennten Seitenschiffe. Dadurch entstehen über den Dächern der Seitenschiffe Außenhochwände des Mittelschiffs (Obergaden). Sie sind von Fenstern durchbrochen und beleuchten das Mittelschiff unabhängig von den Seitenschiffen. Das Mittelschiff mündet am Ende des Langhauses aus dem den Mönchen vorbehaltenen Chorbereich (Presbyterium) im Osten in die halbrunde Apsis mit dem Altar, der vom Laienraum durch Chorschranken abgegrenzt wird. Charakteristisches Merkmal der Basilika als Kirchenraum ist ihr kreuzförmiger Grundriss, der schon in konstantinischer Zeit vorgebildet wurde, indem man das Querhaus als Riegel zwischen Mittel- und Seitenschiffen zum Presbyterium hin einschob.

Die Kirche der oberitalienischen Reichsabtei Pomposa, wo Guido von Arezzo im 11. Jahrhundert die Grundlage für die heutige Notenschrift schaffen sollte, orientiert sich an den frühchristlichen Basiliken Ravennas des 5. und 6. Jahrhunderts. Ihre charakteristische flächendeckende Ausmalung entstand im Trecento, als ältester Teil die Apsis mit dem Bild des thronenden Christus in der Mandorla von Vitale da Bologna (um 1351).

Die ursprünglich flache Holzdecke oder der offene Dachstuhl wurden im zweiten Viertel des 11. Jahrhunderts, von Frankreich ausgehend, durch eine Wölbung abgelöst. Südlich der Loire bevorzugte man Tonnengewölbe, später nördlich davon Kreuzgewölbe. In Deutschland setzte sich eine einheitliche, alle Schiffe übergreifende Wölbung gegen Ende des 11. Jahrhunderts durch. Ausnahmen können die Kirchen derjenigen Orden bilden, deren Statuten eine Wölbung der Schiffe untersagen; allerdings wurden diese Vorschriften nicht immer eingehalten.

Einen Sakralbau mit drei gleich oder annähernd gleich hohen Schiffen nennt man Hallenkirche. Ihre Entwicklung nahm zu Beginn des 11. Jahrhunderts in Spanien und Katalonien ihren Anfang und verbreitete sich seit 1070 über Aquitanien und den Languedoc. Über Burgund kam die tonnengewölbte Hallenkirche um die Mitte des 12. Jahrhunderts in die Lombardei, in Deutschland sind Hallenkirchen seit Ende des 12. Jahrhunderts besonders in Westfalen verbreitet. Von hier führte sie ihr Siegeszug im 13. Jahrhundert nach Mittel deutschland, Böhmen und Mähren; ein Jahrhundert später finden sie sich in den von der Backsteingotik beherrschten Gebieten des Ostseeraumes. In der Spätgotik erhielt die Hallenkirche ihre charakteristische, bestimmende

Gegenüber: Pomposa, Mittelschiff der Kirche nach Osten, ab 1026. Charakteristisch ist die flächendeckende Ausmalung aus dem Trecento. Das Apsisfresko mit dem thronenden Christus in der Mandorla schuf Vitale da Bologna um 1351.

Unten: Tonnengewölbtes Mittelschiff der Klosterkirche Conques, 11./12. Jh.
Der Blick zum Chor nach Osten gibt auch eine Seitenempore frei.

Bau der Stiftshütte bzw. einer Kirche. Miniatur aus dem Goldenen Psalter, gemalt 860/900 an der Hofschule Karls des Kahlen in Soissons und/oder im Kloster St. Gallen. Stiftsbibliothek St. Gallen, Cod. Sang. 22, p. 64. Die Miniatur bezieht sich auf Psalm 28–29, den Schutz Gottes, den die Kirche gewährt, und das Gotteslob, das die Gläubigen in der Kirche erschallen lassen.

Ausprägung. Als sich Auftraggeber kirchlicher Großbauten in zunehmendem Maße aus den Reihen des städtischen Bürgertums rekrutierten, entwickelte sie sich zur „spätgotischen Bürgerkirche".

Die Saalkirche ist ein einschiffiger Kirchenbau von saalartigem Charakter. Auch dieser Bau war das ganze Mittelalter hindurch als Bautypus der längsgerichteten Kirche verbreitet. Schon das frühe Mittelalter kennt eine Fülle von Saalkirchen, in dieser Zeit von mitunter zehn oder mehr Metern Breite. Während in den Kerngebieten der römischen Provinzen das basilikale Schema überwog, nahm die Vorliebe für Saalkirchen mit wachsender Entfernung davon zu. Sie sind besonders am Niederrhein und in den Niederlanden verbreitet, auf den Britischen Inseln, im westfränkischen Spanien und im langobardischen Oberitalien. Zu den bedeutenden Saalkirchen dieser Zeit zählen die erste Klosterkirche von St. Gertrud im belgischen Nivelles (7. Jh.) und die luxemburgische Klosterkirche von Echternach (698/706). Die frühmittelalterliche Saalkirche lebt in einschiffigen Dorfkirchen des Mittelalters fort und erhält in den städtischen Marktkirchen vor allem des mitteldeutschen Raumes in der zweiten Hälfte des 12. Jahrhunderts neuen Aufschwung. Sie wird zum bevorzugten Bautypus von Zisterzienserinnenabteien der Zeit zwischen 1200 und 1350.

Da der Einraumtypus dem zentralen Anliegen der Bettelorden – der Versammlung größerer Volksmengen zur Predigt – entgegenkam, haben sich auch im italienischen Kernbereich der Bettelorden, in der Toskana und in Umbrien, eine Reihe von Saalkirchen erhalten.

Führende Bauaufgabe des Mittelalters war der Kirchenbau, von dem aus andere Bereiche des Bauens beeinflusst wurden: Aus ihm entwickelten sich alle wichtigen gestalterischen und technischen Neuerungen. Gleichzeitig traten zunehmend ähnliche Bauformen, Bautechniken und Bauplastiken im Profanbau auf, was wiederum zu einer gegenseitigen Beeinflussung führte. Dabei trat die abendländische Klosterkirche vom frühen Mittelalter an mit eigener Bedeutung auf, schuf als Typ jedoch keinen eigenen Stil, sondern hielt sich an die Bauformen von Zeit und Ort, die den eigenen Bedürfnissen anpasst wurden.

Stifts- und Abteikirchen unterscheiden sich von anderen Kirchen indes durch ihre Raumaufteilung und Raumgestaltung. Klosterkirchen bilden der Idee nach den erhabensten, vom bautechnischen Standpunkt aus den höher gelegenen Teil des Klosters. Die im Gegensatz zur griechischen Klosterkirche *(Katholi-*

**Die liturgische Einrichtung der Kirche nach dem Klosterplan von St. Gallen**

Das um sieben Stufen erhöhte Sanktuarium bildet das östliche Ende des Langhauses. In seiner Mitte befindet sich der Maria und dem Klosterpatron Gallus geweihte Hauptaltar. Unterirdisch liegt darunter die Confessio (von lat. *confiteri* = bekennen), das Grab des Gallus, als Verehrungsstätte für die Pilger. Man erreicht sie über die u-förmig unter dem Sanktuarium angelegte Stollenkrypta, ein dem Reliquienkult dienendes, dunkles Gängesystem. In karolingischer Zeit gewann es immer größere Bedeutung und entwickelte sich auch zu Ringkrypten, Außen- oder Hallenkrypten.

In der West- und Ostapsis stehen die Altäre der römischen Heiligen Petrus und Paulus. Wie bei der Peterskirche in Rom, befindet sich der Petrusaltar im Westen. Die beiden Altäre fassen den im Mittelschiff angeordneten Kreuzaltar zweipolig ein, vor dem sich Taufbrunnen und Johannesaltar befinden, dahinter die Kanzel in Form eines runden Ambos. An der Ostwand des Querhauses und an der Vierung befinden sich weitere Altäre, in den Seitenschiffen die restlichen acht. Taufbereich, Kreuzaltar, Kanzel, Chorus und Querhausarme sind durch Schranken ausgegrenzt, auch die Einzelaltäre zumeist von Schranken eingefasst. Man nimmt daher an, dass der Raum nicht als Versammlungsstätte größerer Menschenmengen gedacht war, sondern wohl den Gebetsprozessionen von Altar zu Altar dienen sollte.

In der Vierung, im liturgischen Zentrum der Mönche, dem Chorus für das gemeinsame Gebet, sind Bänke eingetragen, ebenso in den Querhausarmen – anders als bei Chorgestühlen späterer Zeit jedoch nicht an den Längsseiten, sondern, ähnlich heutigen Kirchenbänken, in Querrichtung mit Blick nach Osten für die Mönche.

*kon)* meist langgestreckte Klosterkirche des Westens lag häufig an der Nordseite des Kreuzgangs und war auf die jeweils ordensspezifische klösterliche Liturgie ausgerichtet. Die dazu benötigte liturgische Einrichtung ist bereits auf dem St. Galler Klosterplan in der Kirche wiedergegeben.

Zentrum der christlichen Liturgie ist der Altar als Stätte der Eucharistie. In der Regel aus Stein, besteht er aus Altarplatte oder Mensa und deren Träger. Das Mittelalter fügt eine auf der Mensa oder hinter dem Altar angebrachte Schauwand (Altarretabel) hinzu, im frühen Mittelalter mit dem Ziborium oft auch einen schützenden und schmückenden Überbau. Der Altar in der altchristlichen Basilika steht vor der Apsis, häufig über einem Märtyrergrab. Im Mittelalter rückt der Hauptaltar – als Altar des Herrn (Hochaltar) – in die Apsis hinein, die den Heiligen gewidmeten Nebenaltäre können an verschiedenen Stellen der Kirche stehen. Westlich des Chors unter dem Triumphbogen steht der Kreuzaltar. Formal unterscheidet man vier Altartypen: Tischaltar, Kastenaltar (mit einem Hohlraum zur Aufnahme einer Reliquie), Blockaltar und den erst im 17. Jahrhundert aufkommende Sarkophagaltar. Möglichkeiten der künstlerischen Ausstattung des Altars bot zunächst die Altarbekleidung (Antependium), später auch das Altarretabel, aus dem sich der Flügelaltar entwickelte.

Seit dem frühen Mittelalter befindet sich der unter der Kirche gelegene Raum zur Bestattung von Märtyrern und Heiligen und/oder zur Aufbewahrung von Reliquien meist unter dem Hauptaltar, im Osten oder Westen der Kirche. Er wird Krypta genannt (von griech. *krypto* = verbergen, verhüllen). Zeichnen seine Stollen das Halbrund der Apsis nach, spricht man von einer Ringkrypta. Um diese kann eine Außenkrypta gelegt werden. Die mehrschiffige und gewölbte Hallenkrypta kann bis unter das Querschiff reichen. Bildet sie einen eigenen Kirchenraum, ist meist eine Erhöhung des Chores erforderlich. Dies führt zur Ausbildung des Hochchores, von dem Treppenanlagen in die Krypta hinunterführen. Zur Krypta mit dem Grab des Titularheiligen, der Confessio, führt ein Zugang vom Hauptaltar.

Noch lange nach der Fertigung des St. Galler Klosterplans war in den Klosterkirchen die Vierung der Ort des Chores. Erst als es bei den Bettelorden allgemein üblich wurde, dass die Mönche das Sanktuarium bezogen und das Chorgestühl in nächste Nähe zum Hochaltar rückte, wurde das Sanktuarium zum Chor. Die hier an beiden Langseiten aufgestellten Sitzreihen für die Geistlichen – in meist zwei, aber auch mehreren Reihen auf Stufen hintereinander – sind gewöhnlich mit einer hohen, architektonisch gegliederten Rückwand (Dorsale) versehen. In der Gotik wird sie oft von einer Baldachinreihe abgeschlossen. Die Sitze (Stallen) haben Armlehnen und sind meist Klappsitze mit einem Konsolstück (Misericordie, von *misericordia* = Mitleid, Barmherzigkeit) als Stütze beim Stehen. Die klösterlichen Gestühle sind durch hohe Wände (Wangen) voneinander getrennt, während die Gestühle der Stiftsherren keine Trennwände aufweisen.

Der Chor als ein der Klostergemeinschaft vorbehaltener bevorzugter Raum wurde seit dem 12. Jahrhundert durch einen Lettner oder Chorschranken *(cancelli)* abgegrenzt. Dadurch war die Klosterkirche in Mönchschor und Laienschiff zweigeteilt. Der Lettner bildete den westlichen Abschluss des Chors; seine den Laien zugewandte Außenseite schmückten häufig Bilder oder Skulpturenzyklen. Einfache Chorschranken hatten in frühchristlicher Zeit als Trennbrüstungen von etwa 80 cm Höhe Laien am Betreten des Altarraums hindern sollen. Sie blieben teilweise weiterhin in Gebrauch. Bei den Zisterziensern etwa befand sich vor ihnen der Retrochorus, der Platz für kranke und gebrechliche Mönche.

Auch die Kirchen der Bettelorden wurden als ursprünglich konventsbezogene Kulträume später um den Laienraum erweitert, den ein Lettner von der Konventskirche trennte. Aus der einstigen Franziskanerniederlassung Mariä Krönung in Esslingen (1237 gegründet) hat sich einer der ältesten erhaltenen Lettner in einer Bettelordenskirche erhalten. In barocken Klosterkirchen wurde schließlich der raum-

Singende Mönche im Chorgestühl. Psalter Heinrichs VII., 14. Jh. British Library, London, Cotton Dom. A XVII, fol. 122v.

Ganz oben: Lütticher Taufbecken des Reiner von Huy mit der Taufe Christi im Jordan durch Johannes den Täufer, Gelbguss (Messing), 1107/1118. St-Barthélemy, Lüttich.
Das Hauptwerk der maasländischen Metallkunst entstand im Auftrag von Abt Hellinus (1107–1118) für Notre-Dame-aux-Fonts in Lüttich.

Oben: Enghausener Kreuz. Holz, 890/900. Filialkirche „Auffindung des Kreuzes“, Enghausen in Mauern bei Freising.
Das 2,32 Meter hohe Kreuz mit 1,88 Meter großem Corpus Christi gilt als das älteste monumentale lebensgroße Kruzifix und entstand vielleicht im Zusammenhang mit der Kaiserkrönung Arnulfs von Kärnten 895.

trennende Lettner durch das Chorgitter ersetzt.

Die Kanzel, eine durch Treppen erhöhte Bühne mit Brüstung zum Predigen, war anfänglich mit den Chorschranken *(cancelli)* verbunden. Im Gegensatz zum Ambo, von dem aus die Epistel und das Evangelium gesungen werden, dient die Kanzel nur der Predigt und hat daher ihren Platz unter den Gläubigen im Schiff der Kirche. Der Begriff „Ambo“, von Cassiodor für ein Lesepult im liturgischen Bereich verwendet, leitet sich vom griechischen *anabaíno* (ich steige hinauf) ab. Auch der meist durch zwei Treppen zu besteigende Ambo des 4.–10. Jahrhunderts befindet sich im Kirchenschiff. Er kommt vor allem in den griechisch beeinflussten Gebieten des Westens (Italien) vor, im deutschen Sprachraum im Rheinland (Köln, Trier). Ambonen bestanden aus Stein, bisweilen edlem Material (Goldblech) über einem Holzkern, und waren überwiegend ornamental, seltener mit figürlichen Evangelistensymbolen geschmückt.

Zur Zeit der frühchristlichen Erwachsenentaufe war der Taufbrunnen in den Boden eingelassen, ein über Stufen erreichbares gemauertes Bassin mit Zu- und Abfluss. Unter dem Einfluss der Kindertaufe wurde daraus ein stehendes Becken ohne Ab- und Zufluss von runder, viereckiger oder polygonaler Form. Die heute noch übliche Form eines monumentalen Pokals (bestehend aus Fuß, Schaft und Kuppa) wurde im 12. Jahrhundert eingeführt. Das Lütticher Taufbecken gilt als Hauptwerk der maasländischen Metallkunst. Es wurde von Reiner von Huy im Auftrag des Lütticher Abtes Hellinus (1107–1118) für Notre-Dame-aux-Fonts gefertigt, sein Deckel in der Französischen Revolution zerstört.

Dem St. Galler Plan noch unbekannt ist die bereits für den Ausgang des 9. Jahrhunderts belegte Darstellung des gekreuzigten Christus in Lebensgröße. Das Kruzifix als Sinnbild für das Opfer Christi, das dieser durch seinen Tod zur Erlösung der Menschheit gebracht hat, ist mit dem Kreuz ohne Corpus Christi das wichtigste und deutlichste Symbol der christlichen Kirche. Zahlreiche Kirchen und Kathedralen erhielten seit dem Hochmittelalter großformatige Triumphkreuze, die mit Blickrichtung zum Langhaus weithin sichtbar in der Regel über der Chorschranke oder dem Lettner entweder stehend auf einem Balken oder hängend angebracht waren. Diese Tradition geht vielleicht auf die im Frühmittelalter übliche Errichtung von Kreuzen beim Kreuzaltar zurück. Sie konnten dauerhaft angebracht sein, aber auch zur beweglichen Ausstattung gehören wie das älteste Kruzifix der Welt, das sich heute in der Kirche „Auffindung des Kreuzes“ in Enghausen befindet. Mit seinen 2,32 Meter Kreuzhöhe und einem Corpus von 1,88 Metern entstand es möglicherweise um 895 im Zusammenhang mit der Kaiserkrönung Arnulfs von Kärnten und gehörte dem ehemaligen Benediktinerkloster Moosburg.

Die Architektur der Klosterkirche entwickelte regionale Besonderheiten, die durch politische Entwicklungen überregionale Bedeutung erlangen konnten, ist aber auch durch den Einfluss der verschiedenen Orden geprägt.

Im westlichen Frankreich führte Ende des 8. Jahrhunderts die Abteikirche von Centula in St-Riquier das Westwerk ein, eine dreigeschossige Vorkirche mit Hauptkultraum im Obergeschoss und flankierenden Treppentürmen, die in engem Zusammenhang mit der karolingischen Liturgiereform *more Romanum* (nach römischer Sitte) steht. Westwerke waren auch für die Laienöffentlichkeit zugänglich, wurden aber nur in politisch bedeutenderen Reichsklöstern und Bischofssitzen errichtet. Das einzige, unvollständig erhaltene karolingische Westwerk wurde in der zweiten Hälfte des 9. Jahrhunderts an die 844 geweihte Kirche von Corvey angebaut. Seine Wandmalereien sind für die frühmittelalterliche Zeit nördlich der Alpen von herausragender Qualität.

Die um die Mitte des 11. Jahrhunderts nach normannischem Vorbild von Edward dem Bekenner errichtete Peterskirche von Westminster sollte zum Vorreiter der romanischen Monumentalarchitektur werden; der nach einem Brand der Klosterkirche errichtete Westturm von St-Benoît-sur-Loire (nach 1026), mit dem Abt Gauzlin von Fleury ein „Beispiel für ganz Gallien geben" wollte („quod omni Gallie sit in exemplo"), gilt heute als Hauptwerk frühromanischer Werksteinarchitektur.

Mit der Entwicklung der Reformbewegung gab das burgundische Cluny auch der Baukunst und Plastik neue Impulse, die über Burgund hinaus unterschiedlich stark wirkten. Von den drei nacheinander erbauten Abteikirchen sollte Cluny II (981) im 11. Jahrhundert besonders den Kirchenbau in Deutschland beeinflussen. Wesentliches Merkmal waren die kreuzförmige Anlage und der mehr-, meist dreischiffige Chor mit Apsiden. Daraus entwickelte sich ein Chorumgang mit Radialkapellen, der besonders in den Kirchen an den Pilgerstraßen nach Santiago de Compostela die „altertümliche" Form von mehrschiffigem Presbyterium oder Chor mit gestaffelt angeordneten Apsiden mit der Zeit ablöste. Mit Cluny III schließlich, ab 1089 mit fünfschiffigem Langhaus und zwei Querschiffen errichtet, wurde der größte abendländische Kirchenbau des Mittelalters geschaffen.

Aus dieser Kirche erwuchs gegen Ende des 11. Jahrhunderts der eigentlich schulbildende Bau der burgundischen Bauschule. Spätrömische Architekturformen wurden neu belebt: kannelierte Pilaster, korinthische Kapitelle und von Konsolen getragene Gesimse und Gebälk als Mittel zur Gliederung der Hochschiffwände. Neu hinzu kamen figürlich geschmückte Kapitelle und Portale. Typisch für die Wand- und Raumgliederung wurde ein vierzoniger horizontaler Aufbau des Mittelschiffs aus Arkaden, Triforium, Lichtgaden und Gewölbe (Spitztonnen). Dadurch erzielte man eine enorme Raumhöhe mit schlanken Proportionen. Den Außenbau schließlich beherrschte eine straffe Zentralisierung: Radialkapellen, Umgang, Hochchor und Vierungsturm des

Papst Urban II. weiht den Altar von Cluny III (25. Oktober 1095). Vita des Abtes Hugo von Cluny, 12. Jh. Bibliothèque nationale, Paris, Ms. lat. 17716, fol. 91r.
Urban II. (1088–1099) war seit 1067/70 selbst Mönch, dann Prior unter Abt Hugo (1049–1109) in Cluny gewesen, bevor er um 1180 zum Kardinalbischof von Ostia erhoben wurde.

Links: Westfassade von Corvey, 873–885 und 1146.
Der obere Abschluss des einzigen erhaltenen karolingischen Westwerks wurde unter Abt Wibald von Stablo verändert, der den vierkantigen Mittelturm abbrechen und die beiden Seitentürme durch das quer gelagerte Glockenhaus verbinden ließ.

Rechts: Ostbau von Paray-le-Monial mit Umgangschor, Querhaus und Vierungsturm, wohl nach 1109.

Ostteils wurden pyramidal angeordnet, was sich am Nachfolgebau Notre-Dame in Paray-le-Monial (um 1100) noch gut ablesen lässt.

Auch die Ordensbaukunst der Zisterzienser prägte vom ersten Viertel des 12. Jahrhunderts bis zum Ende des 14. Jahrhunderts weite Gegenden Europas, von Norwegen bis Italien und von Irland bis in die baltischen Länder. Die Richtschnur des zisterziensischen Lebens verdeutlicht sich hier vor allem im Prinzip der Einfachheit *(simplicitas)* und der Ablehnung des Überflüssigen. So verzichteten die Zisterzienser etwa auf Türme; Glocken sollten nur in einem Dachreiter aufgehängt werden. Obwohl die Statuten ihres Generalkapitels bis zur Mitte des 13. Jahrhunderts dies nicht direkt vorgeben, gebot die dem Orden verschriebene Bescheidenheit auch ein Verzicht auf Skulpturen und Malereien, während bemalte hölzerne Kreuze gestattet waren. Auch die Fenster wurden weiß gehalten, zur Förderung guter Meditation und religiöser Disziplin. Verstöße gegen diese Einfachheit belegte das Generalkapitel mit Strafen. Die Bauauffassung der Zisterzienser wird bisweilen als „protocalvinistisch" bezeichnet. Allen Zisterzienserkirchen gemeinsam sind der Grundriss in Kreuzform und – neben der Turmlosigkeit – der von den Benediktinerkirchen der Hirsauer Reform abgeleitete gerade Chorschluss.

Um 1130 wurde der Staffelchor als architektonisches Element von den Zisterziensern nach Mitteldeutschland getragen, und mit der Einführung des Kreuzrippengewölbes gingen die Zisterzienser in Pontigny um 1150 schließlich den entscheidenden Schritt in Richtung Gotik.

Die Kirchen der Bettelorden gaben die basilikale Stufung auf. Ein neuer Typus entstand,

### Die „Hirsauer Bauschule“

Innerhalb der romanischen Architektur bilden die Kirchen der von Hirsau aus reformierten Klöster eine besondere Gruppe, die sich an die Peter-Pauls-Kirche in Hirsau (1082–1091) anschließt. Die ältere Forschung hat diese Bauten unter dem irreführenden Begriff „Hirsauer Bauschule“ zusammengefasst. Ihre von Cluny übernommene Raumanordnung entspricht den besonderen liturgischen Bedürfnissen des Reformordens. Neben Presbyterienseitenschiffen und einer westlichen Vorkirche mit Türmen wird die Vierung als *chorus maior,* das erste Langhausjoch als *chorus minor* vom übrigen Kirchenraum abgetrennt. Zudem verzichten diese Kirchenbauten auf eine Krypta.

Als Merkmale der durch Hirsau verbreiteten oberrheinischen Architektur gelten die Säule als Langhausstütze, steile Raumverhältnisse, Osttürme und ein flacher Chorabschluss. Verbindlich sind diese Merkmale für Reformbauten indes nicht; sie konnten, je nach landschaftlichen Bedingungen, stark abgewandelt werden.

Darüber hinaus wurden in Hirsau Motive geprägt, die zunächst an die Reformbauten weitergegeben wurden, sich später aber zu Allgemeingut der romanischen Architektur entwickelten, darunter eine besondere Form des Würfelkapitells mit doppelter Schildrahmung und „Hirsauer Nase“.

Die architektonische Kennzeichnung des *chorus minor* durch Pfeiler und Schwibbogen, damit die Trennung von Mönchs- und Laienkirche schon in der baulichen Anlage, trat in Hirsau erstmalig auf – ein entscheidendes Merkmal für Bauten der „Hirsauer Bauschule“. Zu den bedeutendsten erhaltenen Kirchen zählen Alpirsbach (seit 1095), Erfurt-Petersberg (seit 1103) und Paulinzella (1105–1124).

Bischof Aurelius neben Benedikt von Nursia, im Hintergrund Ansicht der Hirsauer Klostergebäude. Tafelbild von Sebastian Bopp, um 1480. Klostermuseum Hirsau.

dessen Hauptanliegen die Erfassung der Laien war. Damit wichen die Bettelorden von der Zielsetzung der altmonastischen Klosterkirche ab. Zwar gab es keine klare ordensgesetzliche Vorgabe, aber nach dem Testament des Franz von Assisi sollte die Kirche „der Armut gemäß“ sein.

In der einstigen Reichsstadt Esslingen am Neckar siedelten sich noch im 13. Jahrhundert alle vier mittelalterlichen Bettelorden an. Die Dominikaner sollen der Überlieferung nach bereits 1221 vor Ort gewesen sein. Als älteste erhaltene Kirche der Dominikaner in Deutschland wurde ihre Kirche 1268 durch Albertus Magnus geweiht. Kurz zuvor hatten die Konstitutionen des Generalkapitels von Narbonne den Franziskanern gewölbte Decken – mit Ausnahme des Chores –, freistehende Glockentürme und Farbfenster (ausgenommen im Chorhaupt) verboten und generell eine einfache Ausstattung gefordert. Insbesondere an die Verbote der Malerei hielten sich die Bettelorden in Italien später nicht mehr so streng – ein Glücksfall, dem die Nachwelt genauso das Abendmahl von Leonardo da Vinci im Refektorium von S. Maria delle Grazie in Mailand (1495/97) zu verdanken hat wie die bezaubernden Werke des Dominikaners Fra Angelico im Kloster S. Marco in Florenz (1436–1445).

Die Kirche der Nonnenklöster tritt als eigener Typ zuerst bei den Zisterzienserinnen und Frauenkonventen im Anschluss an die Bettelorden in Erscheinung. Hier herrschte die langgestreckte, einschiffige Kirche mit dreifacher Raumaufteilung (Altarraum – Nonnenchor – Laienraum) vor.

## Die mobile Ausstattung

Neben der unbeweglichen spielt natürlich auch die bewegliche funktionelle Ausstattung einer Klosterkirche eine große Rolle. Hierzu zählen neben vielen anderen die liturgischen Geräte, mit denen die Messe zelebriert wurde. Bis heute dienen dazu Kelch und Patene (von lat. *patella* = flache Schale, Teller) zur Darreichung von Wein und Hostie. Weihwasserkessel zur Segnung von Gegenständen gehören genauso dazu wie Leuchter und Monstranzen, also Schaugefäße aus Edelmetall mit einem Schaugehäuse aus Glas oder Bergkristall, in dem die geweihte Hostie zur Anbetung ausgesetzt und in Prozessionen mitgeführt wird. Altar- und Vortragekreuze, Lesepulte und Bücher, liturgische Gewänder oder Reliquiare und Votivbilder – alle bestanden sie nach Möglichkeit aus kostbarem Material, Ausdruck der Schönheit himmlischer Geistigkeit in sichtbarer Materie. Insbesondere Körperteil-Reliquiare führen dabei innerhalb der Typenvielfalt von Aufbewahrungsgefäßen für Reliquien durch ihre äußere Gestalt eine besonders anschauliche Umsetzung ihres Inhalts vor Augen.

Die Künstler, unter deren Händen diese Werke entstanden, betrachteten sich nicht als solche, sondern verstanden sich in der Ausübung ihrer Kunst als geschickte Handwerker. Demütig und bescheiden hinterließen sie der Nachwelt ihre zahlreichen Kleinkunstwerke weitgehend namenlos. Erst seit dem Hochmittelalter haben einige wenige Künstler im Stolz auf ihr Werk darauf auch ihren eigenen Namen verewigt. Zisterzienser und die Bettelorden übten wenigstens in ihren Anfängen äußerste Zurückhaltung in der Verwendung funktioneller Ausstattungsgegenstände, die im Spätmittelalter auch in den großen städtischen Pfarrkirchen Einzug gehalten hatten und für deren Besitz Stiftungen von großer Bedeutung waren.

**Tassilokelch, Christusseite. Kupfer vergoldet, wohl 777. Kunstsammlungen des Stifts Kremsmünster. Als einer der bedeutendsten Kelche des frühen Mittelalters stand der Tassilokelch Pate für die als „Tassilokelchstil" bezeichnete Stilrichtung mit mediterran-insularer Tier-Pflanzen-Ornamentik.**

**Gegenüber Mitte: Herimannkreuz, Bronze, vergoldet. Köln oder Werden, vor 1049. Erzbischöfliches Diözesanmuseum Köln, H. 11. Das 47 Zentimeter hohe Kreuz war ein Geschenk des Kölner Erzbischofs Herimann für das Kloster St. Maria im Kapitol, dem seine Schwester Ida vorstand. Das antike Köpfchen aus Lapislazuli anstelle des Hauptes Christi wird als Porträt der Kaiserin Livia gedeutet.**

Unten: Armreliquiar des hl. Georg, um 1350, ehemals Stiftskirche St. Blasius, Braunschweig. Kunstgewerbemuseum Berlin.

Unten: Weihwasserkessel (Situla) aus Elfenbein mit Gold- und Edelsteinschmuck. Lotharingien (Trier?), um 1000 oder kurz danach. Domschatz Aachen, Inv. Grimme Nr. 26.

# Bibliothek und Skriptorium – Bewahrer des kulturellen Erbes

Die mittelalterliche Klosterbibliothek wird bisweilen als „Herzstück des Klosters“ bezeichnet. Damit ist weniger die Räumlichkeit gemeint, denn bis zum 13. Jahrhundert war die Bibliothek ein in sich abgeschlossener Bereich. Benutzt wurden ihre Bestände an einem anderen Ort.

Mittelalterliche Klöster und religiöse Institutionen waren bis zum Aufkommen des Humanismus die Bewahrer der schriftlichen Überlieferung. In ihrem Wunsch, das Werk Gottes zu verstehen , beschäftigten sich Mönche und Nonnen mit der Heiligen Schrift und den Werken der Kirchenväter, der gelehrten Griechen und Lateiner. Sie sammelten und kopierten das verfügbare Wissen zunächst auf Pergament, später auf Papier und bewahrten dadurch in den Klosterbibliotheken wie in einer Arche die kulturellen Leistungen der Antike vor Untergang und Vergessenheit.

Zudem betätigten sich die Klosterbrüder und -schwestern auch als Chronisten und hielten in eigenen Schriften überdies den Wissensstand ihrer jeweiligen Zeit fest.

In klösterlichen Schreibstuben (Skriptorien) wurden schlichte Handschriften, mitunter aber auch prachtvoll illustrierte Codices gefertigt, die zu den herausragenden Leistungen der Buchmalerei gezählt werden.

Die Herausbildung der abendländischen Kultur wäre ohne dieses Wirken der Mönche und Nonnen nicht möglich gewesen.

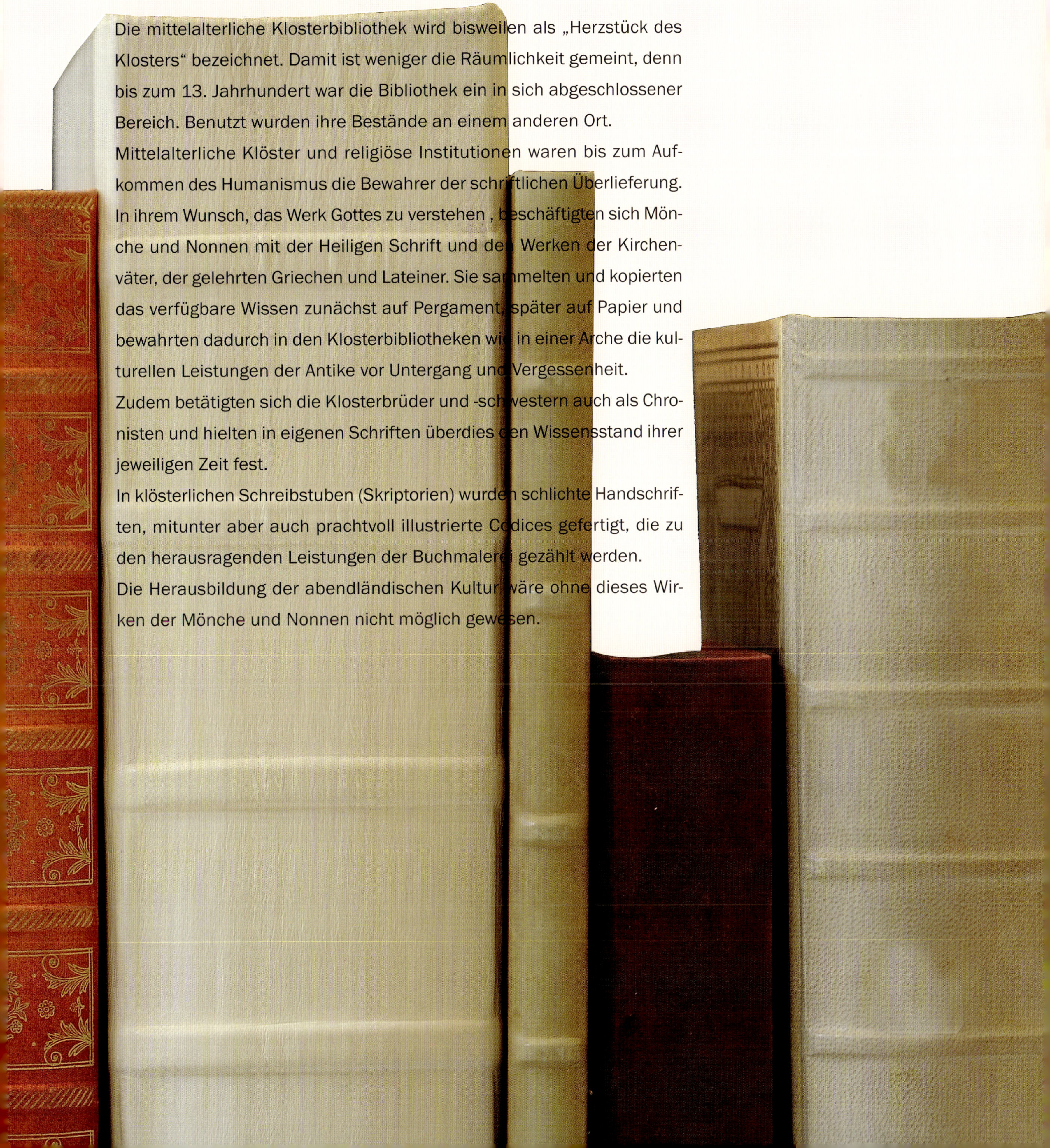

## Die Bücher der Mönche und Nonnen

Eine Bibliothek ist einerseits eine Büchersammlung, andererseits aber auch die Räumlichkeit, in der eine solche Sammlung beherbergt wird.

Mit dem Untergang der römischen Herrschaft kam auch das Ende für die einst zahlreichen öffentlichen Stadt- und Staatsbibliotheken. Bücher sollten nun für lange Zeit einen neuen Zufluchtsort in Kirchen und Klöstern finden. Seit der Spätantike wirkten das Skriptorium zur Herstellung und die Klosterbibliothek als Ort zur Aufbewahrung der Bücher zusammen. Nur in wenigen Fällen lässt sich die Geschichte einer Bibliothek bis in das ausgehende Altertum zurückverfolgen, wie etwa bei der Kapitelbibliothek von Verona mit einer der bedeutendsten frühmittelalterlichen Handschriftensammlungen Italiens.

Nannte eine Bibliothek einige hundert Bücher ihr Eigen, war dies schon ein stattlicher Bestand. Bis in die letzten Jahrhunderte des Mittelalters wurden diese Handschriften in Kirchen und Klöstern gewöhnlich an einem Platz in oder über der Sakristei oder dem Skriptorium verwahrt. Oft war der Umfang einer solchen Büchersammlung jedoch deutlich geringer, so dass mitunter auch ein Schrank oder eine Büchernische im Kreuzgang ausreichend Platz für die Bücher bot.

Die erste abendländische Klosterbibliothek wurde 540 von Cassiodor im süditalienischen Vivarium gegründet. Auf fränkischem Boden versuchten einige Jahrzehnte später Iren und Angelsachsen, dem allgemeinen Bildungsverfall vor allem in den Klöstern entgegenzusteuern. Weitere frühe Klosterbibliotheken entstanden beispielsweise in St. Gallen (613), im oberitalienischen Bobbio (614), im nordfranzösischen Corbie (660) und in Fulda (744). Das 732 von den Arabern zerstörte Kloster Luxeuil am Westrand der Vogesen war um 590 von Columban gegründet worden. Unter seinen Nachfolgern hatte es Luxeuil mit dem ältesten merowingischen Skriptorium im 7. Jahrhundert ebenfalls zu einer großen, berühmten Bibliothek gebracht.

Der Bücherbestand einer Bibliothek setzte sich oft aus Schenkungen von Fürsten, Adeligen, Bischöfen oder Weltgeistlichen zusammen. Zuwächse waren vor allem durch Arbeiten im eigenen Skriptorium möglich. Hier waren Klosterbrüder und -schwestern meist für den Eigenbedarf tätig, also als Schreiber und häufig auch Illustratoren unterschiedlicher künstlerischer Qualität. An einer derartigen Abschrift waren meist mehrere Hände beteiligt, mitunter arbeiteten Nonnen und Mönche sogar gemeinsam an einem Projekt. Gelegentlich wurden auch Abschriften aus einem – gleichfalls geistlichen – Kopierzentrum übernommen.

Die Bibliothek des karolingischen Klosters St. Gallen weist eine bis heute ununterbrochene Tradition vom 8. Jahrhundert an auf. Auf dem Idealplan von St. Gallen aus der Zeit um 830 befindet sich die Bibliothek im Obergeschoss eines quadratischen Gebäudes im Winkel von Chor und nordöstlichem Querhaus über dem Skriptorium. Der im 10. Jahrhundert abgeschriebene Bibliothekskatalog aus der Mitte des 9. Jahrhunderts bezeugt, dass bereits in dieser Zeit rund 400 Bände inventarisiert waren. St. Gallen unterhielt also eine bedeutende Bibliothek.

Entsprechendes galt für die nicht weit entfernt gelegene, mit St. Gallen in ständigem Wettbewerb liegende Abtei Reichenau. Ihr 821/22 vom damaligen Bibliothekar Reginbert zusammengestelltes Bücherverzeichnis umfasst gleichfalls etwa 400 Bände, davon ein großer Teil aus eigener Produktion. Es ist das älteste erhaltene größere Bücherverzeichnis des Mittelalters. Derselbe Reginbert hat möglicherweise am St. Galler Klosterplan mitgewirkt, denn dieser wurde auf der Reichenau hergestellt.

Das burgundische Cluny baute bereits unter dem zweiten Abt Odo (927–942/44) seine Büchersammlung zu einer umfangreichen Bibliothek aus. Odos Nachfolger Aimardus (942/44–954), zuvor Kanoniker in St-Martin in Tours, brachte 100 Handschriften mit in das Kloster. Der nach der Mitte des 12. Jahrhunderts angelegte Katalog der Bibliothek von Cluny umfasste ohne die ständig benutzten liturgischen Bücher etwa 570 Bände.

Eine große Bibliothek nannte das 635 gegründete wohlhabende Kloster Lindisfarne in England sein Eigen; weitere wichtige Bibliotheken in angelsächsischer Zeit unterhielten etwa auch die Klöster von York und Canterbury. Die englischen Klosterbibliotheken wurden während der Aufhebung der Klöster (1536–1540) alle zerstört.

Von den Bibliotheken, die sich seit dem 10. Jahrhundert in den Klöstern des christlichen Nordspanien nach dem Einfall der Araber (711) entfalteten, sind etwa S. Millán de la Cogolla und S.to Domingo de Silos in Kastilien oder auch S.ta Maria de Ripoll in Katalonien zu nennen.

Im frühen und hohen Mittelalter rekrutierten sich die Schreiber aus den Reihen der Nonnen und Mönche in den Skriptorien der Klöster, besonders bei Benediktinern und Zisterziensern. Im Zuge der cluniazensischen Reform hob sich auch das in nachkarolingischer Zeit abgesunkene Niveau der Schulbildung. Klöster und Kathedralschulen benötigten vermehrt Bücher für den Schulbedarf, die neu gegründeten Klöster der Reformorden mussten

Gegenüber: Papst Gregor der Große als vom Heiligen Geist inspirierter Autor mit Schreibermönchen zu seinen Füßen. Elfenbeintafel, Trier, spätes 10. Jh. Kunsthistorisches Museum Wien, Inv. Nr. KK 8399.

Unten: Lesende Nonne vor einem Bücherpult. Schwaben (?), 1475. Ludolf von Sachsen, „Vita Jesu Christi". Stadt- und Universitätsbibliothek Frankfurt, Ms. germ. qu. 99, Bl. 11r. Das um die Mitte des 14. Jh.s verfasste lateinische Meditationsbuch über das Leben Jesu gehörte im 15. und 16. Jh. zu den meistgelesenen Büchern.

Rechts: Barocksaal Stiftsbibliothek St. Gallen von Peter Thumb und Sohn, 1758/59. Die kostbare Innenausstattung entstand um 1761–1768.

Emeterius und sein Gehilfe Senior im Skriptorium. Beatus-Apokalypse von Távara, um 970. Archivo Histórico Nacional, Madrid, cod. 1097 B.

ausgestattet werden. Dieser großen Aufgabe an Schreibarbeit waren die Nonnen und Mönche der einzelnen Klöster alleine nicht mehr gewachsen, und so wurde eine ganze Reihe von Laien als Lohnarbeiter in klösterlichen Skriptorien als Schreiber und Buchmaler beschäftigt. Im Spätmittelalter kamen in den großen Städten gewerbsmäßige weltliche Schreibstuben auf. Auch Klöster und Ordenshäuser betrieben nun eine gewerbsmäßige handschriftliche Buchherstellung, die erst mit der Erfindung des Buchdrucks allmählich an Bedeutung verlieren sollte.

Auch die Ausbildung der Geistlichen an den nun aufkommenden Universitäten – hier allerdings für viele Jahrhunderte nur Männer – verursachte einen Rückgang der Klosterbibliotheken. Erst im 15. Jahrhundert erfolgte ein Wiederaufleben der geistlichen Bibliotheken im Rahmen kirchlicher Reformbestrebungen, und die Abschreibetätigkeit in Klöstern wurde vielerorts wieder aufgenommen.

Die Handschriften der Klosterbibliotheken enthielten zunächst nahezu ausschließlich lateinische Texte vorwiegend geistlicher Natur. Mit dem Aufkommen der Volkssprachen hielten auch Übersetzungen ihren Einzug in die Bibliotheken. Bei der einen breiten Raum einnehmenden spätmittelalterlichen Andachtsliteratur herrschten zwar weiterhin lateinische Texte vor, die volkssprachliche Literatur erlangte aber zunehmend an Bedeutung, vor allem in den Bibliotheken der Frauenklöster. Der Dominikanerinnenkonvent des Nürnberger Katharinenklosters besaß dabei mit 500 Handschriften eine der größten deutschen Bibliotheken in einem Frauenkloster überhaupt.

Als Folge der Reformation wurden viele Klosterbibliotheken aufgelöst. Ihre Bestände sind meist von großen fürstlichen, Landes- und Universitätsbibliotheken übernommen worden. So verlor etwa das sächsische Benediktinerinnenkloster Lamspringe, dessen Gründung als Kanonissenstift in die Mitte des 9. Jahrhunderts zurückreicht, seine bedeutende Bibliothek an Herzog Julius von Braunschweig-Lüneburg.

Vivian-Bibel, so genannte erste Bibel Karls des Kahlen. Tours, 845/46. Bibliothèque nationale, Paris, Ms. lat. 1, fol. 3v/4r.
In der Mittelzeile lässt der hl. Hieronymus Bücher in ein Bibliotheksgebäude tragen.

## Die Bibel

Das Buch der Bücher oder die Heilige Schrift enthält als Niederschrift der Offenbarung Gottes die von allen christlichen Kirchen und Gruppen als normativ anerkannten Schriften des hebräisch geschriebenen Alten Testaments (AT) und des griechisch geschriebenen Neuen Testaments (NT).

Das AT besteht aus den Geschichtsbüchern, den poetischen (Lehr-)Büchern (Hiob, Psalter, Sprüche, Prediger und Hohelied) sowie den prophetischen Büchern; das NT umfasst die vier Evangelien nach Matthäus, Markus, Lukas und Johannes, dann die Apostelgeschichte, gefolgt von den Lehrbüchern mit den Briefen des Apostels Paulus und den Katholischen Briefen. Den Abschluss bildet die Offenbarung des Johannes (Apokalypse). Die Entstehungsgeschichte von AT und NT kann um 400 n. Chr. als abgeschlossen gelten.

Die Neuübersetzung des AT ins Lateinische durch Hieronymus (405 vollendet) bildet für die katholische Kirche den seit dem Mittelalter maßgebenden Normaltext. Diese lateinische Bibel, die „Vulgata“, ist in etwa 8000 Handschriften überliefert.

Da die Heilige Schrift im Zentrum der mittelalterlichen Glaubensvorstellungen steht und den Ausgangspunkt des abendländischen Weltbildes darstellt, nimmt alle religiöse Literatur des Mittelalters von der Bibel ihren Ausgang.

## Das Evangeliar

Das Evangeliar (von griech. *euangelion* = die frohe Botschaft) ist neben dem Missale das zentrale Buch der christlichen Liturgie. Es enthält Texte der vier Evangelien (nach Matthäus, Markus, Lukas und Johannes), also die Berichte vom Leben und Wirken Jesu Christi, die aus dem 1. Jahrhundert stammen. Hinzu kommen zum Teil Briefe des Hieronymus und der Brief des Eusebios an Carpian, Kanontafeln, kurze Vorreden zu den einzelnen Evangelien (Argumenta) und kurze nummerierte Inhaltsangaben der Evangelienkapitel (Breviaria).

Das Evangeliar gehört zur Ausstattung des Altars und ist sichtbares Zeichen der Gegenwart Christi in der Liturgie. In jeder Heiligen Messe wird daraus ein Abschnitt (Perikope) vorgelesen.

Die oftmals reich illustrierten Evangeliare sind mit den Initialen der Incipit-Formeln (Auftaktformeln zu einem jeden Evangelium) und den Initialen des Evangelienbeginns illuminiert und zeigen oft das Bild Christi in der Mandorla mit den vier Evangelistensymbolen (Maiestas Domini). Die Bilder der vier Evangelisten können einzeln, auf einer Seite gemeinsam oder vertreten durch ihre Symbole dargestellt sein.

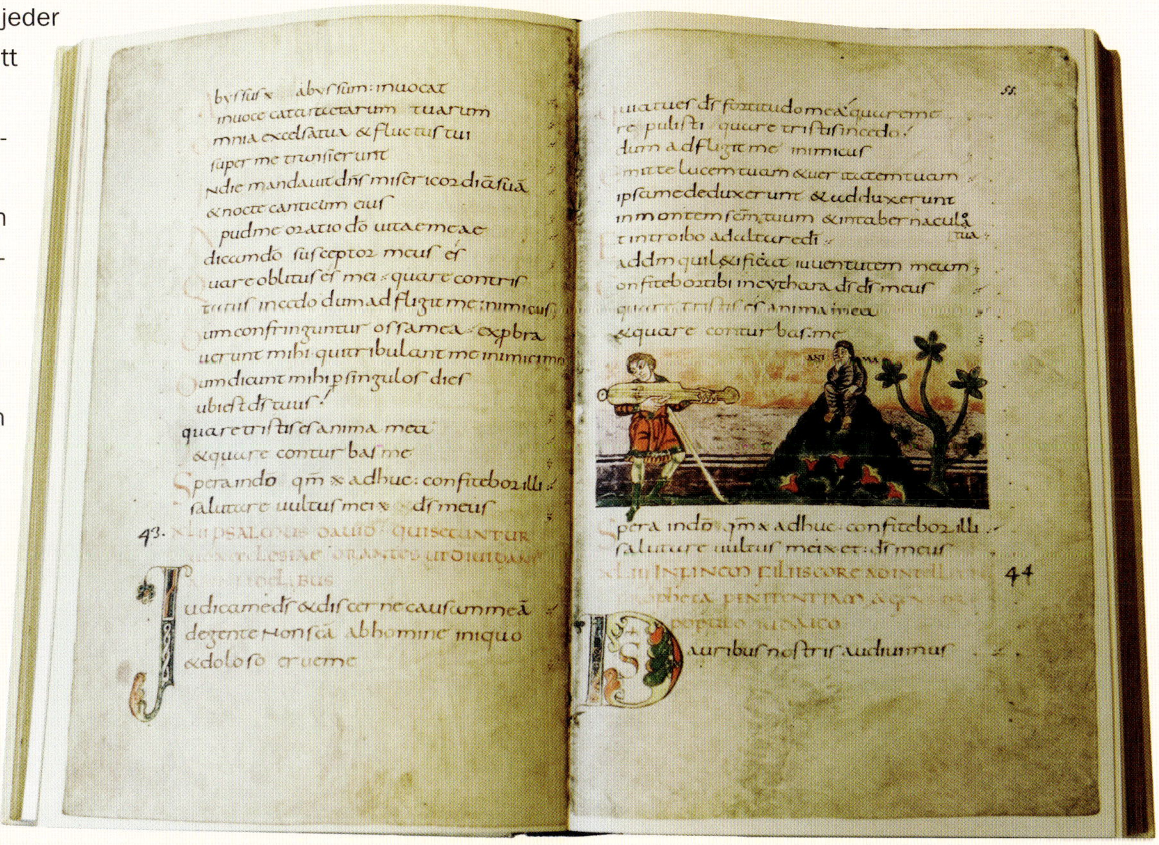

## Der Psalter

Die Psalmen sind das Gebetbuch der Bibel schlechthin. Psalmen wurden im Mittelalter sowohl in der Messe wie auch im Stundengebet täglich gesprochen und sind zugleich das alttestamentliche Buch, das am häufigsten einzeln abgeschrieben wurde. Insgesamt ist der Psalter als Sammlung der 150 Psalmen in einem Buch also eines der verbreitetsten Bücher des Mittelalters. Er kann zudem die Cantica (Gesänge) aus dem Alten und Neuen Testament enthalten.

Ganz oben: Autorenbild des Evangelisten Matthäus und die Vorfahren Christi. Lorscher Codex, Aachen, um 810. Biblioteca Batthyáneum, Alba Julia (Rumänien), Ms. R. II.I., p. 26–27 (fol. 13v/14r). Das ganz in goldener Tinte geschriebene Evangeliar, ein Spätwerk aus der Hofschule Karls des Großen, ist heute geteilt. Der zweite Teil des Lorscher Evangeliars befindet sich in der Vatikanischen Bibliothek.

Oben: Der Psalmist und die Seele (rechte Seite). Stuttgarter Bilderpsalter, um 830, Bibl. Fol. 23, fol. 54v/55r. Zentral- und Hochschulbibliothek Luzern, Faksimile-Ausgabe, Sign. S.b 86.

## Die liturgischen Bücher

Sakramentar mit Text- und Zierseite mit den drei Frauen am Grab Jesu, Ende 10. Jh. Niedersächsische Staats- und Universitätsbibliothek Göttingen, Cod. theol. fol. 231, 65v/66r.
Als charakteristisches Beispiel für die ottonische Fuldaer Malschule war die aus der Bibliothek Helmstedt stammende Handschrift wohl für eines der alten sächsischen Klöster bestimmt.

Die von den Klosterbrüdern und -schwestern während des täglichen gemeinschaftlichen Gebets verwendeten liturgischen Bücher fehlen oft in Bibliothekskatalogen, da sie sich – wie etwa in Cluny – in der Kirche und im Kapitelsaal befanden. Diese für die religiöse Gemeinschaft unentbehrlichen Handschriften bildeten in vielen Klöstern die Mehrzahl der vorhandenen Bücher. Sie wurden mit höchster Sorgfalt in prächtiger großer Schrift hergestellt, mit Initialen und Randleisten verziert und in kostbare Einbände geheftet.

Derartige liturgische Bücher enthalten die Texte, Gesänge und Vorschriften, die zum Vollzug des Gottesdienstes und zum Spenden der Sakramente nötig sind. Ursprünglich waren hierfür eine ganze Reihe einzelner Bücher in Gebrauch: neben dem Ordo missae, den Vorschriften für den Gang der Messe, etwa das Sakramentar mit dem Kanon (wechselnde und feststehende Gebete bei der Messe), Lektionar, Graduale und Homiliar (Predigten der Kirchenväter) sowie das Antiphonar und einige weitere Bücher. Unter Papst Gregor VII. (1073–1085) wurden zuerst die Texte zur Abhaltung des Stundengebets, zu dem alle Weltgeistlichen und Ordensangehörigen verpflichtet sind, im Brevier vereinigt. Die zur Messfeier nötigen Texte wurden vom 9. Jahrhundert an bis zum 13. Jahrhundert allmählich zum Missale, dem Messbuch, zusammengestellt.

## Das Sakramentar

Das Sakramentar ist zum ausschließlichen Gebrauch für den Priester bestimmt und enthält die bei der Feier der Heiligen Messe allein zu sprechenden Gebete und Texte. Es war bis zum 12./13. Jahrhundert in Gebrauch und wurde dann durch das Missale abgelöst.

Innerhalb des Sakramentars/Missales kam der Ausgestaltung der T-Initiale besondere künstlerische Bedeutung zu. Sie war häufig ganzseitig angelegt, wobei der Buchstabe T zum griechischen Tau-Kreuz mit dem Bild des Gekreuzigten umgedeutet wurde. Vom 12. Jahrhundert an wurde nach und nach zugunsten einer ornamentalen Hervorhebung des T auf das Bild des Gekreuzigten verzichtet.

## Das Missale

Das Missale enthält alle Lesungen und weitere Texte, die bei der Heiligen Messe verwendet werden. Seine Gliederung in Temporale, Ordo missae, Sanctonale, Commune Sanctorum und die Votivmessen ist aus dem Sakramentar übernommen.

Das Missale entstand im 11. Jahrhundert und verbreitete sich endgültig Anfang des 13. Jahrhunderts. Als selbständiges liturgisches Buch schloss es ältere liturgische Bücher zusammen (Sakramentar, Evangelistar, Epistolar und Antiphonar, wobei Evangelistar und Epistolar schon im Lektionar vereinigt waren). Der Grund für diese Zusammenlegung war vermutlich die größere Praktikabilität eines einzigen liturgischen Buches für die Heilige Messe.

Links: T-Initiale in einem Sakramentar. Pergament, St. Gallen, um 940/50. Stiftsbibliothek St. Gallen, Cod. Sang. 342, fol. 281r.
Im frühesten in St. Gallen selbst erhaltenen und dort geschriebenen Sakramentar kommentierte später ein Zeitgenosse Ekkehards IV. von St. Gallen (um 980/90 – um 1060) die Seite mit der T(E IGITUR)-Initiale am Rand mit einer Interpretation der Vorgänge um den Kreuzestod Jesu.

Rechts: Pontifikal-Messbuch des St. Galler Abtes Diethelm Blarer (1530–1564) von 1555. Stiftsbibliothek St. Gallen, Cod. Sang. 357, fol. 17.
Das Missale gilt als die schönste Handschrift der Schweiz aus dem 16. Jh.

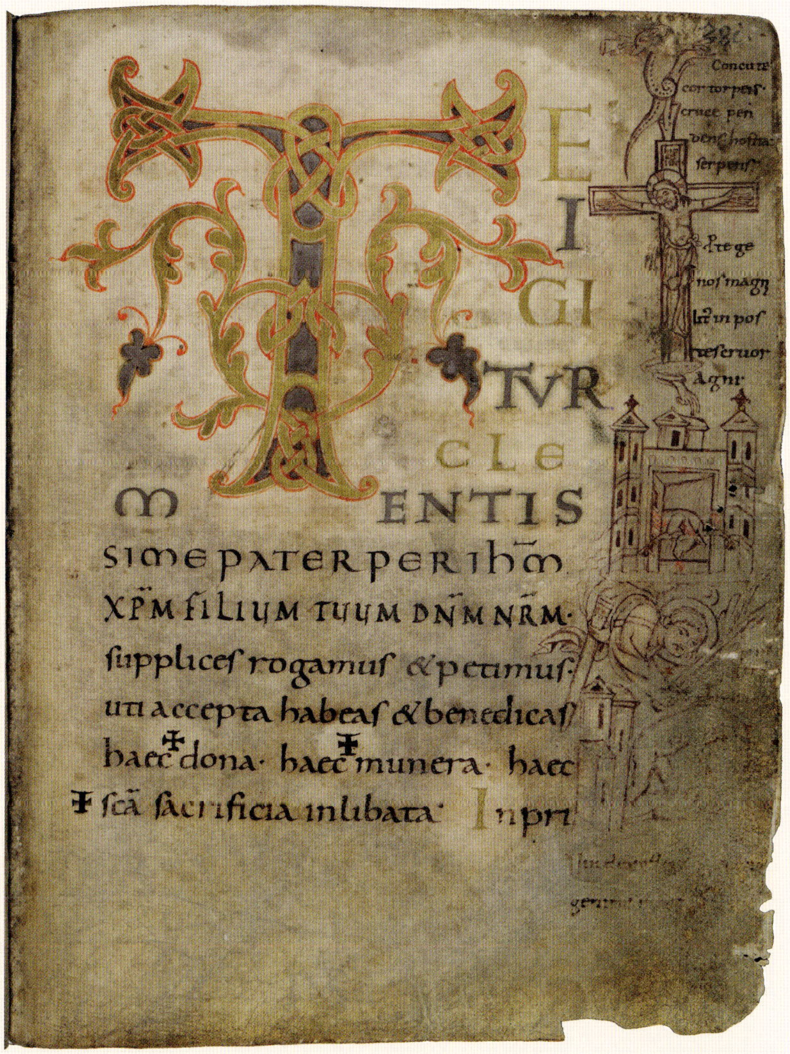

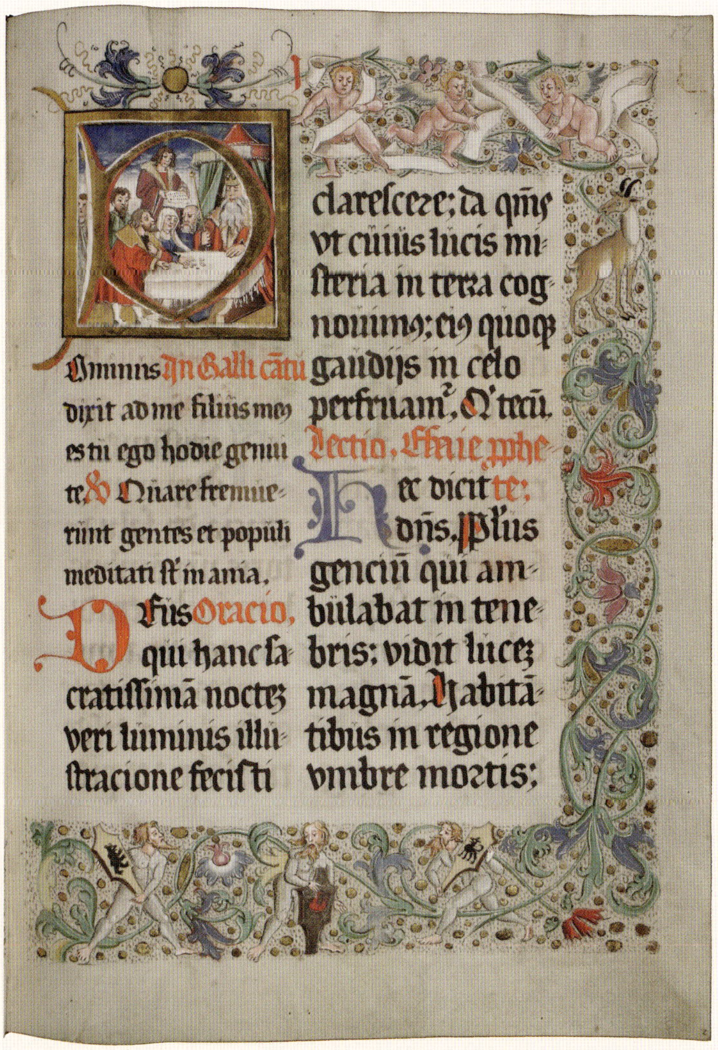

## Das Perikopenbuch

Das Perikopenbuch ist eine allgemeine Bezeichnung für ein Buch, das im Gottesdienst gebrauchte Abschnitte der Heiligen Schrift enthält, also ein Überbegriff zum Evangelistar, Epistolar und Lektionar.

Die für die Lesungen während des Gottesdienstes benötigten Evangelienabschnitte wurden in der Abfolge der Feste des Kirchenjahres angeordnet. Zu den bedeutendsten und eindrucksvollsten Perikopenbüchern zählt das nach der Jahrtausendwende von Kaiser Heinrich II. dem neugegründeten Bamberger Dom gestiftete großformatige Perikopenbuch, dessen 194 Perikopen von zehn ganzseitigen und 184 großen Textinitialen illuminiert werden.

## Das Evangelistar

Im Gegensatz zum Evangeliar enthält das Evangelistar nur jene Abschnitte aus den vier Evangelien, die in der feierlichen Liturgie der Kirche gelesen werden. Sie sind nach Festen geordnet, ihre Texte stimmen nicht immer ganz wörtlich mit den Evangelien überein. Die Perikopen beginnen entweder mit der Weihnachtsvigil, mit dem Osterfest oder mit Mariä Verkündigung (25. März). Ihre Auswahl richtet sich häufig nach regionalen Bräuchen oder nach dem Wunsch des Auftraggebers.

Die reich illuminierten Prachtevangelistare des Mittelalters enthalten nur die Perikopen der in allen Kirchen gefeierten Hochfeste. Hinweise, die auf die Provenienz der Handschrift schließen lassen würden, fehlen meist, es sei denn, sie enthält das Bild des Auftraggebers.

Ganz oben: Perikopenbuch Heinrichs II., um 1002–1012. Zentralbibliothek, Zürich; Faksimileausgabe, Clm 4452, fol.24v/25r. Das Original befindet sich in der Bayerischen Staatsbibliothek München. Als eines der bedeutendsten Werke der mittelalterlichen Buchkunst gehört das Perikopenbuch seit 2003 zum Weltdokumentenerbe der Unesco.

Oben: Die Berufung des Zöllners Levi mit anschließendem Gastmahl. Codex Egberti, 977/993. Stadtbibliothek Trier, Cod. 24, fol. 28v/29r. Das Evangelistar entstand im Auftrag des Trierer Erzbischofs Egbert (977–993).

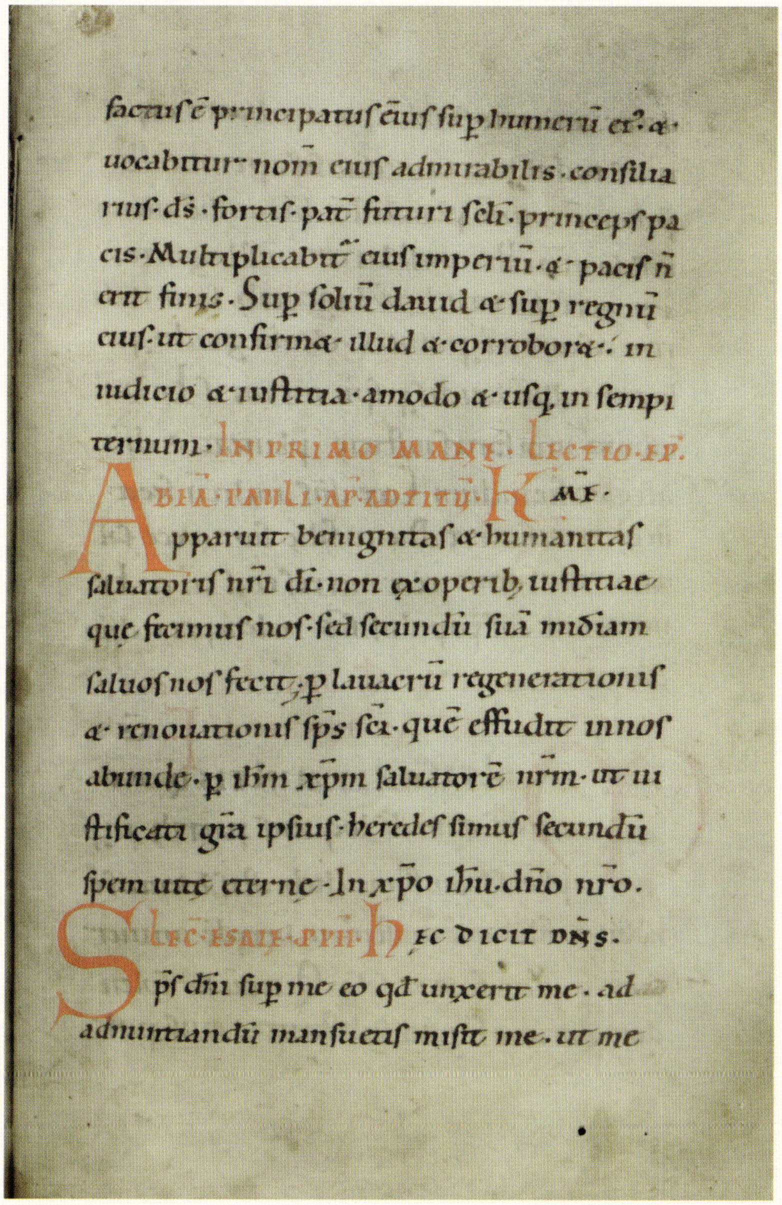
facus e principatus eius sup humeru ei' &
uocabitur nom eius admirabilis · consilia
rius · ds · fortis · pat' futuri scli · princeps pa
cis · Multiplicabit' eius imperiu · & pacis n
erit finis · Sup soliu dauid & sup regnu
eius · ut confirmet · illud & corroboret · in
iudicio & iustitia · amodo & usq in sempi
ternum · IN PRIMO MANE · LECTIO EP.
BEATI PAULI AP AD TITU · KMI ·
Apparuit benignitas & humanitas
saluatoris nri di · non ex operib iustitiae
que fecimus nos · sed secundu sua midiam
saluos nos fecit · p lauacru regenerationis
& renouationis sps sci · que effudit in nos
abunde · p ihm xpm saluatore nrm · ut iu
stificati gra ipsius · heredes simus secundu
spem uite eterne · In xpo ihu dno nro.
LEC · ESAIE · PPH · Hec dicit dns ·
Sps dni sup me eo qd unxerit me · ad
adnuntiandu mansuetis misit me · ut me

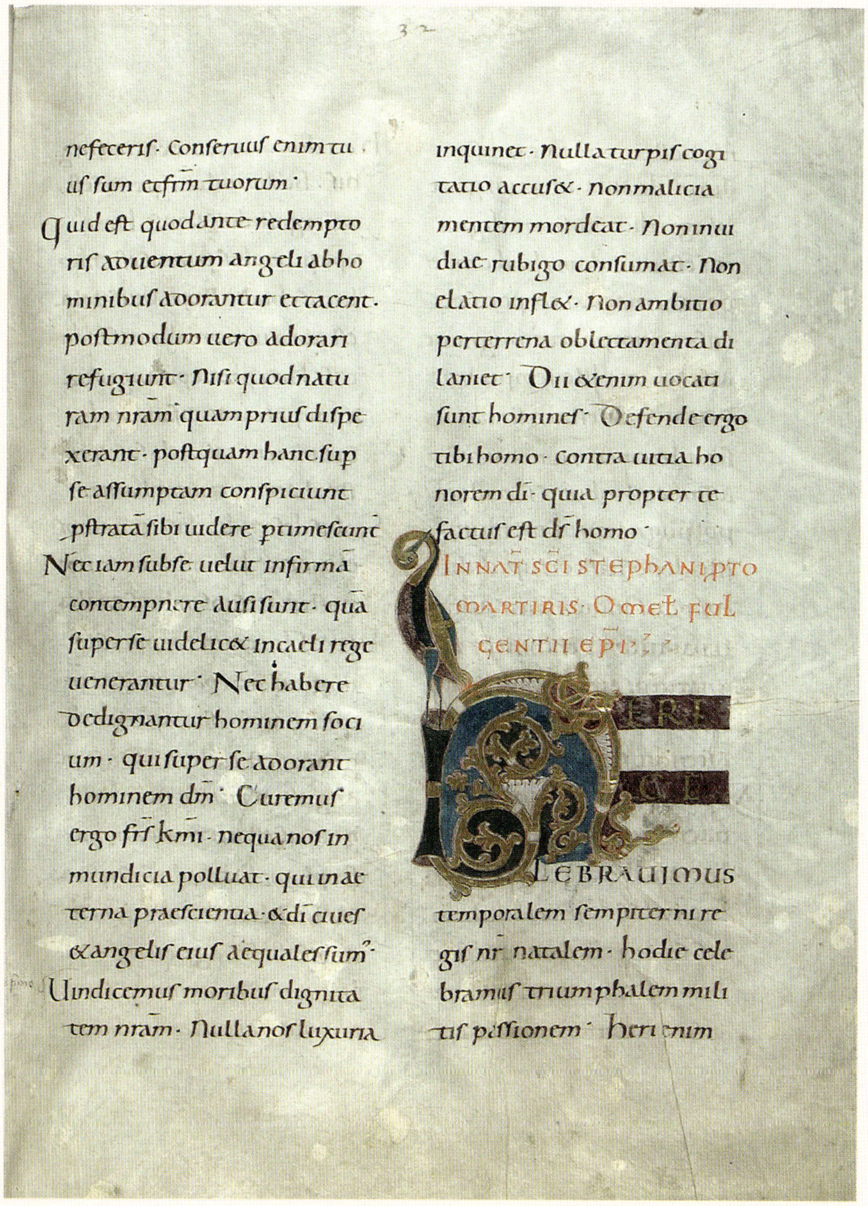
nesceris · Conseruus enim tu
us sum & fratrum tuorum ·
Quid est quod ante redempto
ris aduentum angeli abho
minibus adorantur & tacent ·
postmodum uero adorari
refugiunt · Nisi quod natu
ram nram quam prius despe
xerant · postquam hanc sup
se assumptam conspiciunt
prostrata sibi uidere pertimescunt
Nec iam subse uelut infirma
contempnere ausi sunt · qua
super se uident & in caeli rege
uenerantur · Nec habere
dedignantur hominem soci
um · qui super se adorant
hominem dm · Curemus
ergo frs kmi · ne quanos in
mundicia polluat · qui in ae
terna praescientia & di ciues
& angelis eius aequales sum'
Uindicemus moribus dignita
tem nram · Nulla nos luxuria
inquinet · Nulla turpis cogi
tatio accuset · Non malicia
mentem mordeat · Non inui
diae rubigo consumat · Non
elatio inflet · Non ambitio
perterrena oblectamenta di
laniet · Dii & enim uocati
sunt homines · Defende ergo
tibi homo · contra uitia ho
norem di · quia propter te
factus est ds homo ·
INNAT SCI STEPHANI PTO
MARTIRIS · OMEL FUL
GENTII EPI ·
HERI
CE
LEBRAUIMUS
temporalem sempiterni re
gis nr natalem · hodie cele
bramus triumphalem mili
tis passionem · Heri enim

## Das Epistolar

Das Epistolar (von lat. *epistola* = Brief) enthält alle liturgischen Lesungen, die nicht aus den Evangelien stammen, also vor allem diejenigen aus den Paulus- und den Katholischen Briefen. Es ist seit dem 8. Jahrhundert in Gebrauch, wurde etwa im 10. Jahrhundert zu einem eigenen liturgischen Buch und ging später im Missale oder im Lektionar auf. Aus dem Mittelalter haben sich etwa 125 Epistolare erhalten; am verbreitetsten waren sie im 12. und 13. Jahrhundert. Das Epistolar wurde auch als selbständiges liturgisches Buch mitunter reich geschmückt und kunstvoll ausgestattet.

## Das Lektionar

Lektionare umfassen Abschnitte aus den vier Evangelien Matthäus, Markus, Lukas und Johannes und der Apokalypse sowie aus der Apostelgeschichte, den Briefen des NT und Auszüge aus den Büchern des AT. Diese werden im Laufe eines Kirchenjahres während der Heiligen Messe vorgetragen. Seinen Ursprung hat das Lektionar im 7. Jahrhundert. Es ist seit dem 9. Jahrhundert verbreitet und oft kostbar illuminiert.

In der römisch-katholischen Kirche enthält das Lektionar heute als biblisches Lesebuch die Schriftlesungen jeder Art und kann in der Liturgie für die Bibel stehen.

**Links: Um die Mitte des 12. Jh.s ersetzte Seite aus einem Epistolar mit 289 Episteln aus dem 3. Viertel des 11. Jh.s nach vermutlich Reichenauer Vorlage. Stiftsbibliothek St. Gallen, Cod. Sang. 371, fol. 5. Die Seiten 3 bis 14 wurden nach wenigen Jahrzehnten wegen starker Beschädigung ausgetauscht.**

**Rechts: H-Initiale mit Vogel (Reiher) in einem Reichenauer Lektionar (auch Homiliar genannt). Reichenau, 2. Drittel des 10. Jh.s. Badische Landesbibliothek Karlsruhe, Cod. Aug. perg. 16, fol. 32r. Die früheste auf der Reichenau entstandene ottonische Handschrift mit anspruchsvollem Buchschmuck zieren 84 Initialen als Textanfänge, deren erste Zeile oft in Gold auf Purpur steht.**

## Das Graduale

Graduale von St. Katharinenthal, um 1312. Alternierend im Schweizerischen Landesmuseum Zürich und im Museum des Kantons Thurgau, Frauenfeld, LM 26117, fol. 184v/185r.
Das Graduale der Dominikanerinnen von St. Katharinenthal ist eines der bedeutendsten Zeugnisse oberrheinischer Buchmalerei.

Das Graduale (von lat. *gradus* = Stufe) enthält die Wechselgesänge und die sich ständig wiederholenden Chorgesänge der Messe. Vollständig bestand es meist aus mehreren Bänden, der Sologesang zwischen den Messlesungen wurde auf den Stufen des Ambo gesungen.

Im frühen Mittelalter wurde die Bezeichnung Graduale synonym für das Antiphonar verwendet. In illuminierten Handschriften beginnt das Graduale mit der A-Initiale von „Ad te levavi", ebenso wie das Antiphonar mit dem A von „Aspiciens a longe", so dass die A-Initiale an sich sowohl auf ein Graduale wie auf ein Antiphonar verweisen kann.

Der ursprüngliche Psalm mit gleichbleibendem Kehrvers wurde im Graduale spätestens seit dem 8. Jahrhundert auf 1 bis 3 numerisch aufeinander folgende Psalmverse verkürzt, deren reich verzierte Melodie solistisch vorgetragen wurde. Seit dem 12. Jahrhundert wurde auch das ältere Antiphonar als Graduale bezeichnet, das Buch mit Text und Noten der nicht vom Priester auszuführenden Gesänge der Messe.

## Das Antiphonar

Das Antiphonar ist ein liturgisches Buch der katholischen Kirche mit den Melodien der Wechselgesänge (Antiphonen), die von den Mönchen in zwei Gruppen abwechselnd im Gottesdienst gesungen wurden. Es enthält auch Musiknoten und ist aus der jüdischen Liturgie hervorgegangen. Neben den Antiphonen enthält das Antiphonar oft zusätzlich die Hymnen und Responsorien, die für den Chorgesang der Mönche vorgeschrieben sind.

Das Antiphonar ist seit dem 4. Jahrhundert gebräuchlich und wurde etwa seit der Wende zum zweiten Jahrtausend zunehmend reicher illuminiert. Als älteste Antiphonensammlung (ohne Musiknoten) gilt das irische Antiphonar von Bangor aus dem 7. Jahrhundert mit unbedeutenden Initialen. Besonders zahlreich haben sich Antiphonare aus dem 14. und 15. Jahrhundert erhalten, deren zum Teil umfangreiche Bildzyklen in Form der seit dem 13. Jahrhundert üblich werdenden Initialminiaturen ausgeführt sind.

**Hartker übergibt dem hl. Gallus das Antiphonar. Hartker-Antiphonar, Winterteil. St. Gallen, um 990–1000. Stiftsbibliothek St. Gallen, Cod. Sang. 390, p. 10–11. Der St. Galler Inkluse Hartker († 1011) ließ sich 980 in eine enge Zelle einmauern, in der er nicht aufrecht stehen konnte. Dort, eher aber noch im Kloster, fertigte er das Antiphonar mit feinsten Neumen (p. 10). Es gilt als wichtigste aller mittelalterlichen Choralhandschriften.**

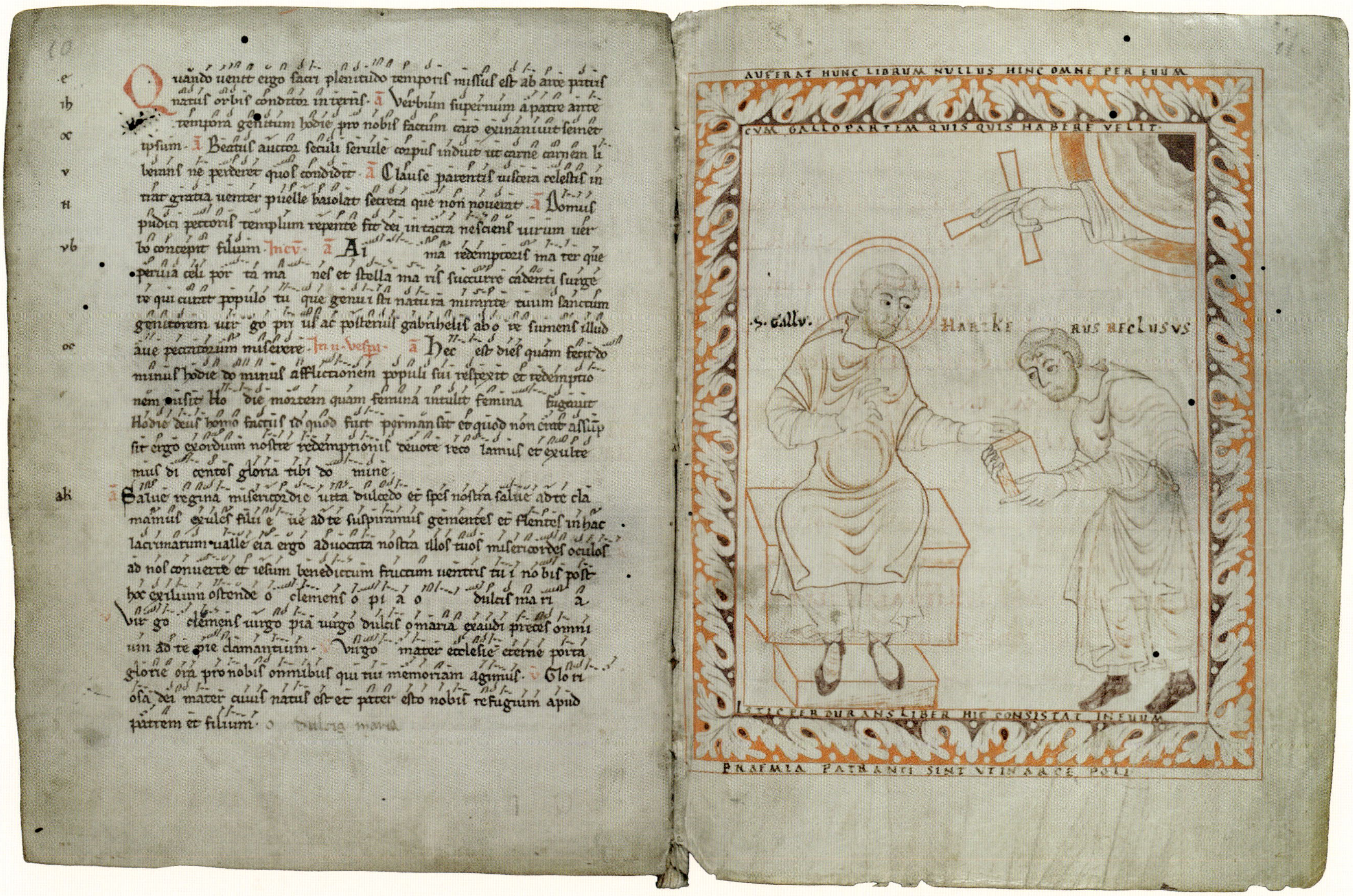

## Das Passionale

Das Passionale (von lat. *passio* = Leiden) ist ein liturgisch verwendetes Legendar mit der Leidensgeschichte der Märtyrer zur Lesung im kirchlichen Stundengebet im Laufe des Kirchenjahres, geordnet nach den Tagen der Heiligen.

Das um 1120–1125 entstandene dreibändige „Stuttgarter Passionale“ in der Württembergischen Landesbibliothek enthält in drei Teilen, der Winterlesung *(pars hiemalis)*, der Sommerlesung *(pars aestivalis)* und Nachträgen *(pars tertia)*, den frühesten erhaltenen illustrierten lateinischen Zyklus von Heiligenviten und -passionen. Es gilt heute als Hauptwerk des Zwiefaltener Skriptoriums und als hervorragendstes Beispiel für die Entstehung und Entwicklung des romanischen Stiles in der schwäbischen Buchmalerei.

Das bekannteste Passionale des Mittelalters ist die „Legenda Aurea“ des Jacobus a Voragine aus der zweiten Hälfte des 13. Jahrhunderts, die in mehr als 1000 mittelalterlichen Handschriften erhalten ist.

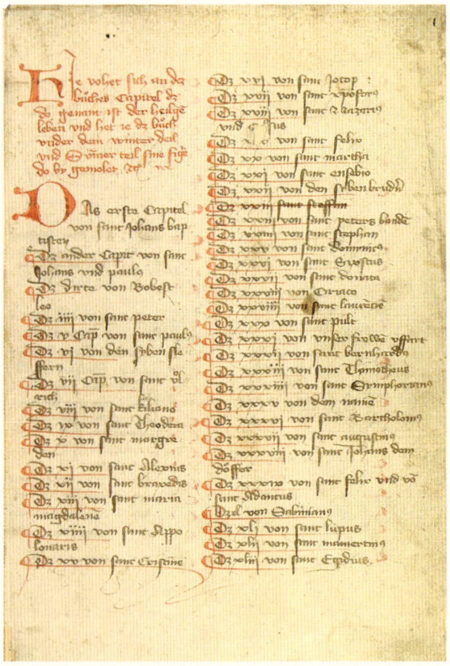

Oben: Elsässische Legenda Aurea, Sommerteil. Straßburg, „Werkstatt von 1418“, 1419. Universitätsbibliothek Heidelberg, cpg 144, fol. 1r. Das Register beginnt mit den Worten: „Hie vohet sich an dez buoches Capitel daz do genant ist der heiligen leben.“

Rechts: Christus, Maria und die himmlische Hierarchie der Heiligen. Kunigundenpassionale, 1314/1321. Statní knihovna, Prag, Cod. XIV A 17, fol. 23v.
Kunigunde war die Tochter König Ottokars II. und Äbtissin des Klosters St. Georg auf der Prager Burg. Ihr Passionale orientiert sich u. a. am zwischen 1310 und 1320 entstandenen Queen Mary’s Psalter, London, dem am reichhaltigsten illuminierten Psalmenbuch des Mittelalters.

## Das Brevier

Ein Brevier (von lat. *brevis* = kurz) ist ein seit dem 9. Jahrhundert gebräuchliches Gebetbuch. Als liturgisches Buch der katholischen Kirche enthält es die verschiedenen Teile des Stundengebetes und die zur Handhabung notwendigen Hinweise (vor allem Kalendarien) für alle Tage und Feste des Kirchenjahres (beginnend mit dem 1. Advent). Es ist für die private Rezitation des Klerikers und auch für den Laien mit klerikalen Weihen bzw. Ämtern bestimmt.

Das Brevier wird durch den Kalender der Heiligenfeste eingeleitet; es folgen die Psalmen mit den dazu gesungenen Antiphonen, Hymnen und Lesungen aus der Bibel und den Vätern, Heiligenlegenden mit den jeweiligen Responsorien, Einleitungs- und Überleitungsstücke (Versikel) sowie die Orationes der Stunden.

Nebukadnezar lässt Jerusalem zerstören; Bücherverbrennung; Nehemia lässt Jerusalem neu aufbauen; Esra schreibt das Gesetzbuch neu. Brevier der Isabella von Kastilien, um 1497. Bibliothèque nationale, Paris, Ms. Add. 18851, fol. 111v/112r. Die Infantin von Kastilien (1470 bis 1498), Tochter Isabellas der Katholischen, war trotz ihrer Neigung zum klösterlichen Leben zweimal verheiratet worden und starb im Wochenbett.

# Im Skriptorium

Das Skriptorium (von lat. *scribere* = schreiben) war die Schreibstube des Klosters. Mittelalterliche Bildzeugnisse stellen mitunter einen Mönch als einsamen Gelehrten am Schreibpult – seltener auch eine Nonne – dar, der von Gott inspiriert ist und dem allenfalls noch ein oder mehrere Schreiber beigegeben sind, die ihre Werke und Worte zu Pergament bringen. Die Realität war oft weit von diesen Vorstellungen entfernt. Die meisten der in Skriptorien tätigen Mönche und Nonnen waren in erster Linie Kopisten, die oft in einem größeren, gemeinsamen Saal mit vielen Pulten zusammen arbeiteten, insbesondere in Benediktinerklöstern. Im St. Galler Klosterplan befindet sich das Skriptorium im Erdgeschoss an der Nordseite des Ostchores. Der durch zweimal drei Fenster erhellte Raum beherbergte sieben Schreibpulte und einen großen Tisch in der Mitte, um den Hocker für die Schreiber gruppiert waren. Das Handwerkszeug der Schreiber – Lineal und Federkiel, Tintenhörner und Radiermesser – stand in Kästen bereit. Im Obergeschoss befand sich die Bibliothek. Bei den Zisterziensern war das Skriptorium im Mönchssaal; später gab es eigene Zellen für die Schreiber im Kopisten-Kreuzgang. Die Kartäuser wiederum arbeiteten in ihren eigenen Zellen.

Hildegard von Bingen (1098–1179) mit Tafel und Griffel und ein schreibender Mönch. Hildegard von Bingen, „Scivias", um 1200. Universitätsbibliothek Heidelberg, Cod. Sal. X 16, fol. 3v.

Während kleine und unbedeutende Klöster oft auf den Bezug von Büchern von auswärts angewiesen waren, unterhielten die größeren Abteien in der Regel ein Skriptorium. Zu den ältesten Skriptorien im gallischen Raum zählt das 590 gegründete Kloster Luxueil, das bis zur Zerstörung 732 eine rege Produktion aufzuweisen hat. Auch Nonnen waren schon sehr früh als Schreiberinnen tätig. Das um 658/9 gegründete Kloster Chelles bei Paris wurde dank seiner vielen schreibenden Nonnen in karolingischer Zeit unter der Leitung einer Schwester Karls des Großen berühmt: Zehn namentlich gekennzeichnete Schreiberinnen waren an einem dreibändigen Psalmenkommentar beteiligt, der sich heute in der Kölner Dombibliothek befindet. Der Mönchsgemeinschaft des 744 gegründeten Klosters Fulda gehörten gut 80 Jahre später mehr als 600 Mitglieder an. In ihrem Skriptorium sollten zwölf Mönche arbeiten.

Im Rahmen der karolingischen Renovatio trat neben die monastischen Zentren auch der Hof des Herrschers mit einem eigenen Skriptorium hervor, das im 8. und 9. Jahrhundert eine Reihe von Prachthandschriften schuf. Nach dem Tod Karls des Großen übernahm das Skriptorium von Reims, vor allem unter Erzbischof Hinkmar (845–882), eine führende Rolle. Zu den karolingischen Zentren von Bedeutung gehörten unter anderem auch Corbie und St-Denis, im deutschen Kulturbereich sind für diese Zeit, aber auch spätere Jahrhunderte, St. Gallen, Köln und Fulda, Lorsch und die Reichenau zu nennen, während der österreichische Raum besonders durch Salzburg, Mondsee und Kremsmünster vertreten ist. Wegen des Einfalls der Araber konzentrierten sich im Frühmittelalter in Spanien die wichtigsten Skriptorien im Norden des Landes, um sich im 10. und 11. Jahrhundert vor allem in Kastilien und Léon zu entwickeln. Wichtige Zentren dieser Zeit sind in England Canterbury und Winchester.

Ein produktives Skriptorium hatte viele Kontakte, oft auch zu weit entfernten Klöstern. Handschriften wurden von einem Kloster zum anderen entlehnt und dienten als Vorlage für die Schreiber. Je nach Umfang und Größe des entliehenen Codex konnte sich ein solches zum Kopieren entliehenes Werk mehrere Monate in einem anderen Kloster befinden. Als Gegenwert ließen sich die verleihenden Klöster ein Pfand für den einem anderen Skriptorium überlassenen Band geben – am liebsten ebenfalls eine Handschrift. Dieser mittelalterliche Fernleihverkehr bewirkte etwa, dass allein im Jahr 1252 einhundertsiebzehn Handschriften und Kopien über ganz Europa hinweg zum Zwecke der Abschrift in Umlauf waren.

Die anstrengende, monotone Kopierarbeit mochte zwar die Hauptaufgabe eines klösterlichen Schreibers sein, er hatte aber auch noch anderen Tätigkeiten – insbesondere dem Gebet – nachzukommen. Und natürlich ließ es sich im Sommer bei Tageslicht effektiver arbeiten als in den dunklen Wintermonaten.

Mit einer Abschrift der Bibel wäre ein Schreiber mindestens ein Jahr lang zugange gewesen. Die wenigsten verleihenden Bibliotheken waren aber bereit, derart lange auf ihre eigenen Bücher zu verzichten. Der Kopierprozess wurde daher organisiert und oftmals dadurch verkürzt, dass ein Buchblock auseinandergenommen und die einzelnen Lagen (ineinandergelegte Doppelblätter) an mehrere Textschreiber verteilt wurden. Redakteure legten die Abfolge der Texte fest und nummerierten die Bögen, Rubrikatoren setzten Überschriften und Initialen in roter Farbe ein. Maler illustrierten den Text schließlich und versahen ihn mit Ornamenten. Eine weitere Möglichkeit der Vervielfältigung bestand darin, eine Handschrift per Diktat von mehreren geübten Schreibern gleichzeitig kopieren zu lassen.

Durch das Abschreiben der unterschiedlichsten Bücher wurde auch das geistige Leben der Mönche gefördert. Nach der Regel des hl.

Der Evangelist Markus. Godescalc-Evangelistar, Gold- und Silbertinte auf Purpurpergament, 781/83. Bibliothèque nationale, Paris, Nouv. Acqu. Lat. 1203, fol. 1v. Der sich selbst als „ultimus famulus" (letzter Diener) bezeichnende Schreiber Godescalc schuf den Codex im Auftrag Karls des Großen und dessen Gemahlin Hildegard.

**Die Hofschule Karls des Großen**

Dem noch in seiner Zeit anhaltenden Bildungsverfall steuerte Karl mit einer Reform entgegen. Er rief die herausragenden Gelehrten seiner Zeit an seinen Hof, um mit ihrer Unterstützung in der Hofschule ein Zentrum des geistigen Aufschwungs im Reich zu schaffen, und übertrug 781 die Leitung dem Angelsachsen Alkuin von Tours (um 730–804), Lehrer der Kathedralschule von York seit 788. Die Hofschule, deren Sitz seit 794 in Aachen war, sollte als geistiger Mittelpunkt breit ins Reich wirken. Zu den berühmten Lehrern gehörte auch der Langobarde Paulus Diaconus, der die Predigten der Väter edierte. Sie wurden von den Hofkopisten abgeschrieben, um allen Bischöfen des Reichs zugesandt werden zu können. Alkuin und Theodulf von Orléans gaben die lateinische Bibel, die so genannte Vulgata, wortgetreu und fehlerfrei heraus, damit die richtige Botschaft im Reich verkündet werden konnte – im Auftrag und unter der unmittelbaren Obhut des Kaisers, der sich selbst mit den Evangelien beschäftigte. Alkuin verfasste in kaiserlichem Auftrag zudem Lehrbücher der Grammatik, Rhetorik, Orthographie und Dialektik, um dem stillosen Latein des Klerus abzuhelfen. Zu den berühmten Schülern der Hofschule zählten Angilbert von Centula (St-Riquier), Karls Biograph Einhard und Hrabanus Maurus.

Alle Künste und jedes Wissen waren der Hofschule willkommen, sofern sie dem Wort Gottes dienten. Die Hofschule hatte sich das Ziel gesetzt, eine Bibliothek zusammenzutragen, in der alle erreichbaren Werke vor allem der Kirchenväter und der antiken Autoren in den Originalen höchstmöglich angenäherten Texten versammelt waren. Hier pflegte man die Lektüre antiker Schriftsteller, kopierte und verbreitete sie, und entwickelte – um Irrtümern durch unlesbare Handschriften vorzubeugen – eine neue, antikisierende Schrift, die so genannte karolingische Minuskel. Diese Schreibart mit unterschiedlich hohen Buchstaben wurde zur Mutter der bis heute in den europäischen Sprachen üblichen Schrift.

Mit dem sorgfältig gemalten Bild legten die gelehrten Mönche schließlich den Grundstein zur kontinentalen abendländischen Buchmalerei. Im Skriptorium der Hofschule entstand eine Reihe von Luxushandschriften, teils auf Purpurpergament und unter Verwendung von Gold und Silber.

**Das Tennenbacher Güterbuch**

Das nach seinem Entstehungsort benannte „Tennenbacher Güterbuch" entstand in seinem Hauptteil zwischen 1317 und 1341. Sein Verfasser, der Mönch Johannes Zenlin aus Freiburg, hat in diesem Urbar in alphabetischer Ordnung den Besitz und die Einkünfte seines Klosters festgehalten, eine wesentliche Grundlage zum Einzug der Abgaben für den Klosterbeamten, der vielleicht nur einmal im Jahr von weit her in die insgesamt 233 Ortschaften im Breisgau und in den angrenzenden Gebieten kam.

Darüber hinaus hat Zenlin Herkunft und Rechtstitel der einzelnen Besitzungen aufgezeichnet, oftmals Urkundenabschriften, deren Original heute verloren ist. Das Güterbuch mit seinen 352 Pergamentblättern ist damit in gewissem Sinne Urbar und Kopialbuch in einem und bietet weit mehr als das übliche Besitz- und Einkünfteverzeichnis einer klösterlichen Grundherrschaft. In diesem „Hand- und Hausbuch" der Klosterwirtschaft des Zisterzienserklosters Tennenbach schlechthin finden sich zudem, in die nüchternen Besitzbeschreibungen eingestreut, zahlreiche größere und kleinere Notizen aus Geschichte, Wirtschaft und Recht, auch theologische und philosophische Betrachtungen. Dadurch wird das Güterbuch selbst zu einem Stück Klostergeschichte im eigentlichen Sinne. Sein für die allgemeine Geschichte bedeutsamster Eintrag, die Aufzeichnung des Freiburger Stadtrechts von 1120, ist hier am besten überliefert.

Gegenüber: Eingangsseite des Tennenbacher Güterbuchs, nach 1317. Landesarchiv Baden-Württemberg – Generallandesarchiv Karlsruhe 66/8553, fol. 1r.
Die obere Initiale „O" zeigt eine Fürbitte der Ordenspatrone Benedikt (im schwarzen Gewand) und Bernhard (im grauen Habit der Zisterzienser) zu Füßen der Dreifaltigkeit. Der von zwei anderen göttlichen Personen flankierte Heilige Geist ist hier als Taube in unüblicher, mannshoher Größe wiedergegeben.
Die untere Initiale „S" zeigt einen Mönch, der das Güterbuch der Klosterherrschaft verfasst. Dazu werden mit der Klosterwirtschaft vertraute Brüder und die betreffenden Bauern über Rechtstitel, Grenzen usw. befragt. Der Schreiber bezeichnet sich wohl selbst als den Zisterzienserabt „frater Io(hannes) Zenli abbas".

Benedikt waren die Klosterinsassen neben den offiziellen Lesungen im Gottesdienst und bei Tisch auch zur privaten geistlichen Lesung verpflichtet. Auch dies setzte eine stattliche Bibliothek voraus, zu deren Vermehrung laufend von auswärts ausgeliehene Bücher abgeschrieben wurden. Die Auswahl dabei traf in der Regel der jeweilige Bibliothekar des Klosters, der seine Bestände am besten kannte und seinen Brüdern und Schwestern das zu bearbeitende Material zuwies. Je nach Bestand der Bibliothek handelte es sich dabei um Abschriften des Alten und Neuen Testaments, die Werke der Kirchenväter, liturgische Bücher, Handbücher, Gesetzessammlungen, Werke aus Philosophie, Geschichte, Dichtkunst und den *Artes liberales,* dazu die jeweiligen neueren Autoren aus den für Theologie, Unterricht und Wissenschaft nötigen Gebieten. Hinzu kamen das klostereigene Verwaltungsschriftgut sowie Heiligenviten, Schriften der Historiographie und andere Texte der Memorialkultur wie etwa Martyrologien, die sich im Laufe der Zeit zu Nekrologien, also Totenbüchern, entwickelten.

Zwar verlangte die Regel, dass Mönche – und Nonnen – des Lesens (und Schreibens) kundig sein sollten, und zwar in lateinischer Sprache, aber der Kenntnis- und Bildungsstand war bei den einzelnen Klöstern und ihren Skriptorien von unterschiedlich hohem Niveau. Mangelhafte Lateinkenntnisse und der Wunsch, sich auch dem sprachlich weniger gebildeten gemeinen Volk mitzuteilen, führten zu Übersetzungen in die sich bildenden Volkssprachen, die sich schließlich durchsetzten.

Die Schreiber selbst mussten nicht immer dem Kloster angehören, für das sie gerade tätig waren. Als Wandermönche stellten insbesondere die Buchmaler ihr Können in den Dienst von Klöstern in verschiedenen Gegenden. So kommt es, dass etwa irische und englische Mönche ihre Spuren in Nordfrankreich, in den Niederlanden und im Rheinland hinterließen. In Deutschland waren Italiener tätig, im Loiregebiet auch Spanier. Mönche und Nonnen konnten überdies gemeinsam an einer Handschrift arbeiteten. Ein Beispiel hierfür ist die Tätigkeit der Nonne Guta aus dem Kloster Schwarzenthann im Elsass von 1154. Sie war Schreiberin, deren Handschrift der Mönch Sintram im benachbarten Kloster Murbach illustrierte. Hildegard von Bingen wiederum ist in einem Codex aus Salem mit einem Mönch dargestellt, der ihre Visionen in Reinschrift überträgt.

Skriptorien werden in den ersten Statuten von Cîteaux (1134/52) erwähnt, also bereits gegen Ende des Höhepunkts ihrer Tätigkeit (8.–12. Jahrhundert). Im 11. und 12. Jahrhundert stieg die Zahl der Klostergründungen stark an und damit auch der Bedarf an Literatur. Viele neue Schreibstuben entstanden, insbesondere Schwaben war geradezu von einem dichten Netz von Skriptorien überzogen. Da-

FRATER IO ZENU ABBAS
FRATER IO MEIC

**Herrad von Landsberg**

Zunächst Schülerin und Stiftsdame der Reichsabtei Hohenburg im Elsass, bekleidete Herrad von Landsberg von 1167 bis zu ihrem Tod am 23. Juli 1195 das Amt der Äbtissin. Sie soll die Finanzen und Wirtschaft geordnet und die Abtei zu Wohlstand und Ruhm geführt haben. Das von ihr geleitete Sammelwerk „Hortus deliciarum" („Wonnegarten") bot nach einem klaren Plan in Wort, Bild und Musik eine umfassende Lehre von den Dingen des Glaubens, der Kirche und der Natur. Erklärende Marginalien und über 1200 deutsche Glossen unterstreichen die pädagogische Absicht der 1870 während des deutsch-französischen Kriegs in Straßburg verbrannten Handschrift, die nur aus älteren Aufzeichnungen rekonstruierbar ist. Von den ehemals 336 mit Wasserfarbe kolorierten Miniaturen, die höchstwahrscheinlich alle von der Hand Herrads stammten, sind ca. 240 mit teils weltlichen Szenen in Kopie erhalten. Sie gehören zu den wichtigsten Quellen für Kleidung, Lebensgewohnheiten und Gebräuche sowie den Stand der Technik im hohen Mittelalter.

Oben: Die Gründung des Klosters Hohenburg. Herrad von Landsberg (1125/30–1195), „Hortus deliciarum", 1170/80. Kopie von Christian Moritz Engelhardt, Straßburg 1818.

Gegenüber: Der Mönch Sintram und die Nonne Guta beten zu Maria. Sammelhandschrift, nach Schreiberin und Maler benannter Guta-Sintram-Codex, Klöster Marbach und Schwarzenthann (Elsass), 1154. Grand Séminaire, Straßburg, Ms 37 (früher 78), fol. 4v.

bei war das Interesse der mittelalterlichen Klostergemeinschaften weit gespannt.

Insbesondere im 12. Jahrhundert, einer der schreibfreudigsten Epochen des Mittelalters überhaupt, geben Kompendien der Naturwissenschaften und Kosmologie, der Genealogie und Geschichte ein facettenreiches Weltbild wieder, das mit Christusbildern und Tugend-Laster-Allegorien verknüpft ist. Neue spätmittelalterliche Zentren sollten aber die monastische Buchkultur fortan in den Hintergrund drängen, wenn auch nicht vollkommen ersetzen. Die Tätigkeit klösterlicher Skriptorien lebte bis zum Ausgang des Mittelalters fort.

Besonders belesene Klosterbrüder und -schwestern schrieben auch eigene Werke nieder, betätigten sich als Chronisten und Verfasser von Heiligenviten. Die Verbreitung und Bewahrung ihres Wissens war nur durch das mühsame Abschreiben in klostereigenen Skriptorien möglich.

Mönche und Nonnen priesen damit das Wort Gottes – auch für mitunter reiche Auftraggeber und Gönner, denn vor allem die bedeutenden Skriptorien arbeiteten nicht nur für den Eigenbedarf. Viele Kathedralen sind im Besitz von Prachtbänden, die für den Gottesdienst gefertigt wurden und sowohl zur Ehre Gottes wie auch zum Ruhm des Auftraggebers aufwändig und mehr oder minder kunstvoll mit schmückenden Miniaturen und Zierseiten ausgestatten wurden.

Die prächtigsten, für Herrscher und ihnen nahestehende Personen gefertigte Handschriften entstanden in dafür weltberühmt gewordenen Skriptorien, deren Illuminatoren als wahre Meister ihres Fachs betrachtet werden. Mit den nötigen finanziellen Mitteln im Hintergrund konnten Gold und teure Farben in derart gesteigerter Form verwenden werden, dass diese im Kerzenschein der Gottesdienste eine fast magische Wirkung entfalteten. Bei derartigen Prachthandschriften tat sich die Abtei Reichenau besonders hervor als eines der führenden europäischen Skriptorien vom 10. Jahrhundert bis zur Mitte des 11. Jahrhunderts. Die Reichenauer Werke waren von Anfang an für den Export bestimmt und sind heute weit verstreut. Die ottonischen Herrscher gaben besonders prächtig verzierte Mess- und Evangelientexte für die Pfalzkapelle in Aachen sowie für die Kathedralen von Köln und Trier in Auftrag, Kaiser Heinrich II. bedachte den von ihm gegründeten Bamberger Dom mit einem speziellen Reichenauer Erzeugnis – einem dem Inhalt angemessenen Prachteinband zum Lob des Herrn.

Presentiu utilitati. ac animarum saluti pariter consulere
uolens. Ego peccatrix & ultima mecum depascentis gregis
ouicula GUTA ut in libro uite scribi. ac in pascuis ui
rentib depasci mererer: hunc libru famulante calamo manuu.
summaq; deuotione suppeditante animi scribendo explicui.
Ut aut sanctissima di genitrix MARIA ei gra obumbratio
ne sps sci digna concipere meruit. me miseram. suoq; intuentu
indignam. in exitu egypti. ac in die iudicii offerre dignet. hunc
eunde librum spe salutis eterne offero. meq; meliora de ipsa spe
rans. sue fidissime tuitioni committo. Committo itaq quam

## Hrabanus Maurus

Hrabanus Maurus (780–856) studierte zunächst in Fulda bei Alkuin von Tours, der ihm nach dem Lieblingsschüler des hl. Benedikt den Beinamen Maurus gab. Später wurde er Lehrer und Leiter der Klosterschule von Fulda, wo er 822–842 auch das Amt des Abtes bekleidete, von 847 bis zu seinem Tod war er Erzbischof von Mainz. Er verfasste zahlreiche Lehr- und Schulbücher, kanonische und dogmatische Schriften sowie umfangreiche Bibelkommentare und baute in Fulda eine Bibliothek mit einem der reichhaltigsten Buchbestände der Zeit im Ostteil des Reiches auf. Sein 22-bändiges Werk „De rerum naturis" ist eine Realenzyklopädie des weltlichen und geistlichen Wissens, theologische und philosophische Bücher, die große Wirkung entfalteten. Als Verfasser eines für die Mathematik des Mittelalters grundlegenden Werks gilt Hrabanus Maurus zudem als Begründer der mittelalterlichen Kosmologie.

Links: Hrabanus Maurus in der Bibliothek. Hrabanus Maurus, „De rerum naturis", Süddeutschland, 1425. Biblioteca Apostolica Vaticana, Vatikanstadt, Cod. Pal. Lat. 291, fol. 43r.

Rechts: Einband des Codex Aureus Epternacensis. Trier, 983–991. Germanisches Nationalmuseum Nürnberg.
Der mit Elfenbein, Edelsteinen, Perlen und Email geschmückte Buchdeckel zeigt unter den seitlich in Goldrelief getriebenen Personen Kaiserin Theophanu und Otto III.

Gegenüber: Prachteinband des Perikopenbuchs von Heinrich II. mit byzantinischen Emails, frühes 11. Jh., und karolingischer Elfenbeinplatte mit Kreuzigungsszene. Bayerische Staatsbibliothek München, Clm 4452.
Der untere Bildteil zeigt die Auferstehung der Toten mit thronender Roma.

## Prachteinbände

Kirchliche Prachteinbände waren schon von der Spätantike an Erzeugnisse der Goldschmiedekunst und des figürlichen Kunsthandwerks. In ihnen sind häufig kostbare Spolien anderer Herkunft integriert, die unter dem Aspekt des besonderen Ranges der Handschrift zu einem neuen ikonographischen und formalen Kontext zusammengefügt wurden. Komponiert sind sie aus einem Bild mit Rahmen. Das Bild im Mittelfeld trägt dabei den Hauptschmuck, während auf dem Rahmen ergänzendes Beiwerk verteilt ist. So entstand etwa das Elfenbeinrelief vom Prunkeinband des Perikopenbuchs Heinrichs II. um 870 in der Hofschule Karls des Kahlen. Der um 1030 für Kaiser Heinrich III. gefertigte Goldene Codex aus Echternach indes erhielt einen Einband, der einst als Stiftung Kaiser Ottos III. und Kaiserin Theophanus an das Kloster gelangt war. Während seine Elfenbeinplatte das Hauptwerk des Echternacher Meisters bildet, gehörte der äußere Rahmen wohl ursprünglich zum Einband des vom so genannten Gregormeister um 984 in Trier geschaffenen Evangeliars der Sainte-Chapelle.

GRAMMATA·QVI SOPHIE·QVERIT COGNOSCERE VERE
HOC MATHESIS PLENE QVADRATVM PLAVDET HABERE
ORNAT PERFECTAM REX HEINRIH STEMMATE SECTAM
EN QVI VERACES SOPHIE FVISERE SEQVACES

## Ein Codex entsteht

Die Herstellung einer Handschrift erfolgte das ganze Mittelalter hindurch und in allen Ländern im Grundsatz auf gleichbleibende Art. Wie dies bei den Schreibermönchen vom Michelsberg vonstatten ging, lässt die Illustration einer Handschrift des 12. Jahrhunderts in Bamberg erahnen.

Die Seiten eines Buches bestanden bis in das 14. Jahrhundert hinein aus Pergament, das aus Tierhäuten von Kälbern, Schafen oder Ziegen hergestellt wurde. Die ungegerbte Haut wurde mehrere Tage in eine Kalklösung gelegt, bis man alle Fasern, Haare und Rückstände ablösen konnte. Getrocknet war der Pergamentbogen nun dünn und fest, von blassgelber Farbe und leicht durchscheinend.

Die Herstellung von Pergament gehörte zunächst noch zu den klösterlichen Arbeiten, steigender Bedarf förderte jedoch die Entwicklung eines neuen Berufszweiges: Pergamenthersteller verkauften nun ihre fertigen Bögen an Skriptorien in Klöstern, aber auch in der Stadt.

Manchmal wurde Pergament für die anschließende Schreibarbeit nochmals geglättet, manchmal aufgeraut. Die Bögen wurden auf eine Größe zugeschnitten, die Seitenränder festgelegt und Linien für die Schriftzeichen in das Pergament eingeritzt. Nach probeweiser Zusammensetzung der Pergamentbögen und Durchnummerierung der Blätter zur Einhaltung der richtigen Reihenfolge der Seiten im fertigen Buch begann die Schreib- und Malarbeit mit Tinte und gespitzter Feder. Mit dem Federmesser konnten zudem Schreibfehler abgeschabt und beim Schreiben gleichzeitig die Doppelseiten festgehalten werden.

Die fertiggestellten Seiten wurden in Lagen gefaltet, zusammengenäht und mit dem Buchdeckel verbunden. War der Deckel angefügt, wurden der Buchrücken und der Deckel mit Leder, Pergament, später auch mit Stoff überzogen. Ein Buch erhielt dadurch einen so genannten „festen" Rücken und stand meist ein wenig offen. Abhilfe schufen hier eine oder mehrere am Buchdeckel angebrachte Schließen aus Metall.

Das schon Jahrhunderte zuvor von den Chinesen erfundene Papier gelangte im 7./8. Jahrhundert in den arabischen Kulturkreis und von dort in das christlich-abendländische Europa. Im christlichen Spanien sollen bereits 1074 in Valencia Araber Papier hergestellt haben, auch im sizilischen Palermo und in Amalfi wusste man bald um die Herstellung von Papier. Italien exportierte seit dem Ende des 13. Jahrhunderts Papier nach ganz Europa. Vom frühen 14. Jahrhundert an wurde auch in Deutschland als Beschreibstoff von Handschriften zunehmend Papier verwendet, das preiswerter als Pergament wurde. Schließlich fertigte man nur noch die kostbarsten Prunkhandschriften in Pergament und verzierte ihre Buchdeckel mit kostbaren Goldschmiedearbeiten, funkelnden Edelsteinen und oftmals auch Elfenbeinschnitzereien – alles zum Ruhme Gottes wie der Auftraggeber.

**Oben von links nach rechts: Pergamenthandel, Fertigung eines Schriftspiegels, Schreiberbild. Hamburg, 13. Jh. Det Kongelige Bibliotek, Kopenhagen, Ms. 4, 2°, Vol. II, fol. 183r; Vol. II, fol. 195r; Vol. I, fol. 137v.**
**Genaue Anweisungen zur Herstellung und Anwendung von Mal- und Zeichenmitteln hat der Benediktinermönch Theophilus Presbyter, auch bekannt als Roger von Helmarshausen (etwa 1070 bis nach 1125), in seiner um 1100/20 entstandenen Schriftensammlung „Schedula diversarum artium" („Blätter verschiedener Künste") festgehalten.**

## Theophilus Presbyter, „Schedula diversarum artium“ I

***Cap. XXXI • Quomodo colores in libris temperentur.***

*His ita peractis fac temperamentum ex gummi lucidissimo et aqua sicut supra, et tempera omnes colores, excepto viridi, et cerosa, et minio, et carmin. Viride salsum non valet in libro. Viride Hispanicum temperabis vino puro, et si volueris umbras facere, adde modicum sucum gladioli, vel caulae, vel porri. Minium et cerosam et carmin temperabis claro. Omnes mixturas colorum, si indigueris ad pingendas imagines, compone in libro ut supra. Omnes colores bis ponendi sunt in libro, in primis tenuissime, deinde spissius; in literis vero semel.*

**31. Kapitel • Wie die Farben für Bücher gemischt werden.**

Ist diese [Fischblase] so besorgt, so mache aus klarem Gummi und Wasser, wie oben gemeldet, eine Mischung und temperiere damit alle Farben, mit Ausnahme des Grün, Bleiweiß, Minium und Carmin. Das salzhaltige Grün taugt nichts für Malerei in Büchern. Spanisch Grün bereite mit reinem Wein und, wenn du die Schatten machen willst, so füge dazu ein wenig Schwertel-Saft oder vom Kohl oder Lauch. Minium, Bleiweiß und Carmin mische mit Eikläre. Alle Farben setze, wenn du sie zum Malen von Figuren brauchst, in den Büchern auf obige Weise zusammen. Alle Farben müssen in den Büchern zweimal aufgetragen werden, vorerst dünner, dann dichter, für Buchstaben [also wohl zum Schreiben] jedoch nur einmal.

***Cap. XLV. • De incausto.***

*Incaustum etiam facturus incide tibi ligna spinarum in Aprili, in Maio, priusquam producant flores aut folia, et congregans inde fasciculos, sine jacere in umbra duabus hebdomadibus vel tribus aut quatuor, donec aliquantulum exsiccentur. Deinde habeas malleolos ligneos cum quibus super aliud lignum durum contundas ipsas spinas, donec corticem omnino evellas, quem statim mittes in dolium aqua plenum; cumque duo dolia vel tria seu quatuor aut quinque cortice et aqua repleveris, sine sic stare per octo dies, donec aqua omnem corticis succum in se emordeat. Post haec mitte ipsam aquam in cacabum mundissimum, vel in lebetem, et supposito igne coque; interdum etiam immitte de ipso cortice in cacbum, ut si quid succi in eo remanserit excoquatur. Quam cum coxeris, ejice, aliumque rursus immitte. Quo facto coque residuam aquam usque ad tertiam partem, sicque ejiciens de ipso cacabo mitte in minorem, et tamdiu coque donec igrescat ac incipiat densescere, hoc omnino cavens ne aliquod addas aquae, excepta illa quae succo mixta est. Cumque videris eam densescere, adde vini puri tertiam partem, et mittens in ollas novas duas vel tres, tamdiu coque donec videas quod in supremo quasi cutem trahat. Deinde tollens ipsas ollas ab igne pone ad solem donec se nigrum incaustum a rubea faece purificet. Postea tolle folliculos ex pergamento diligenter consutos et vescias, et infundens purum incaustum suspende ad solem donec omnino siccetur. Cumque siccum fuerit, tolle inde quotiens volueris et tempera vino super carbones, et addens modicum atramenti scribe. Quod si contigerit per negligentiam ut non satis nigrum sit incaustum, accipe frustum grossitudine unius digiti, et ponens in ignem, sine candescere, mox et in incaustum projice.*

**45. Kapitel • Von der Tinte.**

Wenn du Tinte zu machen beabsichtigst, so schneide dir Dornenholz im April oder Mai, bevor die Blüten oder Blätter herauskommen, und lasse sie, in Bündel gebunden, zwei, drei oder vier Wochen im Schatten liegen, bis sie etwas ausgetrocknet sind. Habe dann hölzerne Hämmer zur Hand, mit welchen du diese Dornen auf einem anderen, harten Holze zerschlägst, bis du die Rinde gänzlich abgelöst hast. Diese gib sogleich in ein mit Wasser gefülltes Fass. Nachdem du zwei, drei oder vier oder fünf Fässer mit der Rinde und Wasser gefüllt hast, lasse es so durch acht Tage stehen, bis das Wasser allen Saft aus der Rinde ausbeizt. Darauf gieße dies Wasser in einen ganz neuen Topf oder in ein Handbecken und koche es über einem Feuer. Wirf auch bisweilen von dieser Rinde in den Topf, damit der Saft, welcher etwa zurückblieb, ausgekocht werde. Hast du das (Wasser) genug gekocht, so gieße es aus und gib neues hinein. Nach diesem koche das übergebliebene Wasser bis auf ein Drittel, schütte es so aus diesem Topfe in einen kleinen und koche es so lange, bis es schwarz wird und dick zu werden beginnt, wobei du dich durchaus hütest, von einem anderen als mit jenem Saft vermischten Wasser hinzuzufügen. Sobald du es dicht werden siehst, gib den dritten Teil reinen Wein hinzu, und indem du ihn in zwei oder drei neue Töpfe gießt, koche es so lange, bis du auf der Oberfläche gleichsam eine Haut sich bilden siehst. Entferne dann diese Töpfe vom Feuer und stelle sie an die Sonne, bis die schwarze Tinte sich von der roten Hefe trennt. Nimm dann Hülsen aus zusammengenähtem Pergament und Blasen, gieße die reine Tinte darein und hänge sie an die Sonne, bis sie ganz getrocknet ist. Ist sie ganz trocken, so nimm wie viel du willst heraus, mische sie mit Wein über Kohlen und schreibe mit Zugabe von ein wenig Atramentum. Wäre durch Nachlässigkeit die Tinte nicht schwarz genug, so nimm ein Bröckchen von der Dicke eines Fingers, lege es ins Feuer, lasse es glühen und wirf es schnell in die Tinte.

## Vom Rotulus zum Codex – die Bewahrung des antiken Erbes

Die Klosterbibliothek verfügte nicht nur über kirchennahe Schriften, die die Liturgie oder das Leben im jeweiligen Kloster oder die Kirchen- und allgemeine Geschichte betrafen. Über diese Themen hinaus kümmerten sich die Mönche und Nonnen auch um den Erhalt, die Verbreitung und das Studium von über 3000 Werken der lateinischen Klassik nebst ins Lateinische übersetzen Werken der Griechen unter den Tausenden und Abertausenden von Handschriften, die sich seit der Zeit des Frühmittelalters bis zum Ende des 12. Jahrhunderts erhalten haben. Diese kulturelle und zivilisatorische Titanenarbeit ist zum Großteil, wenn nicht gar in ihrer Gesamtheit, dem Fleiß der westlichen Klöster zu verdanken.

Zu dieser Zeit schrieb man längst auf Pergament, das nach einer Zeit der Parallelverwendung in der Spätantike den Beschreibstoff Papyrus ersetzt hatte. Der Pergamentcodex war seit dem frühen Mittelalter die am weitesten verbreitete Form des Buches mit christlichen Texten wie auch klassischen Werken der Antike, die durch die Codices tradiert wurden.

Von seiner Entwicklungsgeschichte her bestand jedoch ein Buch im engeren Sinne zunächst aus Papyrus. Dieser Beschreibstoff war zuerst in Ägypten in Gebrauch, wo die als Papyrus bekannte Wasserpflanze noch heute an den Ufern des Nils wild wächst. Vom griechischen *papyros* leitet sich das englische *paper* ab, das französische *papier,* das deutsche *Papier.*

Das antike Herstellungsverfahren von Papyrusblättern hat Plinius der Ältere (1. Jh. n. Chr.) in seiner „Naturalis historia“ festgehalten. Dieses 37 Bücher umfassende Werk ist eine Enzyklopädie des gesamten naturkundlichen Wissens der Antike, das bis weit in das 19. Jahrhundert hinein eine wichtige Grundlage der naturwissenschaftlichen Lehre bildete. Bis heute ist es als Quelle unserer Kenntnisse über antike Kunst, Geographie, Astronomie, Biologie, Pharmazie und Medizin geschätzt.

Papyrusblätter erhielten nach Plinius eine rechteckige Form von handlicher Größe. Sie wurden zu Rollen aneinandergefügt, die gewöhnlich aus 20 Einzelteilen bestanden. Eine solche Schriftrolle wurde gelesen, indem man

sie an einem Ende aufrollte und am anderen wieder zusammenrollte. Dazu benutzte man zwei Stäbe, die an beiden Enden angebracht wurden. Papyrusrollen wurden nur auf der Rückseite beschrieben, da die Vorderseite durch das ständige Auf- und Abrollen besonders beansprucht war.

Nach den Ägyptern schrieben auch die Griechen und später die Römer auf Papyrusblätter. In Griechenland setzte der Gebrauch von Papyrus wohl im 7. Jahrhundert v. Chr. ein – zu einer Zeit, in der die epische und lyrische Dichtung wie etwa die Homer zugeschriebenen Werke „Ilias" und „Odyssee" nicht mehr allein mündlich von „Sängern" vorgetragen, sondern auch schriftlich fixiert wurden.

Papyrus war extrem zerbrechlich, daher wurden die vorhandenen Texte in der Antike ständig abgeschrieben. Von ihnen haben sich neben Inschriften aus der Zeit vor dem 4. nachchristlichen Jahrhundert nur Fragmente erhalten. Diese fragilen Schriftrollen waren weder einfach aufzubewahren noch zu benutzen, sie zu lesen war unbequem und zeitaufwändig. Daher wurde die Schriftrolle schließlich durch den handlicheren Codex ersetzt. Die Papyrusblätter wurden nicht mehr zu einem langen Streifen aneinandergereiht, sondern vertikal gefaltet und ineinandergelegt, so dass eine Art Broschüre entstand, genau wie später bei einem Pergamentcodex.

Diese moderne Form des Buches wurzelt in der christlichen Kultur und kam zuerst in Rom auf. Hier wurden Diptychen aus zwei mit Wachs beschichteten Holztafeln als Notizbücher verwendet, von denen sich die lateinische Bezeichnung *codex (caudex* = Holzklotz) herleitet. Auf ähnliche Weise liegt dem Wort Buch das althochdeutsche *buch* als Bezeichnung für aneinander befestigte, beschriebene Buchenholztafeln zugrunde.

Das praktischere Notizbuch diente wohl bereits im 1. Jahrhundert n. Chr. den Christen zur Verbreitung der Evangelien. Abschriften ließen sich so leichter transportieren und waren einfacher zu verstecken, wenn Verfolgungen drohten. Parallel dazu war aber noch immer die Buchrolle in Gebrauch.

Mitte: Plinius der Ältere überreicht Kaiser Titus sein durch ein Schriftband symbolisiertes Werk. Dedikationsbild aus der „Naturalis historia", 13. Jh. Biblioteca Medicea Laurenziana, Florenz, Plut. 82.1, fol. 2v.

Rechts: Der Evangelist Matthäus an seinem Schreibpult. Mosaik von S. Vitale in Ravenna, 6. Jh.
Das Mosaik dokumentiert den Übergang von der Schriftrolle zur Handschrift. Matthäus beschreibt einen Codex, den er geöffnet auf seinen Knien hält, während sich im Vordergrund zu seinen Füßen eine Kapsel mit Schriftrollen befindet.

Gegenüber: Ausschnitt aus der Josua-Rolle, 10. Jh. Biblioteca Apostolica Vaticana, Vatikanstadt, Pal. gr. 431.B. (II).
Die Josua-Rolle enthält eine fortlaufend illustrierte Kurzfassung des Buches Josua aus dem Alten Testament in griechischer Sprache.
Die Personen sind durch Inschriften gekennzeichnet. Sie ist eines der wenigen Beispiele illuminierter Schriftrollen aus Pergament.

**Vergil (Publius Vergilius Maro)**

Die Kenntnis von den Schriften Vergils (70–19 v. Chr.) kam über die Inseln auf das Festland. Etwa seit dem Beginn des 9. Jahrhunderts wurden in den karolingischen Zentren die insularen Vergilstudien des 7./8. Jahrhunderts aufgenommen. Mit der Expansion der karolingischen Bildungsreform wurde Vergil allgegenwärtig, seit der Mitte des 9. Jahrhunderts und vor allem in Frankreich stieg die Zahl der erhaltenen Vergilhandschriften. Allein in der romanischen Literatur haben sich aus dem 9. bis 12. Jahrhundert 179 Aeneis-, 120 Georgica- und 111 Bucolica-Handschriften erhalten.

Der um 400 n. Chr. in Rom entstandene, nach seinem Aufbewahrungsort „Vergilius Vaticanus" genannte Codex (Vat. Lat. 3225) enthält alle drei Werke Vergils. Von seinen ursprünglich 280 Miniaturen sind heute etwa 50 erhalten. Dieser Codex wurde im 10. Jahrhundert in Tours aufgefunden und nach Rom verbracht, wo ihn Jahrhunderte später Raffael bewundern und ihm Anregungen entnehmen sollte.

Vergil, *Opera.* Vergilius Vaticanus, um 400 n. Chr. Biblioteca Apostolica Vaticana, Vatikanstadt, Vat. lat. 3225, fol. XXIIr.
Der Vergilius Vaticanus ist neben dem Vergilius Romanus die Quelle für die Werke des bedeutendsten römischen Dichters. In der hier zweigeteilten Szene gruppieren sich links Vater und Sohn des Aeneas, Anchises und Ascanius (mit einer Flamme über dem Kopf). Rechts eilt der Held in den Kampf; seine Gattin Kreusa versucht vergeblich, ihn zurückzuhalten.

Der Übergang vom Rotulus zum Codex im 2.–4. Jahrhundert n. Chr. war speziell für das Überleben klassischer Texte außerordentlich bedeutsam. In der Folgezeit wurde der Papyruscodex durch den weit strapazierfähigeren Pergamentcodex ersetzt.

Die Entwicklung von Pergament als alternativem Beschreibstoff begann schon in der Antike. Hauptherstellungsort und Handelsplatz dieser Ware war Pergamon in Kleinasien, das diesem Material seinen Namen geben sollte. Seine Verwendung verbreitete sich in den ersten Jahrhunderten der christlichen Zeit, als Papyrushandschriften in Bibliotheken durch Pergamentkopien ersetzt wurden, wie der hl. Hieronymus bezeugt.

Durch die Bibliotheken und Schreibstuben der mittelalterlichen Klöster schließlich wurde das Wissen der Antike bewahrt und kopiert. Klassische kirchliche und historische Quellen stehen hier neben naturkundlichen Werken und Übersetzungen hebräischer, griechischer, lateinischer, auch arabischer Werke. Im Benediktinerkloster Corvey (822–1803) bei Höxter an der Weser sollte die möglichst vollständige Sammlung der Werke Ciceros (106–43 v. Chr.) zusammengestellt werden. Berühmtester Redner und Advokat des antiken Rom, gehörten seine Werke im Mittelalter und in der Renaissance zu den am weitest verbreiteten antiken Schriften.

Mit der Zeit wurden auch die antiken Bücher illuminiert. Erste Hinweise darauf sind einige wenige Handschriften aus Pergament, reich bebilderte Abschriften klassischer Werke, die durch eine Abfolge von Kopien bis in die Gegenwart gelangt sind. Zu ihnen gehören zwei Handschriften von Vergil, dem berühmtesten römischen Dichter und Verfasser der am Vorbild der „Odyssee" orientierten „Aeneis". Ebenso verbreitet wie die Werke Vergils sind die Biographien des Dichters, der im ganzen Mittelalter sowohl in philosophisch-religiöser als auch in poetischer Hinsicht als der Autor schlechthin gilt. Der Benediktiner Rupert von Deutz (1075/80–1129/30) stellte ihn als den größten Dichter neben Sallust als größten Historiker und Cicero als größten Redner.

Sallust wurde 86 v. Chr. in der Sabinerstadt Amiternum (heute Vittorino) als Sohn einer plebejischen, aber wohlhabenden Familie geboren und war der erste große römische Geschichtsschreiber. Von seinen „Historiae" sind nur Bruchstücke überliefert, daneben haben sich aber zwei Monographien erhalten, „De Catilinae coniuratione" („Die Verschwörung

des Catilina“) und „Bellum Jugurthinum“ („Der Jugurthinische Krieg“). Dank der großen Anerkennung seiner Werke durch die Kirchenväter, allen voran Augustinus, sollte Sallust († 35 v. Chr.) auf die mittelalterliche Literatur eine starke Wirkung ausüben. Schon im Altertum hatte man seine weit verbreiteten Werke zu Rhetorikzwecken oft abgeschrieben. Seine Monographien verbreiteten sich im Laufe des 9. Jahrhunderts zunächst in Frankreich. Im 12. Jahrhundert waren sie in der ganzen lateinischen Welt vertreten, auch in Skandinavien.

Mit der karolingischen Renaissance – so genannt nach den Rückgriffen auf antike und spätantik-christliche Form- und Stofftraditionen im Rahmen des politischen Programms Karls des Großen – und dann wieder während der Periode vom 11. bis 14. Jahrhundert wuchs die Zahl von Abschriften aller Gattungen als Folge eines erneuerten und weit verbreiteten Interesses an antiker Literatur jeglicher Art. Reich illustrierte Klassiker wurden in ihrer Gesamtheit kopiert, ohne die Vorlagen zu ändern. Erst die Künstler der Renaissance sollten sich von starren Zwängen befreien und sich der Illustration von Texten mit größerer Freiheit widmen. Nun wurden auch Abschriften von niemals zuvor illustrierten klassischen Werken Bilder beigegeben – viele davon sind Meisterwerke, Meilensteine in der Geschichte des illuminierten, mit Bildschmuck versehenen Buches.

Das bedeutendste pharmakologische Werk der Antike verfasste der Militärarzt Dioskurides aus Anazarbos (Kilikien) um 60–78 n. Chr. In seinen fünf Büchern „Peri hylês iatrikês“ (lat. „De materia medica“) beschreibt er ausführlich die medizinischen Eigenschaften von über 600 Pflanzen, zwei Bücher „Peri haplôn pharmakôn“ (lat. „Remedia facilia“) sind einfachen Heilmitteln gewidmet. Seine Behandlung von rund 1000 Arzneimitteln sowie 4740 medizinischen Anwendungsbereichen einschließlich 360 verschiedener Arten von Arzneiwirkungen mit bemerkenswert genauen Beschreibungen der heilenden Eigenschaften jedes einzelnen Mittels übertraf alle früheren Abhandlungen. Dioskurides wurde als maßgebende Richtschnur auf dem Gebiet der Pharmazie, Pflanzen- und Drogenkunde über 1500 Jahre zu Rate gezogen und besaß uneingeschränkte autoritative Geltung. Die Vielzahl von Abschriften seiner Bücher ist enorm, seine Methode der Pflanzenbeschreibung wurde zum Vorbild für die Kräuterbücher des Mittel-

Links: Catilina bei einer Ansprache an seine Mitverschwörer. Sallust, „De Catilinae coniuratione“, 15. Jh. Biblioteca Apostolica Vaticana, Vatikanstadt, Chig. H. VI. 188, fol. 1r.

Rechts: Der Dichter Vergil unter einem Baum, umringt von der Allegorie seiner drei Werke. Frontispiz von Simone Martini († 1344) im Vergilius Ambrosianus, Avignon, um 1326. Biblioteca Ambrosiana, Mailand, A 79 inf., fol. 1v.
Vor einem Vorhang steht der Held der Aeneis, unten je ein Repräsentant der *Georgica* und der *Eklogen* bzw. *Bucolica.* Die Handschrift war einst im Besitz Petrarcas († 1374).

## Kräuterbücher

Der Name „Herbarium“ bezeichnet ursprünglich den Ort, an dem die Pflanzen wachsen, meint also einen Kräutergarten. Bis zum Beginn der Neuzeit versteht man darunter denn auch ein Kräuterbuch und nicht, wie im heutigen Sinne, eine Sammlung getrockneter Pflanzen.

Diese Kräuterbücher waren Schriftwerke über Arznei- und Heilpflanzen sowie deren heilkundliche Anwendung, mal mit, oft aber auch ohne Illustrationen. Aus der Zeit des 7.–13. Jahrhunderts ist neben dem in Süditalien entstandenen „Münchner Dioskurides“ aus dem späten 10. Jahrhundert nur der „Herbarius des Apuleius Platonicus“ mit Illustrationen bekannt, der sich in über 60 Kopien erhalten hat. Weit zahlreicher verbreitet waren im Mittelalter Pflanzenbücher ohne jegliche Illustration, die für den täglichen Gebrauch bestimmt waren.

Die eigentliche mittelalterliche Pflanzenliteratur im Westen setzt um die Mitte des 9. Jahrhunderts mit dem „Hortulus“ des Reichenauer Abtes Walahfrid Strabo (um 808–849) ein, dem ersten deutschen botanischen Lehrbuch in Hexametern.

Kräuterbücher wurden von Mönchen und Nonnen gleichermaßen verfasst, ihre Behandlungsmethoden und Heilmittel werden teilweise noch in der Gegenwart angewandt, etwa auf Grundlage des von Hildegard von Bingen (1098–1179) aus ärztlicher Sicht verfassten „Liber compositae medicinae“, in dem unter anderem Pflanzen in ihren heilvollen und unheilvollen Kräften beschrieben sind.

Links: Rose. Wiener Dioskurides, Konstantinopel, 512. Österreichische Nationalbibliothek Wien, Cod. med. gr. 1, fol. 282.
Die nach ihrem heutigen Standort bezeichnete Handschrift ist das einzige erhaltene illustrierte naturwissenschaftliche Buch der Antike.

Rechts: Liste medizinischer Heilstoffe und deren Dosierung. Biblioteca Casinensis, Montecassino, Ms. 225, fol. 82v/83r.
Der Text ist zwar dekoriert, aber nicht illustriert, eine Verwirrung hinsichtlich der angeführten Pflanzen ist ausgeschlossen.

alters. Als wichtigster Überlieferungsträger seines Werkes gilt der „Wiener Dioskurides“, eine um 512 entstandene Kopie von „De materia medicina“, die in Konstantinopel für die byzantinische Prinzessin Juliana Anicia gefertigt wurde. Die etwa 400 ganzseitigen Pflanzenbilder des heute nicht mehr ganz vollständigen Codex zeichnen sich durch ihre Naturtreue aus. Dioskurides wurde sowohl in der östlichen als auch der westlichen Welt häufig kopiert und in mehrere Sprachen übersetzt (neben Latein auch Syrisch bzw. Arabisch).

83
piper longu
piper album
Nigella
Sulfur uiuu
Viole
xilo aloe

## **Doctor mirabilis und Doctor universalis:**
Roger Bacon und Albertus Magnus als Bewahrer und Vermittler antiken Wissens

Der eine war Sohn der oberen Mittelschicht Englands und studierte in Oxford nach den lateinischen Klassikern neben der aristotelischen Naturphilosophie auch Mathematik. Um 1241/46 hielt er an der Universität in Paris, dem damaligen Zentrum des intellektuellen Lebens in Europa, Vorlesungen über die Physik und Metaphysik des Aristoteles. Er wurde Mitglied des Franziskanerordens (um 1234 oder in den 1250er Jahren) und kehrte vielleicht 1247 nach Oxford zurück, um sich weiter mit den Naturwissenschaften zu beschäftigen.

Der andere war möglicherweise ein Spross staufischer Ministerialen mit Verwandten in Italien, studierte in Padua die freien Künste oder die Rechte, vielleicht auch Medizin. Er trat 1223 in den Orden der Dominikaner ein und setzte sein Studium an verschiedenen dominikanischen Klosterschulen fort, etwa in Hildesheim, Freiburg, Regensburg und Straßburg. 1243 ging er nach Paris und lehrte dort nach seinem Abschluss in Theologie, bis er 1248 nach Köln in die Klosterschule seines Ordens zurückkehrte.

Beiden gemein ist das tiefe Interesse für die Schriften des Aristoteles. In Paris müssen sich ihre Wege vor 1245/47 gekreuzt haben. Obwohl der Ältere der beiden, studierte Albertus Magnus (um 1200–1280) zu dieser Zeit Theologie und befasste sich intensiv mit Aristoteles und der jüdisch-arabischen Philosophie.

Die Vorlesungen von Roger Bacon (1214/19–1292/94) waren gut besucht, seine Studenten nannten ihn *Doctor mirabilis* (bewunderungswürdiger Lehrer). Als Philosoph, Philologe, Mathematiker, Astronom, Physiker und Chemiker mit enormen Kenntnissen der arabischen und griechischen Schriften legte er seinem Förderer und Gönner Papst Clemens IV. auf dessen Aufforderung hin bis 1268 drei große Hauptwerke vor: „Opus maius“, „Opus minus“ und „Opus tertium“. Der 5. Teil seines „Opus maius“, der die Optik behandelt, ist in 27 Handschriften erhalten; dieses Werk sollte sogar die Entdeckungsfahrten des Columbus beeinflussen, denn Roger Bacon erwähnt hier auch die Möglichkeit, von Spanien nach Indien zu segeln. Die scharfe Kritik an den zeitgenössischen Theologen in seinen Schriften brachte ihn jedoch in Konflikt mit seinem Orden, der 1278–1292 sogar in Arrest mündete.

Albertus Magnus sollte schließlich Aristoteles in die Theologie einführen und zum bedeutendsten Naturwissenschaftler seiner Zeit avancieren. Auch er kannte die antike und zeitgenössische Fachliteratur, wollte das Wissen seiner Zeit vollständig erfassen. Zu diesem Zweck schrieb er verständlich formulierte Lehrbücher. Sein Œuvre umfasst mehr als 70 Abhandlungen. Die Nachwelt verlieh ihm den Ehrentitel *Doctor universalis* wegen seines großen, vielseitigen Wissens. Albertus Magnus war der erste

**Links: Vision der höchsten Autoritäten der mittelalterlichen Theologie: Augustinus (354–430) in bischöflicher Tracht und Thomas von Aquin (1225–1274) in königsgleichem Ornat zu dessen Linken erscheinen einem Mönch vor dem Altar. Sentenzenkommentar des Thomas von Aquin, Papier, 15. Jh. Biblioteca Apostolica Vaticana, Vatikanstadt, Cod. Pal. Lat. 361, fol. 12v.**

**Mitte: Albertus Magnus (um 1200 bis 1280) an seinem Schreibpult. Fresko von Tommaso da Modena (um 1325–um 1379) mit berühmten Dominikanern (Ausschnitt) im Capitolo dei Domenicani in Treviso, 1352.**

(und bis zum 16. Jahrhundert auch einzige) wirklich wissenschaftliche Bearbeiter der Botanik und der Zoologie seit Aristoteles und Theophrast (um 372–287 v. Chr.). Er gilt daher zu Recht als einer der größten, wenn nicht als der bedeutendste Naturforscher des lateinischen Mittelalters.

Seine Wiederentdeckung der Naturwissenschaften ergab sich aus der Einführung der aristotelischen Philosophie in die mittelalterliche Scholastik. Hier wurde Albertus zu einer Schlüsselfigur. In seiner um 1270 erschienenen „Summa Theologiae", seiner umfassenden Darstellung der Theologie, versuchte er aristotelisches Gedankengut mit den christlichen Lehren zu vereinen. Das unvollendet gebliebene Werk wurde sicher zur Inspiration für das gleichnamige Monumentalwerk des berühmtesten Schülers von Albertus Magnus: Thomas von Aquin (1225–1274) sollte diese Verbindung schließlich gelingen.

Aristoteles (384–322 v. Chr.) ist der Begründer der exakten Wissenschaft und wohl der bekannteste Philosoph der griechischen Antike. Er war der Erzieher des jungen Alexander und gründete nach 335 v. Chr. in Athen seine als Lykeion bekannt gewordene Schule. Seine Sammlung von Papyri bildete die Grundlage einer der ersten Bibliotheken der Antike. Von seinen zahlreichen Werken sind nur wenige erhalten; das lateinische Abendland lernte seine Schriften ausschließlich in Übersetzungen kennen, die zunächst aus dem Arabischen [!] und erst danach aus dem Griechischen gefertigt wurden. Erst als sie im 13. Jahrhundert weitere Verbreitung fanden, erkannte man, dass Aristoteles nicht nur Logiker, sondern Begründer eines umfassenden Systems war.

Euklid (um 365–um 300 v. Chr.) war ein griechischer Mathematiker, dessen Handbuch „Elemente" über 2000 Jahre lang die Grundlage der Geometrie bildete. Obwohl eines der meiststudierten, am häufigsten edierten Werke der Weltliteratur, das bereits in der Antike gerne benutzt und von den Arabern verschiedentlich übersetzt wurde, war der griechische Urtext im Westen während des Mittelalters im Allgemeinen nur wenig bekannt. Roger Bacon gehört zu den bedeutenden Gelehrten, die Euklids Schriften kommentierten bzw. deren Gedankengut übernahmen und weiterentwickelten.

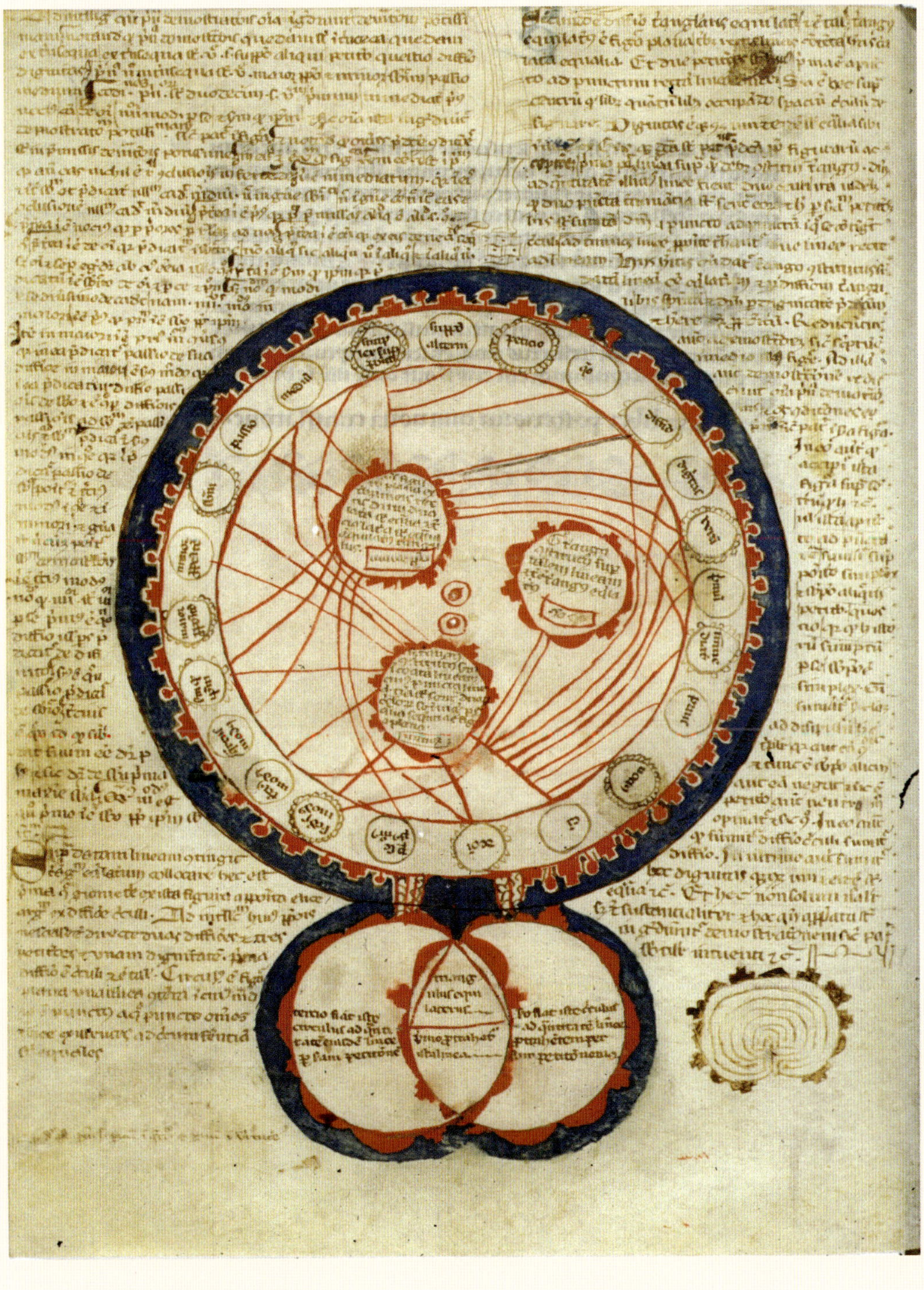

Aristoteles, *Erste und zweite Analytik; Topik; Sophistische Trugschlüsse.* Südfrankreich, Avignon(?), frühes 14. Jh. Biblioteca Apostolica Vaticana, Vatikanstadt, Borgh. 130, fol. 74v.
Die Schemazeichnung soll ein Fragment des Euklid veranschaulichen, das in den Text des Aristoteles einbezogen ist.

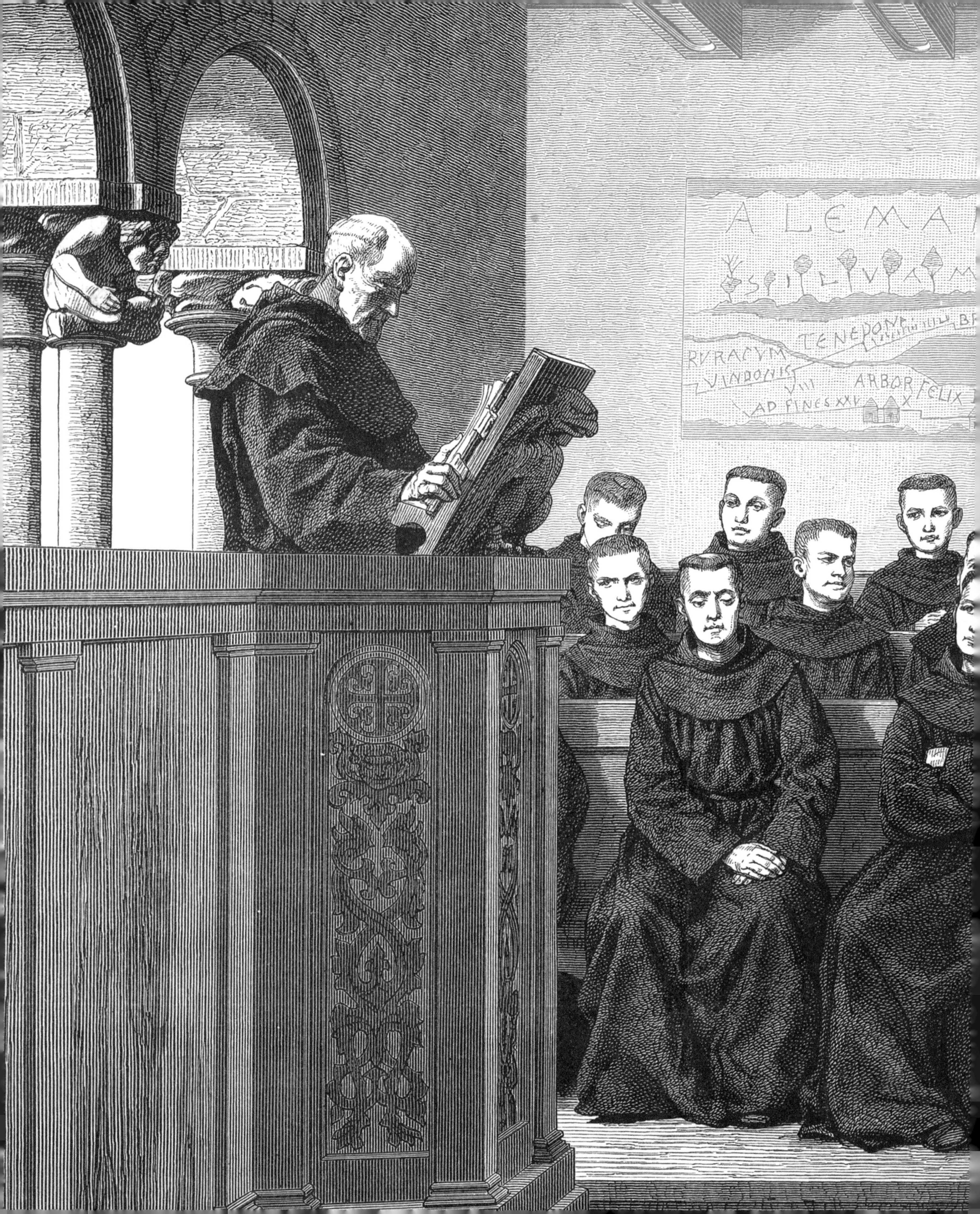
ALEMA
RVRACVM
VINDONIS
ARBOR FELIX
AD FINES XXV

# Bildung als Mittelpunkt des Lebens

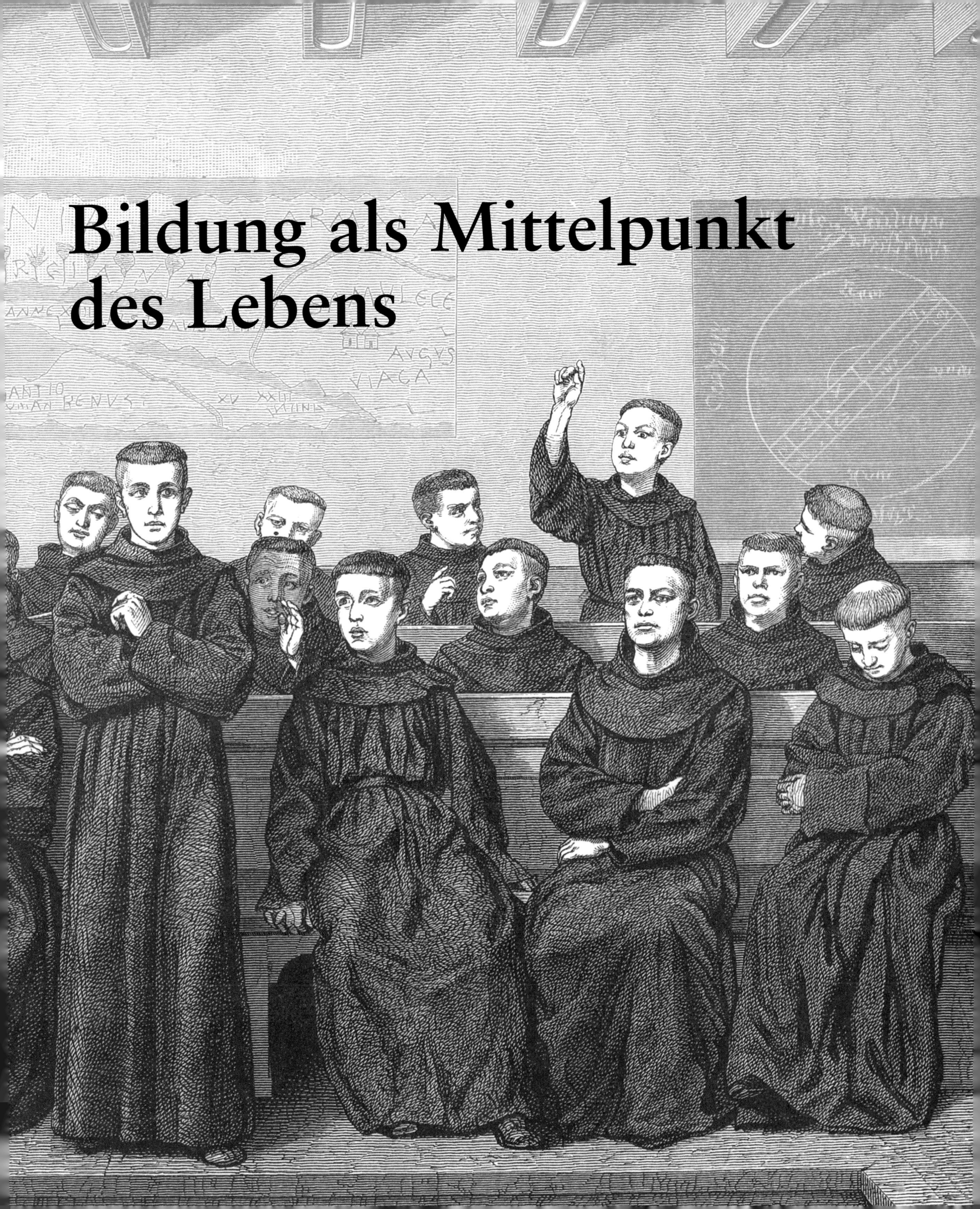

## Bildungszentrum Klosterschule

Seiten 102/103:
In der Klosterschule. Holzstich, 1890, nach einer Zeichnung von Wilhelm Ludwig Friedrich Riefstahl (1827–1888).
Die mittelalterliche Klosterschule zählte vom 8. bis zum 12. Jh. mit den Domschulen zu den wichtigsten Bildungsstätten.

Der Schulmeister von Esslingen. Große Heidelberger Liederhandschrift *(Codex Manesse)*, wohl Zürich, erstes Drittel 14. Jh. Universitätsbibliothek Heidelberg, Cod. Pal. Germ. 848, fol. 292v.
Das für die Nachträge der Handschrift typisch zweigeteilte Bild zeigt links den Schulmeister auf einem erhöhten Kastensitz mit einer grünen Rute in der Linken, dem Symbol der Grammatik in den Darstellungen der sieben freien Künste. Gleichsam als Spiegelung der Szene unterrichtet in der rechten Bildhälfte ein Kleriker mit Tonsur zwei ärmere Knaben geringerer Herkunft.

Unterrichtung von Kindern ist bereits in der Großen Regel des Basilius (um 330–379) für die Ostkirche vorgesehen. In Gottesfurcht und Sanftmut sollten im Kloster Jungen und Mädchen erzogen und ernährt werden – in getrennten Behausungen und ohne der Brüderschaft zugehörig zu sein. Erst mit entsprechender Reife konnten sie frei über ihre weitere Lebensform entscheiden. Kinder und Ältere beteten gemeinsam, im Unterricht lernten die Kinder die Schrift zu verstehen und sich ihrer zu bedienen.

Auch in den Klosterschulen des Westens erhielten später Jungen wie Mädchen, angehende Mönche und Nonnen, Unterricht. Die Benediktregel setzt – etwa mit der Forderung, in der Fastenzeit einen Band der Bibel von Anfang bis Ende ganz zu lesen – zumindest Lesekenntnisse voraus, auch wenn ein Unterricht nicht erwähnt wird. Die Verpflichtung, lesen und schreiben zu lernen, enthält indes bereits die älteste bekannte Nonnenregel des Abendlandes, die des Caesarius von Arles († 542).

Die Klosterschulen des irischen Mönchtums vermittelten im 6. und 7. Jahrhundert bereits mehr als Elementarkenntnisse in Lesen, Schreiben und Singen sowie in den gottesdienstlichen Texten. So bildete etwa die genaue Kenntnis der Komputistik, der zyklischen Berechnung des Jahreskalenders, den besonderen Stolz der am Südufer des Belfast Lough gelegenen Abtei Bangor. Iren und Angelsachsen trugen wohl dazu bei, dass seit dem 8. Jahrhundert auch auf dem Kontinent Klosterschulen zu Zentren der Bildungstradition wurden. Sie legten die Grundlagen, die bis zur Reformation das geistige, gesellschaftliche und politische Klima allgemein bestimmen und leiten sollten. Insbesondere die Klosterschulen von St. Gallen und Reichenau-Mittelzell, die nahezu das gesamte Wissen ihrer Zeit versammelten, wurden seit der zweiten Hälfte des 8. Jahrhunderts zu Ausbildungsstätten künftiger Führungspersönlichkeiten.

Mit dem Kapitular von 789 schrieb Karl der Große für jedes Kloster eine Schule vor, an der die Kinder den Psalter, also Lesen und Schreiben, ferner Gesang, Rechnen und Grammatik, also Latein, erlernen konnten. Die anfangs bescheidene Klosterschule von Fulda entwickelte sich nun dank des Unterrichts durch Hrabanus Maurus (780–856) bis etwa 850 zu einem Vorreiter als Stätte gelehrter Bildung im Ostteil des Karolingischen Reiches.

Nach dem Beschluss der Aachener Synode von 817 stand die Klosterschule nur Oblaten offen, Zöglingen, die ihre Eltern für den Mönchsstand bestimmt und dem Kloster quasi geschenkt hatten. Aus dieser Bestimmung schloss die Nachwelt auf bis dahin zwei parallel geführte Einrichtungen: In der so genannten inneren, dem Klosterbezirk eingefügten Schule wurden die in jungen Jahren dem Kloster übergebenen Kinder zu einer klösterlichen Lebensweise erzogen, während Laien, die Söhne der Freien und des Adels, die „äußeren" Schulen besuchten. Man weiß allerdings nicht, wo genau diese Schulen nun in einem Kloster zu lokalisieren sind, auch nicht, ob es tatsächlich zwei getrennte Schulen gab. Insbesondere beim idealen Klosterplan von St. Gallen spaltet sich die Wissenschaft in dieser Frage nach wie vor in zwei Lager: Das im vornehmen Bezirk (auf der Nordseite) zwischen Gästehaus und Abtpfalz – außerhalb der klösterlichen Klausur – gelegene Gebäude wird als „allgemeines Schulhaus" interpretiert, um das zwölf Lehr- und Wohnstuben – für externe, nicht in die Klausur gehörende Schüler? – gruppiert sind. Es könnte sich aber auch um die Schule der Oblaten handeln, zumal man auf dem Plan keine weitere Schule ausmachen kann. Der Bezirk zwischen Spital und Baumgarten an der Ostseite, wo sich das Noviziat befindet, eignet sich als „Kloster im Kleinen" zwar besonders zur von Benedikt geforderten Schule für den Dienst des Herrn, wird dort aber nicht so bezeichnet. Eine „äußere" Schule ist indes nur für St. Gallen sicher nachweisbar, lässt sich aber nicht lokalisieren.

Ekkehard IV. von St. Gallen (980/90 – nach 1056) schildert in seinen Klostergeschichten die dort herrschenden strengen Lehrmethoden, nicht nur im Klosterinnern, sondern auch in der Schule außerhalb *(non modo in claustro, sed et in scolis exterius)*. Bei dem durch einen

Schüler ausgelösten Großbrand des Klosters von 937 soll zudem das vom Nordwind angefachte Feuer vom Haus der Schule auf die Kirche übergegriffen haben. Eine Schule von St. Gallen lag also tatsächlich außerhalb des Klausurtraktes, genau wie auf dem Plan eingezeichnet, und man kennt – ein äußerst seltener Fall – einzelne Namen von Schulleitern: Um 850 stand der Mönch Iso (um 830–871) der äußeren Schule vor, der in den St. Galler Konvent aufgenommene Ire Moengal der inneren. Eine Generation später waren es Ratpert und sein Freund Notker der Stammler.

Von Schülern, die nicht in der Klausur lebten und später die Profess auch nur zum Teil ablegten, berichtet bereits die Gallusvita. Sie wurde um 833/34 vom einstigen Reichenauer Mönch Walahfrid Strabo nach Skizzen des Gozbert von St. Gallen bearbeitet – kurz nach Fertigstellung des Klosterplans und noch vor Walahfrids Berufung zum Abt der Reichenau 838. Danach befand sich die Unterkunft der Externen tatsächlich beim Gästehaus, während ihre Lehrer in den Räumen an der Nordwand der Kirche wohnten. Im Gegensatz zu den schwarz gekleideten Novizen (Neulingen) trugen sie einen weißen Habit, kamen für ihren Unterhalt selbst auf und bedachten überdies ihre Lehrer mit Geschenken. Daher war der Besuch der Klosterschule für ärmere Schüler auf Dauer unmöglich. So musste etwa Balther von Säckingen († 986) die Schule aus finanziellen Gründen verlassen. Er ging zuerst mit bettelnden Wandermönchen nach Frankreich und wurde später Bischof von Speyer – wohl eine Ausnahme, auch wenn Klöster dem einfachen Volk bis zur Französischen Revolution generell die einzige Chance zu sozialem Aufstieg boten, weil hier die Herkunft nicht beachtet werden sollte. Vielmehr baute man auf die Fähigkeiten des Einzelnen und förderte sie früh durch Schule und Studium.

Bei der Frage, was die von ihren Eltern an der Pforte der Klosterschule abgegebenen Sechs- bis Siebenjährigen nun in den nächsten Jahren erwartete, muss man stets beachten, dass zwischen Ordensvorgaben, „Wunschdenken" und der Realität in einzelnen Klöstern oft große Unterschiede bestanden. Im Allgemeinen dienten Klosterschulen zunächst dazu, Novizen auszubilden. Daher stand das Erlernen der lateinischen Sprache ganz oben auf der Fächerliste. Auf der Grundlage der *Artes liberales* wurden die Novizen und jungen Laien in kleinen Klassen in Grammatik, Rhetorik sowie Poesie und Recht (anstelle der Dialektik) geschult, den Fächern des so genannten *Trivium* (Dreiweg). Man machte die Schüler also gleichzeitig mit Hören und Auswendiglernen auch mit Schreiben und Lesen vertraut. Zunächst jedoch mussten die Oblaten die für den gemeinsamen Gottesdienst notwendigen Psalmen, Lieder und Hymnen des Stundengebets

Übergabe des Knaben Liudger an die Utrechter Klosterschule St. Martin unter Abt Gregor († 774 ?). „Vita secunda s. Liudgeri", Werden, um 1100. Staatsbibliothek Berlin, Preußischer Kulturbesitz, Ms. theol. lat. fol. 323, fol. 5r.
Der hl. Liudger (um 742–809) wurde anschließend in York von Alkuin ausgebildet und erster Bischof von Münster. Er gilt als einer der bedeutendsten Glaubensverkünder angelsächsischer Prägung auf dem Kontinent.

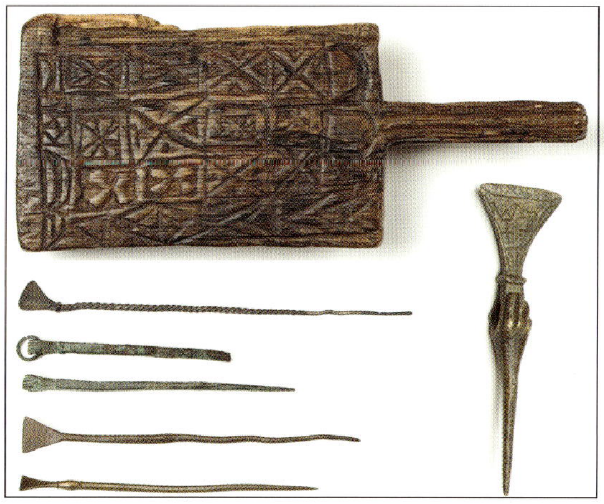

Links: Hölzerne Schreibtafel mit Handgriff, Köln, 13. Jh., und Schreibgriffel aus Bronze, 9.–13. Jh. Gemeinschaftsbesitz des Römisch-Germanischen Museums und des Stadtmuseums Köln, Inv. Nr. (Griffel) 42,125; FA 299; 1476; N 8678; 251; N 3818.
Die Wachsfüllungen der im Bodenbereich des ehemaligen Benediktinerklosters Groß St. Martin gefundenen Schreibtafel sind nicht erhalten; auch die Griffel sind Kölner Bodenfunde.

Gegenüber: Bischof Egino von Verona als Lehrer im Kreis seiner Schüler und Schreiber. Egino-Codex, Verona, vor 799. Staatsbibliothek Berlin, Preußischer Kulturbesitz, Phill. 1676, fol. 18v.

Hugo von St-Victor als Lehrer, St. Albans, 2. Hälfte 12. Jh. Bodleian Library Oxford, Ms. Laud. Misc. 409, fol. 3v.
Für Hugo von St-Victor hatte das richtige Schriftverständnis den obersten Wert aller Studien.

auswendig lernen. Später folgten die Lektüre der Klosterregel, erste Bibelerklärungen und geistliche Texte.

Lesen und Aussprache übten die Schüler dabei gleich aus dem Psalmenbuch, während sie ihre Buchstaben zunächst mit einem Griffel aus Knochen auf ein Wachstäfelchen ritzten, denn Pergament war für erste Schreibübungen ungelenker Hände viel zu wertvoll. Erst mit einer gewissen Schreibsicherheit durften sie Pergamentreste mit Tinte beschriften.

Die anschließende Einführung in die Grammatik war Grundlage für die Beschäftigung mit den weiteren Disziplinen, nicht zuletzt dem Bibelverständnis. Zur grammatischen Schulung wie zur weiteren Bildung in Dialektik und Rhetorik – bei der man auch das Übersetzen leicht verständlicher Texte übte – wurden in den Unterricht neben geistlichen Texten oft auch Werke profaner Herkunft einbezogen. Die Dichtungen der lateinischen Epik und Lyrik brachten dabei mitunter auch berühmte Eigenschöpfungen hervor: die Kanonissin Hrotsvit (Roswitha) von Gandersheim (um 935 – um 975) etwa versuchte, mit ihren lateinischen Komödien ein Gegengewicht zu den „unmoralischen" Stücken des lateinischen Komödiendichters Terenz (um 195/190–159 v. Chr.) zu schaffen. Dieser gehörte mit seinen sechs erhaltenen Komödien zu den meistgelesenen Schriftstellern der Spätantike und des Mittelalters, wurde aber generell nicht oft nachgeahmt. Früh in den Kanon der Schulautoren für den komischen Stil aufgenommen, den Gerbert von Aurillac, der spätere Papst Silvester II. (999–1003), in seiner Reimser Zeit aufstellte, blieb Terenz aber bis zum Humanismus Bestandteil der Schullektüre.

Zum Fach Rhetorik gehörte auch das Erlernen des Brief- und Urkundenschreibstils. Die 306 mehrheitlich fingierten Briefmuster in der so genannten Tegernseer Briefsammlung sind meist undatiert und beziehen sich teilweise auf reichs- und lokalpolitische Ereignisse des 12. Jahrhunderts, unter anderem aber auch auf den klösterlichen Alltag. Tegernsee war das seinerzeit wohl reichste Kloster Bayerns, bereits um 760 gegründet worden und bis ins 12. Jahrhundert eines der wichtigsten Zentren der Literatur, Kalligraphie und Gelehrsamkeit. Im letzten Drittel des 11. Jahrhunderts wurde hier mit dem „Ruotlieb" auch der erste fiktionale Roman und „Ritterspiegel" des Mittelalters gedichtet.

Nach bis zu neun Jahren Klosterschule war – theoretisch – der Einstieg in das *Quadrivium* (Vierweg) vorgesehen, die Ausbildung in Arithmetik, Geometrie, Astronomie und Naturkunde sowie der Umgang mit dem *Computus.* Mit diesem komplizierten Abakus berechnete man die Ostertafeln, aus denen das Datum des Osterfests ermittelt wurde, welches das ganze Kirchenjahr bestimmt. Anstelle der Musik wurde oft Choralgesang gelehrt. Seit karolingischer Zeit lehrten zwar wohl alle Klosterschulen die Fächer des Trivium, die des Quadrivium aber anscheinend nur wenige Schulen, wie etwa die Abtei St-Victor in Paris: Hier konstituierte Hugo von St-Victor († 1141), einst im Stift Hamersleben erzogen, durch seine Lehrtätigkeit und seine weitverbreiteten Arbeiten eine der bedeutendsten Schulen im Paris des 12. Jahrhunderts. Der Bildungsgrad der Mönche einzelner Orden wie der zugehörigen Klöster untereinander wies insgesamt aber erhebliche Unterschiede auf – abhängig vom Wissen und Können der jeweiligen Lehrer.

Im 10.–12. Jahrhundert wurden zudem wohl die Fächer des Quadrivium in einigen Domschulen wie Reims, Chartres, Lüttich und Köln intensiver gelehrt als in den Klosterschulen, deren Bedeutung seit dem 12. Jahrhundert sank, nicht zuletzt durch neue Zielsetzungen der alten Klöster, durch neue Orden und geistige Neuorientierungen und das Aufkommen der Universitäten.

Klosterschulen sahen nun ihre Aufgabe darin, ihren Zöglingen für das Klosterleben notwendige, elementare geistige Kenntnisse und Fertigkeiten zu vermitteln. In den sich immer mehr etablierenden (Stadt-)Schulen konnten Bürger zumindest elementare Bildung im Lesen, Schreiben, Rechnen erwerben. Neben die im Frühmittelalter ausschließlich in Latein abgefassten Schriften traten zunehmend volks-

## Die Sieben Freien Künste – Trivium und Quadrivium

Das System der sieben freien Künste *(septem artes liberales)* wurde im frühen Mittelalter aus dem griechischen Bildungskanon der Antike übernommen und ordnete den Lehrstoff, zugleich aber auch den Gang der höheren Bildung. Zu ihm zählten in der Regel Grammatik, Rhetorik, Dialektik, Arithmetik, Geometrie, Musik und Astronomie. Diese wurden nochmals in zwei Gruppen unterteilt. Als „redende“ Künste des *Trivium* (Dreiweg), der unteren Stufe, galten Grammatik, Rhetorik und Dialektik. Zu den „rechnenden“ Künsten des *Quadrivium* (Vierweg) gehörten Arithmetik, Geometrie, Musik und Astronomie. Hierin wurden die „Fortgeschrittenen“ unterrichtet.

Die erste nachantike Gesamtdarstellung der *Artes liberales* ist in der (zwischen 330 und 429 oder nach 470 entstandenen) „Hochzeit Merkurs und der Philologie“ von Martianus Capella enthalten: Als Brautgabe Merkurs für Philologia offenbaren sie als sieben Dienerinnen nacheinander ihr Wissen. Durch die Vermittlung von Augustinus und Boethius († 524) gelangten die *Artes liberales* (als die von den „freien“ Bürgern gepflegten Wissenschaften) in das christliche Gedankengebäude und wurden seither in Trivium und Quadrivium eingeteilt. Ihre Inhalte wurden im Laufe des Mittelalters teilweise erweitert und umgedeutet. Der Unterricht in den Fächern des Trivium und Quadrivium blieb aber in unterschiedlichen Ausformungen bis in die Neuzeit für die Bildung bestimmend und wurde für die ab dem 12. Jahrhundert gegründeten Universitäten die Voraussetzung zum Studium der Theologie, Jura oder Medizin.

## Liebesbriefe aus dem Kloster

*Dû bist mîn – ih bin dîn:* Urheber und Bedeutung dieser Worte sind bis heute umstritten. Die einen halten sie für den Anfang des ältesten Liebesgedichts in deutscher Sprache, das eine Frau verfasst haben soll, manche wollen gar eine Nähe zu den Briefen von Abaelard (1079–1142) und Heloise herstellen. Andere wiederum betrachten sie als Bestandteil einer Musterbriefsammlung in Reimprosa, mit denen – vielleicht bei den Benediktinern in Tegernsee – 1178/86 die Kunst des Diktats geübt wurde.

Ähnliche „Liebesbriefe“ wurden auch in Latein verfasst. In den „Regensburger Liebesbriefen“ aus der zweiten Hälfte des 12. Jahrhunderts – den ältesten aus dem deutschsprachigen Raum – richten teilweise namentlich genannte junge Frauen oder Mädchen ihre Briefe an männliche Personen, wohl die sie unterrichtenden Kleriker. Die teilweise in Versen abgefassten Briefe enthalten häufig Anspielungen aus den *Artes liberales.* Die Autorinnen verfügten also über ein hohes Bildungsniveau. Der erotische Charakter der Briefe kann, muss aber nicht literarisch verstanden werden, als Anspielung auf das antike Ideal der „spirituellen“ oder geistlichen Freundschaft. Er kann auch genauso gut auf tatsächliche Liebesverhältnisse verweisen, wie bei Abaelard und Heloise.

Trennung Abaelards von Heloise, Öl auf Leinwand, um 1778, von Angelika Kauffmann (1741–1807). Staatliche Eremitage, St. Petersburg, Inv. Nr. 1338.
Das Bild gehört zu einer Serie von Darstellungen aus dem Leben Heloises und wurde von der wohl bedeutendsten Malerin des 18. Jh.s eventuell im Auftrag der russischen Kaiserin Katharina II. der Großen († 1796) gefertigt.

Gegenüber: Die Hochzeit von Merkur und Philologia, der Personifikation der Wissenschaften schlechthin. Martianus Capella, Frankreich, Ende 11. Jh. Bibliothèque nationale, Paris, Ms. lat. 3110, fol. 60r.
In dieser ersten erhaltenen Darstellung der *Artes liberales* thront die behelmte Philosophie als Mutter der *Artes,* flankiert von Dialektik und Grammatik, über den anderen fünf jugendlichen weiblichen Personifikationen der *Artes.*

...ille S; n animalia uille
...nte ut census nequit omnis eis dare sensus
...s S; et absentem nequeunt medici dare uite
...go pertotum iam nullus amatur eorum.
...c ualet inconse sponsiue cliens fore sponse
...m dicit lum ego sum p me latro crimen
...ere. et intrabit p que loca ianua stabit
...ua tuus o xpe laudat ser munculus iste
...m formosa speciosa nem generosa
...aq: columbarum tibi sunt oculi solidarum
...nte tuas leges mundi n diligo reges
...ine est laudanda laudando glorificanda
...ine et psalmista pdixisti dauid ita
...egem dilexi xpi quia pectore uexi
...ua quia cordis amant interes intpore clamant
...ami chi xpe bone sperandque dona corone
...ane ne lentus ebes rogitare p omnia debes
...ue femellarum delet pbra cuncta bonarum
...e fiasuere leb prima muliere
...oc et ... deuote cristum fore rogo pro...

Quod dicis uere siquid prima muliere
...e peius queram tibi nec ... sed uolo uera
...em deuollecte infunderere siue retectis
...inte; innumetere uel morbe creatis
... uirorosus es yaspis. ... es preciosus
...e quod qui gerere te n fantasma timere
...urior es duris adamans cum cemate muris
...roh sed dedecore capite uincende cruore
...ce nitet celos saphyrus simulatus hanelos
...issimulis tauro par ... ... ... ...
...clore ... cunctis ... tygris B E S T I A

h ac est centena trux et seua leena
e t et centena spargenda uenena D R A C E N A
S icca conduntur nec eo que oriuntur
N ec p nox luna pallore suo manet una
n ec sep cetu sua fulgura mittit hanelu
F los preciosarum decrescit laureolarum
e t generosarum marcessit flos uiolarum
D ecrescunt fontes et fiunt equora montes
F dit uirgo chorum cantum campana sonorum
D epdit miles aures euitare uiriles
P arcere sem pnis quia nobilis ira L E O N A

## Die Klosterfrau als Lehrerin

*Mulieres non sunt in sapientia perfectae* – Der Verstand (oder die Weisheit) von Frauen ist nicht vollkommen, könnte man die Worte des Dominikaners Thomas von Aquin salopp übersetzen. Ungeachtet des diskriminierenden Tons sind sie jedoch im Kontext seiner Zeit zu bewerten. Der Predigerorden hat als Erster die Vorschriften über die wissenschaftliche Ausbildung seiner Angehörigen in seine grundlegende Gesetzgebung aufgenommen. Wegen der strengen Klausurvorschriften war jedoch bei Frauen ein Ortswechsel nicht möglich, eine öffentliche Wirksamkeit ausgeschlossen. Die Lehre „im kleinen Kreis" – unter wenigen Frauen – war nach Thomas von Aquin hingegen durchaus gestattet. Die Voraussetzung dafür war allerdings, dass Verstand *(sapientia)* und Wissen *(scientia)* der jeweiligen Frau dafür ausreichten. Wie Thomas von Aquin dachten im Mittelalter offensichtlich viele, denn in didaktischen Dialogen belehrt gewöhnlich ein Mann eine Frau oder einen Novizen. Vereinzelt nur übernimmt eine Frau diese Rolle, auch Bilder von lehrenden Frauen sind selten – die hl. Klara, Katharina, Anna oder Maria ausgenommen.

Gespräch zwischen einer geistlichen Mutter und Tochter über 17 theologische Fragen. Schwaben (Medingen bei Dillingen/Donau?), spätes 15. Jh. Bayerische Staatsbibliothek München, Cod. Germ. Mon. 862, fol. 9r.

Gegenüber: Belehrung einer Nonne über die Gefahr der Versuchung. Bußszene (Ausschnitt), Oberrhein, um 1525. Musée d'Unterlinden, Colmar, Inv.-Nr. 88.13.2. Das didaktische Tafelbild könnte mit einer kleinen Gruppe von Bildern im Kapitelsaal gehangen haben, dem Ort ritueller Bußübungen und der Unterweisung der Novizinnen. Es bildet ein klösterliches Äquivalent zu „Herkules am Scheideweg" in der Wahl zwischen Tugend und Laster.

sprachige Texte. Besonderen Anteil daran hatten die Frauenkonvente der Bettelorden. Bei den Dominikanerinnen beispielsweise war die Ausgangslage eine völlig andere als bei ihren Brüdern. Als Seelsorgerin oder gar Predigerin konnten sie nicht tätig werden, da das kanonische Recht Frauen strikt untersagte, öffentlich in einer lehrenden Funktion aufzutreten.

Ihre Bildung war fast von Beginn an – zumindest im südwestdeutschen Raum – auch an die Volkssprache gebunden, das Lateinische kam aber nie völlig außer Gebrauch. Stundengebete und Psalter gehörten noch immer zum Tagesablauf und verlangten entsprechende Vorkenntnisse. Anders als bei den Frauenklöstern des alten Mönchtums und auch den Kanonissenstiften, beschäftigten sich jedoch die Dominikanerinnen hier nicht mehr mit den *Artes liberales.* Es genügte ihnen, das zu lernen, was sie auch wirklich benötigten.

War bei den Benediktinerinnenklöstern das wissenschaftliche Interesse noch eher beheimatet, so bestand die Lektüre von Mädchen und Frauen bei den Dominikanerinnen im Psalter und in volkssprachigen Schriften. Vermutlich lernten sie immer noch Latein lesen – was noch längst kein Verstehen dieser Sprache bedeutete. Im Dominikanerinnenkloster Silo in Schlettstatt (Elsass) beispielsweise verwendete man im 14. Jahrhundert einen alemannischen Psalter mit einer Wort-für-Wort-Übersetzung für die Unterweisung von Novizinnen und jungen Schwestern, die noch wenig Latein konnten. Allgemein erhielten die Klosterschüler ihre Bildung in einem auf verschiedene Altersklassen und unterschiedliche Vorkenntnisse ausgerichteten Unterricht.

Der Rückgang von Latein- und Schreibkenntnissen vom 13. bis 15. Jahrhundert ist nicht nur bei Frauen der Bettelorden zu beobachten. Die Mönche des Benediktinerklosters St. Georgen im Schwarzwald etwa gaben unumwunden zu, dass sie mitsamt ihrem Abt Ulrich I. des Schreibens nicht mächtig waren – vielleicht war damit aber auch nur die lateinische Sprache gemeint: Ihre lateinische Urkunde über den Verkauf von Gütern 1313 wurde in der Kanzlei des Konstanzer Bischofs gefertigt.

Lese- und auch Schreibkenntnisse in den sich seit dem 12. und 13. Jahrhundert entwickelnden Volkssprachen gehörten dagegen natürlich zum Bildungsgut der Klosterbewohner. Die Leser des um 1280 entstandenen „Speculum humanae salvationis" („Heilsspiegel") etwa, eines der meistgelesenen Werke des Spätmittelalters, galten indes als „ungelehrte" Leute – keineswegs Analphabeten natürlich, sondern Gebildete ohne spezielles theologisches Studium. Zu diesem Kreis zählten auch

Nonnen, die dadurch Unterweisungen in theologischer Deutung erhielten, die sie teilweise sogar in eigene Bildwerke in Form von Teppichen umsetzten, wie beim um 1430 in Kloster Wienhausen entstandenen Heilsspiegelteppich, der eine Art „Kurzfassung" des „Speculum humanae salvationis" in 34 Kapiteln darstellt. Ähnlich wie die früher vielleicht weitverbreiteten Serien von didaktischen Tafelbildern zur Unterweisung in monastischen Tugenden, könnte auch der Heilsspiegelteppich mit seinem didaktischen Charakter eine Anleitung zur Fastenpredigt gewesen sein, aber auch als Anleitung zur meditativen Betrachtung oder Unterrichtung der Nonnen gedient haben.

Im 14. Jahrhundert erlebten alle großen und viele kleinere Ordensgemeinschaften einen mehr oder minder erbitterten Kampf um Regeltreue und Observanz. Bei der Auseinandersetzung um Reformen werden auch regionale Unterschiede deutlich. Insbesondere in den Klöstern im süddeutschen Raum kam man immer mehr von der Zweisprachigkeit ab. Als im Zisterzienserinnenkloster Lichtenthal bei Baden-Baden die Lateinkenntnisse der Nonnen nicht einmal mehr ausreichten, dass sie die für den Klosteralltag notwendigen liturgischen Texte oder die Tischlesung verstehen konnten, wurde mit der Reform von 1426 auch Schwester Regula hierher versetzt. Dank ihrer regen Übersetzungs- und Abschreibtätigkeit sollten ihren Mitschwestern wenigstens wieder die Bücher für die tägliche Tischlesung in Latein zugänglich gemacht werden.

Die in der Bursfelder Kongregation vereinigten Benediktinerklöster um das 1433 reformierte niedersächsische Kloster Bursfelde strebten wieder nach einer möglichst strengen Beachtung der Benediktinerregel. 1463 beschlossen sie in Erfurt, dass Nonnen und zukünftige Klosterfrauen unter sich und mit den Patres Lateinisch, nicht Deutsch sprechen sollten – andernfalls drohten Strafen. Wie in Männerklostern sollte also in Latein miteinander kommuniziert werden. Bei nicht genügend lateinkundigen Nonnen als Sprachlehrerin *(magistra)* für den Konvent sollten dazu sogar Lateinlehrer damit beauftragt werden – allerdings unter Aufsicht der Magistra. Der Unterricht externer Schüler, die dem Orden nicht angehörten, war nun prinzipiell verboten, früher aufgenommene Laien mussten die Klöster in der Regel verlassen. Latein war in Norddeutschland wieder auf dem Vormarsch. Die zwischen 14 und 17 Jahre alten Klosterschülerinnen des Benediktinerinnenklosters Ebstorf brachten Ende des 15. Jahrhunderts vielleicht teilweise noch ungelenke Buchstaben zu Papier – aber ihre Übungshefte mit tagebuchartigen Aufzeichnungen führten sie auf Latein, die einen besser, andere weniger gut …

# Aus klösterlicher Wissenschaft und Forschung

Gegenüber: Ostertafel. Bayern/Österreich, 2. Hälfte 12. Jh. Zisterzienserabtei Zwettl, Cod. Zwetl. 255, Bl. 7v. Tabelle aus 19-jährigem Mondzyklus (waagrecht) und 28-jährigem Sonnenzyklus (senkrecht) mit Kennzeichnung der Mondschaltjahre durch Buchstaben in roter Tinte (hier: 3., 6., 8., 14., 17. und 19. Jahr des Mondzyklus).

Der hl. Isidor von Sevilla (um 560–636) als Bischof mit Buch; Miniatur in einer Fassung des „Liber definitiorum scientiarum", Liber IV, „De medicina", fol. 91v. Der eckige Nimbus weist Isidor als Lebenden aus.

Der moderne Mensch des 21. Jahrhunderts hat mehrere Möglichkeiten, sich Informationen zu beschaffen und sich Wissen anzueignen. Bei allen Gefahren, die damit einhergehen, kann das heute selbstverständlich auch im Kloster genutzte Internet jedem völlig neue Welten eröffnen. Der mittelalterliche Mönch konnte für seine Weiterbildung und sein geistiges Wirken nur über seine Bibliothek und das Wissen seiner Mitbrüder verfügen. Daher wussten wohl nicht allzu viele gelehrte Mönche, dass bereits der ältere Cato (234–149 v. Chr.) verschiedene Wissensgebiete wie Medizin, Rhetorik, Landwirtschaft, vermutlich auch Jurisprudenz und Kriegswesen in einzelnen Büchern für seinen Sohn dargestellt und damit ein enzyklopädisches Gesamtwerk geschaffen hatte. Auch von der Erweiterung des Kreises der sieben *Artes* um Baukunst und Medizin in den „Disciplinae" des Varro (116–127) hatten vielleicht nur jeweils einige wenige ihrer Zeit gehört. Die Tradierung des überkommenen Realwissens ins Mittelalter in Form einer Enzyklopädie verdankt die Nachwelt schließlich den 20 Bücher umfassenden „Etymologiae" des Isidor von Sevilla (um 560–636). Hier versammeln sich die *Artes liberales* neben Medizin und Recht, geistlichem Wissen, Sprachen und „sozialen" Kenntnissen, aber auch Naturkunde mit Anthropologie, Zoologie, Kosmologie und Geographie neben der „materiellen Kultur" und Technik.

Isidor war einer der bedeutendsten frühmittelalterlichen Autoren. Als Mönch, später Bischof von Sevilla, verfasste er 17 authentische Werke. Seine theologischen und historiographischen Schriften blieben in ihrer Wirkung eher auf Spanien beschränkt – dort gilt er heute als Nationalheiliger. Seine anderen Werke waren im folgenden Jahrtausend außerordentlich erfolgreich: Bereits im 7. Jahrhundert las man Isidor in Irland, er wurde überall auf dem Festland bekannt, 2001 gar zum Schutzpatron des Internets erkoren. Seine Schriften dienten der Unterweisung im Glauben und der Erkenntnis Gottes durch die Heilige Schrift und die Kirche – als fast allgegenwärtiges Handbuch des gesamten Wissens insbesondere im Früh- und Hochmittelalter dienten sie aber auch zugleich vielen späteren Wissenschaftlern und Forschern, die in den unterschiedlichsten Disziplinen ihre Spuren hinterließen.

Sie reichen von Hrabanus Maurus, der im 9. Jahrhundert ein Handbuch der Bildung und des Wissens für die Zwecke des Seelsorgers schuf, bis zu Honorius Augustodunensis, der durch scinc Popularisicrung und Zusammcnfassung des Wissensstoffes auf die enzyklopädische Literatur, besonders in den Volkssprachen, einwirkte, auch wenn er selbst keine eigene Enzyklopädie hinterließ. Die großen Gelehrten der Naturwissenschaften, allen voran Albertus Magnus und Roger Bacon, aber auch Robert Grosseteste, Bischof von Lincoln und vielleicht erster Kanzler der Universität Oxford († 1253), vermehrten und veränderten den Wissensstoff ihrer Zeit durch Übersetzungen, insbesondere von Aristoteles. Dadurch erhielt ihr Gesamtwerk ebenfalls enzyklopädischen Charakter. Das „Speculum maius" des französischen Dominikaners Vinzenz von Beauvais (vor 1200–1264), Prinzenerzieher und zeitweilig Lektor der Zisterzienserabtei Royaumont, und seiner Helfer übertraf alle mittelalterlichen Enzyklopädien an Umfang, Gehalt und Nachwirkung. Ihre große Zeit war am Ende des 13. Jahrhunderts vorbei, aber Vinzenz von Beauvais wurde ins Französische, Katalanische und Mittelniederländische übersetzt.

Die zunächst einzigen monastischen Kulturträger in weiten Teilen Europas sind die Benediktiner, die Karl der Große 787 ausdrücklich zur Förderung der Bildung verpflichtet hatte. Eine der Hauptbeschäftigungen ihrer Gelehrten war die Geschichtsschreibung. Aus den von angelsächsischen Missionaren ins Frankenreich gebrachten Ostertafeln gingen die (Kloster-)Annalen hervor, denen Karl der Große viel Bedeutung zumaß – allein aus karolingischer Zeit sind 60 Annalen überliefert, daneben auch wenige Chroniken.

In Monte Cassino schrieb Paulus Diaconus († um 799), einst Gelehrter am Hof Karls, an seiner Langobardengeschichte („Historia Langobardorum"); Abt Aimoin schuf in der Abtei St-Benoît-sur Loire in Fleury bei Orléans

**Vom mittelalterlichen Computus zum Computer der Gegenwart**

In allgemeinem Sinne bedeutet „Computus“ so viel wie „Rechnen mit der Zeit“. Aus dem Begriff „Computus“ im Sinne von „Rechnen“ (von lat. *computus* = Berechnung) hat unsere Zeit das Wort Computer abgeleitet. Im engeren Sinne bezeichnet *Computus* oder *Computistik* das mittelalterliche Rechenverfahren zur Bestimmung des jährlich variierenden Osterdatums.

Solche von gelehrten mittelalterlichen Computisten – Astronomen und Mathematikern – errechneten künftigen Osterdaten wurden als Ostertafeln herausgegeben, die es in nahezu jedem Kloster gab. Sie waren so aufgebaut, dass eine Seite jeweils 19 Jahre umfasste. So lange dauerte der für die Osterberechnung verwendete Mondzyklus. Nach 14 Blättern (oder 28 Seiten) fielen Mond- und Sonnenzyklus zusammen. Diese 532 Jahre umfassende Zeitspanne nannte man das Osterjahr. Eine Ostertafel aus der Abtei Corvey zeigt am Rand Eintragungen vieler Hände – Notizen einzelner Mönche zu ihnen überliefernswert erscheinenden Ereignissen. Diese führten zu den Annalen, ohne die eine Datierung der historischen Ereignisse des 8. und 9. Jahrhunderts unmöglich wäre.

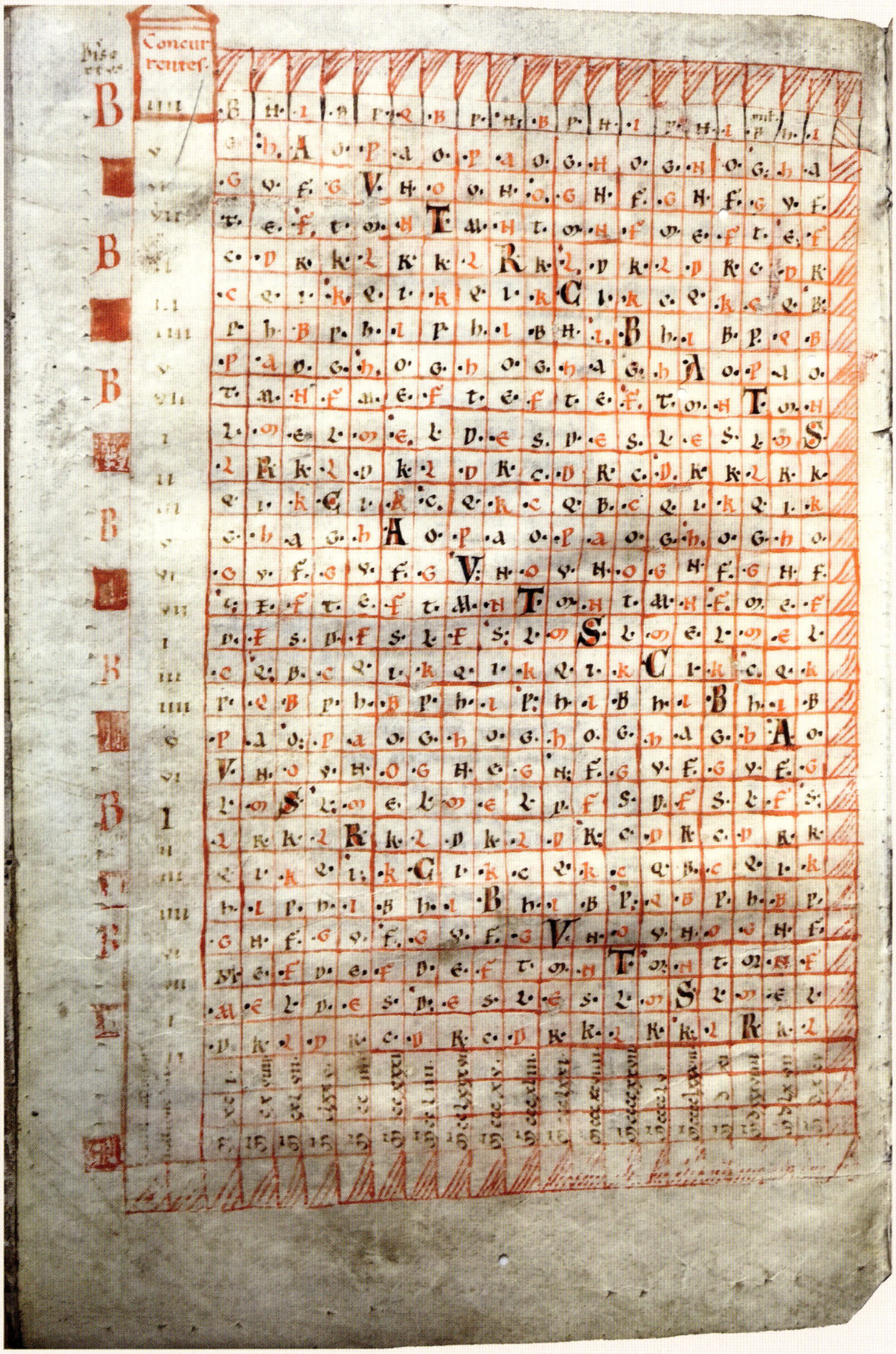

Die Ostertafel aus Zwettl aus der zweiten Hälfte des 12. Jahrhunderts zeigt das gesamte Osterjahr, einen von 1064 bis 1595 reichenden Zyklus.

Rückseite des so genannten steinernen Astrolabiums des Wilhelm von Hirsau (um 1030–1091) mit dem in den Himmel blickenden griechischen Astronomen und Dichter Aratos (um 315 – um 245 v. Chr.). Regensburg (St. Emmeram), vor 1069. Museen der Stadt Regensburg. Das so genannte steinerne Astrolabium erfüllte zwar noch nicht die volle Funktion des Instruments, diente aber als einzigartiges Lehrgerät dem Regensburger Mönch und späteren Reformabt von Hirsau zu astronomischen Studien und Unterrichtszwecken.

mit seiner bis 654 geführten Frankengeschichte („Historia Francorum") um 1004 eine wichtige Kompilation (Zusammenstellung in Auszügen) der älteren französischen Geschichtsquellen.

Auch bei den Zisterziensern wurde später die Geschichtsschreibung besonders gepflegt. Die Abtei Sor in Dänemark war 1162 mit dem Ziel gegründet worden, die Annalen des Königreichs zu führen. Die zeitgeschichtlichen „Taten Friedrichs" *(Gesta Frederici)* des Bischofs Otto von Freising († 1158) verherrlichen die Hohenstaufen, besonders Ottos Neffen Kaiser Friedrich Barbarossa; eine der wichtigsten Darstellungen der böhmischen Geschichte verdankt man Peter von Zittau, Abt von Königsaal (1316–1338).

Auf der Reichenau verfasste bereits Hermann der Lahme die bis zu seinem Tod 1054 reichende, älteste deutsche Chronik, beginnend mit der Geburt Jesu Christi. Sie zählt zu den Spitzenwerken der mittelalterlichen Geschichtsschreibung. 1013 geboren, war Hermann bereits mit sieben Jahren dem Inselkloster übergeben worden, wo er 1043 die Priesterweihe empfing. Er war von frühester Kindheit an spastisch gelähmt, zeitlebens an den Tragstuhl gefesselt und konnte überdies nur mit Mühe sprechen. Seinen hochgradigen körperlichen Gebrechen zum Trotz, entwickelte sich Hermann zu einem der vielseitigsten Gelehrten seiner Zeit, wurde ein gefeierter Lehrer und beschäftigte sich mit Mathematik, Astronomie und Musiktheorie.

Seine mathematischen Interessen wurden mit Sicherheit durch die Arbeiten Gerberts von Aurillac gefördert. Dem aus bescheidenen Verhältnissen stammenden, im cluniazensisch geprägten Kloster St-Géraud-d'Aurillac geschulten Mann stand eine außerordentliche Karriere bevor: Zunächst Abt von Bobbio, dann Erzbischof von Reims und Ravenna, sollte er 999 als Silvester II. den päpstlichen Stuhl besteigen. Bereits 1003 verstorben, war auch Gerbert von Aurillac ein in seiner Zeit einzig dastehender Gelehrter: Aus dem spanischen Ripoll kannte er das mathematische und astronomische Wissen der Araber; ihm verdankt Europa die Übernahme der arabischen Ziffern. Von seinem Interesse für Mathematik zeugt neben entsprechenden Traktaten die Konstruktion eines verbesserten Abakus, der bis ins 14. Jahrhundert in Gebrauch war.

Lehrschriften über den Gebrauch dieser komplizierten Rechenmaschine verfasste wiederum Hermann der Lahme auf der Reichenau, dessen (ungedrucktes) Tabellenwerk des 1042 entstandenen Computus ein verlässliches Handbuch der Zeitrechnung wurde. Eng verknüpft mit den komputistischen waren seine astronomischen Studien. Er widmete sich unter anderem der Konstruktion und Funktion des Astrolabiums (eines Messgeräts zur Winkelmessung am Himmel). Der englische Mönch und Geschichtsschreiber Matthäus Paris aus St. Albans bei London hat ihn um 1240/50 mit einem Astrolabium in der Hand verewigt. Hermann verfasste die ersten Arbeiten über das Astrolabium in lateinischer Sprache, daneben interessierte er sich auch für Sonnen- und Mondfinsternisse.

Der Mathematiker Richard von Wallingford (1292–1336) konstruierte schließlich als junger Abt von St. Albans im englischen Hertfordshire die zu seiner Zeit fortschrittlichste astronomische Uhr weltweit und entwickelte eine Rechenmaschine, mit der die geographischen Längen von Sonne, Mond und Planeten bestimmt werden konnten.

Gerade die hochgebildeten Mönche waren in der Regel vielseitig interessiert. Verbindungen zwischen Mathematik bzw. Astronomie und Musik sind oft erkennbar. Auch Abt Wilhelm von Hirsau († 1091) verfasste in seiner Regensburger Zeit – er war seit Kindheitstagen in St. Emmeram geschult – eine Abhandlung über Astronomie und eine musiktheoretische Schrift: „De musica et tonis" („Über die Musik und die Töne").

Musik gehörte zum Programm des Quadrivium und war keine ausschließlich theoretische Angelegenheit mehr. Seit dem 9. Jahrhundert bereits entwickelten und bauten vorwiegend Mönche in Frankreich, Spanien, England und Deutschland Orgeln, die allerdings noch sehr kleine Instrumente waren.

Im Lehrfach Physik wurde auch die Medizin behandelt. Monte Cassino war dafür vom 9. bis 11. Jahrhundert berühmt. Walahfrid, wegen seines Sehfehlers Strabo, „der Schieler", genannt, war um 826 Mönch der Reichenau gewesen, bevor er nach Fulda kam. 842 kehrte er nach über einem Jahrzehnt als Dichter am Aachener Hof als Abt auf die Reichenau zurück. Kurz zuvor (um 841) hatte Walahfrid nicht nur die erste abendländische Liturgiegeschichte verfasst, sondern auch ein Lehrgedicht über den Kräutergarten in 444 Versen, das auf viele Heilkräuter in der Medizin eingeht, die nicht allein für den klösterlichen Garten bestimmt waren. Sie halfen auch bei Wunden und Verletzungen, die durch Waffen hervorgerufen worden waren. Walahfrid empfahl in einem solchen Fall eine Anwendung mit Odermennig (Agrimonia): „Hat ein feindliches Schwert uns einmal am Körper verwundet, rät man uns wohl ... aufzulegen der offenen Stelle zerstoßene Keime, um durch dieses Verfahren Gesundheit wiederzufinden, wenn der Umschlag dazu noch mit beißendem Essig getränkt wird."

Die Beschäftigung mit Medizin und die Betätigung als Arzt hinterließen bei Mönchen aller Orden im ganzen Abendland ihre Spuren in wissenschaftlich angelegten Traktaten wie in eher privaten Sammlungen. St. Vinzenz auf dem Elbing in Breslau hatten einst Benediktiner gegründet. Neben dem Augustiner-Chorherren-Stift St. Maria auf der Sandinsel ist es das älteste schlesische Kloster, aus der ersten Hälfte des 12. Jahrhunderts. Um 1190/93 wurde daraus ein Prämonstratenserstift, in dem der Arzt Thomas von Breslau (1297 – um 1378) seit 1336 das Handbuch „Practica medicinalis" („Ärztliche Praxis") verfasste; im seit 1351 eigenständigen Roten Kloster am Dunajez – heute nationales Kulturdenkmal der Slowakei – widmeten sich Kartäuser der Astronomie, Medizin und Alchemie. 1699 ging das Kloster in den Besitz des Bischofs von Neutra über, der es den Kamaldulensern testamentarisch vermachte. In der Blütezeit ihres Wirkens leitete Frater Cyprianus (1724–1775) die weithin bekannte Klosterapotheke und veröffentlichte

Gegenüber oben: Hermann der Lahme (mit Astrolabium) und Euklid im Gespräch. St. Albans bei London, 1240/50. Bodleian Library Oxford, Ashmole 304, fol. 2v.
Die Zeichnung stammt aus der Feder des Mönchs Matthäus Paris aus St. Albans.

Oben: Seite aus dem Herbarium des Kamaldulenserfraters Cyprianus, Rotes Kloster, 1766. Slowakisches Nationalmuseum, Naturhistorisches Museum, Bratislava.
Das mehr nach der Medizin als nach der Botanik aufgebaute Herbarium ist das älteste der Slowakei.

1766 sein „Herbarium“. In dieser Handschrift sind – ganz der Grenzlage verpflichtet – 272 Pflanzenarten der Pieninen und der Tatra viersprachig beschrieben, dazu verschiedene Krankheiten und deren Heilung.

Insbesondere seit dem Aufkommen der Universitäten entwickelte die lateinischsprachige Gelehrtenwelt des Mittelalters zunehmend eine wissenschaftliche Denkweise und Methode der Beweisführung, die heute als Scholastik bezeichnet wird (von lat. *scholasticus* = schulisch, zum Studium gehörig). Diese aus der antiken Dialektik weiterentwickelte Lehre vom wissenschaftlich korrekten Diskutieren umfasste nicht nur theologische und philosophische Themen, sondern die Gesamtheit des Wissenschaftsbetriebs. Daher steht der Begriff „Scholastik“ nicht für einseitiges, wirklichkeitsfremdes Denken, sondern – ohne jegliche Wertung – für die Art der seinerzeit praktizierten Argumentation und Beweisführung.

Peter Abaelard (1079–1142), Kupferstich von Antonin Oleszczynski (1794–1879) nach Armand Guilleminot.

Rechts: Der hl. Bernhard von Clairvaux (um 1090–1153). Emailtafel vom Ziborium des Abtes Johannes Zenlin aus dem Zisterzienserkloster Tennenbach, Freiburg (?) um 1320. Germanisches Nationalmuseum, Nürnberg, Inv. Nr. KG 1334.

Maßgebenden Einfluss auf die Entwicklung der Scholastik hatte Peter Abaelard, der erste „Intellektuelle“ Europas. Seine Ansichten wurden von einem der bedeutendesten Zisterzienser, dem hl. Bernhard von Clairvaux, als Irrlehren bekämpft. Abaelard war um 1116/17 Dozent am Dialektik-Lehrstuhl von Paris. Wegen der Beziehung zu seiner Privatschülerin Heloisa wurde er auf Betreiben von deren Onkel entmannt und zog sich als Mönch in das Kloster St-Denis zurück; Heloisa nahm 1118 im Benediktinerinnenkloster Ste-Marie zu Argenteuil den Schleier. 1129 löste Abt Suger von St-Denis den Konvent auf und vertrieb die Nonnen aus dem Kloster. Heloisa baute daraufhin in Abaelards verlassener Einsiedelei Paraclet einen neuen Frauenkonvent auf – nun in brieflichem Kontakt mit Abaelard als geistlichem Ratgeber. Abaelard wurde 1141 auf dem Konzil von Sens als Ketzer verurteilt, und als er im Jahr darauf starb, wurden seine Gebeine von Petrus Venerabilis, dem Abt von Cluny, persönlich nach Paraclet überführt, wo 1164 Heloisa neben ihm bestattet werden sollte.

Den „Siegeszug“ der Scholastik konnten ihre Gegner wie ein Bernhard von Clairvaux nicht aufhalten. Die Anfang des 13. Jahrhunderts entstandenen Orden der Franziskaner und Dominikaner ließen ihre Mitglieder für die Tätigkeit in Lehre und Predigt an den Universitäten ausbilden. Die von den beiden Orden um Thomas von Aquin († 1274) und Bonaventura († 1274) gegründeten Schulen bedeuten den endgültigen Sieg der Scholastik in der Theologie. Auch die Zisterzienser mussten nun verbesserte Studienmöglichkeiten innerhalb ihres Ordens ermöglichen. Stephan Lexington war nach seinem Studium in Oxford und Paris 1221 Zisterzienser geworden und ging 1229 als Abt nach Savigny. Zisterzienser durften nun bei den Franziskanern und Dominikanern in Paris studieren, und Lexington befürchtete Übertritte. Daher ließ er 1245/49 im Stadtteil Chardonnet ein Kolleggebäude für die Zisterzienser errichten, das nach Bernhard von Clairvaux benannt wurde. Unter dem Rektor Johannes von Weerde (1275–1293), einst Mönch des Klosters Les Dunes in Flandern, wurde das Kolleg St. Bernhard der Universität Paris angegliedert. Humbert von Prully († 1298) verhalf der Lehre des Thomas von Aquin und der Scholastik endgültig zum Durchbruch. Seine Kommentare dienten in

**Die Artes mechanicae**

Im Gegensatz zu den *Artes liberales* umfassen die *Artes mechanicae* (latinisiert von griech. *mechanike techne* = kunstfertiges Handwerk) die für das alltägliche Leben notwendigen Berufe. Sie werden im Kommentar des Johannes Scotus Eriugena (um 810 – um 877) zu Martianus Capellas „Hochzeit Merkurs und der Philologie“ zu Hochzeitsgeschenken der Philologie.

Seit dem 9. Jahrhundert stehen sie für „Kunstfertigkeit“, das kunstvolle und technisch-raffinierte Handwerk. Eine Einteilung in Analogie zu den *Artes liberales* in ein Trivium und Quadrivium nahm erst Hugo von St-Victor († 1141) vor: *lanificium* (Bekleidungshandwerke), *armatura* (alle Arbeiten in Stein, Holz, Metall, Waffenkunst, Architektur, Bildhauerei, Malerei), *navigatio* (mit Handel) sowie *agricultura* (Landwirtschaft einschließlich Gartenbau), *venatio* (Lebensmittelgewerbe), *medicina* und *theatrica* (Theaterwesen) kamen dadurch im System der Wissenschaften auf die unterste Stufe auf dem Weg zur Erlösung des Menschen.

Fast ausschließlich als männliche Personifikationen dargestellt, präsentieren sich die *Artes mechanicae* im Anfang des 13. Jahrhunderts entstandenen Musterbuch aus Kloster Rein bei Graz ausnahmsweise als weibliche Personifikationen. Die unter den *armatura* anzusiedelnden bildenden Künste werden dann seit der Renaissance zu den *Artes liberales* gezählt – ihre Personifikation am Grabmal Michelangelos in S. Croce in Florenz ist trauernd dargestellt, wie an anderen Grabmälern die *Artes liberales.* Mit ihnen fanden in der Folge auch andere *Artes mechanicae* und die Naturwissenschaften Aufnahme in den Kreis der *Artes liberales.*

Die *Artes mechanicae* als weibliche Personifikation. Musterbuch aus Kloster Rein bei Graz, um 1210. Österreichische Nationalbibliothek Wien, Codex Vindobonensis 507 A 705/6.

den Ordenskollegien als Studienbücher und kamen dadurch rasch in die Professklöster der studierenden Mönche. Als gebildete Elite gaben sie in ihrem späteren Leben auch im Rahmen des Hausstudiums ihr Wissen an die Mönche ihres Heimatklosters weiter.

Auch dabei spielten die Bibliotheken eine große Rolle, denn ihre Bestände spiegelten die Interessengebiete ihrer Nutzer wider. Bei den Zisterziensern waren das neben der Theologie, Geschichte und Philosophie bereits früh auch juristische und medizinische Kenntnisse. In Naturwissenschaften und Mathematik kannten sie sich weniger gut aus. Dieses Wissen, etwa in Geologie, Statik und Metallurgie, wurde den im Mittelalter hochgeschätzen handwerklichen Techniken zugerechnet. Die „Schedula diversarum artium“ des Theophilus Presbyter wird als „das wichtigste kunsttechnische Lehrbuch, das wir aus dem Mittelalter besitzen“ gerühmt. Darin werden die Buchmalerei, die Herstellung von farbigem Glas, der Bau von Orgeln, Glockenguss sowie Gold- und Silberschmieden samt Werkstatteinrichtung und Werkzeugen behandelt. Ihr Verfasser ist wahrscheinlich mit Roger von Helmarshausen identisch, der in diesem Benediktinerkloster um 1100 als Goldschmiedemönch lebte und als einer der größten Künstler des „deutschen Mittelalters“ gilt. Die von ihm beschriebenen Techniken der Gravierung, Treibarbeit, Vergoldung, Niello, Email und Filigran sind so genau, dass noch heute danach gearbeitet werden kann.

Die studierten Dominikaner und Franziskaner beschäftigten sich später natürlich gleichfalls mit verschiedenen Wissenschaftssparten. Der Dominikaner Wilhelm von Tournai etwa

**Von „Alchemisten“ und „Magiern“**

Unter Alchemie (arab.: „die Chemie“) verstand man im Mittelalter und zu Beginn der Neuzeit die universalwissenschaftliche Beschäftigung mit chemischen Stoffen. Ihr Ziel war die Läuterung „unvollkommener“ Materie, um sie in einen „vollkommenen“ Zustand zu bringen. Die Schriften der Araber über die chemischen Erkenntnisse und Erfindungen der griechischen Spätantike (darunter Phosphor, Porzellan und Schwarzpulver) wurden im 11. und 12. Jahrhundert im Westen neu entdeckt und in der Renaissance unter anderem von Paracelsus weiterentwickelt. Die „Ars alchemiae“ des aus Schottland oder Irland stammenden Michael Scotus (ca. 1180–1235) etwa entstand in der sizilischen Rezeptionssphäre von Palermo, wo dieser im Umkreis des Stauferkaisers Friedrich II. als Astrologe tätig war; in der Folge verband der Dominikaner Albertus Magnus, einer der größten Naturforscher des Abendlandes zwischen Altertum und Beginn der Neuzeit, der sich auf allen Gebieten der Naturwissenschaften auskannte, aristotelische Naturlehre und alchemistisches Gedankengut mit Mineralogie und Medizin. In dieser Art verfuhr auch Arnaldus de Villanova, Tempelritter, Leibarzt der aragonesischen Herrscher und Rektor der Universität Montpellier († 1311). Erst die wissenschaftliche empirische Chemie drängte die Alchemie seit dem 17. Jahrhundert in den Hintergrund. Der Hang zur Geheimbündelei ermöglichte ihr dabei als geheimer „Kunst des Goldmachens“ noch längere Zeit das Eigenleben einer Pseudowissenschaft.

Von der Alchemie war auch der Franziskaner Roger Bacon fasziniert, einer der brillantesten Wissenschaftler des abendländischen Mittelalters, bewandert in Philosophie, Mathematik, Astronomie, Physik und Chemie. Wesentlich häufiger jedoch als die praktische (chemische) und spekulative (philosophisch-hermetische) Alchemie brachte er in seinen Werken, wenn auch in sehr kritisch abwägender Weise, die Magie zur Sprache, über deren Formen er erstaunlich gut informiert war und woraus gefolgert wurde, dass er sich wenigstens mit Schwarzkunst beschäftigte. Vor allem in England wurde er als Magier ab dem 16. Jahrhundert zu einer Gestalt der populären Mythologie und Literatur. Nährboden für diesen Ruf boten seine Experimente mit optischen Gerätschaften – die praktische Anwendung von Linsen und Spiegeln –, die nicht zu Unrecht in die Nähe der Taschenspielertricks mittelalterlicher Gaukler gestellt wurden. Mittelalter-Mythen behaupten gerne, dass Roger Bacon die Lesebrille erfunden hat, was jedoch höchst fraglich ist.

Die Zuschreibung magischer Fähigkeiten an mittelalterliche Naturphilosophen ist indes keineswegs selten, wie die Anschuldigungen magischer Praktiken auch gegen Albertus Magnus zeigen. Als Zauberer apostrophiert wurden in der letzten Phase des Mittelalters und in der Frühneuzeit zudem Arnaldus de Villanova, der italienische Arzt und Astrologe Cecco d'Ascoli († 1327); desgleichen der keinem religiösen Orden angehörende Kleriker Michael Scotus von Dante Alighieri; der italienische Arzt Petrus von Abano wurde 1306/07 an den Lehrstuhl für Medizin an der Universität Padua berufen, wo er auch Philosophie und Astrologie unterrichtete. Der Häresie angeklagt und der Inquisition übergeben, verstarb er 1316 vor Prozessende und wurde postum zum Tod durch Verbrennen verurteilt.

**Oben: Roger Bacon (um 1214–1292/94), Kupferstich.**

**Links: Der Alchimist. Gemälde von David Teniers d. J. (1610–1690). Mauritshuis, Den Haag.**

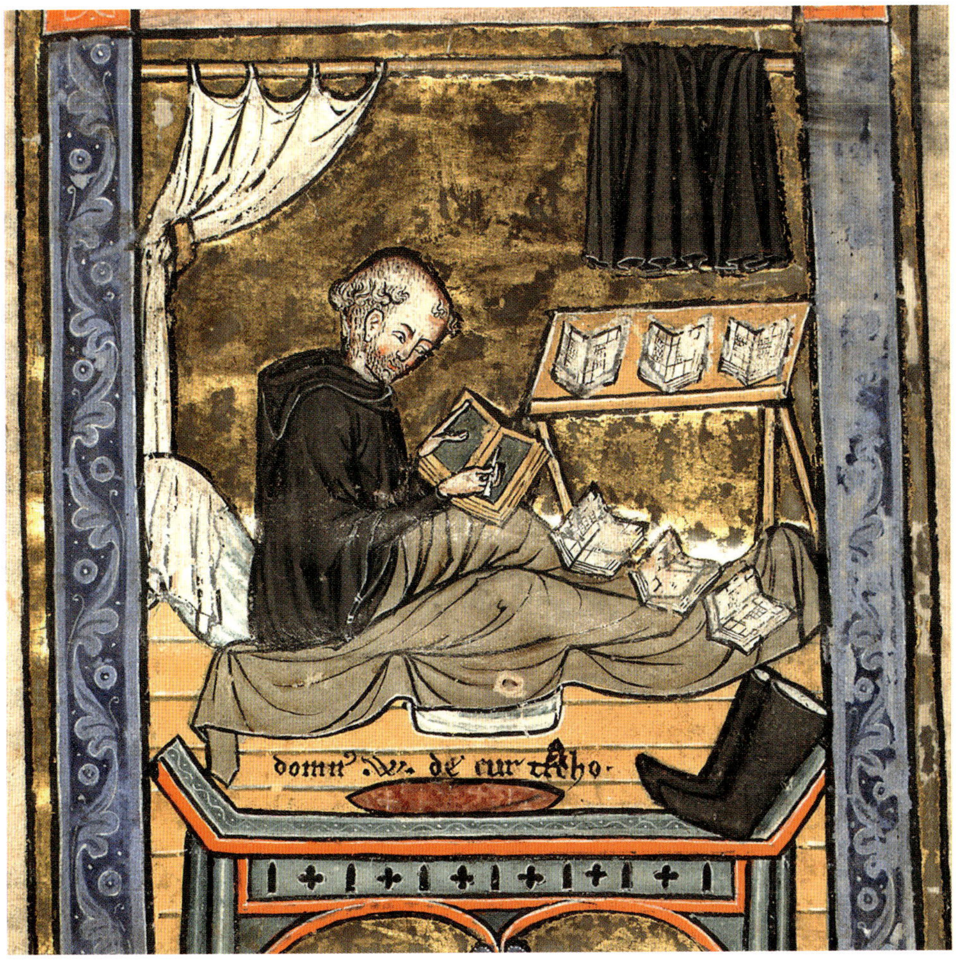

lehrte nach Erlangung seines Doktorats zwischen 1272 und 1274 in Paris. Sein berühmtestes Werk, eine 1249/64 entstandene Abhandlung über Kindererziehung, wurde 1264 vom Generalkapitel seines Ordens approbiert. Wilhelm fordert darin Bildung und Unterricht für Jungen und Mädchen, Herren und Diener, Reiche und Arme – als Unterweisung in guten Sitten und in wahrem Glauben.

Insbesondere die Dominikaner leisteten auch zur Verbreitung der Volkssprachen einen bedeutenden Beitrag. Das um 1280 entstandene „Speculum humanae salvationis" („Heilsspiegel") wurde zu einem der meistgelesenen Werke des Spätmittelalters überhaupt. Der Autor, ein unbekannter, sicherlich studierter Kleriker, war vermutlich ebenfalls ein Dominikaner. Von den weit über 350 bekannten Handschriften des Heilsspiegels aus dem 14. und 15. Jahrhunderts sind viele bebildert; er ist in zahlreichen deutschen, einigen französischen, aber auch niederländischen, englischen und tschechischen Fassungen überliefert.

Der Konstanzer Dominikaner Heinrich Seuse (1295–1366), mit seinem Lehrer Eckhart und dessen weiterem Schüler Johannes Tauler das Dreigestirn der deutschen Mystik bildend, verfasste unter anderem die erste Autobiographie in deutscher Sprache. Sein 1328/30 entstandenes „Büchlein der Ewigen Weisheit" avancierte zum verbreitetsten Andachtsbuch des 14. und 15. Jahrhunderts überhaupt. Es wurde bereits 1389 ins Französische übersetzt und noch in spätmittelalterlicher Zeit ins Englische, Niederländische und Dänische übertragen.

Die größte Verbreitung eines volkssprachlichen Werkes aber erfuhr die Übersetzung der Bibel durch den Augustinereremiten Martin Luther (1483–1546), der als großer Kirchenreformator auch die Entwicklung der deutschen Sprache entscheidend beeinflusste und zum Begründer einer gemeindeutschen Hochsprache wurde.

Links: Wilhelm von Tournai exzerpiert aus den Büchern des Bernhard von Clairvaux. Bernhard von Clairvaux, *Opera varia*, 2. Hälfte 13. Jh. Bibliothèque Mazarine Paris, Ms. 753, fol. 9.

Rechts: Der Mystiker Heinrich Seuse (1295/97–1366), als „Diener der Ewigen Weisheit". Heinrich Seuse, *Vita*, Kloster der Johanniter zum Grünen Wörth, um 1376. Bibliothèque nationale, Straßburg, Ms. 2929, fol. 8v.
Der Entwurf der wenige Jahre nach Seuses Tod gefertigten Illustration geht wohl noch auf den Mystiker selbst zurück.

## Der Weg des Novizen

Um Nonne oder Mönch zu werden, kamen grundsätzlich zwei verschiedene Möglichkeiten in Betracht: Manchmal hatten bereits die Eltern für ihr unmündiges Kind ein Leben in der Sicherheit des Klosters vorgesehen und es dem Kloster übereignet. Dann genoss das Kind dort als Oblate eine schulische Ausbildung, bevor es sich im anschließenden Noviziat auf den endgültigen Eintritt ins Kloster vorbereitete. Es konnte sich aber auch ein Erwachsener für ein Leben im Kloster entscheiden.

Nach der Benediktregel sollte nicht nur den Reichen, sondern auch den weniger Wohlhabenden der Weg in das Kloster offenstehen. Allerdings hatte man es als Kind reicher Eltern immer leichter. Die Frauenklöster der älteren Orden, in erster Linie die Benediktinerinnen, verlangten eine ansehnliche Mitgift und adlige Herkunft einer Aspirantin. Nicht jedes Mädchen, auch wenn es das selbst wünschte, durfte überhaupt ins Kloster gehen. Die Zisterzienserinnenkonvente nahmen gleichfalls zunächst fast ausnahmslos adlige Bewerberinnen auf. Sie öffneten sich erst gegen Ende des 15. Jahrhunderts auch bürgerlichen Anwärterinnen. Ähnlich sah es bei städtischen Konventen aus. Auch sie waren genau genommen nur für die Oberschicht bestimmt. Für Frauen aus ärmeren Schichten kam ein Leben als Chorschwester oftmals aus finanziellen Gründen gar nicht in Frage. Sie konnten allenfalls Laienschwestern werden, die die niederen Arbeiten verrichteten.

Bei den Dominikanerinnen konnte die Aufnahme ins Kloster schließlich auch über die Anrufung des Heiligen Stuhles erfolgen. Entweder die Postulantin selbst oder ihr Rechtsvertreter wandte sich dazu an die Kurie, um mit einer päpstlichen Urkunde ihren Eintritt in ein Kloster ihrer Wahl durchzusetzen. Die jeweilige Gemeinschaft hatte das Mädchen dann in der Regel zu akzeptieren. Waren es zu Beginn des 14. Jahrhunderts noch einige wenige Mädchen, die diesen Weg wählten, so stieg ihre Zahl unter dem Pontifikat von Johannes XXII. (1316–1334) auf mehrere Hundert. Selten nur wehrte sich ein Konvent erfolgreich gegen die Aufnahme einer solchen päpstlich zugeteilten Schwester. Der Konvent von Oetenbach fühlte sich 1326 der päpstlichen Weisung nicht verpflichtet und wies Elisabeth Zoller von Winterthur ab – zunächst wegen ihres „zweifelhaften", nämlich unwürdigen Lebenswandels, dann aber zudem wegen mangelnder Bildung. Kenntnisse in Lesen und Schreiben sollten also letztlich auch zu einer Aufnahmcvoraussetzung werden. War die Aufnahme einer künftigen Novizin beschlossene Sache, wurde eine gewisse „weltliche" Vorbildung schlichtweg erwartet.

Während der Augustinusregel nicht zu entnehmen ist, wie mit den Novizen verfahren werden soll, wird in der Aufnahmeordnung der Benediktregel gemäß dem unterschiedlichen Stand der Kandidaten zwischen Volljährigen, Kindern, Priestern und fremden Mönchen unterschieden. Volljährigkeit bedeutete dabei nicht die heutige Altersstufe von 18 Jahren oder gar von 21, wie es das Gesetz noch im vergangenen Jahrhundert in Deutschland vorschrieb. Man kann das Erwachsenenalter im Mittelalter vielmehr bereits bei etwa 15 Jahren ansetzen, bei Mädchen zum Ausgang des Mittelalters auch bei etwa zwölf Jahren. Wenn nun ein Erwachsener um Teilhabe am klösterlichen Leben bat, sollte ihm dieser Entschluss keineswegs leicht gemacht werden, sondern der Aspirant war einer harten Prüfung zu unterziehen. Hatte er beispielsweise vier bis fünf Tage an der Klosterpforte zugebracht und den Klosterbrüdern glaubhaft gezeigt, „dass er die ihm zugefügte harte Behandlung sowie die Schwierigkeiten beim Eintritt geduldig" ertragen würde, und beharrte er nun weiter auf seiner Bitte, durfte er einige Tage im Gästehaus des Klosters verbringen.

Danach waren zwei Monate im Raum der Novizen vorgesehen, wo diese lernten, aßen und schliefen. Auf dem Klosterplan von St. Gallen liegt dieser Bezirk östlich der Klosterkirche: In einer Art „kleinem Kloster" mit eigener kleiner Kirche ist hier Platz für zwölf Novizen, die von Süden Zugang zu „ihrer" Kirche hatten, die sie sich mit dem nördlich davon gelegenen, spiegelbildlich platzierten Spital teilten. Wie das in der mittelalterlichen

Seltene Illustration zur Einkleidungsfeier einer Novizin. Passionale aus St. Marienstern (Sachsen), Johannes Beyer, 1519.
Kloster Marienstern, Pauschwitz-Kuckau, Ms. Oct. 1, fol. 59v.
Mit dem Fallen der Zöpfe der Novizin durch die Hand des Priesters wird symbolhaft deren Unterwerfung unter die Ordensregel vollzogen.

**Lebendig „begraben“? Der Fall Hildegard von Bingen**

Als zehntes Kind einer Familie hohen Adels erblickte Hildegard 1098 in Bermersheim bei Alzey das Licht der Welt. Von ihren Eltern für ein Leben in religiöser Abgeschiedenheit bestimmt, kam sie als achtjährige Oblatin in die Obhut von Jutta von Sponheim. Zusammen mit ihrer Lehrerin und einem Dienstmädchen soll sie 1112 im Benediktinerkloster Disibodenberg neben dem Chor der Mönche eingemauert worden sein. Der Ritus der Einmauerung glich einer feierlichen Bestattungszeremonie.

Die jungen Frauen hatten der Welt entsagt, zur Versorgung und Verständigung blieb ihnen nur ein Fenster mit Sprechgitter. Von hygienischen Schwierigkeiten einmal ganz abgesehen, kann man sich ein solches Leben heute kaum vorstellen, und zumindest für Hildegard dauerte es nicht bis zu ihrem Lebensende. 1150 übersiedelte sie als Äbtissin mit wahrscheinlich 20 Schwestern auf den Rupertsberg.

Links: Sprechgitter im ehemaligen Klarissenkloster Pfullingen, um 1300. Lange Eisendornen an der Außenseite sollten verhindern, dass sich Besucher dem Gitter zu sehr näherten.

Rechts: Kloster Rupertsberg, um 1600. Das 1150 von Hildegard von Bingen gegründete Kloster wurde 1632 durch schwedische Truppen zerstört und nicht wieder aufgebaut.

Realität gehandhabt wurde, weiß man indes nicht. Die notwendigen und naturgemäß auch vorhandenen Schlaf- und Unterrichtsräume für Novizen sind bislang in keiner mittelalterlichen Klosteranlage sicher identifiziert. Dort jedenfalls sollten nun die Novizen unter der Obhut ihres Novizenmeisters, eines erfahrenen älteren Bruders, die Härten des Klosterlebens kennenlernen, sich auf die Verpflichtungen des Religiosen vorbereiten und widerruflich am Ordensleben teilnehmen.

Waren die ersten beiden Monate verstrichen und ein Novize beharrte auf seiner Beständigkeit, las man ihm die ganze Benediktregel vor. Nun sollte er selbst entscheiden, ob er diesem Gesetz dienen könne. Verneinte er dies, konnte er in Freiheit in das weltliche Leben zurückkehren. Blieb er bei seinem Entschluss, folgten weitere sechs Monate der Prüfung, an deren Ende die erneute Verlesung der ganzen Benediktregel stand. Erklärte der Novize nun auf seine Befragung hin, dass er die Regel verstanden habe und wisse, wozu er sich verpflichten wolle, folgten weitere vier Monate der Prüfung und ein drittes Verlesen der ganzen Benediktregel. Hatte sich ein Novize nun ein ganzes Jahr im Noviziat auf das künftige Klosterleben vorbereitet, konnte er das folgenschwere Versprechen abgeben, „sich an alles zu halten, was ihm aufgetragen“ wurde, um in die Klostergemeinschaft aufgenommen zu werden. Mit der Einhaltung der Regel gelobte der Novize also lebenslange Armut, Keuschheit und den Verzicht auf Ehe sowie Gehorsam. Von diesem Tag an durfte er – gemäß der Regel – weder das Kloster verlassen noch „das Joch der Regel von seinem Nacken abschütteln“.

Benedikt war der Ansicht, dass ein Jahr der Vorbereitung ausreiche, um sich darüber klar zu werden, ob man nach dieser Regel leben konnte und wollte oder nicht. Gregor dem I. († 604) war dies zu kurz. Er forderte eine zweijährige Probezeit, seine Nachfolger auf dem Heiligen Stuhl, die Päpste Innozenz IV. und

Caesarius von Heisterbach (um 1180 – um 1240) unterrichtet einen Novizen. Caesarius von Heisterbach, „Dialogus miraculorum". Altenberg (?), 1. Hälfte 14. Jh. Universitäts- und Landesbibliothek Düsseldorf, Ms. C 27, fol. 1r; Leihgabe der Stadt Düsseldorf.

Alexander IV., sollten für Dominikaner und Franziskaner, Bonifaz VIII. schließlich für alle Bettelorden das einjährige Noviziat und das Reifealter für das Gelübde voraussetzen.

Benedikt schreibt für das Zeremoniell zum Versprechen des erwachsenen Novizen vor, dass es vor dem Altar Gott, den Hausheiligen und den Mitbrüdern geleistet werden soll. Es ist der Ausdruck des Beginns eines Mönchslebens. Über ihr Versprechen *(promissio)* mussten die Novizen eine Urkunde *(petitio)* ausstellen und auf den Altar legen. Erst danach wurden sie eingekleidet und mit einem Kuss in die Gemeinschaft aufgenommen. Der Abt nahm die Urkunde als Beweismittel vom Altar und sorgte für ihre Verwahrung. Was darin festgehalten wurde, ist bei Benedikt nicht genauer geregelt. Die Urkunde enthielt den Beitritt und die Selbstverpflichtung auf das klösterliche Leben, möglicherweise aber auch eine Verfügung über verbliebenes Eigentum zugunsten des Klosters.

Vor seinem Versprechen musste der Novize nämlich – so fordert es die Benediktregel – sein Eigentum an die Armen verteilen oder dem Kloster übereignen. Sogar seine eigenen Kleider gab er ab, die allerdings in einer Kleiderkammer verwahrt wurden für den Fall, dass er jemals – auf „Einflüsterung des Teufels" – das Kloster wieder verlassen sollte.

Bei Kindern mussten die Eltern eine solche Urkunde ausstellen. Sie sollte zusammen mit einer Opfergabe und der Hand des Kindes in das Altartuch gewickelt werden – auf diese Weise wurde das Kind dargebracht. Der Verzicht auf weltliche Güter durch das Kind wurde verschiedentlich vorgeschrieben. Auch bei Hildemar von Civate versprachen die Eltern im Namen ihres dargebrachten Kindes neben Beständigkeit, Bekehrung der Sitten und Gehorsam dem Kloster auch sein Erbe. Nach der Benediktregel war die Oblation der Kinder endgültig. Die Realität konnte anders aussehen. In St. Gallen etwa war die Oblation erst später einzulösen. Scheiterte sie, konnte die Schenkung rückgängig gemacht werden.

Einen genauen Wortlaut von Promissio und Petitio gibt die Benediktregel keineswegs. Es ist auch nicht festgehalten, wie das Noviziat geregelt sein sollte, wenn gleichzeitig „erwachsene Novizen" und Oblaten, die inzwischen herangewachsenen Kinder, ausgebildet werden sollten. Das Eintrittsalter von Kindern konnte schließlich – je nach Vorschriften der einzelnen Kongregationen – bei etwa sechs bis sieben Jahren beginnen. Auf dem IV. Konzil von Konstantinopel war 869 verordnet worden, dass die Novizen an allen Vorrechten des geistlichen Standes teilhaben sollten. Sie übten die klösterliche Disziplin und Liturgie ein und wurden in Regel, Gewohnheiten und Statuten unterwiesen. Nur die Oblaten wurden indes umfassend in Latein und Theologie geschult. Die dreifache Erforschung ihrer Eignung für das Klosterleben vor der Zulassung zur Profess galt dagegen auch für die Konversen.

Dem Novizenmeister – oder der Novizenmeisterin – waren Leitung und Ausbildung des Klosternachwuchses anvertraut. Einer, dem seine Schützlinge besonders am Herzen lagen, war Caesarius von Heisterbach (um 1180 bis nach 1240).

Nach einer Wallfahrt zur hl. Maria von Rocamadour bei Cahors war Caesarius 1199 selbst als Novize in das heute verfallene Zisterzienserkloster Heisterbach in Königswinter eingetreten, wo er aufgrund seiner Gelehrsamkeit schon bald zum *Magister novitiorum* avancierte. Sein berühmter „Dialogus miraculorum" aus der Zeit zwischen 1219 und 1233 enthält über 700 kurze Erzählungen in der Form eines Dialogs zwischen einem Novizen *(novitius interrogans)* und Caesarius selbst *(monachus respondens).* Der Novizenmeister leitet hier den angehenden Mönch in Lehrgesprächen durch zahlreiche Beispielgeschichten von mündlich überlieferten Begebenheiten, Wundern, Visionen und Lastern zu einem gottesfürchtigen Leben an und warnt ihn zugleich vor den Gefahren der Welt. Das kulturhistorisch bedeutsame Werk geht auf Themen wie Frevel, Blasphemie, Götzendienst, Frömmigkeit und Aberglaube ein.

Bei den Dominikanerinnen sahen die Constitutiones S. Mariae Magdalenae aus dem 13. Jahrhundert für die Ausbildung von Novizinnen ebenfalls zunächst die Zuordnung einer geeigneten Lehrerin vor, die ihnen Verständnis für ihr künftiges Ordensleben vermitteln sollte. Das umfasste die Fragen, wie sich die Anfängerinnen den Idealen Demut, Armut und Gehorsam entsprechend zu verhalten haben, den Umfang und Inhalt ihrer Gebete oder den Umgang mit gemeinschaftlichem Eigentum. Der schulische Unterricht – ohnehin auf das für den täglichen Bedarf Notwendige ausgerichtet, wurde noch reduziert, wenn sich Frauen höheren Alters einer Gemeinschaft anschlossen. Unter Humbert von Romanis wurden die Konstitutionen der Dominikanerinnen zwar vereinheitlicht und mussten von 1259 bis 1932 von den Frauenklöstern aller Provinzen akzeptiert werden, sie brachten aber wenig Neues: Ein Eintrittsalter für Novizinnen wurde nicht festgelegt, zur Ablegung der Profess – nach einer Probezeit von mindestens einem Jahr – musste eine Postulantin aber mindestens 13 Jahre alt sein. Ihre männlichen Kollegen, die als Prediger tätig werden sollten, konnten ihr Noviziat frühestens mit 18 Jahren antreten, und ehe man hierzu zugelassen wurde, musste man sich einer Prüfung in Sitten und Wissenschaften unterziehen – bei den Nonnen war das nicht nötig, da ihre Pflichten ja keine intellektuelle Schulung erforderten.

Aus dem St. Galler Schwesternbuch weiß man, was der für den Unterricht verantwortlichen Novizenmeisterin bei den Dominikanerinnen im 15. Jahrhundert alles abverlangt wurde. Gemäß den Konstitutionen musste sie eine erfahrene, kenntnisreiche Chorschwester sein. Die Betreuung der jungen Frauen erstreck-

Klosterbrüder beim Bau von Prémontré bei Laon. Kolorierte Zeichnung aus dem Weißenauer Kodex, um 1530. Leutkirch, Schloss Zeil.
Auf Prémontré zurückgehende Prämonstratenserkirchen haben in Frankreich, England und Spanien allgemein zisterziensische Bauformen aufgegriffen (vor allem zahlreiche Kapellen am Querschiff und Verzicht auf figürliche Bauplastik).

**Konversen und Laienmönche**

Abgeleitet vom lateinischen *conversio,* beinhaltet der Begriff Konverse zunächst die (geistige) Wende oder Umkehr von Menschen.

Seit dem 7. Jahrhundert werden damit Mönche bezeichnet, die – im Gegensatz zu als Oblaten für ein Klosterleben vorbestimmten Kindern – erst als Erwachsene wegen mitgebrachter Schenkungen dem geistlichen Stand beitraten. Als vollgültige Mönche konnten sie nach ihrem Noviziat zu Priesteramt und Abtwürde gelangen. Daneben entwickelte sich ab dem 11. Jahrhundert in Camaldoli, aber auch in Hirsau und Cluny ein weiterer Typus von Konversen. Er umfasste diejenigen Religiosen, die ohne klerikale Weihen in begrenzter Askese lebten und als laikale Gruppe im Klosterverband ein einfaches Gelübde abgelegt hatten. Diese Laienmönche entlasteten die Ordensgeistlichen durch die Verrichtung praktischer Arbeiten. Besonders wichtig wurden sie im Wirtschaftsbereich der Zisterzienser, waren aber vermutlich hier auch die eigentlichen Träger der Kenntnisse in den *Artes mechanicae,* denn für die meist von ihnen ausgeübten handwerklichen Techniken und praktischen Arbeiten hatten die Mönche – wegen ihrer Gottesdienstverpflichtungen – nur wenig Zeit. Laienmönche hatten immer einen abgesonderten Rang unterhalb der Mönche, der auch in Barttracht, Kleidung und getrennter Unterbringung sowie im Ausschluss von der Abtwahl zum Ausdruck kam.

te sich auf alle Bedürfnisse des Leibes und des Geistes. So zeigte sie den Anfängerinnen, welche Kleidungsstücke sie nachts zu tragen hatten; sie saß mit ihren Schülerinnen so lange zu Tisch, bis diese mit den klösterlichen Tisch- und Esssitten vertraut waren. Die Novizenmeisterin hielt – wie auf dem Klosterplan vorgesehen – mit ihren Novizinnen ein eigenes Kapitel, sie beobachtete, begleitete und lenkte deren geistliche Entwicklung – und verhängte bei Verstößen Disziplinarstrafen …

Angehende Mönche wie Nonnen versprachen im Angesicht Gottes schließlich, die Verpflichtung zu Armut, Ehelosigkeit und Gehorsam in ihrem irdischen Leben für ihre Person zu erfüllen. Mit dieser Profess verbunden war die endgültige Aufnahme in das Kloster. Ihre Formeln lassen erahnen, was die angehenden Mönche und Nonnen dabei eigentlich versprachen, geben aber keineswegs unbedingt die Realität der einzelnen Klöster wieder. So sind etwa die Professformeln einer Handschrift aus St. Gallen eher als Zeugnisse der Reform von 816/17 zu verstehen als dort tatsächlich gebrauchte Formulare. Möglicherweise werden damit auch die Gebräuche des Nachbarklosters Reichenau beschrieben, sie dürfen daher nicht kritiklos als Zeugnis für die Art angesehen werden, wie St. Galler Mönche im 9. Jahrhundert die Profess ablegten.

Margaretas geistliche Vermählung mit Christus. Kollektar der Dominikanerin Margarete Widmann aus St. Agnes in Straßburg, Straßburg 1495. Universitäts- und Landesbibliothek Bonn, Abt. Handschriften und Rara, S. 1943, fol. 248v.

Wie man sich die Profess in St. Gallen vorzustellen hat, kann aber aus der wohl in Bayern zu Beginn des 9. Jahrhunderts entstandenen Regelhandschrift 2232 der Österreichischen Nationalbibliothek erschlossen werden: Zunächst wurde der Kandidat vom Abt befragt, ob er in der Welt noch irgendwelche Verpflichtungen habe oder ob er aus freien Stücken in das Gehorsamsverhältnis aufgenommen werden wolle. Daraufhin wurde ihm die zweite Hälfte des 58. Regelkapitels vorgelesen – der Anordnung Benedikts über die Klosteraufnahme von Erwachsenen, der hier entsprechend gefolgt wurde. Der Text wurde in vier Abschnitten vorgelesen, und der Ablauf der Zeremonie gliederte sich nach dieser Befragung *(interrogatio)* in vier Elemente: Professio, also Gelöbnis, dann Petitio, nämlich die Überreichung

der möglichst selbstverfassten Urkunde mit Psalm 119,116 („Stütze mich nach deiner Verheißung, dass ich lebe; lass mich nicht zuschanden werden mit meiner Hoffnung") und Gloria. Als Drittes folgte dann die Bitte um die Aufnahme in die Gemeinschaft und das Gebet des 50. Psalms durch die Gemeinschaft, und schließlich die Einkleidung.

In Cluny schwor der Novize in den 1080er Jahren in die Hand des Abtes: „Ich, Bruder N., verspreche die Beständigkeit des Mönchs, Umkehr meines Lebenswandels und Gehorsam gemäß der Regel des hl. Benedikt vor Gott und seinen Heiligen in diesem Kloster, das errichtet worden ist zu Ehren der heiligen Apostel Petrus und Paulus, in Gegenwart des Abtes N." Nachdem der Novize dieses Versprechen laut vorgetragen hatte, legte er die

Urkunde auf den Altar. Im weiteren Verlauf der Professfeier wurde in Cluny zudem die Kukulle, das Gewand für das Chorgebet, gesegnet.

Im Zisterzienserinnenkloster Isenhagen gelobte die Novizin Margarete bei ihrer Profess zu Ende des 15. Jahrhunderts – ebenfalls nach der Benediktregel – ihre Bindung an das Kloster *(stabilitas),* sittlich reines Leben *(conversatio morum)* und Gehorsam *(oboedientia).* Bei ihrer Professfeier waren der Konvent, die Äbtissin bzw. Priorin, der Propst und die Geistlichen des Klosters sowie der Abt eines benachbarten Mönchsklosters anwesend. Die Novizin musste die Professformel vorlesen und eigenhändig mit einem Kreuz versehen und erhielt schließlich den geweihten Schleier – wohl nachdem ihr spätestens jetzt als Zeichen der Weltentsagung die Haare abgeschnitten worden waren, während junge Männer bereits während ihres Noviziats tonsuriert wurden.

Die Dominikanerin Margareta Widmann aus St. Agnes in Straßburg hat ihre Profess, die geistliche Vermählung mit Christus, später sogar selbst in Wort und Bild festgehalten. Ihren eigenen Angaben zufolge war sie an ihrem 17. Geburtstag im Jahr 1466 in den Konvent von St. Agnes aufgenommen worden, wo sie ein Jahr später ihre ewigen Gelübde ablegte. Dabei gelobte sie Gehorsam bis zum Tod vor Gott, der Jungfrau Maria, dem hl. Dominikus, der Priorin Margareta de Blumeneck, früher Subpriorin im Kloster Unterlinden in Colmar, sowie Martial Auribelli von Avignon, dem Generalvikar des Ordens.

Christus empfängt zwei Dominikanerinnen an der Klosterpforte. Votivtafel aus St. Gertrud in Köln (Ausschnitt), Köln um 1470. Wallraf-Richartz-Museum, Foundation Corboud. Köln, Inv. Nr. WRM 340–342.

# Abthaus und Kapitelsaal – wie man ein Kloster organisiert

In seiner Regel hat der hl. Benedikt die Aufgaben der Mönche sehr genau beschrieben. Die Klöster erhielten dadurch praktische Anweisungen für die Organisation des gesamten Alltags. Darin unterscheidet sich die Regel Benedikts von der des hl. Franziskus, die vor allem geistliche Anleitung ist. Zentrale Bedeutung kommt bei Benedikt dem Amt des Abts zu. Im Kloster übernimmt er die Stellvertretung Christi – die Mönche sind ihm zu Gehorsam verpflichtet. Doch schrankenlos walten kann der Abt nicht; auch dafür hat der Ordensgründer in seiner Regel vorgesorgt. Benediktinerklöster sollen Selbstversorger sein. Daher gehörte im Mittelalter zu jedem Kloster ein landwirtschaftlicher Betrieb, daneben gab es Werkstätten und andere Einrichtungen, welche die ökonomische Unabhängigkeit sicherten. Neben dem Abt gehört deshalb auch der Cellerar zu den wichtigsten Funktionsträgern: Er ist als Geschäftsführer verantwortlich für das wirtschaftliche Wohlergehen und damit für das Überleben des Klosters. Daran hat sich bis heute nichts geändert: Der Bestsellerautor Pater Anselm Grün ist in seinem „Hauptberuf“ Cellerar der Abtei Münsterschwarzach in Franken und damit Chef von über 300 Angestellten.

Gegenüber: Abt Desiderius von Montecassino (um 1027–1087) übergibt dem hl. Benedikt Bücher und Ländereien, Buchmalerei, um 1070. Bibliotheca Apostolica Vaticana.
Im Hintergrund des Bildes ist das Kloster Montecassino dargestellt. Desiderius wurde 1086 zum Papst gewählt (Viktor III.).

## Das Amt des Abts

Krümme eines Abtstabs, um 1500.
Dom- und Diözesanmuseum, Limburg.

Wie spricht man eigentlich einen Abt an? Mit dieser Frage beschäftigt sich (Alt-)Abt Albert Altenähr auf den Online-Seiten seines Klosters, der um 814 gegründeten Abtei Kornelimünster in Aachen. Eine Frage, die vermeintlich einfach zu beantworten ist, doch im Lauf der Jahrhunderte hat es darauf die unterschiedlichsten Auskünfte gegeben, bis hin zum barocken „Eure Gnaden". Altenähr selbst plädiert für das einfache „Abt Albert", verweist aber zugleich darauf, dass auf diese Frage auch der hl. Benedikt in seiner Regel eingegangen ist und dort zugleich einiges über sein Verständnis dieses Amts zum Ausdruck gebracht hat: Mit „dominus et abbas" sollten die Mönche den Abt ansprechen, „Herr und Abt" – oder in der modernen Umsetzung: „Herr Abt". Das klinge zwar geschäftsmäßig, sei es aber keineswegs, betont Abt Albert und lenkt den Blick auf die theologische Herleitung aus der „Christus-Aufgabe" des Abts. So heißt es in der Ordensregel: „Der Abt aber werde mit ‚Herr' und ‚Abt' angeredet, weil man im Glauben erkennt, dass er Christi Stelle vertritt." Übersetzt man auch noch das von dem aramäischen „abba" bzw. dem griechischen „abbas" hergeleitete Wort Abt mit „Vater", dann wird in diesem Satz die ganze Verantwortung deutlich, die Benedikt mit diesem Amt verbunden hat: Der Abt soll seinen Mitbrüdern zugleich Herr und Vater sein.

Diese Machtfülle darf der Abt aber nicht als Freibrief für schrankenloses Handeln verstehen. Er darf der „Regula Benedicti" zufolge „nur lehren und bestimmen, was der Weisung des Herrn entspricht. Sein Befehl und seine Lehre sollen wie Sauerteig göttlicher Heilsgerechtigkeit die Herzen seiner Jünger durchdringen. Der Abt denke immer daran, dass in gleicher Weise über seine Lehre und über den Gehorsam seiner Jünger beim erschreckenden Gericht Gottes entschieden wird. So wisse der Abt: Die Schuld trifft den Hirten, wenn der Hausvater an seinen Schafen zu wenig Ertrag feststellen kann."

Das Anforderungsprofil des Abts hat Benedikt sehr genau beschrieben: Er muss durch sein Leben den Mitbrüdern ein Vorbild sein, darf im Kloster niemand wegen seines Ansehens oder seiner Herkunft bevorzugen, soll alle „in gleicher Weise lieben" und ermutigen, aber auch streng zurechtweisen, und wenn es notwendig ist, gar körperlich züchtigen: „Er zeige den entschlossenen Ernst des Meisters und die liebe Güte des Vaters." Und immer soll er sich bewusst sein: „Wer es auf sich nimmt, Menschen zu führen, muss sich bereithalten, Rechenschaft abzulegen." Am wichtigsten erscheint es Benedikt aber, dass der Abt vorausschauend und besonnen handelt, das rechte Maß findet und auf die individuellen Stärken und Schwächen der Mönche einzugehen weiß. Auch wenn er strafe oder tadle, dürfe er niemals zu weit gehen, „sonst könnte das Gefäß zerbrechen, wenn er den Rost allzu kräftig auskratzen will." Umgekehrt müssen die Mönche dem Abt als Stellvertreter Christi im Kloster Gehorsam entgegenbringen: Seinen Auftrag sollen sie erfüllen, „als käme er von Gott".

Für die Wahl des Abts hielt Benedikt fest: „Es werde der bestellt, den die ganze Gemeinschaft einmütig in Gottesfurcht gewählt hat", völlig unabhängig von dessen Rang im Kloster; „entscheidend für die Wahl und Einsetzung seien Bewährung im Leben und Weisheit in der Lehre". Und da Benedikt um die Fehlbarkeit des Menschengeschlechts wusste, baute er auch der Wahl eines unwürdigen Abts vor, der nur durch eine Absprache unter „verkommenen Mönchen" in sein Amt gewählt wird, weil er mit deren „sündhaftem Leben einverstanden ist". In diesem Fall sollten der „Bischof der betreffenden Diözese …, die Äbte oder Christen der Nachbarschaft … für das Haus Gottes einen würdigen Verwalter bestellen".

Die herausgehobene Stellung des Abts mit der vollen Verfügungsgewalt über das Kloster und seine Mönche weist Verwandtschaft mit dem *pater familias* im antiken Rom auf. Da Benedikt (um 480–547) selbst noch in der ausgehenden Spätantike gelebt hat und aus einer begüterten Familie stammte, war ihm dieser Begriff und nicht zuletzt die damit verbundene Gewalt des Familienvaters über seinen Haushalt geläufig. Er könnte demnach ein Muster aus der eigenen Herkunft auf die

Mönchsfamilie übertragen haben. Allerdings kam dazu das religiöse Element des Abts als Stellvertreter Christi, von dem allein er seine Herrschaftsgewalt bezieht und dessen Gebote er erfüllen muss.

Bei Benedikt wird der Abt nicht nur zum geistlichen Vorbild für seine Mönche, sondern auch zum Verwaltungschef des Klosters. Diesen Aspekt hatte bereits Basilios der Große eingeführt, der mit seinen Schriften die Grundlage für das östliche Mönchtum gelegt hat. Er spricht vom „proestos“, dem Vorsteher, eine Bezeichnung aus der Behördensprache, die deutlich macht, dass es nicht mehr allein um die religiöse Anleitung der Mönche geht, wie dies noch bei den Einsiedlern der Spätantike und ihren Schülern der Fall gewesen war.

Obwohl das Amt des Abts von Benedikt so ausführlich beschrieben ist, wurde es in den „Consuetudines“ der mittelalterlichen Klosterverbände weiter präzisiert und nuanciert. So wird etwa in den „Gewohnheiten“ des burgundischen Reformklosters Cluny der Abt vom Rest der Mönche auf ein fast unnahbares Schild gehoben – noch deutlicher, als dies bereits durch Benedikt geschehen ist. Da sich der cluniazensischen Reform rund 600 Klöster angeschlossen haben, ist auch diese Interpretation des Abt-Amtes weit über die burgundische Mutterabtei hinaus verbreitet gewesen.

Von einem „Frauenmönchtum“ ist in der Regel des hl. Benedikt keine Rede. Doch hat schon Benedikts Schwester Scholastika zwar nicht in einem Konvent, aber in selbstgewählter Zurückgezogenheit wie ein „Mönch“ gelebt. Die Regel Benedikts ließ sich ohne größere Schwierigkeiten auf Frauen übertragen. Erste Frauenklöster, die nach deren Maßgaben lebten, gab es schon im 7. Jahrhundert in England; seit dem 8. Jahrhundert war die Regel Benedikts auch für Frauen verpflichtend. Sogar die Bezeichnung des Klostervorstehers wurde in den benediktinischen Frauenklöstern direkt übertragen: „abbatissa“ (Äbtissin). Wie ihr männliches Pendant wird sie vom Konvent auf unbefristete Zeit gewählt.

So weit die Regel – doch wie sah es im Mittelalter in Wirklichkeit aus? Wenn man zum

Benedikt von Nursia (um 480–547) beim Abfassen seiner Regel, Buchmalerei, 12. Jh. Württembergische Landesbibliothek Stuttgart; Cod. Hist. 2° 415, fol. 87r.

Am linken Bildrand ist Jakobs Traum dargestellt, den Benedikt in seiner Regel beschreibt: Er sieht Engel auf der Leiter der Demut auf- und niedersteigen – die Demut führt hinauf zu Christus, die Überheblichkeit hinab.

Erker in der spätmittelalterlichen Abtswohnung des ehemaligen Benediktinerklosters Alpirsbach im Schwarzwald.

Zelle von Blaise Pascal (1623–1662) im Kloster Port Royal des Champs, Les Granges.
Obwohl kein Mönch, verbrachte der berühmte Mathematiker seine letzten drei Lebensjahre zurückgezogen in dem Kloster südwestlich von Versailles, in dem seine Schwester als Zisterzienserin lebte.

Vergleich den St. Galler Klosterplan heranzieht, dann lässt sich auch dort die herausgehobene Position des Abts ablesen: Der Plan sieht für ihn ein eigenes, zweistöckiges Haus vor, das durch einen Gang direkt mit der Klosterkirche verbunden ist. Der Abt hat dort eine „mansio", also eine Wohnung, und ein „dormitorium", ein Schlafzimmer – er schläft demnach nicht im gemeinschaftlichen Schlafsaal der Mönche. Zwar ist der St. Galler Klosterplan eine Idealvorstellung. In diesem Fall aber entspricht der Plan dem, was aus bauhistorischen Untersuchungen mittelalterlicher Klosteranlagen und Beschreibungen in Quellen geschlossen werden kann. Dabei wird man sich die Aufteilung oft so vorstellen können, dass das Erdgeschoss aus einer repräsentativen Halle bestand, während die Wohnräume im Obergeschoss angesiedelt waren. Nicht immer war das Abtshaus wie im Klosterplan von St. Gallen mit der Kirche verbunden. Im Zisterzienserkloster Maulbronn etwa lag die Wohnung des Abts neben dem Kapitelsaal – dem Ort, an dem der Konvent zusammenkam, um grundlegende Entscheidungen zu fällen, womit eine daran angeschlossene Abtswohnung ebenfalls einen privilegierten Standort hatte.

Unterschiede zwischen den Mönchen sollte der Abt keine machen: „Es gelte bei ihm kein Ansehen der Person im Kloster. Er liebe den einen nicht mehr als den anderen … Der Freie soll nicht dem, der aus dem Sklavenstand kommt, vorgezogen werden … Denn ob Sklave oder Freier, in Christus sind wir alle eins." Dies war ein Wunsch, der in der Realität kaum einzuhalten war. An der feudalen Struktur der Gesellschaft zweifelte auch eine so bedeutende Gelehrte wie Hildegard von Bingen nicht. Die Aufnahme nichtadliger Nonnen in ihrem Kloster auf dem Rupertsberg bei Bingen am Rhein lehnte sie ab: „Welcher Mensch sammelt seine ganze Herde in einem einzigen Stall, nämlich Ochsen, Esel, Schafe, Böcke, ohne dass sie aneinandergeraten?" Die Äbtissin war von der Ungleichheit der Stände zutiefst überzeugt. Selbst Gott im Himmel habe ja zwischen Engeln und Erzengeln unterschieden. Auch im Kloster durfte es daher keine Vermischung der Stände geben. Hildegard von Bingen lebte an einer Zeitenwende, in der – sichtbar in der Gründung der Bettelorden ebenso wie in der häretischen Bewegung der Waldenser – die apostolische Armut der Kirche und ihrer Vertreter neu eingefordert wurde. Hildegard stand diesen Gedanken weitgehend verständnislos gegenüber – daher ihre oben zitierte deutliche Abfuhr an die Äbtissin Tenxwind von Andernach, die Hildegard daran erinnert hatte, dass auch Christus keine Standesunterschiede gemacht habe und der Apostel Petrus doch ein einfacher Fischer gewesen sei. Immerhin: Als Hildegard 1165 ein Tochterkloster auf der anderen Rheinseite gründete, öffnete sie dessen Türen auch für nichtadlige Bewerberinnen.

Das Mittelalter war eine extrem ständische Gesellschaft, und diese Standesunterschiede waren im Kloster nicht aufgehoben. Zum Teil hat Benedikt dieser Entwicklung in seiner Regel sogar ungewollt Vorschub geleistet. Wenn Kinder zur Erziehung ins Kloster aufgenommen würden, sollten deren Eltern eine „Opfergabe" darbringen. Woraus diese Opfergabe besteht, sagte Benedikt nicht, gab aber reichen Familien explizit die Möglichkeit „ein Almosen als Entgelt" anzubieten. Im Mittelalter entwickelte sich daraus ein lukratives Geschäft, und in manchen Klöstern wurde nicht aufgenommen, wer kein „Entgelt" anzubieten hatte. Schon in merowingischer und noch verstärkt in karolingischer Zeit traten immer mehr nachgeborene Söhne aus Adelsfamilien in die Klöster ein, denn dort waren sie – aus der Sicht ihrer Familien – gut versorgt. Dieser adlige Zulauf in die Klöster veränderte deren Sozialstruktur nachhaltig.

Da Klöster im Mittelalter zugleich Machtzentren waren, spielten stets auch politische Gesichtspunkte in klösterliche Fragen hinein. Dies gilt nicht zuletzt für das Amt des Abts. Streitpunkt konnte dabei schon dessen Wahl bzw. Einsetzung sein. Die Regel Benedikts gibt darauf eigentlich eine klare Antwort, nämlich die Wahl durch den Konvent. Allerdings standen die Klöster seit dem Konzil von Chalkedon 451 unter der Aufsicht der jeweiligen Diözesanbischöfe. Kein neues Kloster durfte ohne deren Zustimmung gegründet werden. Äbten, die bischöfliche Befehle missachteten, drohte seit dem Konzil von Orléans 533 sogar die Exkommunikation. Benedikt geht in seiner Regel nicht auf das bischöfliche Aufsichtsrecht ein. Lediglich ein Mitspracherecht bei der Absetzung „unwürdiger Äbte“ räumt er den Äbten ein.

Doch nicht allein die Bischöfe versuchten Einfluss zu nehmen. Auch die weltlichen Herrscher hatten ein Interesse daran, sich Klöster politisch und religiös nutzbar zu machen. Das betraf nicht nur Könige oder große Fürsten. Auch zahlreiche einfache Adlige gründeten Klöster.

Indem die Klöster stets auch Instrumente der politischen Auseinandersetzung waren, kam dem Abt immer eine über sein eigentliches Amt hinausgehende Bedeutung zu. Dies führte unweigerlich zu Konflikten, und so haben zahlreiche Absetzungen von Äbten nichts mit deren Lebenswandel, sondern mit ihrer politischen Ausrichtung zu tun. So wurde Pir-

Verherrlichung des hl. Benedikt und Verbreitung seiner Regel in der ganzen Welt. Deckenfresko von Josef Mattes in der Abteikirche von Ebermunster, Elsass, 1759.
Die Abteikirche von Ebersmunster ist ein Frühwerk des Vorarlberger Baumeisters Peter Thumb (1681–1766), die Deckenfresken stammen von Tiroler Künstlern.

min, der erste Abt des Klosters Reichenau, im Jahr 727 vertrieben, wobei nicht klar ist, wer die treibende Kraft war: der Bischof von Konstanz oder der alemannische Herzog. Jedenfalls galt die Reichenau als Exponent fränkischer Machtausdehnung, versehen mit einem Schutzbrief des karolingischen Hausmeiers Karl Martell.

Den Mönchen hat Benedikt in seiner Regel keine Mitwirkungsmöglichkeit an der Absetzung eines Abts gegeben. Und doch gab es in der Praxis immer wieder Fälle, in denen die Mitglieder eines Konvents den Abt zur Aufgabe gezwungen haben. So wurde Kaspar von Breitenlandenberg 1457 von den Mönchen des Klosters St. Gallen zum Rücktritt gezwungen, nicht etwa weil ihm unwürdiges oder fehlerhaftes Verhalten hätte nachgewiesen werden können, sondern weil die Mitglieder des Konvents nicht mit seiner Politik einverstanden waren – aus ihrer Sicht war der Abt zu nachgiebig gegenüber der Stadt St. Gallen, die sich aus der Lehnsabhängigkeit von der Abtei lösen wollte.

An dem Widerstreit zwischen Regel und Realität hat sich bis heute nichts geändert. So schreibt die Äbtissin des Zisterzienserinnenklosters Seligenthal, M. Petra Articus: „Benedikts Anforderungen an den Abt … sind Idealvorstellungen, denen wir uns nähern sollen, hinter denen wir aber immer zurückbleiben. Benedikt beschreibt ja nicht einen Ist-Zustand, sondern einen Soll-Zustand. Trotzdem sind die Anforderungen Benedikts an den Abt, wie ein guter Vater, Lehrer, Hirte und Meister zu sein, ernst zu nehmen. So geben sie doch jedem Abt und jeder Äbtissin die Richtung an, weisen auf das stete Unterwegs-Sein hin und machen bewusst, wie wichtig es ist, jeden Tag neu anzufangen.“

Der Minnesänger Konrad von Landeck (nachgewiesen 1271–1306) als Mundschenk des Klosters St. Gallen, Große Heidelberger Liederhandschrift. Universitätsbibliothek Heidelberg, *(Codex Manesse)*; Cod. Pal. Germ. 848, fol. 205r.
Ende des 13. Jh.s war die Abtei St. Gallen ein Zentrum des Minnesangs.

Rechts: Kaiser Heinrich IV. (1050–1106) bittet Mathilde von Tuszien und Abt Hugo von Cluny um Vermittlung in seinem Streit mit Papst Gregor VII. „Vita Mathildis“, Oberitalien, um 1115.
Bibliotheca Apostolica Vaticana.

Benedikt von Nursia gilt als Begründer der abendländischen Mönchtums. Seine Regel wurde zur wichtigsten Richtschnur monastischen Lebens. Über sein Leben wissen wir nur aus einer einzigen Quelle: einer von Papst Gregor dem Großen um 600 verfassten Vita – mehr als 50 Jahre nach dem Tod Benedikts. Dies hat in jüngster Zeit zu Zweifeln an der Authentizität der Vita geführt.

Benedikt von Nursia wurde um 480 im umbrischen Norcia (lateinisch Nursia) als Sohn einer reichen Familie geboren, die ihn zur Ausbildung nach Rom schickte. Angewidert von dem zügellosen Treiben in der Stadt, zog er sich als Einsiedler in eine Höhle bei Subiaco, östlich von Rom, zurück. Vom Ruf seines heiligmäßigen Lebens angelockt, siedelten sich weitere Einsiedler in der Gegend an, die er in kleinen Gruppen von jeweils zwölf Mönchen zusammenschloss. 529 vollzog er mit der Gründung des Klosters Montecassino (zwischen Rom und Neapel) den Schritt vom anachoretischen Eremitenmönchtum zum koinobitischen Gemeinschaftsleben. Für dieses Kloster schrieb er seine berühmte Regel. Gestorben ist Benedikt der Vita zufolge am 21. März 547. Auch Benedikts Zwillingsschwester Scholastika soll ihr Leben ganz Gott geweiht haben – in welcher Form, ist umstritten.

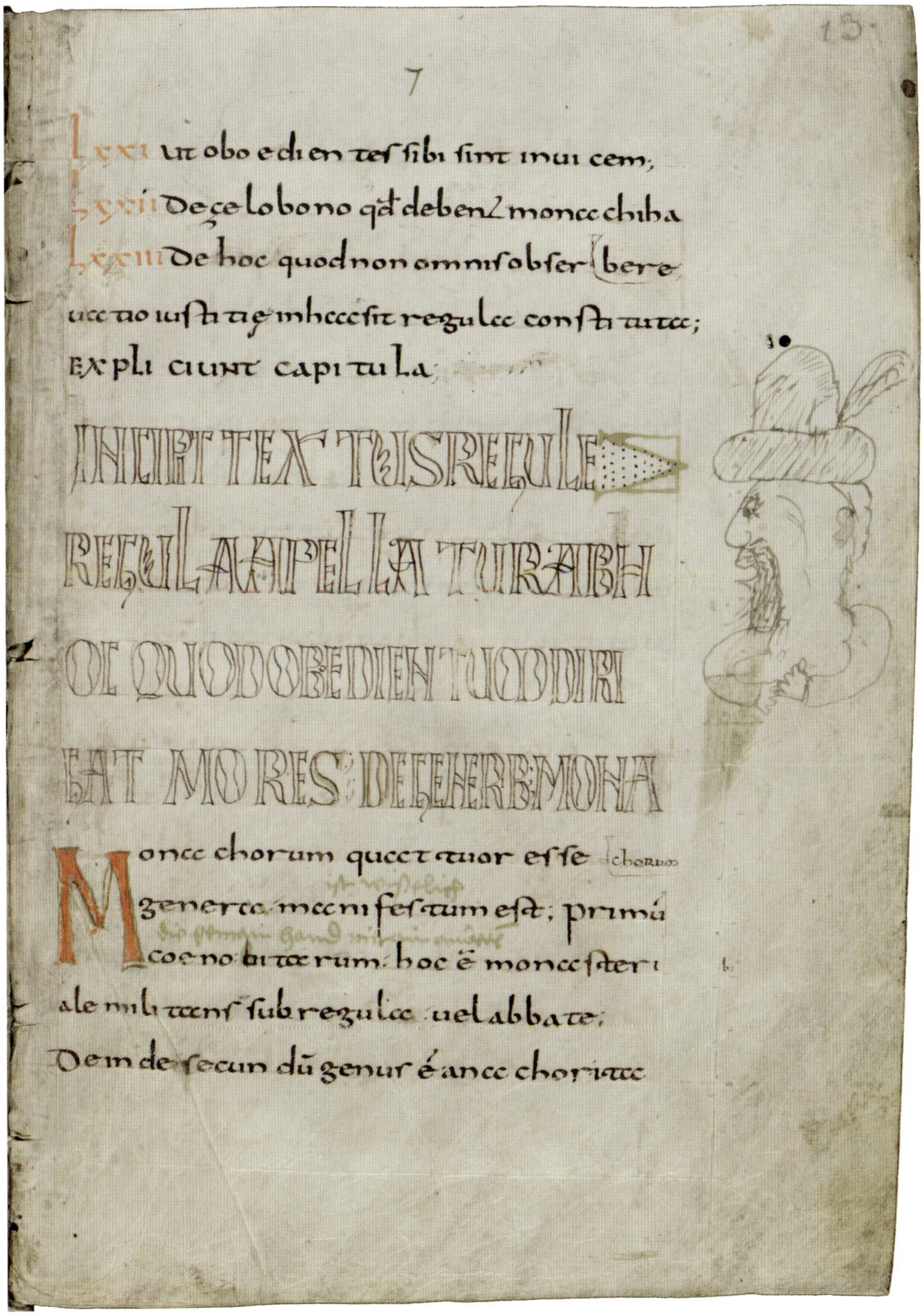

Rechts: Der hl. Benedikt zu Besuch bei seiner Schwester Scholastika, Fresko, 15. Jh., in der Oberkirche des Sacro Speco, Subiaco, Latium. In der „heiligen Grotte" von Subiaco soll Benedikt der Legende zufolge seine Regel geschrieben haben.

Links: Lateinisch-althochdeutsche Handschrift der Benediktregel, frühes 9. Jh. Stiftsbibliothek St. Gallen, Cod. Sang. 914, fol. 13.
Die St. Galler Handschrift ist eines der ältesten althochdeutschen Sprachdenkmäler.

## Bettelorden

Während die Benediktiner sich durch ihr Gelübde auf Lebenszeit an ein bestimmtes Kloster binden *(stabilitas loci),* war es bei den im 13. Jahrhundert gegründeten Bettelorden von Anfang an üblich, dass die Mönche je nach Bedarf in einen anderen Konvent wechselten – ihre Treue galt dem Orden, nicht einem bestimmten Kloster. Und während sich die großen Abteien der Benediktiner in der Regel außerhalb der Städte befanden, suchten die Bettelorden die Nähe der Stadt und ihrer Menschen. Ihre Klöster waren daher sehr viel kleiner und – auch vom Ansatz her – nicht auf Selbstversorgung ausgerichtet, wie dies bei den Benediktinern der Fall war.

Die Bezeichnung „Abt“ gibt es bei den im 13. Jahrhundert gegründeten Bettelorden nicht. Bei den Dominikanern wird der Klostervorsteher „Prior“ (= der Erste, der Höherstehende) genannt. Die Dominikaner haben keine eigene Ordensregel, sondern leben nach der Regel des hl. Augustinus (354–430). Der nordafrikanische Bischof spricht ganz allgemein von den „Oberen“ der Gemeinschaft, doch verweist er (wie Benedikt) auf deren Christus-Stellvertretung: „Gehorcht eurem Oberen so wie einem Vater, aber auch mit dem gebührenden Respekt, der ihm aufgrund seines Amts zusteht; andernfalls verfehlt ihr euch gegen Gott in ihm.“

Auch die Verhaltensmaßregeln sind bei Augustinus ganz ähnlich der benediktinischen Vorstellung: „Euer Oberer soll sich nicht deshalb glücklich schätzen, weil er kraft seines Amtes gebieten, sondern weil er in Liebe dienen kann ... Allen soll er durch gute Werke ein Beispiel geben. Er soll diejenigen, die ihre Arbeit vernachlässigen, zurechtweisen, den Ängstlichen Mut machen, sich der Schwachen annehmen, mit allen Geduld haben. Er selbst soll die Richtlinien der Gemeinschaft in Ehren halten und auch bei den anderen auf Beachtung drängen. Wie wohl beides in gleicher Weise nötig ist, soll er mehr darauf bedacht sein, von euch geliebt als gefürchtet zu werden. Er soll stets daran denken, dass er vor Gott für euch Rechenschaft ablegen muss.“

Bei den Dominikanern werden die Klostervorsteher vom Konvent gewählt, allerdings nicht auf Lebenszeit, sondern – gemäß den 1228 beschlossenen Konstitutionen des Ordens – auf drei Jahre. Der Prior bedarf darüber hinaus der Approbation des Provinzials, also des Oberen der Ordensprovinz.

Bei den Franziskanern und ihren verschiedenen Zweigen wird der Klostervorsteher „Guardian“ (= Wächter, Türhüter) genannt. Die Bezeichnung soll noch auf den hl. Franziskus zurückgehen; in seiner Regel bezeichnet er die Verantwortlichen allerdings als „Ministri“. Der Guardian wird nicht vom Konvent gewählt (auch wenn dies im Mittelalter gelegentlich vorkam), sondern auf die Dauer von drei Jahren vom jeweiligen Provinzialoberen bestimmt. Die Bezeichnung „Prior“ lehnte Franziskus in seinem ersten, von der Kurie nicht anerkannten Regelentwurf entschieden ab: „Und niemand soll in dieser Lebensform Prior [also der „Höherstehende] genannt werden, sondern alle nenne man ausnahmslos Mindere Brüder.“ Zwar verpflichtete er die Brüder zum Gehorsam gegenüber ihren Oberen, schränkte diesen allerdings ein: „Wenn aber ein Minister einem Bruder etwas gegen unsere Lebensform oder gegen seine Seele befehlen sollte, dann sei der Bruder nicht gehalten, ihm zu gehorchen, weil der Gehorsam aufhört, wo ein Vergehen oder eine Sünde begangen wird.“ Diese Einschränkung blieb auch in der endgültigen, 1223 durch päpstliche Bulle bestätigten Regel erhalten.

Die Klostervorsteher der Bettelorden haben nie eine den benediktinischen Äbten vergleichbare Autorität eingenommen. Ihre Rolle wurde mit der von „Verwaltungsfunktionären“ verglichen. Auch die zeitliche Begrenzung des Amts und der Umstand, dass die Klöster der Bettelorden stets der bischöflichen Autorität untergeordnet blieben, verhinderten eine vergleichbare Bedeutung.

**Glasmalerei im Kloster Königsfelden, Aargau, um 1440. Der hl. Franziskus (1181/82–1226) schneidet der hl. Klara (1193?–1253), der Gründerin des weiblichen Ordenszweigs, die Haare ab. Die Klosterkirche von Königsfelden gehört zu den bedeutendsten Bettelordensbauten in der Schweiz. Das Kloster war im 14. Jh. Grablege der Habsburger.**

**Gegenüber: Papst Honorius III. (1148–1227) bestätigt die Ordensregel der Franziskaner. Fresko, 1297–1299, von Giotto di Bondone (1267–1337) in der Oberkirche der Basilika S. Francesco in Assisi, Umbrien.**

## Das Kloster und die Welt

Das Haus des Abts war die Schnittstelle des Klosters zur Welt. Die ersten Mönche hatten alles aufgegeben, was sie mit ihrem alten Leben verbunden hatte. Das Kloster ist auch bei Benedikt von Nursia ein Ort des Rückzugs geblieben. Berührungspunkte gab es gleichwohl, etwa durch die von dem Ordensgründer so hochgerühmte Gastfreundschaft. Doch in einem weit größeren Umfang, als sich Benedikt dies je hätte vorstellen können und wollen, wurden Klöster zu politischen Machtzentren. Die Missionsbemühungen des Benediktinermönchs Bonifatius im heutigen Deutschland gingen einher mit der Stabilisierung der fränkischen Herrschaft auf der Basis des gemeinsamen christlichen Glaubens und der kirchlichen Organisation durch die Gründung von Bistümern und Klöstern. Nicht umsonst stellte Karl Martell dem Missionar 723 einen Schutzbrief aus.

Unter Karl dem Großen wurden die Klöster zu Trägern der karolingischen Renaissance, der von Karl initiierten neuen Blüte von Kunst und Kultur in der Nachfolge antiker Tradition. Nicht nur in kultureller Hinsicht baute Karl auf die Klöster. Zahlreiche Äbte setzte er in diplomatischer Mission ein; als Königsboten „transportierten" sie seine Herrschaft und machten sie durch ihre Anwesenheit „sichtbar". Der Kaiser hatte dabei zunächst auf weltliche Adlige gesetzt, dann aber bald erkannt, dass die Mönche zuverlässiger, gebildeter und unabhängiger waren. Äbte bestiegen die wichtigsten Bischofsstühle des Reichs, darunter der große Gelehrte Hrabanus Maurus. Von 822 bis 842 war er Abt von Fulda – einem Kloster mit gut 600 Mönchen. 847 wurde er Erzbischof von Mainz. Neben den Pfalzen beherbergten die großen Reichsklöster den Kaiser, wenn er auf Reisen war, mitsamt seinem riesigen Gefolge. Die Nähe zum Herrscherhaus bedeutete jedoch auch die Gefahr einer zu großen Abhängigkeit und einer zu großen Ablenkung vom eigentlichen Kern monastischen Lebens.

Ein Beispiel für dieses Leben im Zwiespalt ist Sturmius, ein Schüler des Bonifatius und erster Abt des Klosters Fulda. Er war zunächst Priester in Fritzlar und lebte danach als Einsiedler in Hersfeld. Bonifatius konnte den jungen Mann davon überzeugen, dass er mit der Gründung einer Mönchsgemeinschaft mehr für Christus wirken konnte als in der selbstgewählten Einsamkeit: „Er war nämlich sehr darauf bedacht, in der Einöde das klösterliche Leben einzuführen." Am Ufer des Flusses Fulda fand Sturmius 744 einen geeigneten Platz für die von Bonifatius initiierte Gründung. Der Ort lag an einer alten Handelsstraße an der Stelle einer ehemaligen Siedlung, deren Gebäude aber für die Zeit der Bauarbeiten am neuen Kloster von den ersten Mönchen noch

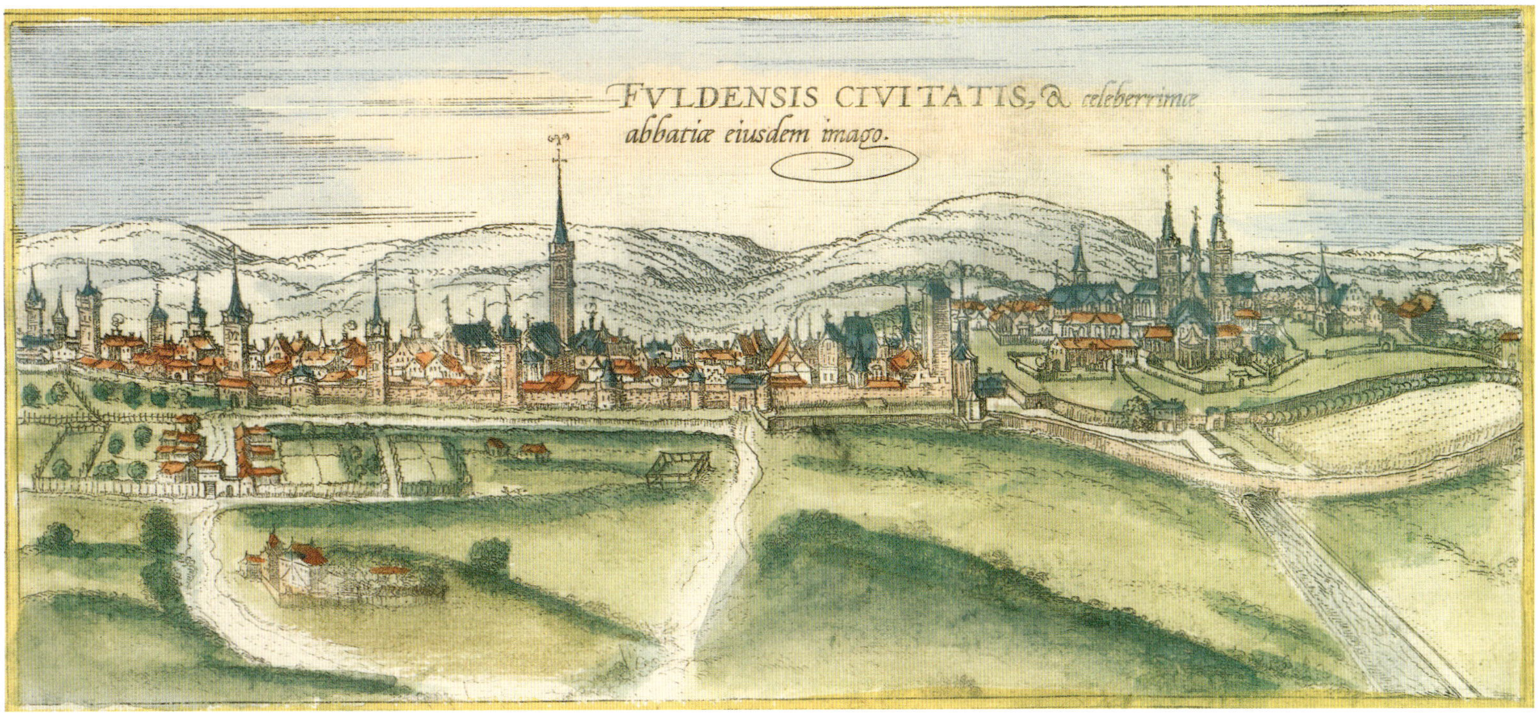


Stadtansicht von Fulda, Kupferstich aus: Georg Braun/Franz Hogenberg, „Civitatis Orbis Terrarum", Köln, um 1600.
Der große Klosterbereich mit der zweitürmigen Grabeskirche des Bonifatius ist rechts im Bild zu sehen.

Gegenüber: Sturmius (um 705–779) und seine Gefährten errichten ein Kreuz an der Stelle, an der sie das Kloster Fulda gründen. Gemälde von Johann Andreas Herrlein (1723–1796) im ehemaligen Refektorium der Abtei. Die Kreuzaufrichtung war der traditionelle Akt der Klostergründung. Sturmius ist links mit dem Abtstab dargestellt.

genutzt werden konnten. Diese Lage war, neben der Protektion durch Bonifatius, ein Grund für den rasanten Aufstieg des jungen Klosters.

Für die Mönche in Fulda war von Anfang an die Regel des hl. Benedikt verbindlich, doch scheint es in der Gründungsphase noch andere Einflüsse gegeben zu haben. In diese Zeit fällt auch der erste – letztlich gescheiterte – Versuch, diese Regel für alle Klöster im Fränkischen Reich verbindlich zu machen. Auch vor diesem Hintergrund sollte Sturmius das benediktinische Leben an seiner Wurzel studieren, um in Fulda die Benediktregel unverfälscht verwirklichen zu können. Er ging daher 747 nach Montecassino, zum von Benedikt gegründeten Mutterkloster des Ordens. Darüber hinaus besuchte er Rom, und auch das nicht ohne Grund. Sturmius' Mentor Bonifatius steht für eine enge Anbindung der fränkischen Kirche an Rom, und Fulda sollte hierfür gleichfalls beispielhaft sein. Daher strebten Bonifatius und Sturmius die Exemtion des Klosters an, das heißt die direkte Unterstellung unter den Papst (normalerweise waren Klöster kirchenrechtlich dem jeweiligen Ortsbischof unterstellt). 751 erreichten die beiden ihr Ziel. Drei Jahre später wurde Bonifatius von heidnischen Friesen erschlagen, wobei man heute davon ausgeht, dass dies nicht wegen seines christlichen Glaubens geschehen ist, sondern es sich schlicht um einen Raubüberfall gehandelt hat. Einerlei: Der Leichnam des „Apostels der Deutschen" wurde in Fulda beigesetzt, das damit zu einem Wallfahrtsort ersten Ranges wurde.

Die hervorgehobene Stellung Fuldas und seines Abtes Sturmius rief jedoch auch Neider auf den Plan. Zu ihnen gehörte Bischof Lul von Mainz, der ebenfalls ein Schüler des Bonifatius gewesen war und als dessen Nachfolger seinen Einfluss in Fulda geltend machen wollte. 763 war er scheinbar am Ziel: König Pippin setzte den widerspenstigen Sturmius ab und verbannte ihn als einfachen Mönch in die Abtei Jumièges in der Normandie. Gleichzeitig zog er das päpstliche Exemtionsprivileg ein und übertrug das Kloster an den Mainzer Bischof. Bei den Fuldaer Mönchen stieß der von Lul eingesetzte Unterabt jedoch auf erheblichen Widerstand, und Pippin korrigierte seinen Fehler: 765 setzte er Sturmius wieder als Abt ein, anerkannte neuerlich die päpstliche Exemtion und stellte das Kloster unter besonderen königlichen Schutz. 774 gewährte Karl der Große dem Kloster das Recht der freien Abtswahl.

Sturmius war in diesen Jahren mindestens ebenso kaiserlicher Diplomat wie Mönch. Eine heikle politische Mission führte ihn 769

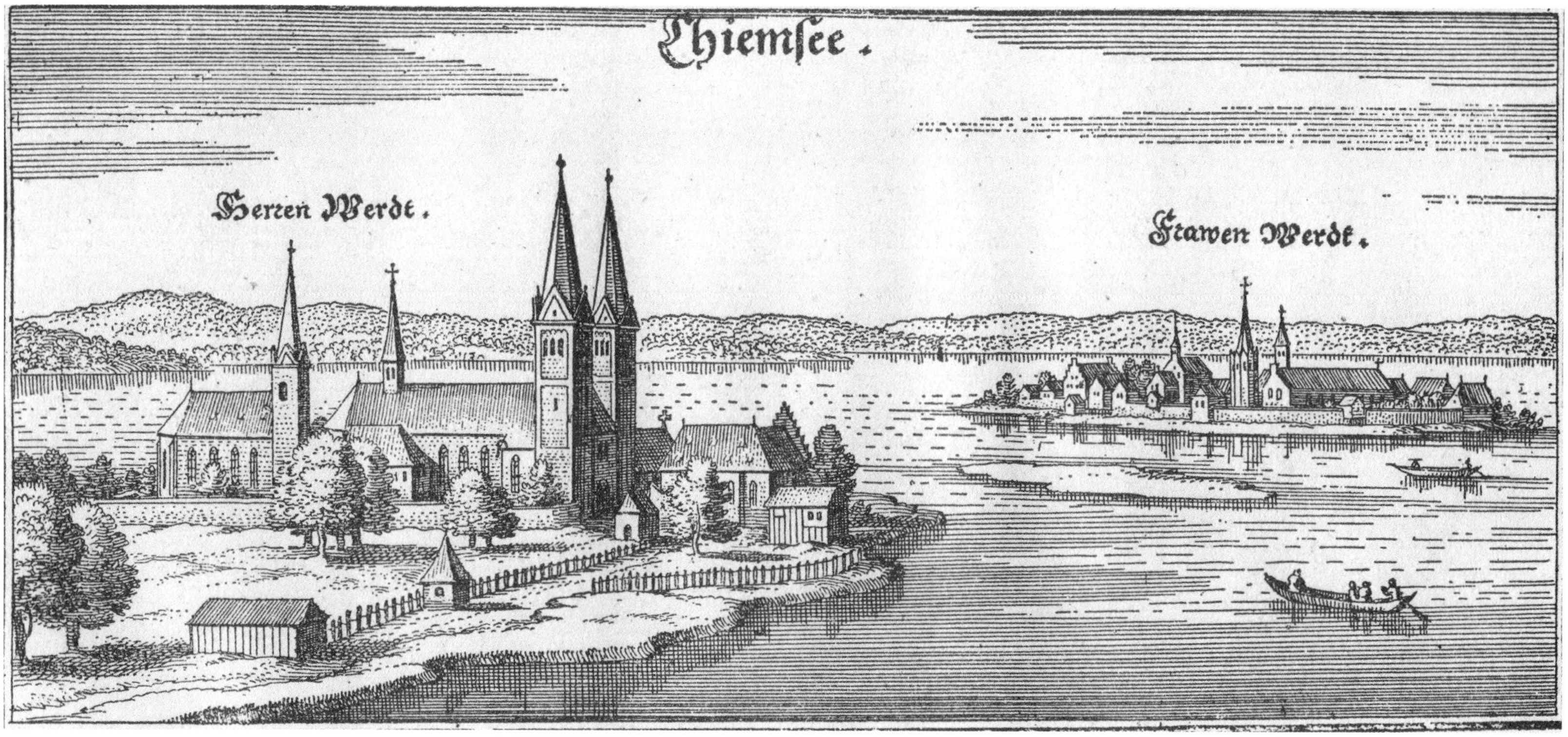


Chiemsee mit Frauen- (rechts) und Herreninsel (links), Kupferstich, 1644, von Matthäus Merian (1593–1650). Das Benediktinerinnenkloster auf der Insel Frauenchiemsee besteht bis heute, doch auch auf der Insel Herrenchiemsee sind große Teile der Klosteranlage erhalten.

Unten: Bonifatius (672/75–754/55) fällt die Donar-Eiche bei Geismar. Historisierender Holzstich nach einer Zeichnung von Carl Pesche, um 1840. Mit dem Fällen der Eiche wollte Bonifatius die Machtlosigkeit der heidnischen Götter demonstrieren.

zu Herzog Tassilo III. von Bayern. Dieser hatte sich kurz zuvor mit den Langobarden verbündet, und Karl der Große befürchtete, dass der Bayer dieses Bündnis zum Ausbau seiner Eigenständigkeit nutzen würde. Sturmius stammte selbst aus einer alten bayerischen Adelsfamilie, und vielleicht fand ihn Karl daher für diese Vermittlerrolle besonders geeignet. Auch darüber hinaus gibt es Parallelen: Tassilo war ein eifriger Klostergründer und Motor der Slawenmission. So stiftete er eben in dem Jahr, als ihn Sturmius besuchte, das Kloster Innichen in Südtirol, 777 das Stift Kremsmünster im heutigen Oberösterreich, das ebenso noch heute besteht wie die 782 gegründete Benediktinerinnenabtei auf der Fraueninsel im Chiemsee.

Eine noch schwierigere Aufgabe übertrug Karl den Fuldaer Mönchen im Jahr 772: die Mission der Sachsen. Für den Kaiser war dies gleichbedeutend mit der Eingliederung Sachsens in sein Reich; insofern vermischten sich auch hier weltliche und religiöse Motive. 772 eroberte er die Eresburg und mit ihr die Irminsul, das bedeutendste Heiligtum der Sachsen – eine hölzerne Säule, die als Lebensbaum gedeutet wurde, deren Zweige das All trugen. Wie Bonifatius die Donareiche fällte, um die Machtlosigkeit der heidnischen Götter zu demonstrieren, so ließ Karl die Irminsul zerstören. Auch am Feldzug von 779 gegen die Sachsen nahm der Fuldaer Abt teil. Allerdings war Sturmius zu diesem Zeitpunkt bereits ein kranker Mann. Und sterben wollte er nicht auf der Eresburg, um deren Verteidigung er sich im Auftrag Karls kümmern sollte, sondern in seinem geliebten Kloster. Tatsächlich erreichte er mit letzter Kraft noch Fulda, wo er wenige Tage später, am 17. Dezember 779, starb. 1139 wurde Sturmius heiliggesprochen; bis heute wird er in Fulda, aber auch in seiner bayerischen Heimat verehrt, gilt er doch als „erster Heiliger des Bayernstamms".

Kaum eine andere Abtei ist so eng zuerst mit dem merowingischen und dann mit dem karolingischen Königshaus verbunden gewesen wie St-Denis vor den Toren von Paris. Es war die Grabstätte der merowingischen Könige; hier wurde der Übergang der Macht auf die Karolinger mit inszeniert. Abt Fulrad von St-Denis sollte im Auftrag des karolingischen Hausmeiers Pippin bei Papst Zacharias anfragen, ob es denn wirklich gut sei, dass im Frankenreich jene Könige seien, die über gar keine königliche Macht mehr verfügten. Natürlich nicht, war die Antwort des Papstes, es sei bes-

Die mächtigsten Frauen des Mittelalters waren die Äbtissinnen der großen Damenstifte wie Quedlinburg, Essen oder Gandersheim. Alle drei Stifte entstanden im engsten Umfeld des ottonischen Kaiserhauses. Gandersheim wurde 852 von dem Sachsen Liudolf, dem Stammvater des ottonischen Herrscherhauses, gegründet, Quedlinburg 936 von Mathilde, der Witwe König Heinrichs I. Essen war zwar eine Gründung sächsischer Adliger, doch spätestens mit der Wahl einer Enkelin Ottos I. zur Äbtissin 973 war auch hier die direkte Verbindung hergestellt. In allen drei Stiften amtierten in der Anfangsphase Äbtissinnen aus dem Herrscherhaus. Allein dieser Umstand zeugt von deren Bedeutung. Bei Herrscherbesuchen und Hoftagen standen die Stifte im Zentrum des politisch-diplomatischen Geschehens. Als Grablege waren Quedlinburg und Gandersheim zudem bedeutende Gedächtnisorte der Herrscherfamilie. Die Damenstifte folgten nicht der Benediktregel, sondern der 816 für Kanonissen erlassenen „Institutio Sanctimonialium", einer Benediktregel in abgeschwächter Form. So war den Kanonissen beispielsweise persönliches Eigentum erlaubt, was Damen aus dem hohen Adel den Eintritt sicherlich erleichterte. Auch war ein Austritt aus dem Stift und damit die Rückkehr ins weltliche Leben möglich. Alle drei Stifte blieben bis 1802/03 Mittelpunkt eines reichsunmittelbaren Herrschaftsgebiets, die Äbtissinnen waren Reichsfürsten gleichgestellt. Dies gilt nicht nur für das bis zuletzt katholische Damenstift Essen, sondern auch für die reformierten Stifte Quedlinburg und Gandersheim. Im süddeutschen Raum gab es ebenfalls reichsunmittelbare Damenstifte, doch erreichten diese nie die Bedeutung von Essen, Quedlinburg oder Gandersheim. Das älteste süddeutsche Damenstift ist Säckingen am Hochrhein, das in einer Urkunde Kaiser Karls III. 878 erstmals erwähnt ist und sich durch die Reliquien des hl. Fridolin, eines irischen Missionsbischofs, auf den die erste Kirche in Säckingen zurückgeht, auch zu einem bedeutenden Wallfahrtsort entwickelt hat. Eine besondere Blütezeit hatte Säckingen im 12. Jahrhundert. 1146 war das Stift Schauplatz eines Treffens zwischen Friedrich I. Barbarossa und Bernhard von Clairvaux zur Vorbereitung des Zweiten Kreuzzugs. Auch Säckingen wurde erst 1803 im Rahmen der Säkularisation aufgelöst. Politische Bedeutung kam natürlich auch den größeren Benediktinerinnen- und Zisterzienserinnenklöstern zu, durch ihren zum Teil erheblichen Grundbesitz auf regionaler Ebene sogar den kleineren Klöstern etwa der Klarissen oder der Dominikanerinnen.

Rechts: Liudolf von Sachsen (806–866) als Gründer des Damenstifts Bad Gandersheim, Detail der Grabfigur mit Kirchenmodell, um 1280.

Links: Äbtissin und Stiftsdamen, Detail aus der Apotheose des hl. Fridolin († 538), Fresko von Franz Joseph Spiegler (1691–1757) im Langhaus des Münsters von Bad Säckingen am Hochrhein, 1753/54.

Nicht nur auf dem Gebiet des Fränkischen Reichs bzw. später in Frankreich und im römisch-deutschen Reich waren Klöster zugleich politische Machtzentren. Dies gilt ebenso für die Iberische Halbinsel. Unter der maurischen Eroberung war das westgotische Reich in Spanien 711/12 zusammengebrochen; nur ein kleiner Teil der Halbinsel im äußersten Norden blieb christlich. Das Kloster S. Salvador de Leyre befindet sich etwas mehr als 50 Kilometer südöstlich von Pamplona. Erstmals erwähnt wurde es 848, doch muss es damals bereits ein wichtiges geistliches Zentrum gewesen sein. Als solches beschreibt es der hl. Eulogius, ein Christ aus Córdoba, der auf einer Reise in das Fränkische Reich in Leyre zu Gast war. Er bewunderte die Bibliothek des Klosters, in der er sogar ein Buch über den Propheten Mohammed fand, das ihm bis dahin nicht bekannt gewesen war. Politische Bedeutung erhielt Leyre nach der Eroberung Pamplonas durch die Mauren 924. Bis in das 11. Jahrhundert stammten die Bischöfe von Pamplona aus dem Konvent von Leyre. Das Kloster war Grabstätte der Könige von Navarra, unter Sancho III. und García I. erlebte es zwischen 1001 und 1054 seine größte Blütezeit. Beide Herrscher stehen für große Erfolge bei der christlichen Wiedereroberung Spaniens, der Reconquista. Der bekannteste Abt von Leyre war der hl. Virila, von dem die Legende erzählt, dass er einst beim Gesang einer Nachtigall im Wald eingeschlafen – und erst 300 Jahre später erwacht sei, als Strafe dafür, dass er die Ewigkeit Gottes angezweifelt habe …

Kloster S. Salvador de Leyre, Navarra. Die 1798 aufgelöste Abtei wurde 1954 von Benediktinermönchen wiederbesiedelt.

ser, „dass der König heiße, der die Gewalt habe“. Pippin ließ sich daraufhin nicht lange bitten; er schickte den letzten merowingischen König Childerich ins Kloster und ließ sich 751 selbst zum König wählen. Seine Weihe durch Papst Stephan II. fand – natürlich – in St-Denis statt. Auch an der Ausweitung der fränkischen Macht nach Westen, nach Alemannien, war Fulrad unmittelbar beteiligt. So wird beispielsweise Esslingen am Neckar erstmals in einer Urkunde Fulrads aus dem Jahr 777 erwähnt. Fulrad besaß dort selbst Güter, auf denen er eine Mönchszelle gründete. Dieses Eigenkloster des Abts (!) sollte nach seinem Tod an St-Denis fallen.

Nach Plünderungen durch die Sarazenen und dem Zerfall der westfränkischen Königsherrschaft erlebte St-Denis im 12. Jahrhundert eine neuerliche Blüte. Abt Suger war schon in St-Denis zur Schule gegangen – zusammen mit dem späteren König Ludwig VI. aus dem Haus Capet. Als dieser 1108 den Thron bestieg, wurde Suger einer seiner engsten Vertrauten. 1118 schließlich Abt von St-Denis.

Als einige Jahre später ein Angriff des römisch-deutschen Kaisers Heinrich V. drohte, ergriff Suger die Fahne der Grafschaft Vexin, die ein Lehen des Klosters war, und mobilisierte unter diesem Zeichen den Widerstand. Später wurde diese Fahne mit der „Oriflamme“, der legendären Fahne Karls des Großen, gleichgesetzt und zu einem festen Bestandteil der französischen Königsideologie. Für die Zeit seiner Abwesenheit durch den Zweiten Kreuzzug übertrug Ludwig VII. Suger die Regentschaft – von 1146 bis 1149 regierte der Abt von St-Denis anstelle des Königs! Die nachhaltigste Wirkung erreichte Suger jedoch auf dem Gebiet der Architektur: Mit dem Chor der Abteikirche von St-Denis entstand 1140 der Gründerbau der französischen Kathedralgotik, der bald in ganz Europa nachgeahmt wurde. Schon Suger selbst war begeistert von dieser lichtdurchfluteten Architektur; „es erstrahlt, was

Abt Suger (1081–1151) zeigt König Salomo den Plan der neuen Abteikirche. Glasmalerei, St Denis, um 1150. St-Denis war über Jahrhunderte hinweg auf das Engste mit dem französischen Königshaus verbunden. Der Chor der Abteikirche gilt als Gründerbau der Gotik.

sich Strahlendem vermählt, und weil neues Licht es überströmt, strahlt das edle Werk". Das Licht der Kathedralen war ein Sinnbild des göttlichen Lichts, ihr scheinbar schwereloses Streben in die Höhe ein Sinnbild des Strebens nach Gott.

Am 13. Januar 1151 starb Suger von St-Denis – ein Abt, der gleichermaßen Gelehrter, Diplomat, Politiker und Baumeister war. St-Denis blieb Grablege der französischen Könige bis zum Untergang der Monarchie – insgesamt 26 Herrscher und zahlreiche weitere Mitglieder der verschiedenen Königshäuser fanden in der Abteikirche ihre letzte Ruhe.

Im Zeitalter der Ottonen waren die Repräsentanten der geistlichen Macht noch mehr in das Herrschaftssystem integriert als unter den Karolingern, ja waren sogar dessen eigentliche Träger. Nicht auf die weltlichen Großen wollte Otto I. länger bauen, die doch vor allem ihre eigenen territorialen und politischen Interessen verfolgten, sondern auf die Geistlichen. Natürlich stammten auch die Bischöfe meist aus dem Adel und betrieben Machtpolitik. Doch da sie selbst keine Nachkommen hatten (wenigstens keine legitimen) konnten sie nur sehr eingeschränkt dynastische Politik betreiben, ihre Ämter nicht vererben. Der König baute auf sie – und sie bauten auf den König als Basis ihrer Macht. Allerdings konnte dieses System nur so lange funktionieren, wie es den Königen gelang, die wichtigsten Personalentscheidungen in der Reichskirche selbst zu treffen. Unter den Saliern führte diese Frage in den Investiturstreit, als eine reformierte Kirche und ein erstarktes Papsttum den Herrschern das Recht bestritten, über die Besetzung der Bischofsstühle zu bestimmen.

Das ottonische Reichskirchensystem baute vor allem auf die Bischöfe, aber auch auf die Äbte der großen Klöster, die von den Königen zu zahlreichen politischen und diplomatischen Missionen herangezogen wurden. Einer der bedeutendsten Kirchenfürsten in ottonischer

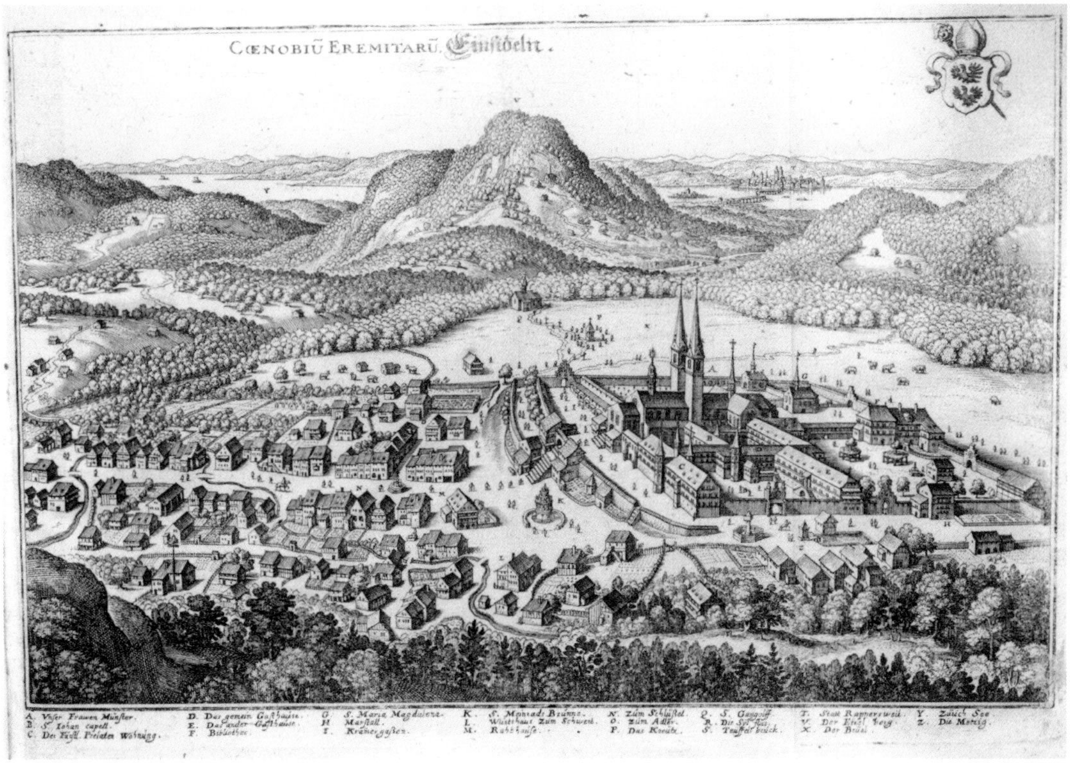


Kloster Einsiedeln in der Zentralschweiz, Kupferstich, 1654, von Matthäus Merian (1593–1650). Merianische Erben, Frankfurt a.M., Stiftsbibliothek Einsiedeln. Der Kupferstich zeigt noch die alte Klosteranlage vor dem groß angelegten barocken Umbau nach 1704.

Zeit war einmal mehr ein Abt von Fulda: Hadamar I. Fast 30 Jahre lang, von 927 bis 956, stand er an der Spitze des Klosters. Dabei war er mehr Politiker und Diplomat als Mönch. Das zeigt sich auch darin, dass er – anders als dies seit 826 für Äbte vorgeschrieben war – niemals zum Priester geweiht worden ist. Viermal reiste Hadamar nach Rom: 936, 943, 947/48 und 955. Zumindest die letzten beiden Reisen unternahm Hadamar im Auftrag Ottos des Großen. 947/48 ging es um die Gründung von Missionsbistümern in Skandinavien, 955 um die Neuordnung der Diözesen im Osten und dabei insbesondere um die Gründung des Erzbistums Magdeburg – ein Herzensanliegen Ottos I., war Magdeburg doch sein liebster Aufenthaltsort. Hadamars Erfolg bei dieser Mission, machte ihn endgültig zu einem der bevorzugten Vertrauten des Königs.

Doch der Abt vergaß bei alledem die Interessen Fuldas nicht: Bei einem ungarischen Überfall war die Klosterkirche 937 zerstört worden. Als Hadamar zehn Jahre später nach Rom reiste, war der Wiederaufbau nahezu abgeschlossen. Der Abt bat daher um die Entsendung eines päpstlichen Legaten zur Weihe der neuen Kirche. Auch dieser Wunsch wurde ihm erfüllt. Damit unterstrich Hadamar die Unabhängigkeit Fuldas von der Jurisdiktion des Erzbischofs von Mainz. Am 25. Mai 956 ist Hadamar I. gestorben.

Eine ganz andere Biographie, mit sehr viel mehr Brüchen, hatte Wolfgang, der 13. Abt des Klosters St. Emmeram in Regensburg. Außergewöhnlich war schon seine Herkunft: Er entstammte keiner adligen Familie, doch arm kann sie gleichwohl nicht gewesen sein; offensichtlich setzten die Eltern schon früh auf eine geistliche Karriere ihres Sprösslings. Mit sieben Jahren kam Wolfgang, der wohl aus dem schwäbischen Pfullingen stammte, auf die Klosterschule der Insel Reichenau. Dort schloss er Freundschaft mit einem Mitschüler, dessen älterer Bruder Bischof von Würzburg war – eine Freundschaft, die für ihn auch eine gesellschaftliche Anerkennung war und ihm Zugang zu den „besseren Kreisen" verschaffte. Als dieser Mitschüler 956 selbst Erzbischof von Trier wurde, nahm er Wolfgang als Leiter der Domschule mit an seine neue Wirkungsstätte. Nach dem frühen Tod seines Gönners 964 fasste er einen Entschluss, den seine Familie gar nicht goutierte: Er wurde Mönch im Kloster Einsiedeln in der heutigen Schweiz – es war offensichtlich eine Entscheidung des Gewissens; er wollte Ernst machen mit der Christusnachfolge. Einsiedeln war sicher keine zufällige Wahl. Zum einen war die Abtei von Otto I. unter königlichen Schutz gestellt worden und hatte die freie Abtswahl zugesichert bekommen; zum anderen hatte sich Einsiedeln der von dem lothringischen Kloster Gorze ausgehenden Reformbewegung angeschlossen und war bekannt für eine strenge Auslegung der Benediktregel.

Für Wolfgangs Karriere bedeutete der Rückzug ins Kloster zunächst einen Knick, umso mehr als er 971 als Missionar nach Ungarn aufbrach. Doch offensichtlich hatte Wolfgangs Arbeit in Trier nachhaltig Eindruck gemacht und ihn für höhere Aufgaben empfohlen. Ende 972 wurde er von Otto I. zum Bischof von Regensburg ernannt. Damit wurde Wolfgang zugleich Abt des Klosters St. Emmeram, das ein bischöfliches Eigenkloster war. Diese Dop-

Als Eigenklöster werden Klöster bezeichnet, die von adligen Grundherren (aber auch von Bischöfen) auf ihrem eigenen Boden gegründet wurden. Das war gut für das eigene Seelenheil, denn die Mönche sollten für die Gründerfamilie und deren Verstorbene beten, die in der Klosterkirche beigesetzt wurden. Ein eigenständiges Klosterleben konnte sich auf diese Weise nur schwer entwickeln. Die Ernennung des Abts oblag dem Eigenkirchenherrn. An der Spitze dieser Klöster standen häufig aus der Gründerfamilie stammende Laienäbte, die sich wenig um das monastische Leben kümmerten. Als Vögte vertraten die Eigenklosterherren ihre Gründungen in weltlichen Angelegenheiten.

Auch in den königlichen Eigenklöstern gab es Vögte; Karl der Große hat diese Einrichtung 802 sogar verbindlich vorgeschrieben. Was ursprünglich zum Schutz der Mönche gedacht war, verkehrte sich mit dem Zerfall der karolingischen Macht in der zweiten Hälfte des 9. Jahrhunderts in ihr Gegenteil, da die als Vögte eingesetzten Adligen versuchten, Gewalt über die Klöster zu erringen und sie ihrer eigenen Herrschaft einzuverleiben.

Gegen die Abhängigkeit der Klöster richteten sich die monastischen Reformbewegungen, etwa in Cluny und Hirsau. Dabei sind auch diese beide Klöster von Adligen gegründet worden, Cluny um 910 durch Herzog Wilhelm von Aquitanien, Hirsau um 1050 durch Graf Adalbert von Calw. Wilhelm von Aquitanien verzichtete dabei von vornherein auf alle eigenklösterlichen Rechte und unterstellte sein Kloster dem Papst. Weder weltliche Große noch Bischöfe sollten Einfluss auf das Leben der Mönche nehmen können. Hirsau blieb zwar de jure ein Eigenkloster, erhielt aber das Recht der freien Abts- und Vogtswahl.

In der Folge schlossen sich zahlreiche Abteien diesen beiden Reformklöstern an. Dem cluniazensischen Klosterverband gehörten in dessen Blütezeit rund 600 Klöster an. Anders als bei den Benediktinern sonst üblich, waren die Cluniazenser zentral organisiert und unterstanden der Mutterabtei in Cluny. Dies war bei der Hirsauer Reform nicht der Fall. Zwar übernahmen rund hundert Klöster die „Constitutiones Hirsaugienses", doch blieben sie selbständige organisatorische Einheiten. Dazu gehörten neben weiteren Klöstern im Schwarzwald (Alpirsbach, St. Georgen …) beispielsweise auf der Schwäbischen Alb die Kloster Zwiefalten und Blaubeuren, das Kloster Paulinzella in Thüringen oder das von Kaiser Ludwig dem Frommen gegründete Kloster Corvey in Westfalen.

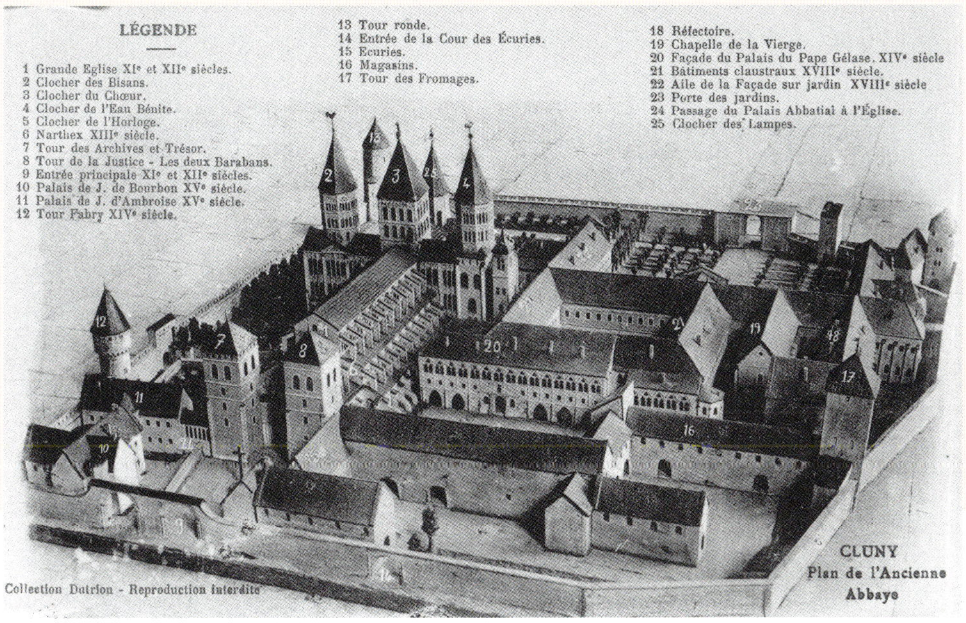


**Modell der Klosteranlage von Cluny in Burgund.**
**Die 1095 geweihte Klosterkirche Cluny III (links) war im Mittelalter die größte Kirche der Christenheit.**

pelfunktion war nicht ungewöhnlich, doch sie behagte Wolfgang von Anfang an nicht. Einen passenden Abt für St. Emmeram fand Wolfgang in der Trierer Abtei St. Matthias. 975 trennte er die beiden Funktionen und blieb selbst Bischof. St. Emmeram wurde in der Folge zum Vorbild für eine ganze Reihe von Klöstern, die nach dem Gorzer Vorbild reformiert wurden (Mondsee, Tegernsee, Seeon, Niederaltaich, St. Peter in Salzburg …)

Obwohl Wolfgang also – anders als Hadamar in Fulda – die Reform der Kirche und des Mönchtums als seine wichtigste Aufgabe betrachtete, hat er sich den politischen Anforderungen seines Amts keineswegs entzogen. Wolfgang war auf Reichstagen präsent, er war Partei im Konflikt zwischen Kaiser Otto II. und Herzog Heinrich dem Zänker von Bayern, und er begleitete den Kaiser auf seinem Feldzug gegen den westfränkischen König Lothar. Als Erzieher hat Wolfgang maßgeblichen Einfluss auf den späteren Kaiser Heinrich II. genommen. Am 31. Oktober 994 ist Wolfgang gestorben, der auch als Bischof stets wie ein einfacher Mönch gelebt haben soll; am 7. Oktober 1052 wurde er von Papst Leo X. heiliggesprochen. Er wird bis heute nicht nur in Bayern, der Schweiz und Österreich verehrt, sondern auch in Ungarn, zu dessen Missionierung er 971 aufgebrochen war.

# Die Mönche und ihre Funktionen

Weintrinkender Mönch, Buchmalerei, 2. Hälfte 13. Jh. Aus: Aldobrandino da Siena, „Livres du Santé“, Ms. Sloane 2435, fol. 44v. Aufgrund der Schlüssel, die er in seiner rechten Hand hält, wird der Mönch oft als Cellerar identifiziert.

Um den klösterlichen Alltag möglichst genau zu regeln, hat der hl. Benedikt von Nursia nicht nur die Aufgaben des Abts detailliert beschrieben, sondern sich auch – wenngleich weniger intensiv – all jenen Mönchen gewidmet, denen im Kloster eine besondere Funktion zukam. Hier ist zuerst der Prior (lateinisch „Erster“) zu nennen; bei den Benediktinern werden so der Stellvertreter des Abts und der Vorsteher eines nicht selbständigen Tochterklosters bezeichnet. Benedikt selbst stand diesem Amt sehr skeptisch gegenüber. Oft würden durch die Einsetzung eines Priors „schwere Ärgernisse in den Klöstern entstehen, wenn nämlich einer, vom schlimmen Geist des Hochmuts aufgebläht, glaubt, er sei ein zweiter Abt“. Diese Gefahr sah Benedikt vor allem dann, „wenn der Prior vom gleichen Bischof oder den gleichen Äbten eingesetzt wird, die den Abt bestellten“ – sprich in jenen Klöstern, in denen es keine freie Abtswahl gab. Das Amt des Abts war für Benedikt so zentral, dass es keinesfalls durch einen zu ehrgeizigen Prior beschädigt werden durfte. Am besten sei es, „wenn die Leitung des Klosters ganz im Ermessen des Abts liegt“. Sollten es die Bedürfnisse jedoch erfordern, dann sollte der Abt denjenigen zum Prior bestellen, „den er selbst nach Beratung mit gottesfürchtigen Brüdern dazu ausersehen hat“. Da die freie Abtswahl in den heutigen Klöstern eine Selbstverständlichkeit ist, gibt es auch keinen Grund mehr, dem Amt des Priors mit Misstrauen zu begegnen.

Ein weiteres Amt, das Benedikt nennt, ist heute zwar nach wie vor geläufig, aber in anderer Bedeutung: In größeren Klöstern sollten „aus der Zahl der Brüder einige von gutem Ruf und heiligem Lebenswandel ausgewählt und als Dekane aufgestellt werden“. „Deka“ ist das griechische Wort für „zehn“, und damit erklärt sich die Funktion dieser Mönche: Sie waren für jeweils zehn Mitbrüder verantwortlich und sollten für diese „nach den Geboten Gottes und den Vorschriften ihres Abtes … sorgen“. Aber auch hier vergaß Benedikt nicht zu warnen: „Wenn etwa einer dieser Dekane sich vom Stolz aufgeblasen zeigte“, sollte er dreimal ermahnt, und wenn dies nichts fruchtete, abgesetzt werden. Bei den Benediktinern gibt es diese Form des Dekanats heute nicht mehr. Im heutigen Sprachgebrauch sind Dekane sowohl in der katholischen wie auch in der evangelischen Kirche Pfarrer, die einem Kirchenbezirk bzw. Dekanat vorstehen.

Da Benediktinerklöster sich selbst versorgen sollen, kommt dem Amt des Cellerars herausragende Bedeutung zu. Er ist nicht einfach nur für Küche und Keller zuständig; er ist – darauf aufbauend – der Wirtschafts- und Finanzminister des Klosters, der Manager, der Geschäftsführer, der Buchhalter … Diese Aufgabe kann nicht irgendein Mönch übernehmen. Benedikt von Nursia: „Als Cellerar des Klosters soll aus der klösterlichen Gemeinschaft einer ausgewählt werden, der weise ist, reif an Charakter, nüchtern, mäßig im Essen, nicht hochmütig, nicht verschwenderisch; vielmehr soll er Gott fürchten und für die ganze Klostergemeinde wie ein Vater sein. Er trage Sorge für alles … Alle Geräte und alle Güter des Klosters betrachte er wie heilige Altargefäße … Er sei weder geizig noch ein Verschwender und Vergeuder des Klosterguts." Allerdings schränkte Benedikt die Autorität auch des Cellerars ein: „Ohne Auftrag des Abts tue er nichts." Darüber hinaus ist es beim Cellerar wie bei Benedikt in allem: Auf das rechte Maß kam es dem Mönchsvater an. Er mochte keine Extreme und keine Extremisten. Handelte es sich um ein großes Kloster, sollten dem Cellerar „Gehilfen zur Unterstützung gegeben werden". Dazu gehörte beispielsweise der Refectoriarius, der für das Refektorium – sprich für die Speisen – zuständig war. Dieses Amt wird zwar in der *Regel* nicht erwähnt, wohl aber in verschiedenen „Consuetudines" („Gewohnheiten"). Darunter versteht man die Regel ergänzende Vorschriften für das klösterliche Zusammenleben. Berühmt wurden beispielsweise die Consuetudines Ulrichs von Cluny oder die Constitutiones Hirsaugienses, die nicht nur in diesen Klöstern selbst galten, sondern in allen Gemeinschaften, die diesen Reformbewegungen angeschlossen waren. Die „Gewohnheiten" waren sehr viel genauer, als es Benedikts Regel hatte sein können und wollen. Darin wurden dann eben auch die Aufgabenbereiche solcher Ämter wie des Refectoriarius, des Hortulanus (des Gartenmeisters) oder des Granatarius (des Getreidemeisters) beschrieben und deren Kompetenzen festgelegt.

Das rechte Verhältnis zwischen Beten und Arbeiten ist die Grundmaxime benediktinischen Mönchtums. Erst wenn sie von ihrer eigenen Arbeit lebten, seien sie wahre Mönche, sagt Benedikt von Nursia in seiner Regel. Bis heute findet man in Benediktinerklöstern zahlreiche Mönche, die ein Handwerk gelernt haben und es auch im Kloster ausüben. Doch sollten, warnte Benedikt, die Handwerker nicht glauben, dass sie wegen ihrer speziellen Kenntnisse etwas Besseres seien. In diesem Fall sollte ihnen der Abt sogar die Ausübung des Handwerks untersagen. Kein Mönch sollte sich besser dünken als die anderen.

Ein ganzes Kapitel widmet Benedikt dem Pförtner. Das mag aus heutiger Sicht ungewöhnlich erscheinen. Was war an diesem Amt so wichtig? Benedikt wollte, dass die Mönche

Pater Anselm Grün
(* 1945)

Der bekannteste Cellerar unserer Zeit ist Pater Anselm Grün von der Benediktinerabtei Münsterschwarzach in Franken. Der Bestseller-Autor mit einer verkauften Auflage von über 14 Millionen Büchern ist verantwortlich für 300 Mitarbeiter in über 20 Betrieben – und damit für ein komplettes mittelständisches Unternehmen. Dazu gehören eine Buchhandlung, eine Druckerei und ein Verlag, eine Goldschmiede, eine Metzgerei und eine Bäckerei, verschiedene Werkstätten und natürlich der landwirtschaftliche Betrieb des Klosters. Dass die Benediktiner dabei auch heute noch mit der Zeit gehen, zeigt das Münsterschwarzacher Projekt „Regenerative Energien", mit dem die Mönche ihren $CO_2$-Ausstoß gegenüber den 1990er Jahren um 95 Prozent gesenkt haben. Das Kloster wird mittlerweile fast vollständig mit erneuerbarer Energie versorgt. Für die Betreuung der verschiedenen Anlagen – vom Wasserkraftwerk bis zur Hackschnitzelheizung – schuf das Kloster fünf neue Arbeitsplätze. Die Mönche selbst sehen ihr Engagement im Sinne Benedikts von Nursia als „Leben im Einklang mit der Schöpfung". Die Europäische Vereinigung für Erneuerbare Energien hat die Abtei dafür mit dem Deutschen Solarpreis 2008 ausgezeichnet.

Anselm Grün hat nicht nur Philosophie und Theologie, sondern auch Betriebswirtschaft studiert. Er ist damit, ganz im Sinne Benedikts von Nursia, gut auf sein Amt als Cellerar vorbereitet gewesen. Hält man sich vor Augen, dass die Reichsabteien des Mittelalters und der frühen Neuzeit nicht nur große Wirtschaftsbetriebe waren, sondern zugleich über ein eigenes Territorium herrschten, dann wird klar, wie wichtig dieses Amt war und in den bestehenden Klöstern bis heute ist.

Gegenüber oben: Singende Mönche, Buchmalerei in einem Psalter, 13. Jh. Bodleian Library Oxford, Ms. Lat. Lit. d. 42, fol. 25.
Das Chorgebet gliederte den Tag der Mönche und sorgte für den harmonischen Rhythmus von Gebet und Arbeit.

Gegenüber unten: Ein Mönch mäht das Korn, Buchmalerei in einer Initiale, aus: „Kommentar zum Buch Hiob" von Papst Gregor dem Großen (um 540–604), Cîteaux, frühes 12. Jh. Bibliothèque publique, Dijon, Ms 173, fol. 75v.

Unten: Ritter an der Pforte eines Klosters, Buchmalerei, 15. Jh. Die Pforte war die Schnittstelle zwischen Kloster und Welt, deshalb sollte der Dienst des Pförtners von einem „älteren, verständigen Bruder" versehen werden.

das Kloster so selten wie möglich verließen. Das Kloster solle so angelegt sein, „dass alles Notwendige, das heißt Wasser, Mühle, Garten und die Werkstätten, in denen die verschiedenen Handwerke ausgeübt werden, innerhalb der Klostermauern sich befinden. So brauchen die Mönche nicht draußen umherzugehen, was für ihre Seelen durchaus nicht zuträglich ist."

Die Klostermauern schützten die Mönche vor den Versuchungen der Welt. In Berührung mit der Außenwelt kam der durchschnittliche Mönch selten – in den frühen Klöstern selbst in der Kirche nicht. Denn die Klosterkirche war ursprünglich dem Konvent vorbehalten; erst die immer zahlreicher werdenden Wallfahrten zu den in den Klöstern besonders reichlich vorhandenen Reliquien öffneten die Türen der Kirchen. Doch auch dann blieben Mönche und Gläubige auf ihren Raum in der Kirche beschränkt, oft sogar getrennt durch einen monumentalen Lettner, der selbst die Sicht stark einschränkte. Neben dem Abt und gegebenenfalls dem Cellerar war der Pförtner der Mönch mit den meisten Außenkontakten. Wer an die Tür des Klosters klopfte, dem öffnete der Pförtner. Bauern, Handwerker, Kaufleute, Ritter – wer immer mit dem Kloster zu tun hatte, traf auf den Pförtner. Es kommt daher nicht von ungefähr, wenn Benedikt fordert: „An die Pforte des Klosters stelle man einen älteren, verständigen Bruder, der Bescheid entgegenzunehmen und zu geben versteht. Sein gereiftes Alter bewahre ihn vor Umherschweifen." Denn anders als das Gros der Mönche, das gemeinsam in einem Saal schlief, hatte der Pförtner eine eigene Zelle, „damit jene, die dort ankommen, dort stets jemand finden, der ihnen Bescheid geben kann".

Vor diesem Hintergrund wird verständlich, dass Brüder auch nur dann verreisen sollten, wenn es unvermeidlich war. Keinesfalls sollten es sich Mönche herausnehmen, „die Umfriedung des Klosters zu verlassen oder irgendwohin zu gehen oder irgendetwas, und sei es auch noch so unbedeutend, ohne Auftrag des Abtes zu tun". Als ob sich die Mönche in der Welt draußen infizieren könnten, sollten sie sich „am Tage ihrer Heimkehr bei allen Gebetsstunden am Schluss des Chorgebets auf dem Boden des Oratoriums niederwerfen. Sie sollen alle um ihr Gebet bitten, um so Verzeihung zu erlangen für alle Fehler, die sie vielleicht auf der Reise durch bloße Blicke oder Anhören von Bösem oder durch unnütze Worte begangen haben."

Dass dies nicht bloße Theorie war, zeigt sich in einer Episode aus dem Leben des hl. Bernhard von Clairvaux. Der Zisterzienserabt, der selbst unermüdlich in politischer Mission unterwegs war, sah es gar nicht gern, wenn Mönche seines Ordens ihr Kloster verließen. Einen Mönch, der gelobt hatte, nach Jerusalem zu ziehen, sprach er davon frei: Im Kloster sei er doch bereits im Himmlischen Jerusalem. Bernhard war die Diskrepanz zwischen dem von ihm besonders betonten Gebot der „stabilitas loci" (der lebenslangen Bindung an *ein* Kloster) und der eigenen Lebensweise bewusst – immerhin war er rund ein Drittel seiner Amts-

Eine besondere Form des Laienmönchtums hat der Zisterzienserorden entwickelt. Mehr noch als die „alten“ Benediktiner fühlten sich die Zisterzienser der Handarbeit verpflichtet. Nicht umsonst waren es vor allem Zisterzienser, die in Mittel- und Ostdeutschland Pionierarbeit bei der Erschließung neuen Kulturlandes geleistet haben. Für die Verwaltung ihres zum Teil riesigen Grundbesitzes gründeten die Zisterzienser eigene Wirtschaftshöfe, die so genannten Grangien. Betrieben wurden diese Grangien (Getreidespeicher) von Konversen – Laienbrüdern mit eingeschränkten Rechten und Pflichten. So durften sie beispielsweise nicht an der Abtswahl teilnehmen. Weil sie zum Teil schwerer körperlich arbeiteten, bekamen sie oft eine zusätzliche Mahlzeit. Dass sie Mönche zweiter Klasse waren, zeigt sich etwa daran,

dass sie meist nicht lesen konnten – und auch nicht lesen lernen sollten. Ihr Bereich war die Handarbeit und nicht die Bibliothek. Doch gab es durchaus auch Menschen aus vornehmen Familien, die im Erwachsenenalter freiwillig als Konversen in Klöster eintraten, um durch die Arbeit mit den eigenen Händen ein demütiges und gottgefälliges Leben zu führen. Dies war sogar der eigentliche Ursprung des Konversenwesens.

Auch eine andere Reformbewegung des benediktinischen Mönchtums setzte in den Wirtschaftsbetrieben ganz auf den Einsatz von Konversen: die Cluniazenser. Allerdings aus einer ganz anderen Motivation heraus: Bei den Zisterziensern war die Gründung der Grangien eine Antwort auf den immer größeren Landbesitz gewesen. Diesen Besitz wollten die Zisterzienser nicht verpachten, sondern mithilfe der Konversen selbst bewirtschaften. Das war effektiver und sicherte dem Orden erhebliche ökonomische Vorteile. Das änderte nichts daran, dass auch die vollwertigen Mönche bei den Zisterziensern zur Handarbeit verpflichtet waren. „Der heilige Vater Bernhard (von Clairvaux) legte mit seinen Brüdern großen Wert auf den Ackerbau und scheute keine Mühe. Es ging ihnen dabei um die Erlangung von Tugenden wie um den Erwerb des täglichen Brotes.“ Bei den Cluniazensern dagegen trat die Handarbeit völlig in den Hintergrund; ihr Ziel war die Verherrlichung Gottes in einer möglichst aufwändigen Liturgie, in ununterbrochenem Gebet. Da blieb keine Zeit für die Bewirtschaftung von Getreidefeldern.

Erst das Zweite Vatikanische Konzil hat die Position der Laienmönche aufgewertet und sie gleichberechtigt neben die Priestermönche gesetzt. Damit ist das Mönchtum, wenn man so will, wieder an seine Wurzeln zurückgekehrt. Ein wenig von der alten Zweiteilung findet man noch bei den Kartäusern. Dort leben die Priestermönche in kleinen Häuschen mit eigenem Garten; nur die Brudermönche haben Zellen, wie man sie von anderen Orden kennt. Doch ist diese Zweiteilung heute nicht mehr institutionell begründet, sondern in der unterschiedlichen Lebensweise: „Die Brüder“, informiert die Grande Chartreuse, das Mutterkloster des Ordens, „versorgen durch ihre Arbeit außerhalb der Zelle die verschiedenen Dienstleistungen für die Gemeinschaft (Küche, Tischlerei, Wäscherei, Waldarbeit etc.). Es handelt sich um ein einziges, auf zwei verschiedene Weisen gelebtes Ideal. Auch die Brüder arbeiten möglichst allein und im Schweigen. Sie haben etwas weniger Zellenleben als die Patres. Deshalb bewohnen sie kleinere Zellen. Die beiden Lebensarten ergänzen einander, um so die eine Kartause zu bilden und den verschiedenen Anlagen jener zu entsprechen, die dem Kartäuserleben beitreten möchten.“

Puer natus
est nobis et
filius datus
est nobis cuius imperium
super humerum eius et vo
cabitur nomen eius ma
gni consilij angelus. Ps
Cantate domino canti

zeit nicht in Clairvaux, dem Kloster, dem er als Abt vorstand. Doch hielt er seine Mission – die Predigt des Kreuzzugs, die Organisation des sprunghaft wachsenden Zisterzienserordens, die Reform der Kirche, ihre Rückkehr zur apostolischen Armut – für zu wichtig, als dass er darauf hätte dauerhaft Rücksicht nehmen können. Und so musste er die Leitung des Klosters während seiner Abwesenheit dem Prior überlassen; immerhin sah die Regel Benedikts diese Möglichkeit vor.

Eine weitere Funktion, die Benedikt für so wichtig erachtet hat, dass er sie ausführlich beschreibt, ist der „Lesedienst". Bei allen Mahlzeiten wurde und wird in Benediktinerklöstern vorgelesen – aus der Heiligen Schrift, aus theologischen Büchern, aber auch aus weltlicher Literatur. Wie nah am Alltag Benedikt mit seiner Regel war, zeigt der Hinweis, dass der Lesedienst unter den Brüdern zwar wöchentlich wechseln sollte, aber nur jene Mönche vorlesen oder gar -singen durften, „welche die Zuhörer zu erbauen vermögen".

Besondere Fürsorge ließ der Mönchsvater Greisen, Kindern und vor allem den Kranken zukommen. „Man diene ihnen so, wie wenn man wirklich Christus dienen würde … Es sei also eine wichtige Sorge für den Abt, dass die Kranken in keiner Weise vernachlässigt werden." Deshalb sollte ihnen ein eigener Raum und ein „gottesfürchtiger, eifriger und besorgter Pfleger" zugewiesen werden. Dass die Benediktiner dieser Forderung ihres Gründers nachgekommen sind, zeigt ein Blick auf den St. Galler Klosterplan, der ein eigenes Gebäude für die Kranken, eine eigene Kapelle und natürlich auch einen Heilkräutergarten vorsieht. Und dies galt nicht nur für den Idealplan, sondern ebenso in der Realität. Jedes Kloster hatte seinen Infirmarius (von lateinisch *infirmus* = schwach, krank), der sich um die Kranken kümmerte. Auch wenn das Amt in dieser Bezeichnung von Benedikt nicht erwähnt worden ist, entspricht es von den Aufgaben her doch dem von ihm genannten „Pfleger".

Vielfach stößt man bis heute auf die Einschätzung, dass Mönche stets auch Priester seien. Doch trifft diese Einschätzung heute nicht zu – und noch viel weniger auf die Frühzeit des Mönchtums. Benedikt war es wichtig, dass kein Bruder aus der Gemeinschaft herausragte – ausgenommen der Abt. Nur wenn der praktische Nutzen nicht von der Hand zu weisen war, wich er von dieser Maxime ab. Die Gefahr des Hochmuts sah er vor diesem Hintergrund aber nicht nur beim Prior oder beim Cellerar, sondern auch bei jenen Brüdern, die zugleich Priester waren. Wobei Benedikt in seiner Regel sogar die Einzahl verwendet: Der Abt sollte *einen* aus den Mönchen auswählen, der würdig ist, das priesterliche Amt zu verwalten. Denn eigentlich benötigte jedes Kloster doch nur *einen* Priester für die notwendigen liturgischen Handlungen. Und diesem einen Bruder schrieb Benedikt ins Stammbuch: „Er nehme nicht seine Würde als Priester zum Anlass, den Gehorsam gegen die Regel und die klösterliche Zucht zu vernachlässigen." Außer beim Dienst am Altar, wo er als Priester eine herausgehobene Position innehatte, sollte er nur den Platz einnehmen, „der ihm nach seinem Eintritt im Kloster entspricht". Und dieser Rang bestimmte sich eben nach der Verweildauer im Kloster, dem „Verdienst des Lebens" und „der Anordnung des Abtes".

Im 9./10. Jahrhundert stieg die Zahl der Priester in den Klöstern sprunghaft an. Immer mehr Adlige suchten das Gebet der Mönche für das Seelenheil ihrer Familien und ließen sich in der Klosterkirche bestatten. Als Dank für das Gebet der Mönche statteten sie die Klöster mit Schenkungen aus. Unter anderem durch die gewachsenen liturgischen Anforderungen stieg auch der Bedarf an Priestern. Diese Entwicklung wurde erst in der Neuzeit gestoppt bzw. teilweise wieder umgekehrt, wobei der Anteil der Laienmönche bei den Benediktinern mit ihren auf Selbstversorgung ausgerichteten Klöstern höher ist als bei den Chorherrengemeinschaften oder den Bettelorden. Von den 5204 Ordensmännern, die derzeit in Deutschland leben, haben nach Angaben der Ordensobernkonferenz 3325 die Priesterweihe.

Gegenüber: Ein Priester mit Tonsur zelebriert die Weihnachtsmesse. Buchmalerei, um 1416, aus dem Stundenbuch des Herzogs von Berry, fol. 158.
Von den frühen Mönchen waren nur wenige zu Priestern geweiht. Das Verhältnis zwischen Priester- und Laienbrüdern veränderte sich dann aber im 9./10. Jh. schlagartig.

Bernhard von Clairvaux (um 1090–1153) im Gebet bei der Ernte. Glasmalerei von Bartholomäus Bruyn d. Ä. oder seinem Umkreis, aus dem Zisterzienserinnenkloster St. Apern, Köln, um 1525. Heute im Kölner Dom.
Die Zisterzienser, als deren eigentlicher Gründer Bernhard gilt, legten besonderen Wert auf die Handarbeit.

# Refektorium, Dormitorium, Kapitelsaal – Alltagsleben im Kloster

Vom Kreuzgang aus öffnete sich der Weg zu den zentralen Räumen des Klosters: dem Refektorium, dem Dormitorium und dem Kapitelsaal. Das Dormitorium diente mittelalterlichen Mönchen als gemeinschaftlicher Schlafsaal; das Refektorium war der Raum, in dem sie schweigend ihre Mahlzeiten eingenommen haben. Der Kapitelsaal war die Schaltzentrale des Klosters, in dem die tägliche Arbeit verteilt wurde, aber auch Akte von hoher Symbolkraft stattfanden – allen voran die Wahl des Abts.

## Der Tag eines Mönchs

Dass das rechte Maß die Zauberformel der Benediktregel ist, zeigt sich auch an der Einteilung des Tages mit festgelegten Zeiten für Gebet, Arbeit und Ruhephasen. Von Weltrekorden im Dauerbeten nach dem Vorbild etwa der syrischen Säulenheiligen hielt der Ordensgründer nichts. Gleichwohl mutete er seinen Mönchen ein Tagespensum zu, das uns heute erschrecken mag. Bereits zwischen zwei und drei Uhr nachts fand das erste Chorgebet des Tages statt. Nach einer kurzen Pause „für die natürlichen Bedürfnisse der Brüder" folgte das Morgenlob, die Laudes, „die bei Tagesanbruch zu halten sind". Es folgten um sechs Uhr die Prim, um neun Uhr die Terz, um zwölf Uhr die Sext, um 15 Uhr die Non, um 17 Uhr die Vesper und – den Tag abschließend – um 19.30 Uhr die Komplet.

Die Benediktinermönche von heute müssen in der Regel nicht mehr ganz so früh aufstehen wie ihre mittelalterlichen Vorgänger. Das erste Chorgebet des Tages beginnt im Schnitt zwischen 5.30 Uhr und sieben Uhr; beschlossen wird der Tag wiederum mit einem Chorgebet zwischen 19 Uhr und 20.15 Uhr. Das nächtliche Gebet findet sich in der Praxis noch bei den Trappisten. Im deutschsprachigen Raum gibt es zwei Klöster dieses Ordens, die Abtei Mariawald in der Eifel und die Abtei Engelszell in Oberösterreich. Dieser Reformorden der Zisterzienser (der sich offiziell Zisterzienser von der strengen Observanz nennt), ist – wie so viele mönchische Reformbewegungen – entstanden aus dem Wunsch, das monastische Leben besonders authentisch zu verwirklichen. So wird die nächtliche Vigil in Mariawald und in Engelszell bereits um vier Uhr in der Frühe gesungen – immerhin etwas später als im Mittelalter. In Mariawald setzt man auch darüber hinaus wieder auf Tradition: Die Abtei ist mit päpstlicher Erlaubnis jüngst zu der alten lateinischen Liturgie zurückgekehrt, wie sie bis zum Zweiten Vatikanischen Konzil üblich war.

Wie wachten die Mönche überhaupt zur rechten Zeit auf? Mit Sonnenuhren konnte man in der finsteren Nacht nichts anfangen. Doch gab es mechanische Wasseruhren, die sogar Weckvorrichtungen hatten. In den „Consuetudines" des italienischen Reformklosters Fruttuaria heißt es dazu: „Danach soll der Sakristan abends nach der Komplet das Horologium so sorgfältig wie möglich stellen. Am Morgen, wenn die Uhr fällt, soll er aufstehen und bei klarem Himmel die Zeit an den Sternen kontrollieren. Ist die Aufstehzeit für die Brüder gekommen, soll er die Tür zum Kloster öffnen, Kerzen anzünden und die Uhr einstellen, indem er Wasser aus dem kleineren in das größere Becken gießt, das Seil und das Blei wieder hochzieht und anschließend die Glocke schlägt." Im 13. Jahrhundert kamen Räderuhren mit Gewichten hinzu, wie man sie bis heute in zahlreichen Kirchtürmen findet.

Auch wie sich die Brüder beim Aufstehen verhalten sollten, wird in den verschiedenen Consuetudines genau geregelt. In den „Constitutiones Hirsaugienses" etwa liest man darüber: „Sobald der Bruder das Zeichen zum Aufstehen vernommen hat, eile er sich zu erheben. Ehe er jedoch die Decke abwirft, zieht er im Bett sitzend die Kukulle [ein mantelähnliches Übergewand] an und bedeckt mit ihr seine Beine, ehe er sich vor sein Bett stellt … Er darf aber das Bett nicht nachlässig liegen lassen, er muss die Decke anständig darüber ausbreiten und es so in Ordnung bringen. Das Kopfpolster verbirgt er vollständig unter der Decke; dann … weckt [er] nötigenfalls mit Zischen die Brüder, die ihm zunächst liegen. Denn werden sie von ihm nicht geweckt und kommen sie also nicht zum gemeinsamen Gebet der Brüder, dann muss auch er um Verzeihung bitten." Und keinesfalls sollten die Mönche nach dem Aufstehen einer verbreiteten Unart frönen: „Er erinnere sich auch immer daran, dass er nicht auf die Treppen des Schlafsaals spucken soll."

In den Gewohnheiten der Kanoniker von Klosterrath (Kerkrade) wird das Verhalten im Dormitorium gleichfalls genau geregelt. Wie bei den Hirsauer Mönchen wurde besonderer Wert darauf gelegt, dass die Brüder beim An- und Ausziehen keine Blöße zeigten. Auch sollten sie nur ihr Obergewand, Schuhe und Strümpfe ausziehen, ansonsten aber bekleidet schlafen und sogar den Gürtel nicht lösen,

Seiten 150/151: Refektorium der 1121 gegründeten Abtei St-Michel-de-Frigolet in der Provence. Links im Bild ist die Kanzel zu sehen, von der der Lektor während des Essens aus der Heiligen Schrift und anderen geistlichen Büchern vorliest.

Unten: Mönch beim Chorgebet, Buchmalerei aus einem Missale, 14. Jh. Museo di S. Marco, Florenz, Missale 570, fol. 31r.

**Der Tag der Kartäuser**

Es gibt auch heute noch einen Orden, der am nächtlichen Chorgebet festhält: die Kartäuser. Diese Eremitengemeinschaft lebt allerdings nicht nach der Benediktregel, sondern hat ihre eigenen Statuten. Im Tagesablauf der Kartäuser ist der ununterbrochene Wechsel von Gebet, Arbeit und Ruhephasen tatsächlich über die gesamten 24 Stunden eines Tages verteilt. Um 0.15 Uhr beginnt in den Kartäuserklöstern bereits die Matutin, unmittelbar gefolgt von den Laudes. Diese nächtlichen Offizien dauern in der Regel zwei bis drei Stunden. Im deutschsprachigen Raum gibt es nur ein Kartäuserkloster, die Kartause Marienau in Oberschwaben, dazu kommt in der französischen Schweiz die Kartause Valsainte. Die Kartausen sind bis heute abgeschottete Rückzugsorte geblieben. Eine Website der Marienau sucht man vergeblich, als Gäste werden in der Regel nur Angehörige der Mönche aufgenommen, und auch die nur für wenige Tage im Jahr. Umso interessanter sind die wenigen Berichte aus dem Innenleben der Kartausen. Ein solcher ist 1987 in der Zeitschrift „Geo" erschienen. Darin äußerte sich der Novizenmeister von Marienau gegenüber dem Autor des Beitrags auch über das nächtliche Chorgebet: „Lassen Sie sich vom Gesang wegtragen, Sie werden sich wundern, wie schnell die Zeit vergeht. Für die meisten Leute ist es unverständlich, dass wir jede Nacht aufstehen und beten, sie sehen nur eine Plage darin. Für uns jedoch ist es die wahre Freude, je länger es dauert." Doch räumte der zu dem Gespräch hinzugekommene Prior ein: „Nicht jeder Tag oder jede Nacht kann gleich sein. Manchmal wird es schon ein herber Kampf gegen die Müdigkeit."

An das nächtliche Chorgebet schließen sich bei den Kartäusern weitere gemeinsame Gebete und Gebete in der Zelle an: um sieben Uhr die Prim, um acht Uhr die Konventmesse, um zehn Uhr die Terz, um zwölf Uhr die Sext, um 14 Uhr die Non, um 16 Uhr die Vesper und um 18.45 Uhr die Komplet. Zwischen 19.30 Uhr und 20 Uhr gehen die Kartäuser schlafen – um 23.30 Uhr ist die Nacht bereits wieder vorbei. Zwischen diesen festen Gebetszeiten und der Meditation in der Zelle sehen die Statuten Zeiten für das Studium und die Handarbeit vor, ebenso eine Phase der Rekreation nach dem Mittagessen: „Man kann sich mit Lesen oder Arbeiten beschäftigen oder die Sonne genießen (falls sie scheint)."

Betender Mönch, meist gedeutet als hl. Bruno von Köln (um 1030–1101), Anthonis van Dyck (1599–1641), vor 1620.
Der Gründer des Kartäuserordens wollte das eremitische und das gemeinschaftliche Leben miteinander verbinden.

„damit sie sich ungehindert erheben können, wenn das Zeichen zum Gottesdienst gegeben wird".

Nach dem nächtlichen Chorgebet zogen sich die Mönche noch einmal in ihre Zellen zurück. Auch hier ist ein Blick in die „Constitutiones Hirsaugienses" interessant: „Die Brüder sollen nicht vergessen, ihre Messer zu sich zu nehmen. Sie waschen sich die Hände, und wenn sie wollen, auch das Gesicht. Vier Handtücher sind aufgehängt, jeder trockne sich nur an dem ab, an welchem es die seiner Klasse tun. Eines ist für die Priester, eines für die Diakone, eines für die Subdiakone und die ungebildeten Nichtpriester, das vierte für jene bestimmt, welche keine gesunden Hände haben. Dann kämme man sein Haupt und besprenge sich mit Weihwasser." Aus diesen wenigen Zeilen lässt sich eine ganze Reihe von Erkenntnissen gewinnen. Erstens: Jeder Mönch hatte sein eigenes Messer, sprich sein Besteck. Zweitens: Mittelalterliche Klöster waren keine klassen-

lose Gesellschaft. Drittens: Die Mönche sollten Wert auf ihre Körperpflege legen. Viertens: Die Mönche waren Vorreiter der medizinischen Hygiene – sie beugten Ansteckungsgefahren vor. Und während es auf den Burgen des Adels allenfalls Latrinenerker gegeben hat und in den mittelalterlichen Städten die Notdurft oft einfach nur auf die Gassen geleert wurde, hatten selbst kleinere Klöster Aborte mit Wasserspülung.

Der Tag eines mittelalterlichen Mönchs oder einer mittelalterlichen Nonne war idealerweise gleichermaßen geprägt von Gebet, geistlicher Lesung bzw. Studium und Handarbeit, wobei Letztere etwa bei den Cluniazensern deutlich in den Hintergrund gerückt ist. Zu den Aufgaben gehörte längst nicht nur die Arbeit in den landwirtschaftlichen Betrieben und den verschiedenen Werkstätten des Klosters. Dazu gehörten natürlich auch die Buchmalerei oder die – vor allem in Frauenklöstern weit verbreitete – Paramentenstickerei (liturgische Gewänder und Textilien). Manche Unterschiede im Tageslauf waren von den Jahreszeiten diktiert – im kalten Winter gab es draußen, zum Glück, nicht viel zu tun. Im Sommerhalbjahr – Benedikt bezieht sich dabei auf die Zeit zwischen Ostern und dem 14. September – „gehen die Brüder frühmorgens nach der ersten Stunde [zwischen sechs und sieben Uhr] bis ungefähr zur vierten Stunde hinaus, um sich mit der notwendigen Arbeit zu befassen. Von der vierten Stunde an bis ungefähr zur sechsten Stunde obliegen sie der Lesung. Haben Sie sich nach der sechsten Stunde vom Tisch erhoben, dann sollen sie in tiefem Schweigen auf ihren Betten ausruhen. Will etwa einer für sich lesen, so kann er dies tun, vorausgesetzt, dass er einen anderen nicht stört [im Mittelalter las man laut]. Die Non wird früher, um die Mitte der achten Stunde, gebetet. Hernach begeben sie sich wiederum bis zur Zeit der Vesper an die Arbeit, die noch zu verrichten ist."

Alle Mönche schliefen gemeinsam in einem Schlafsaal, dem Dormitorium. So sah es der hl. Benedikt in seiner Regel vor. Nur wenn die große Zahl der Mönche dies nicht zulasse – man denke etwa an Fulda mit seinen in der Blütezeit gut 600 Mönchen – sollten diese in

Ganz oben: Nonne im Zisterzienserinnenkloster Thyrnau (Niederbayern) bei der Paramentenstickerei. Die Verpflichtung zur Handarbeit galt für Mönche wie für Nonnen.

Oben: Der Gang nach Emmaus; zeitgenössische Paramentenstickerei aus dem Zisterzienserinnenkloster Thyrnau.

Gegenüber: Parlatorium des ehemaligen Zisterzienserklosters Maulbronn. Nur in diesem einen Raum war das Schweigegebot während der täglichen Rekreation aufgehoben.

### Das klösterliche Schweigegebot

Alle Arbeiten sollten die Mönche möglichst schweigend verrichten, denn „bei vielem Reden geht es ohne Sünde nicht ab". Alle „Possen oder unnützes Geschwätz" sollten unterbleiben. Gespräche sollten demnach auf das Wesentliche, das Unvermeidliche reduziert werden. Den Zisterziensern war selbst das zu viel. Sie entwickelten eine bei den Trappisten bis in das 20. Jahrhundert hinein gebräuchliche Zeichensprache für die zur Kommunikation notwendigen Begriffe. Ausgenommen vom Schweigegebot ist die Zeit der Rekreation nach den Mahlzeiten: „Man ergeht sich, wenn die Witterung es zulässt, im Klostergarten, oder man setzt sich ins Rekreations- bzw. Lesezimmer, bespricht in zwangloser Weise die täglichen Ereignisse, erzählt Neuigkeiten, die für alle von Interesse sind, freut sich an Nachrichten von abwesenden Mitbrüdern, spricht vom Fortgang der Arbeiten und von alten Zeiten, kurz, man ist beisammen als eine Familie." In Zisterzienserklöstern gab es einen speziellen Raum, in dem die Mönche zu den festgelegten Zeiten miteinander sprechen durften: das Parlatorium. Nicht immer wurde das Schweigegebot allerdings so eingehalten, wie Benedikt sich dies gewünscht hatte. Schon im Mittelalter gab es Berichte über schwatzhafte Mönche, und die Gerüchteküche kochte damals nicht minder als heute.

Gruppen von zehn bis zwanzig Brüdern aufgeteilt werden. Betrachtet man die riesigen Dormitorien mancher mittelalterlicher Abteien, dann ist aber davon auszugehen, dass durchaus bis zu 100 Mönche in einem Saal die Nacht verbrachten.

Die Mönche sollten angekleidet und umgürtet mit einem Strick schlafen – immer bereit, dem Ruf in die nahe Kirche zu folgen. Dabei diente der Kreuzgang als eine Art Verteilstation, an die die wichtigsten Gebäude angeschlossen waren, allen voran natürlich die Kirche. Da Benedikt fürchtete, dass die jungen Mönche sich des Nachts untereinander zu Schabernack verleiten lassen könnten, sah er vor, dass zwischen ihnen immer ein älterer Bruder liegen sollte, gewissermaßen als Aufpasser.

Eine eigene Zelle hätte nach Meinung der Mönchsvater die Gefahr heraufbeschworen, dass sich die Brüder zurückgezogen und abgesondert hätten. Die Mönche sollten, so forderte es Isidor von Sevilla im 6. Jahrhundert, „in der heiligen Gemeinschaft im gemeinsamen Leben und im gemeinsamen Umgang … verbleiben. Keiner fordere einen besonderen, von der Gemeinschaft getrennten Raum, in dem er sich im Schutz der Abgeschlossenheit verlockendem und heimlichem Laster hingeben oder gar eitlem Ruhm und weltlichem Ansehen verfallen kann."

Doch nicht alle Mönche haben tatsächlich im Dormitorium geschlafen. So hatte der Abt seine eigene Wohnung im Abthaus, wobei die Bezeichnung „Wohnung" vielfach zu falschen Assoziationen führen könnte. Nicht nur weil er selbst es behaglicher haben wollte, wurden die Abtwohnungen zunehmend geräumiger und luxuriöser ausgestattet. In seiner Wohnung empfing der Abt die – hohen – Gäste des Klosters; das konnten in den großen Reichsklöstern Könige und Bischöfe sein, in kleineren Konventen der benachbarte Grundherr oder ein reicher Kaufmann aus der Stadt. Bekannt sind die zahlreichen Abtwohnungen aus der Zeit des Barock, die zeigen, wie fürstengleich die Klostervorsteher residiert haben. Und in der Tat: Die Äbte der Reichsklöster waren gleichermaßen Reichsfürsten. Das seltene Beispiel einer gut erhaltenen Abtswohnung aus dem späten Mittelalter findet sich im Kloster Alpirsbach im Schwarzwald. Wandmalereien mit floralen Motiven, bemalte Holzdecken, Fensternischen und lichtdurchflutete Erker zeugen von gehobenem Wohnkomfort. Im hessischen Seligenstadt wurde unlängst eine aus dem Barock stammende Abtwohnung mustergültig saniert. Auch der Pförtner und der Cellerar schliefen nicht im Dormitorium.

Der Rest der Mönche teilte sich einen großen Schlafsaal; immerhin sollte jeder Bruder ein eigenes Bett haben. Das mag aus heutiger Sicht selbstverständlich klingen, war es aber im Mittelalter beileibe nicht. Bereits im 13. Jahrhundert begann die Entwicklung hin zu getrennten Schlafräumen. Zunächst wurden Vorhänge zwischen die Betten gehängt, dann Trennwände aufgestellt und schließlich in den großen Schlafsaal regelrechte Zellen eingebaut, wie dies etwa in dem Zisterzienserkloster Bebenhausen bei Tübingen noch gut zu sehen ist. Dort wurde das große Dormitorium zu Beginn des 16. Jahrhunderts in 29 Einzelzellen unterteilt – ein Zeichen auch für die stark zurückgegangenen Mitgliederzahlen im Vorfeld der Reformation. Erst in den Klosterbauten der frühen Neuzeit und im Barock waren dann von vornherein Zellen für jeden Mönch vorgesehen. An gemeinsamen Schlafsälen wird heute nur noch in einzelnen Trappistenklöstern festgehalten.

Ein Problem, mit dem die Mönche vor allem nördlich der Alpen konfrontiert wurden, war die Kälte. Wer schon einmal im Winter ein altes Kloster besichtigt hat, der kann sich vorstellen, wie die Mönche dort gezittert haben müssen. Doch waren die Klöster auch auf diesem Gebiet Vorreiter, vor allem die der stets innovativen Zisterzienser. Sie sahen in ihren Klöster Kalefaktorien vor – beheizbare Räume, in denen die Mönche ihre klammen Sachen trocknen und sich selbst aufwärmen konnten. In Bebenhausen gab es zudem ein kleineres, beheizbares Winterrefektorium mit behaglicher Holzdecke.

Gegenüber oben: Dormitorium der Abtei Ste-Marie d'Orbieu bei Lagrasse (Languedoc).
Benedikt sah keine einzelnen Zellen für die Mönche vor. Alle sollten gemeinsam in einem Saal schlafen. Dies änderte sich erst vom 13./14. Jh. an.

Gegenüber unten: Beheizbares Winterrefektorium im ehemaligen Zisterzienserkloster Bebenhausen bei Tübingen.

Unten: Historische Zelle einer Nonne im Benediktinerinnenkloster Müstair, Graubünden.

Schrankbett in der Kartause Ittingen (Thurgau). Die Nische lässt sich auf beiden Seiten durch Flügeltüren öffnen bzw. schließen. Die Mönchshäuser in Ittingen stammen aus den Jahren 1621 bis 1629.

## Tunika, Skapulier und Kukulle

Die Kleidung der Mönche sollte ein Spiegelbild der Demut und der apostolischen Armut sein: keine grellen Farben und bunten Stoffe, keine raffinierten Schnitte und teuren Textilien. So schreibt schon der hl. Johannes Cassian in seiner Regel: „So soll das Kleid des Mönchs sein: Es soll den Körper nur bedecken, beschämende Nacktheit verhindern und grimmige Kälte abhalten. Die Keime der Eitelkeit und Überheblichkeit soll es nicht nähren ... Sie [die Kleider] sollen frei sein von übertriebener Sorgfalt, aber auch nicht in künstlicher Sorglosigkeit von Schmutz entstellt sein" – wie bei manchen Eremiten, die ihren Körper bewusst vernachlässigten, könnte man hinzufügen.

Auch der hl. Benedikt hat sich mit dem Thema auseinandergesetzt und dabei ein weiteres Beispiel seiner flexiblen Herangehensweise gegeben. Den Brüdern sollten Kleider „entsprechend der örtlichen Lage und dem Klima gegeben" werden, „denn in kalten Gegenden braucht man mehr, in warmen hingegen weniger". Über Farbe und grobe Beschaffenheit der Kleider sollten die Mönche keinesfalls murren, sondern „sich mit dem zufrieden geben, was man in der Gegend, in der sie wohnen, finden oder sich wohlfeil beschaffen kann. Wir glauben aber, dass in Gegenden mit mittleren Temperaturen für jeden Mönch eine Kukulle und eine Tunika genügen: Die Kukulle für den Winter sei dichtwollig, jene für den Sommer glatt oder abgetragen. Dazu kommt ein Skapulier für die Arbeit, ferner als Fußkleidung Strümpfe und Schuhe."

So war die Bekleidung der Mönche in dieser frühen Phase keineswegs so stark vereinheitlicht, wie dies in späteren Jahrhunderten der Fall gewesen ist. Gleichwohl lassen sich einige allgemeingültige Feststellungen machen. Leodegar Hunkeler, von 1931 bis 1952 Abt des Benediktinerklosters Engelberg in der Schweiz, hat sie so zusammengefasst: „Die Kleidung der Mönche scheint nicht stark verschieden gewesen zu sein von jener der einfachen Bauern und Arbeiter. Die Tunika, das Untergewand, wurde seit langem in Rom getragen. Zur Zeit des hl. Benedikt war sie lang und besaß Ärmel. Man hielt sie mit einem Gürtel zusammen, der auch dazu diente, sie bei der Arbeit oder beim Gehen heraufzuziehen." Die Kukulle war das Obergewand, „wohl ein weiter Kapuzenmantel". Dazu kam das als „Arbeitsschürze" dienende Skapulier. Im Prinzip besteht auch der heutige Habit der Benediktiner noch aus diesen Bestandteilen: der mit einem Ledergürtel (Zingulum) zusammengehaltenen Tunika, dem überwurfartigen Skapulier und der als Chormantel dienenden Kukulle mit ihren weiten Ärmeln. Der Habit der Benediktiner ist traditionell schwarz.

Die Geschichte des Mönchtums ist eine Geschichte steter Reformen. Und immer stand dabei im Mittelpunkt, wieder zu den Ursprüngen zurückzufinden: zur strikten Beachtung der Regel innerhalb des benediktinischen Mönchtums, zur ursprünglichen apostolischen Armut bei den Bettelorden ... Dabei spielten auch Kleiderfragen eine Rolle. So wurde etwa den Cluniazensern vorgeworfen, dass ihre Gewänder viel zu aufwändig geschnitten seien, das Material viel zu kostbar sei. Dem setzten die Zisterzienser wieder Einfachheit entgegen: Sie verwendeten für ihren Habit ungebleichten Stoff, weshalb sie auch „graue Mönche" genannt wurden – eine Assoziation, die bald nicht mehr nachvollziehbar war, denn aus Grau wurde Weiß – Symbol der Unschuld und der Unbefleckten Empfängnis der von den Zisterziensern besonders verehrten Gottesmutter Maria, aber auch Anknüpfung an das Taufkleid und die damit verbundene Hingabe an Christus. Verbunden wird die weiße Tunika mit einem schwarzen Skapulier, und wie bei den Benediktinern kommt eine – allerdings weiße – Kukulle als Chormantel hinzu. Ein rein weißes Ordensgewand tragen die vor allem in Italien verbreiteten Olivetaner und Kamaldulenser, gleichfalls benediktinische Reformorden.

Am deutlichsten wird die postulierte Einfachheit beim Ordenskleid der Franziskaner: ein ganz einfach geschnittener Habit, der

Vielfältige Ordenskleider: Die Medaillons zeigen (von oben nach unten) Benediktiner (klassisch schwarz), Dominikaner (mit weißem Habit und schwarzer Kukulle), Karmeliten (brauner Habit mit weißem Mantel bei feierlichen Anlässen) und Franziskaner (braun mit dreifach geknotetem weißem Strick). Stundenbuch, Heures à l'usage de Paris, Bedford-Meister, um 1450. Bibliothèque nationale, Paris; Ms. lat. 1176, fol. 132r.

ursprünglich aus grober, ungefärbter Wolle gefertigt wurde. Heute ist der Habit bei Franziskanern und Kapuzinern braun, bei den – von der Armutstradition her gemäßigteren – Minoriten oder Konventualen schwarz. Zusammengehalten wird der Franziskanerhabit nicht von einem ledernen Gürtel, den sich im Mittelalter nur Wohlhabende leisten konnten, sondern von einem langen weißen Strick mit drei Knoten, die Armut, Keuschheit und Gehorsam, also die Gelübde des Mönchs, symbolisieren sollen. Dazu kommt eine lose aufgesetzte Kapuze, die gleichfalls an bäuerliche Kleidung erinnert. Die franziskanische Einfachheit war Programm!

Beim zweiten großen Bettelorden, den Predigerbrüdern oder – nach ihrem Gründer – Dominikanern, spielte die Armutsfrage keine so zentrale Rolle wie bei den Franziskanern. Sie tragen eine weiße Tunika, darüber ein weißes Skapulier. Charakteristisch aber ist besonders ihr weiter schwarzer Mantel („Cappa").

Die Kleidung der Nonnen ist farblich meist jener der männlichen Ordensmitglieder nachempfunden: schwarz bei den Benediktinnerinnen, schwarz und weiß bei den Dominikanerinnen bzw. den Zisterzienserinnen. Bei den Klarissen, einem weiblichen franziskanischen Orden, bestand der Habit ursprünglich ebenfalls aus ungefärbter Wolle, später wurde Braun wie bei den Männern zur dominierenden Farbe. Grundsätzlich besteht auch das weibliche Ordenskleid meist aus Tunika und Skapulier (ohne Kapuze), dazu kommt der Schleier als Zeichen der allein Gott geweihten Jungfrau. Wie die gesamte Ordenskleidung – bei Männern und Frauen – hat auch der Schleier seine Wurzeln in der alltäglichen Kleidung der Spätantike, in der die ersten Klöster entstanden sind.

Oben: Zisterziensermönche, Fresko im Winterrefektorium des Klosters Bebenhausen. Wegen ihres ursprünglich ungefärbten Gewands wurden die Zisterzienser auch „graue Mönche" genannt.

Gegenüber: Dominikanerin in weiß-schwarzem Habit, 18. Jh., Kloster Stetten bei Hechingen.

Immer wieder mussten Mönche und Nonnen im Lauf der Jahrhunderte an die Kleiderordnung erinnert werden. Die Auswüchse trieben bisweilen seltsame Blüten. Mönche mit modischen Schnabelschuhen und Gürteln, an denen Degen baumelten, Schleier aus Seide, gefütterte Kapuzen, Mützen aus Lammfell, Sporen an den Stiefeln – vor allem im späten Mittelalter häufen sich solche Berichte. Doch wurde bisweilen versucht, mit Vehemenz gegenzusteuern, wie in den Statuten der Weißenfelser Klarissen von 1513: „Item schreibe ich vor, dass von nun ab eure Kleider, die Tuniken und Mäntel, von grauer und nicht von schwarzer Farbe seien. Ihr müsst auch Stricke um den Leib tragen, eine wie die andere, ohne jede Eigenheit und Auffälligkeit. Eure Schleier oder Kopfverhüllungen müssen bis zu den Augenbrauen gehen, damit in allem Frömmigkeit und Ehrbarkeit gewahrt bleibe." Im Prinzip hingen diese Kleiderdiskussionen ursächlich mit der Armutsforderung zusammen, deren Durchsetzung immer schwerer fiel.

## Der klösterliche Speiseplan

Gegenüber: Mönche bei der Mahlzeit im Refektorium (mit dem hl. Benedikt als Abt an der Stirnseite des Tisches). In der linken Bildhälfte erhält der Heilige Mehl, aus dem für seine Mönche Essen bereitet werden kann. Wandmalerei in der Abtei Monte Oliveto Maggiore (Toskana), Fresko, 1505–1508, des italienischen Malers Sodoma, eigentlich Giovanni Antonio Bazzi (1477–1549).
Die Mönche tragen das weiße Ordensgewand der Olivetaner, einer benediktinischen Reformbewegung.

Durchreiche für Speisen und Getränke in der Kartause Ittingen (Thurgau). Die Kartäuser aßen unter der Woche in ihren Häuschen. Die Durchreiche hat auf beiden Seiten kleine Türchen, so dass zwischen dem das Essen reichenden Laienbruder und dem Priestermönch kein direkter Kontakt notwendig war.

Zu den Kennzeichen des koinobitischen Mönchslebens gehören die gemeinsamen Mahlzeiten im Refektorium. Dabei machen einzig die Kartäuser wiederum eine Ausnahme – sie essen nur am Sonntag und an den Feiertagen in Gemeinschaft und ansonsten allein in ihren Zellen. Das Essen wird schweigend eingenommen, denn „es handelt sich beim klösterlichen Mahl nicht bloß um das Zusichnehmen von Speise für den Leib; es ist vielmehr die Fortsetzung der eucharistischen Feier, die am Morgen alle in der Kirche vereint hatte“. Das Vorlesen bei Tisch diente dem Mönchsvater Johannes Cassian „nicht so sehr der geistlichen Unterweisung“, sondern: „Damit sollen vielmehr unnützes, eitles Schwätzen vermieden werden und besonders Streitereien, die bei Tisch sehr häufig entstehen.“ Novizen wurden angewiesen, bei Tisch nicht umherzuschauen, „so dass du gar nicht weißt, wer an deiner Seite sitzt, und was dein Nachbar tut und was er vor sich hat. Denke nur an dich, an Gott und die Letzten Dinge. Iss mit Zucht, nicht mit der Geschwindigkeit des Fraßes, als wenn du nicht gesättigt werden könntest. Beuge dich nicht wie ein hungriger Hund über die Speise. Sieh auch nicht wild um dich mit unruhigem Herzen, ob nicht ein anderer ein besseres Essen als du hat. Mit Demut und Dankbarkeit lass es dir an dem, was du hast …, genügen. Hab stets lieber Mangel als Überfluss. Verschmähe nichts, was man dir vorsetzt, und sei nicht ungeduldig, wenn die Speise Gebrechen hat.“

Vom Dienst in der Küche, so legte es Benedikt fest, sollte niemand ausgenommen sein. Die Brüder sollten sich darin einem festen Turnus folgend abwechseln. Das Bedienen bei Tisch übernahmen die jüngeren Mitglieder des Konvents. Der Abt hatte einen eigenen Tisch, an dem auch seinen Gästen das Essen gereicht wurde, sei es im Refektorium oder in seiner Wohnung. So wie Mönche gemeinsam das Refektorium betreten haben, so verließen sie es am Ende auch wieder, sobald der Abt oder, wenn dieser nicht anwesend war, der Prior die Tafel aufgehoben hatte. Das war in den Stiften der Regularkanoniker nicht anders als bei den Benediktinern. Hier wie dort regelten „Gewohnheiten“ die Details. So wurde in den „Consuetudines“ des Kanonikerstifts Klosterrath (Kerkrade) beispielsweise sogar festgelegt, dass sich die Brüder vor dem Essen die Hände waschen und abtrocknen sollten – ein neuerlicher kleiner Hinweis auf die Wertschätzung der Hygiene in Klöstern und Stiften. In anderen klösterlichen „Gewohnheiten“ wird auch bestimmt, dass das Refektorium täglich gekehrt, der Boden mit Blumen, Pfefferminze und Fenchel bestreut werden sollte. Selbst der regelmäßige Wechsel der Tischtücher wird nicht vergessen.

Zum „Maß der Speisen“ hat Benedikt in seiner Regel ausführlich Stellung genommen: „Es genügen … für die tägliche Hauptmahlzeit … für alle Tische zwei gekochte Speisen; dies mit Rücksicht auf die Schwäche der Einzelnen. So mag, wer von der einen Speise vielleicht nicht essen kann, sich an der anderen sättigen.“ Dazu sollte den Mönchen Brot und, wo vorhanden, auch Obst und frisches Gemüse gereicht werden. Und wie sollten es die Mönche mit dem Alkohol halten? Zwar hielt Benedikt es persönlich eher mit den ägyptischen Mönchsvätern, die glaubten, dass „der Wein nicht zu den Mönchen passe“. Doch: „Da die Mönche unserer Tage sich davon nicht überzeugen lassen, wollen wir uns wenigstens dazu verstehen, nicht bis zur vollen Befriedigung zu trinken.“ Da ist sie neuerlich, Benedikts Zauberformel: das rechte Maß halten. Der Mönch sollte darauf achten, „dass keine volle Sättigung oder Trunkenheit vorkomme“. Als Maß gab der Mönchsvater „eine Hemina Wein“ täglich an – womit er spätere Generationen in Verwirrung stürzte, oder wenn man es positiv wenden will: seinen Nachfolgern die Möglichkeit der Interpretation ließ. In der römischen Antike entsprach eine Hemina ungefähr einem Viertelliter. Doch schon im 8. Jahrhundert wusste niemand mehr, was eine Hemina war, und es ist auch nicht klar, ob eine Hemina zu Benedikts Zeit überhaupt noch dem antiken Maß entsprochen hat. So ging man in der Regel von einem halben Liter Wein aus, der den Mönchen zugestanden werden sollte; darüber hinaus konnte der Abt „per caritatem“ (aus

XVII.KAL.MAI M.DCXXIV.
IOANNES NEAPOLITANVS GENERA
LEM QVĀ OLIVETANE FAMILIE ANNV
NONDVM INTEGRV GESSERAT ADMINIS
TRATIONE CV ÆTERNO CELI REGNO
(VT PAR EST CREDERE) COMVTATVRVS
EXCESSIT E VIVIS.XV.KAL.MENSIS
EIVSDĒ D.ANGELVS MARIA BONON:
GENERALIS VICARIVS IGNARVS QVA
NTV SIBI ONERIS ESSET IMPONENDV
ROMAM SESE CONTVLIT, VBI XII.KAL.
MAI AB VRBANO VIII.PONT.OPT.MA
XIMOQ AD DVOS INSEQVENTES ĀN
IN DEMORTVI GENERALIS LOCV SVF
FECTVS EST QVEM ILLE DIGNITATIS
GRADV, QVIA DETRECTARE NON POT
IT, SALTEM VT HONORIFICV GENERA
LIS NOMEN EFFVGERET A SVM:PONT.
NON ADMODV DIFFICVLTER ĪPETRA
VIT.SED IPSEMET PONTIFEX SPONTE
SVA, ET DISCEDENTI ROMA ALIAM
LONGE ILLVSTRIOREM APOSTOLICI
VICARII GENERALIS APPELLATIONE
ATTRIBVIT ET ROMAM DEINDE
POST ANNV REDEVNTI IDEM MVNVS
IN TRES ALIOS ANNOS PROROGATV
OBTVLIT, RENVENTIQ SALTEM VT
AD IMPLENDV TRIENNII SPATIVM
ANNVM INTEGRVM EANDEM AD
MINISTRATIONEM RETINERET IM
PERAVIT, QVAM NISI PRO VIRIBVS
D.DOMINICO PVERONO CREMONENSI
ABB.GEN.
SEXENNIVM OLIVET.CONGREG.PARET
QVÆ
PRIMVM SVFFRAGATORIBVS.CL.
ANNO.MDCXXVII.
MANIFESTA ISPIRAT.COEVNTIB.CVCTIS
SE ILLI CONCREDIT
DEINDE
AB VRBANO VIII.PONT.MAX.
FIDO VIRO MERITO COMENDATVR
MDCXXX.
REM NE OBTICEAM
BENE MVTVS LAPIS SVM POSITVS
D.ANGELO MARIA CANTONO
BONON.ABBATE
D.VICTORIO TESTA SENEN
VIC.GENERALIBVS.

Nächstenliebe) eine zusätzliche Ration verteilen lassen – an Festtagen oder nach besonders schwerer Arbeit.

Was genau die Mönche essen sollten, hat Benedikt nicht festgelegt, wohl aber einen deutlichen Hinweis gegeben: „Vom Genuss des Fleisches vierfüßiger Tiere sollen sich alle enthalten, mit Ausnahme der schwächlichen Kranken." Benedikts Abwendung vom Fleisch hat ihre Wurzeln weniger in der Heiligen Schrift als in antiker Tradition. Fleisch wurde eine die Leidenschaften erregende Wirkung zugesprochen, und das war genau das Gegenteil von dem, was Benedikt wollte.

Natürlich mussten sich die Mönche an die kirchlichen Fastengebote und -zeiten halten. Und die hatten es im Mittelalter und bis in das 20. Jahrhundert hinein in sich: Gefastet wurde an den 40 Tagen vor Weihnachten und vor Ostern – nach dem Vorbild Jesu, der 40 Tage in der Wüste gefastet hat. So wie Jesus sich damals mit dem Fasten auf sein öffentliches Wirken vorbereitet hat, sollten sich die Gläubigen auf die beiden hohen Festtage vorbereiten. Dazu kamen die Freitage in Erinnerung an die Kreuzigung Jesu am Karfreitag sowie die Vigiltage vor Weihnachten, Pfingsten, Mariä Himmelfahrt und Allerheiligen. Bleiben noch die sogenannten Quatemberwochen zum Beginn der Jahreszeiten, in denen mittwochs und samstags gleichfalls gefastet wurde. So kommt man auf über 140 Tage des Fastens im Jahreslauf, wobei man unterscheiden muss zwischen Fast- und Abstinenztagen. An den Abstinenztagen durfte man kein Fleisch essen (was die Mönche ohnehin nicht sollten), aber auch keine tierischen Fette wie Käse, Butter oder Milch zu sich nehmen; an den eigentlichen Fastentagen musste darüber hinaus eine zubereitete Mahlzeit genügen. Nur Alte und Kranke mussten nicht fasten. Auch die oft hochrangigen Gäste mussten sich nicht an die strengen Fastenregeln halten.

So weit die Theorie, doch wie sah es in der Praxis mittelalterlicher oder frühneuzeitlicher Klöster aus? Wein wurde selbstverständlich vor allem in jenen Klöstern getrunken, die in Weinbauregionen oder zumindest in deren Nähe lagen. Natürlich bauten die Klöster selbst Wein an. War dies nicht möglich, wurden für den Kauf des begehrten Rebensafts bisweilen hohe Summen aufgewendet. Dies mag ein Beispiel aus der frühen Neuzeit illustrieren. In dem bayerischen Birgittinnenkloster Altomünster flossen 50 Prozent aller Ausgaben für Lebensmittel in den Kauf von Wein. Anderenorts wurde Bier getrunken; nicht umsonst haben zahlreiche bayerische Brauereien ihre Wurzeln in Klöstern; manche – wie die Klosterbrauerei von Andechs am Ammersee – werden bis heute von den Mönchen betrieben, unter Mithilfe weltlicher Angestellter zwar, doch war dies im Mittelalter nicht anders. Eine lange Tradition hat in Andechs das Starkbier, das einst eigens zur Fastenzeit gebraut wurde. Aber auch Cidre bzw. Apfelmost wurde in den Klöstern gereicht. Schon im Mittelalter wurde Alkohol in Klöstern zudem destilliert. Zum Teil hat sich diese Tradition ebenfalls erhalten. Man denke nur an den Kräuterlikör der Grande Chartreuse in den französischen Alpen. Nicht immer waren die Ordensleitungen glücklich über die Kenntnisse der Mönche auf diesem Gebiet. So wurde den Dominikanern in der italienischen Hafenstadt Rimini der Besitz von Anlagen zur Destillation 1288 förmlich untersagt.

Der von Benedikt geforderte generelle Verzicht auf Fleisch war ein Dauerthema in den Klöstern. Viele mittelalterliche Mönche waren Adlige, für die der Genuss von Fleisch ein Standessymbol war, auf das sie nicht verzichten wollten. Ein Ausweg bot Geflügel, denn der Ordensgründer untersagte nur den Genuss „vierfüßiger Tiere". Zudem konnten die Mönche auf Fisch ausweichen, dem als Christus-Symbol hohe Wertschätzung zukam. Und so finden sich in mittelalterlichen Klöstern vielfach eigene Fischteiche, in denen im deutschen Sprachraum vor allem Karpfen gezüchtet wurden. Lagen natürliche Gewässer in der Umgebung des Klosters, wurden selbstverständlich auch diese befischt. So landeten auf den Tellern der Mönche des Zisterzienserklosters Himmelpfort in Brandenburg nicht nur die üblichen Karpfen, sondern zudem Hecht,

Gegenüber: Die hl. Humilitas von Vallombrosa (um 1225–1310) liest den Nonnen des von ihr gegründeten Klosters S. Giovanni bei Florenz während des Essens aus der Heiligen Schrift vor. Gemälde von Pietro Lorenzetti (1280 – um 1348). Galleria degli Uffizi, Florenz.
Die hl. Humilitas ist die Gründerin des weiblichen Zweigs der Vallombrosaner, eines benediktinischen Reformordens.

Zander, Forelle, Lachs, Aal, Barsch, Stör und weitere Speisefische. In der hessischen Abtei Seligenstadt hielt der nahe Main gleichfalls Hecht, Forelle, Lachs, Aal und Barsch bereit, darüber hinaus Äsche, Schleie, Barbe, Neunauge, Steinbeißer, Weißfische und Flusskrebse.

Nicht immer war das eigene Angebot derart üppig. In zahlreichen Klöstern, durchaus auch solchen mit eigener Fischzucht, wurde auf den Märkten der benachbarten Städte Fisch zugekauft. Vor allem der im Nordatlantik gefangene eiweißreiche Hering war bei den Mönchen äußerst beliebt. Im Zisterzienserkloster Salem am Bodensee aß man jährlich acht Tonnen davon! Dazu kam gelegentlich der wegen seiner langen Haltbarkeit besonders praktische Stockfisch; auch Kabeljau kam auf den Tisch. Besonders gut ging es den Mönchen der Abtei St. Edmundsbury in der englischen Grafschaft Suffolk: Dank einer königlichen Stiftung erhielten sie jährlich 4000 Aale. Beliebt waren in mittelalterlichen Klöstern auch Biber – aufgrund ihres schuppigen Schwanzes zählte man sie einfach zu den Fischen.

Der hl. Bischof Hugo von Grenoble (1053–1132) im Refektorium der Grande Chartreuse, Gemälde von Francisco de Zurbaran (1598–1664), um 1633. Museo de Bellas Artes, Sevilla.
Hugo von Grenoble war einer der frühen Förderer der Kartäuser und stellte dem hl. Bruno das Land für seine erste Gründung, die Grande Chartreuse, zur Verfügung.

Dass Fasten vor diesem Hintergrund nicht zwangsläufig mit Verzicht verbunden war, versteht sich fast von selbst. Und so haben die monastischen Reformbewegungen des Mittelalters den Finger gern in diese Wunde gelegt. Bernhard von Clairvaux etwa warf den Cluniazensern vor, dass sie zwar in der Theorie am Fleischverbot festhielten, es in ihren Klöstern aber tatsächlich ganz anders aussehe. So würden sich die Mönche scharenweise krankmelden, um auf diese Weise – der Regel entsprechend – Fleisch essen zu können. Und selbst wenn sie kein Fleisch äßen, handelten die Cluniazenser gegen die gebotene Einfachheit: „Wer könnte denn aufzählen, auf wie viele Arten allein die Eier zubereitet werden, mit wie viel Fleiß sie auseinandergeholt, geschlagen, flüssig oder hart gemacht und verkleinert werden, bald geröstet, bald geschmort, mal gemischt oder einzeln aufgetischt werden." Das sollte bei den Zisterziensern anders sein, zurück zu den Wurzeln: „Wir verordnen, dass in unseren Klöstern kein weißes Brot, auch nicht an Hauptfesten, gebacken werde, sondern nur schwarzes … Zur Bereitung der Gemüse benutzen wir keinen Pfeffer und Kümmel oder sonstige Gewürze, sondern nur die gewöhnlichen Küchenkräuter, wie sie unsere Heimat hervorbringt. Niemand (auch den Gästen nicht) darf außerhalb des Siechenhauses in den Abteien, Höfen oder Kellereien Fleisch verabreicht werden. Diejenigen, die in Klöstern eines anderen Ordens Gemüse, das sie mit Fett angemacht glauben, gegen ihr Gewissen genießen, haben an sieben Freitagen bei Wasser und Brot zu fasten. Dem Konventwein soll stets Wasser beigemischt sein."

In heutigen Benediktinerklöstern wird außerhalb der Fastenzeit durchaus Fleisch gegessen. Wie kam es dazu? Ein Schlupfloch dafür hatte Benedikt in seiner Regel selbst geöffnet, denn er überließ es dem Abt, wenn er es für geboten hielt, von den Speisevorschriften abzuweichen. In Paraclet in der Champagne gründete Peter Abaelard 1122 eine Einsiedelei. Für die dort lebenden Nonnen, an deren Spitze seine einstige Geliebte Heloise als Äbtissin stand, schrieb der berühmte Scholastiker eine

**Der Tisch des St. Galler Abts**

Was an einem Abtstisch im Spätmittelalter gereicht werden konnte, illustriert das Beispiel einer Küchenordnung für den Abt von St. Gallen aus der Zeit um 1480. Zwar wurde diese nicht für das Kloster selbst, sondern für die Hofhaltung des Abts im benachbarten Wil geschrieben, doch dürfte sie gleichwohl exemplarisch für die damals üblichen Gepflogenheiten sein. Drei Tage mögen als Beispiel genügen: der Sonntag als Festtag, der Dienstag als normaler Wochentag und der Freitag als Fastentag, wobei stets nur das Mittagessen aufgeführt ist.

Am Sonntagmittag gab es zuerst „Innereien, Gekrös [Gedärm, meist vom Kalb] oder Leberwürste und Blutwürste oder ein Hirn, mit Eiern gekocht, ein gelbes Erbsmus, Schaffleisch oder dergleichen“. Dann folgten „Kraut oder Rüben und Fleisch dazu, frisches oder getrocknetes. Ein Braten und dazu ein Gemüse von Haferkernen oder Grützmehl oder Brotbrei.“ Hatte der Abt Gäste, sollten als viertes Gericht noch Hühner oder Wildbret gereicht werden. Am Dienstag stand zu Mittag wieder das offensichtlich beliebte Gekrös auf dem Speiseplan, alternativ gab es „Kalbskopf und Kalbsfüße“. Danach folgten „Suppe und Fleisch oder Hühner“, schließlich „Kalbsbraten oder sonst Gebratenes und ein Müslein von Hühnerhirse oder Hirse oder dergleichen“. Und zuletzt der Freitag, der sich vor allem darin von den anderen Tagen unterschied, dass es kein Fleisch gab, stattdessen „durchgedrückte Bohnen oder Erbsen und ein wenig gepfeffert, oder ein gutes Gerstengericht oder Haferkerne zuerst, und dazu Fisch, wenn man einen solchen kriegen kann, oder ein Pfeffer zu gebackenen oder gefüllten Eiern, oder gebratene oder gebackene Fische, Apfelmüslein und dergleichen.“[1]

Hält man sich Benedikts Richtschnur vor Augen, dass die Mönche zwar nicht hungern, aber auch nicht bis zur völligen Sättigung essen oder trinken sollten, erscheint dieser St. Galler Abtstisch sehr reichlich gedeckt. Doch muss man sich vor Augen halten, dass St. Gallen ein Reichskloster war und dessen Abt zugleich Reichsfürst. Zwar steckte die traditionsreiche Abtei damals in einer tiefen Existenzkrise, doch änderte das am Selbstverständnis des Abts als Fürst nichts. Und vergleicht man die Speisepläne von weltlichen Fürstenhöfen in dieser Zeit, erscheint die St. Galler Küchenordnung schon wieder recht bescheiden.

[1] Die gesamte Küchenordnung mit sämtlichen Speisen für alle Tage der Woche sind abgedruckt in: Dieter Schwarz, Die Küchenordnung des Abtes Ulrich VIII. Rösch von St. Gallen für den Hof in Wil von etwa 1480, in: Veröffentlichungen des Instituts für mittelalterliche Realienkunde Österreichs Nr. 3, Klösterliche Sachkultur des Spätmittelalters, Wien 1980.

Ulrich Rösch, Abt von St. Gallen zwischen 1463 und 1491. Porträt in der Initiale einer Buchmalerei, 1106. Stiftsbibliothek Einsiedeln, Handschrift Cod. 285.

Regel. Er tat dies auf Bitten Heloises, denn die fromme Gemeinschaft lebte bis dahin ohne feste Regel. Heloise war es auch, die Abaelard auf das heikle Thema Fleisch ansprach: „Wo in aller Welt ist denn Fleischessen von Gott verdammt und den Mönchen verboten worden?“ Abaelard hatte auch darauf eine Antwort: „Indem wir also zugleich das Vermögen und die Natur der Menschen berücksichtigen, verbieten wir von Nahrungsmitteln überhaupt nichts, nur in allem das Übermaß. Wir setzen den Genuss von Fleisch und anderen Nahrungsmitteln aber auf ein solches Maß herab, dass die Enthaltsamkeit der Nonnen, trotzdem ihnen alles erlaubt ist, dennoch sich mehr bewährt als die der Mönche, denen einiges verboten ist. Und so wollen wir den Genuss des Fleisches in der Weise beschränkt wissen, dass am Tag nicht mehr als einmal davon gegessen werden soll; auch darf nicht ein und dieselbe Person mehrere Fleischgerichte erhalten, Gemüse sollen nicht hinzugefügt werden, und nicht öfters als dreimal in der Woche soll ihr [der Nonne] Fleisch zu genießen erlaubt sein, nämlich am ersten, dritten und fünften Wochentage …“

Zwar lebten die Nonnen von Paraclet nicht nach der Benediktregel, sondern nach den zitierten Konstitutionen Abaelards, doch war der Gelehrte selbst seit 1127 Abt des Klosters St-Gildas-en-Rhuys in der Bretagne. Das heißt: Für ihn galt die Benediktregel. Dass er sich in einer so zentralen Frage der Ernährung offen davon abwandte, mag darauf hindeuten, dass dieses Thema kontrovers diskutiert wurde. Tatsächlich häuften sich dann vor allem im Spätmittelalter die Bitten um diesbezügliche Privilegien. 1452 erteilte Papst Nikolaus V.

Mittagszeit im Refektorium der Abtei Notre-Dame-du-Bec-Hellouin, Normandie.

den Mönchen von Göttweig in der Wachau eine entsprechende Ausnahmegenehmigung. 1477 bat man im schweizerischen Einsiedeln darum, und 1486 erhielt mit Eberbach im Rheingau dann sogar ein Zisterzienserkloster die Erlaubnis, an drei Tagen in der Woche Fleisch auf den Tisch zu bringen. Mitunter kam man zu findigen Lösungen: Waren nicht die Gäste des Abts von den strengen Regeln teilweise ausgenommen? Wenn demnach Mönche am Tisch des Abts aßen, galten diese Ausnahmen doch auch für sie? Entsprechend begehrt waren die Plätze, und dabei verstieß man noch nicht einmal gegen die Regel, denn Benedikt hatte festgelegt, dass – wenn keine Gäste im Kloster waren – der Abt „nach freiem Ermessen aus der Zahl der Brüder" rufen könne, „wen er will". Und auch die schon von den Clunianzensern her bekannte Praxis, das – an den vielen Fasttagen natürlich weiterhin geltende – Fleischverbot zu umgehen, indem man sich einfach krankmeldete, wurde bisweilen weiterhin geübt. 1781 wird darüber beispielsweise im Kloster Seligenstadt geklagt: „Wenn ein extra Krankenregister in der Küche geführt und Herr Doktor Medizin einschreiben müsste, die jeder Patient essen und trinken sollte, o wie bald würde die schmale Krankendiät solche gesund machen, wie viel Geld würde gespart und der Chor merklich besetzt sein."

Besonders gut gegessen wurde, wie heute auch, an Festtagen. Ein Beispiel dafür mögen Aufzeichnungen aus Rechnungsbüchern des Benediktinerklosters Iburg im Osnabrücker Land sein, die allerdings erst aus dem 18. Jahrhundert stammen. Dort gab es an hohen Feiertagen meist Braten und Weißbrot statt des sonst üblichen Schwarzbrots, auch Fleischbrötchen werden darin als Besonderheit erwähnt. Am Gründonnerstag gab es zwar, da er in der Fastenzeit lag, kein Fleisch, aber die Erinnerung an das Letzte Abendmahl sollte doch auch im Refektorium feierlich begangen werden: „Zum Abendessen werden den Brüdern gebratene Fische gegeben, Kringel und kleine Kuchen aus Weizen, ebenso ein Honigkuchen und einige Feigen oder getrocknete Trauben, ebenso Wein."

Seit den Aachener Reformsynoden von 816/17 durften die Mönche nördlich der Alpen – außerhalb der Fastenzeit – mit Schmalz kochen. Die Verwendung des Fetts geschlachteter Tiere mochte mit dem Buchstaben der Regel zwar nicht ganz in Einklang stehen, doch in St. Gallen oder Fulda wuchsen nun einmal keine Oliven wie in Montecassino. Allerdings finden sich in klösterlichen Rechnungsbüchern durchaus Hinweise darauf, dass es üblich war, Olivenöl aus dem Süden zu importieren. Auch wurden andere Öle auf der Basis heimischer Rohstoffe in den Klöstern selbst hergestellt, wovon zahlreiche Ölmühlen zeugen.

Ein beliebtes Mittel, um den strengen Speiseordnungen ein kleines Schnippchen zu schlagen, waren die so genannten Pitanzen, milde Gaben von Wohltätern. Das waren zum Teil tatsächlich Nahrungsmittel, aber auch Geldspenden, mit denen die Konvente wiederum Essen zukaufen konnten. Diese Pitanzen wurden dann, beispielsweise an Festtagen, als zusätzliche Speisen gereicht. So gab es im Kloster Eberbach im Rheingau am Tag des hl. Markus zusätzlichen Fisch, Weißbrot und Wein. Dabei war nicht nur das sonst verpönte Weißbrot eine Besonderheit; die Pitanzen zeichneten sich insgesamt durch eine höhere Wertigkeit der Nahrungsmittel aus, als dies sonst im klösterlichen Alltag üblich war. In größeren Klöstern gab es sogar das Amt des Pitentiarius, der für die Annahme und Verteilung dieser Essensspenden verantwortlich war.

Gerade die lange Fastenzeit regte die Phantasie der Klosterköche an. Und so können die Mönche durchaus auf vielen Feldern als Vorreiter des guten Geschmacks gelten. Ebenso wurde durch ihre Findigkeit der mitteleuropäische Speisezettel deutlich erweitert: Olivenöl, Mandeln, Feigen, Rosinen, exotische Gewürze wie Zimt, Muskat oder Ingwer sind nicht zuletzt durch sie bereits im Mittelalter nördlich der Alpen bekannt geworden – selbst wenn diese Auswege den eigentlichen Hintergedanken des Fastens bisweilen in den Hintergrund gerückt haben mögen.

Gleichwohl ist das vielfach im 19. Jahrhundert gezeichnete Bild des prassenden Mönchs ein Zerrbild. Das Mönchtum hat sich über die Jahrhunderte stets als reformfähig erwiesen – auch in Küche und Refektorium. Und neue Orden wie Kartäuser oder Zisterzienser haben mit ihrer Strenge auch auf die bestehenden Gemeinschaften eingewirkt. Durch die Kritik der Zisterzienser sahen sich die Cluniazenser erst gezwungen, ihre Lebensweise zu rechtfertigen und zu begründen. Und bei aller langen Diskussion um Fleisch und Spezereien: Ein wesentlicher Bestandteil des Speiseplans in mittelalterlichen und frühneuzeitlichen Klöstern blieben Hülsenfrüchte, Kohl, Brei aus Gerste, Hafer oder Mais; darin unterschieden sich die Mönche nicht vom Gros der einfachen Bevölkerung. Ein anderes Hauptnahrungsmittel war das in der Regel selbstgebackene Brot.

Ebenso ein Zerrbild ist die Vorstellung reicher Klöster, die nur abgehoben in ihrer eigenen Welt lebten. Die Verpflichtung zur Gastfreundschaft bezog sich nicht nur auf Könige, Bischöfe oder Adlige, sondern gerade auch auf den bedürftigen Teil der Gesellschaft. Auf der Aachener Synode 816/17 wurde diese Verpflichtung noch einmal eigens hervorgehoben: „An der Klosterpforte soll ein geeigneter Raum sein zur Aufnahme der Fremden; dazu soll aber noch außerhalb des Klosters neben der Kirche, in der die Priester den Gottesdienst halten, ein Armenhaus sein; die Leitung dieses Hauses soll einer führen, der frei von Geiz ist und das Wohltun liebt. Ausgenommen die Zehnten, die das Kloster von den [verpachteten] Höfen erhält, soll von den Gütern diesem Armenhaus so viel zugewandt werden, als es der Besitzstand erlaubt, damit die Armen dort erquickt und ernährt werden können. Auch von allen Gaben, die die Gläubigen bringen, soll der zehnte Teil für die Armen verwendet werden …" So gehörte die Beköstigung notleidender Menschen zum Alltag mittelalterlicher Klöster. Die Armenfürsorge war im frühen und hohen Mittelalter weitgehend Sache von Mönchen und Nonnen. Erst im 13. Jahrhundert begann sich parallel dazu eine kommunale Armenpflege zu entwickeln. Ein Blick in den St. Galler Klosterplan belegt diese oft vergessene Aufgabe mittelalterlicher Klöster gleichfalls: An die Südseite der Kirche ist die Stube des Armenverwalters angebaut – direkt neben der Pilgerherberge, die für Bedürftige wohl die erste Anlaufstelle war.

Eine theologische Begründung für die Armenspeisung findet sich in den „Gewohnheiten" der Kanoniker von Klosterrath (Kerkrade). Demnach sollte „von allem, was zur Speisung der Brüder bereitet ist, auf der rechten Seite des oberen Tisches das erste Gericht Christus dargeboten" werden. Dieses sollte dann „einem Armen an Stelle von Christus vorgesetzt" werden, „der sagt, ihm werde zugewendet, was seinen geringsten Brüdern getan werde" – ein Zitat aus dem Matthäusevangelium.

Weil er ihnen zu streng ist, versuchen die Mönche von Vicovaro, den hl. Benedikt zu vergiften. Doch als er den Becher segnet, zerspringt dieser – Gott selbst rettet das Leben des Heiligen. Gemälde von Antonio Pisanello, Zuweisung (?), (1395–1455). Galleria degli Uffizi, Florenz.

## Der Rat der Brüder

Benedikt von Nursia hat das Amt des Abts zwar mit weitreichenden Vollmachten ausgestattet, doch ist der Vorsteher eines Benediktinerklosters kein Diktator. Und dies nicht nur, weil er sich selbst an die Heilige Schrift und die Regel halten muss. Der Abt soll seine Entscheidungen grundsätzlich nicht im Alleingang fällen: „Sooft eine wichtige Angelegenheit im Kloster zu behandeln ist, rufe der Abt die ganze Gemeinschaft zusammen und eröffne ihr, um was es sich handelt. Und nachdem er die Ansicht der Brüder vernommen hat, überlege er bei sich und tue dann das, was ihm als das Nützlichste erscheint." Dabei soll sich der Abt nicht nur den Rat der älteren, erfahreneren Brüder anhören: „Wir haben darum bestimmt, dass alle zur Beratung gerufen werden, weil der Herr oft einem jüngeren Bruder offenbart, was das Beste ist." Das Regelwerk Benedikts ist ein steter Rückgriff auf die Heilige Schrift als Basis des Glaubens. Dass es besser sei, vor einer Entscheidung Rat zu suchen, findet sich beispielsweise im Buch Jesus Sirach. Nicht den Rat eines Eifersüchtigen oder eines Rivalen, wohl aber den eines „gottesfürchtigen Mannes, von dem du weißt, dass er die Gebote hält, der in seinem Herzen nach deinem Herzen ist und, wenn du strauchelst, sich um dich bemüht". Auch im Neuen Testament finden sich Hinweise, die Benedikt zu der Überzeugung geführt haben könnten, den Rat aller Brüder anzuhören. So preist Jesus im Matthäusevangelium seinen Vater, „Herr des Himmels und der Erde, dass du dieses vor Weisen und Klugen verborgen, Unmündigen aber offenbart hast". Genauso konnte sich Gott durch jeden Mönch offenbaren – unabhängig von dessen Rang in der Gemeinschaft. Schauplatz dieser Beratungen der Klostergemeinschaft war der Kapitelsaal.

Im Kapitelsaal wurde zum einen über das alltägliche Geschäft gesprochen. Wohl auch deshalb fanden die Zusammenkünfte in der Regel im Anschluss an die Prim, also am frühen Morgen statt. Wie genau dies vonstatten gehen sollte, wurde nicht in der Regel, sondern in den „Gewohnheiten" der verschiedenen Klöster festgelegt. Tägliche Kapitelsitzungen gab es auch bei den nach der Regel des hl. Augustinus lebenden Regularkanonikern. Im Grundsatz unterschieden sich die Gepflogenheiten nur wenig. In den „Consuetudines" des Stifts Klosterrath (Kerkrade) ist der Ablauf des täglichen Kapitels sehr genau beschrieben; es sind Elemente, wie sie sich auch bei den Benediktinern finden: Beginnen sollte die Zusammenkunft mit Lesungen aus der Heiligen Schrift und der Regel. „Danach wird von der Tafel vorgetragen, was jeder in der folgenden Nacht oder am folgenden Tag im Chor zu singen oder zu lesen hat oder was außerhalb des Chors an solchen Diensten zu verrichten ist, die wir selbst ausführen, wie das Vorlesen im Refektorium ..., der Dienst in der Küche, das Bedienen im Refektorium." Es folgte das Gedenken an die verstorbenen Brüder und Wohltäter des Klosters.

Doch mit der Verteilung der Arbeit erschöpfte sich die Bedeutung des Kapitels nicht. Der Kapitelsaal war die Schaltzentrale des Klosters: Hier wurde der Abt gewählt und über die Aufnahme neuer Mitglieder entschieden. Auch die symbolischen Akte, die auf solche Entscheidungen folgten, fanden im Kapitelsaal statt: Mönche, die in eine vom Konvent beschlossene Neugründung aufbrachen, erhielten hier das Kreuz, das sie mit in das neue Kloster nahmen und dort aufrichten sollten (siehe die Darstellung des hl. Sturmius und seiner Gefährten auf Seite 136); im Kapitelsaal wurden die Novizen eingekleidet; hier legten sie ihre ersten, noch zeitlich begrenzten Gelübde ab. Aber auch über Verfehlungen einzelner Mönche (oder Nonnen) wurde vor der gesamten Gemeinschaft beraten. Das hatte Benedikt in seiner Regel so bestimmt. Zweimal sollte ein trotziger oder hochmütiger Bruder zunächst „im Geheimen von seinem Vorgesetzten ermahnt werden". Doch: „Wenn er sich nicht bessert, werde er öffentlich vor allen zurechtgewiesen." Das Forum dieser „öffentlichen Zurechtweisung" war die versammelte Kommunität im Kapitelsaal. Halfen auch diese Zurechtweisung oder die von Benedikt durchaus vorgesehene und im Mittelalter praktizierte „körperliche Strafe" nichts, stand im

Gegenüber: Ein Mönch wird im Kapitelsaal bestraft (rechte Bildhälfte). Buchmalerei aus „La fleur des hystoires" von Jean Mansel, 15. Jh. Bibliothèque royale, Brüssel, Ms. 21252, folio 19.
Benedikt sah die körperliche Züchtigung nur als Ultima Ratio vor. So rät der Mönchsvater Antonius dem Abt in der Buchmalerei (linke Bildhälfte) denn auch, mit jungen Mönchen nachsichtig zu sein.

Cy commence la tierce partie du troizieme volume de la fleur des histoires
qui traitte des exemples moraulz a divers propos selon le A. B. C.

Premier exemple.

Exemple comment ung abbe ou ung maistre denfans ne doit jamais
estre trop rigoreux a ses disciples et subgetz. xx. //

En ce propos reci
te saint ancel
me que ung
abbe se complai
gnit une fois
a saint anthoine qui lors vivoit
et lui dist Pere dist il je ne scay
que je doy faire de mes jones moy
nes Je ne les fay que batre jour
et nuyt. mais il me semble quilz
ne se amendent pas ains empi
rent tous les jours dont certes
jay grant dueil et grant des
plaisir en moy mesmes Je te prie
conseille moy que jen doy faire
Saint anthoine lui respondit

schlimmsten Fall der Ausschluss aus dem Kloster an – dabei wurde dem Störenfried im Kapitelsaal der Habit ausgezogen; er war damit für alle sichtbar kein Mitglied der Mönchsgemeinschaft mehr.

Für moderne Menschen nur schwer verständlich ist die Praxis der Selbstanklage. Hatte ein Mönch sich einer Verfehlung schuldig gemacht, sollte er dies öffentlich bekennen. Dazu sollte er sich – so legten es beispielsweise die „Gewohnheiten" des Kanonikerstifts Klosterrath fest – „unverzüglich erheben, ehrerbietig zu dem hierzu bestimmten Platz vortreten, sich mit dem ganzen Körper auf dem Boden ausstrecken … und auch nicht mehr aufstehen, bevor es ihm befohlen wird".

Schließlich kam die politische Positionierung eines Klosters hinzu, über die im Kapitelsaal beraten wurde. Dies mag ein neuerliches Beispiel aus dem englischen Benediktinerkloster St. Edmundsbury illustrieren. Die Abtei hatte in der Mitte des 12. Jahrhunderts die Befreiung von der Aufsicht des Erzbischofs von Canterbury erreicht. Nach der Wahl eines neuen Abts versuchte der Erzbischof, das päpstliche Privileg einfach zu ignorieren, und kündigte eine Visite in dem Kloster an. Um darauf einmütig reagieren zu können, rief Abt Samson die Mönche in den Kapitelsaal. In der Chronik des Jocelinus de Brakelonda erfahren wir darüber hinaus, dass die Mönche von St. Edmundsbury keineswegs immer klaglos die Entscheidungen des Abts hingenommen haben. Bei allzu großen Eigenmächtigkeiten erhob sich im Konvent „ein großes Murren". Das entsprach zwar nicht dem Geist der Regel, in der Realität aber musste jeder Abt darauf achten, im Kreis der Mönche anerkannt zu sein.

Ende des 11. Jahrhunderts urteilte der Mailänder Erzbischof Pietro Grossolano: „Das Kapitel ist … Lehrmeister und Führer des ganzen Klosters. So wie nämlich ein kluger Lehrer kluge Schüler ausbildet und wie ein wackerer Feldherr wackere Soldaten schafft, so formt ein frommes und heiliges Kapitel fromme und heilige Mönche. Am Lehrer kannst du die Schüler, am Feldherrn die Soldaten und am Kapitel die Mönche erkennen." Allerdings darf man sich die Beratungen im Kapitelsaal eines mittelalterlichen Klosters nicht wie ein modernes Parlament vorstellen. Die Tagesordnung bestimmte der Abt, und letztlich traf er die Entscheidung. Das Wort durfte ergreifen, wer von ihm dazu aufgefordert worden war; so sollten hitzige Wortgefechte zwischen möglichen Kontrahenten verhindert werden.

Grundsätzlich galt auch im Kapitelsaal das Schweigegebot. Genauer als in der Benediktregel ist der „Rat der Brüder" in der älteren Magisterregel definiert. „Wenn man alle um Rat fragen muss, so geschieht dies aus zwei Gründen: weil es geschehen kann, dass von dem ein besserer Rat gegeben wird, von dem man es nicht erwartet, … und weil man, wenn die Ratschläge zahlreicher sind, die richtige Entscheidung leicht findet. Wenn von allen Brüdern keiner einen geeigneten Rat geben kann, dann entscheidet der Abt so, wie er will, nachdem er die Rechenschaft über seine Entscheidung gegeben hat; und es ist angemessen, dass die Glieder dem Haupt folgen."

Nach dem St. Galler Klosterplan dient noch ein Teil des Kreuzgangs zugleich als Kapitelsaal. „Hier soll die fromme Schar nützlich Rat halten", hat der Schreiber an dieser Stelle verzeichnet. Auch in der Vita des Abts Eigil

Gegenüber: Wunderbarer Fischfang im See Genezareth (Lukas 5,1–11), Fresko im Kapitelsaal der Abbaye de la Trinité de Vendôme, 13. Jh.

Kampf zwischen einem Pygmäen und einem Kranich. Relief an einem Kapitell im Kapitelsaal der Kathedrale von Autun, um 1140, von Gislebertus von Autun.
Wie den meisten Bischofskirchen war auch der Kathedrale von Autun ein Kollegiatstift angeschlossen, dessen Versammlungsort der Kapitelsaal war.

von Fulda (um 750–822) wird der Kreuzgang als Versammlungsort des Konvents benannt. Doch bereits im 9. Jahrhundert finden sich erste Belege für eigenständige Kapitelsäle, die im Lauf der Zeit aufgrund ihrer Bedeutung architektonisch und durch reichen Schmuck immer mehr hervorgehoben wurden. Wie Refektorium und Dormitorium war der Kapitelsaal vom Kreuzgang als überdachtem Verbindungsgang aus direkt zugänglich.

Große, eindrucksvolle Beispiele mittelalterlicher Kapitelsäle haben sich bis heute erhalten: Zwischen 1159 und 1180 entstand der Kapitelsaal des niederösterreichischen Zisterzienserstifts Zwettl mit seiner mächtigen Säule im Zentrum, von der alle Rippen und Bögen des Gewölbes ausgehen. Aus der gleichen Zeit stammt der Kapitelsaal der von Bernhard von Clairvaux gegründeten Abtei Fontenay in Burgund, eines der besterhaltenen Beispiele früher Zisterzienserarchitektur, das nicht umsonst in die Unesco-Welterbeliste aufgenommen worden ist. Im katalonischen Poblet fällt es nicht schwer, sich in die Beratungen der mittelalterlichen Mönchsgemeinschaft zurückzuversetzen. Entlang der Wände befinden sich die hölzernen Sitzbänke der Mönche; einzig der Abt hat an der Kopfseite des Saals einen eigenen Stuhl mit großer Rückenlehne, den man auch als Thron deuten mag, der aber in jedem Fall die Autorität des Amts unterstreichen sollte. Diese Anordnung ist typisch für mittelalterliche Kapitelsäle. In dem am Jakobsweg gelegenen Zisterzienserkloster L'Escaladieu (Pyrenäen) haben sich sogar die steinernen Sitzbänke aus dem Mittelalter erhalten.

Weil besonders hervorgehobene, würdige Stätten, wurden Kapitelsäle auch als Grabstätten benutzt. Grabplatten von Äbten findet man beispielsweise in Poblet. Doch nicht nur Äbte fanden in Kapitelsälen ihre letzte Ruhe. Der Kapitelsaal des Zisterzienserstifts Heiligenkreuz bei Wien diente den Babenberger Herzögen als Begräbnisstätte. Herzog Friedrich II. ließ sogar bereits an anderen Stätten beigesetzte Mitglieder seiner Familie nach Heiligenkreuz überführen. Und auch er selbst wurde dort 1246 beigesetzt. Im Prämonstratenserstift Wedinghausen stand mitten im Kapitelsaal das Hochgrab des Stifters, Graf Heinrich II. von Arnsberg, und seiner Frau Ermengardis. So wurde den Chorherren täglich vor Augen geführt, wem sie ihr Kloster zu verdanken hatten. Aber auch die Mönche selbst nutzten den Kapitelsaal als Stätte des Totengedenkens; im Rahmen der Zusammenkunft wurde stets für die an diesem Tag verstorbenen Mitglieder des Konvents gebetet. Bis heute werden verstorbene Mönche im Kapitelsaal des Klosters aufgebahrt – damit schließt sich der Kreis des Mönchslebens dort, wo er einst begonnen hat. Oft besaß der Kapitelsaal sogar einen eigenen Altar und war damit zusätzlich als Kapelle nutzbar.

Der Kapitelsaal von Poblet stammt aus dem 13. Jahrhundert; er gilt wegen seines reichen Schmucks und harmonischen Raumeindrucks als Juwel der gesamten Klosteranlage. Im Kapitelsaal des Benediktinerklosters von Brauweiler bei Köln, der noch aus der ersten Hälfte des 12. Jahrhunders stammt, haben sich bauzeitliche Wandmalereien erhalten, die den Hebräerbrief des Apostels Paulus illustrieren. 1147 warb hier Bernhard von Clairvaux vor den versammelten Mönchen für den Zweiten Kreuzzug.

Besonders schöne Beispiele für mittelalterliche Kapitelsäle gibt es auch in Süddeutschland. Hier ist beispielsweise die ehemalige Zisterzienserabtei Eberbach im Rheingau zu nen-

Gegenüber: Kreuzgang des ehemaligen Zisterzienserklosters Bebenhausen; er entstand Ende des 15. Jh.s. Vom Kreuzgang aus waren alle zentralen Einrichtungen des Klosters direkt erreichbar.

Links: Mönche bei der Eucharistiefeier, französische Buchmalerei, 15. Jh. British Library, London, Ms. Egerton 1070.

nen, in der die Innenaufnahmen des Historiendramas „Der Name der Rose“ nach dem Roman von Umberto Eco gedreht wurden. Der Eberbacher Kapitelsaal stammt ursprünglich aus dem 12. Jahrhundert, wurde aber um 1345 gotisch verändert. Damals entstand das für diese Zeit typische Sterngewölbe. Im 15. Jahrhundert wurden noch Malereien mit Ranken und Blumenmotiven hinzugefügt. Solche finden sich auch im Kapitelsaal des Zisterzienserklosters Bebenhausen bei Tübingen. Die eigentliche Architektur ist auch hier älter. Um 1225 war der Raum mit seinen Kreuzrippengewölben fertiggestellt. In Maulbronn, einem weiteren Zisterzienserkloster auf der Welterbeliste der Unesco, öffnet sich der spätgotische Kapitelsaal mit großen, maßwerkvergitterten Fenstern und zierlichen Säulen zum Kreuzgang.

Die Bedeutung des Kapitelsaals mag auch eine italienische Redewendung illustrieren: „Avere voce in capitolo“ heißt wörtlich übersetzt: eine Stimme im Kapitel (der Mönche) haben. Im übertragenen Sinn aber bedeutet es: etwas zu sagen haben. Und genau das hatten die Mönche im Kapitelsaal eines Klosters.

Nicht nur in der Benediktregel wird der Abt auf den Rat der Brüder verwiesen. So heißt es beim hl. Basilios: „Wie der Vorsteher verpflichtet ist, der Brüderschaft in allem voranzugehen, so haben die übrigen wiederum die Pflicht, ihn mahnend zu erinnern, wenn er sich irgendeines Vergehens schuldig gemacht hat.“ Allerdings gibt es bei Basilios einen signifikanten Unterschied zu Benedikt: „Damit aber die Ordnung nicht gestört werde, ist die Ermahnung solchen zu übertragen, die sich durch Alter und Einsicht auszeichnen.“

Kapitelsaal der Zisterzienserabtei L'Escaladieu in den französischen Pyrenäen.
Gut zu sehen sind die umlaufenden steinernen Sitzbänke, auf denen die Mönche bei ihren Beratungen Platz genommen haben.

Gegenüber: Kapitelsaal des Zisterzienserstifts Zwettl (1159–1180), Niederösterreich. Bemerkenswert ist die granitene Mittelsäule, auf der das gesamte Kreuzrippengewölbe lastet.

# Klosterwirtschaft – Scheune, Kornhaus, Mühle ...

Mittelalterliche Klöster waren Wirtschaftszentren von großer Ausstrahlung. Ihre Landwirtschaft deckte längst nicht nur den eigenen Bedarf ab. Früh engagierten sich die Mönche auch im Bergbau und in der Weiterverarbeitung der abgebauten Rohstoffe. Dabei kam ihnen zugute, dass sie in der Nutzung der Wasserkraft führend waren. Auch die wirtschaftlich weniger aktiven Bettelorden verstanden es, ihre Klöster auf eine gesicherte materielle Basis zu stellen.

# Mönchtum und Landwirtschaft

Seiten 176/177: Von der Grangie Vaulerent der Zisterzienserabtei Chaalis, nordöstlich von Paris, hat sich ein 72 Meter langer Getreidespeicher aus dem 12. Jh. erhalten (rechts im Bild) – eines der schönsten Beispiele zisterziensischer Wirtschaftsarchitektur in Frankreich. Der zylindrische Turm daneben stammt aus dem 15. Jh.

Unten: Bauer bei der Getreideernte, französische Buchmalerei, 12. Jh., *Codex Guta-Sintram.* Bibliothèque du Grand Séminaire, Straßburg, Ms. 37. Bereits im Mittelalter haben Mönche die Feldarbeit vielfach an hörige oder durch Pachtverträge verpflichtete Bauern abgegeben.

Zu jedem mittelalterlichen oder frühneuzeitlichen Benediktinerkloster gehörte eine eigene Landwirtschaft – nur so konnte das Prinzip der Selbstversorgung, der wirtschaftlichen Autarkie, verwirklicht werden. Und auch heute noch ist Benediktinerklöstern in der Regel eine Landwirtschaft angeschlossen. In der Benediktregel war diese enge Verbindung zwischen Mönchtum und Landwirtschaft eigentlich nicht angelegt. Der Ordensvater betonte zwar die Notwendigkeit der täglichen Handarbeit; das hieß für ihn aber nicht, dass die Mönche zwangsläufig Landwirtschaft betreiben mussten. Wenn es aber die „örtliche Lage" mit sich bringe, „dass die Brüder selbst die Feldfrüchte einernten müssen, so sollen sie deswegen nicht unwillig werden".

Tatsächlich war die Feldarbeit in mittelalterlichen oder frühneuzeitlichen Klöstern nicht Sache der Priestermönche, sondern allenfalls der Laienbrüder. Vielfach bewirtschafteten die Klöster ihren oft verstreuten Grundbesitz allerdings nur zu einem geringen Teil selbst. Stattdessen richteten sie Fron- oder Außenhöfe ein, an deren Spitze weltliche Gutsverwalter standen. Auf diese Außenhöfe waren wiederum zahlreiche unfreie Bauernstellen ausgerichtet, die dort ihre Ernte abliefern und Frondienste leisten mussten. Die Klöster waren Grundherren, so wie ihre adligen Nachbarn Grundherren waren.

Eine Besonderheit stellen die bereits erwähnten Grangien der Zisterzienser dar, die in der Anfangszeit tatsächlich von (Laien-)Mönchen bewirtschaftet wurden. Ihre effektive Verwaltung war ein maßgeblicher Grund für den wirtschaftlichen Erfolg des Ordens. In den Beschlüssen des Generalkapitels von 1134 heißt es dazu: „Die Mönche unseres Ordens müssen von ihrer Hände Arbeit, Ackerbau und Viehzucht leben. Daher dürfen wir zum eigenen Gebrauch besitzen: Gewässer, Wälder, Weinberge, Wiesen, Äcker sowie Tiere. Zur Bewirtschaftung können wir in der Nähe oder in der Ferne beim Kloster Höfe haben, die von Konversen beaufsichtigt und verwaltet werden." Im 12. und 13. Jahrhundert gab es in den Klöstern der Zisterzienser deutlich mehr Konversen als Mönche; nur so konnten die großen Grangien bewirtschaftet werden. So kamen in Bebenhausen auf 60 bis 80 Mönche Ende des 13. Jahrhunderts rund 130 Konversen. Im niedersächsischen Walkenried war der Unterschied zur gleichen Zeit sogar noch höher: Auf 80 Mönche kamen 180 Konversen. Die große Bedeutung, die die Zisterzienser der Landwirtschaft beimaßen, zeigt sich auch in der bevorzugten Lage, wie sie Bernhard von Clairvaux selbst beschrieben hat: „In den Tälern ist die Fruchtbarkeit, dort gedeihen die Pflanzen, dort findet man die vollen Ähren, da gewinnt man hundertfältige Frucht. Dort pflanzt, wo die Wasser fließen." Die Konversen lebten zum Teil auf den Grangien, also außerhalb des Klosters. Wenn sie wegen ihrer Arbeit auf dem Feld nicht die Heilige Messe besuchen konnten, sollten sie als Ersatz 50 „Vaterunser" beten …

Die zisterziensische Idealvorstellung, alle Arbeiten selbst auszuführen, ließ sich auf Dauer nicht aufrechterhalten. Auch bei den „Reform-Benediktinern" ging man entgegen der ursprünglichen Intention schließlich dazu über, Höfe zu verpachten, als im 14. Jahrhundert die Zahl der Konversen rapide zu sinken begann. So bewirtschaftete etwa das Zisterzienserkloster Bebenhausen in der Mitte des 14. Jahrhunderts noch ein Viertel seiner landwirtschaftlich genutzten Fläche selbst, im 16. Jahrhundert war bereits die gesamte Fläche verpachtet.

Wie die Bewirtschaftung verpacheteten Landes aussehen konnte, zeigt ein Beispiel aus der Zisterzienserinnenabtei Lichtenthal in Baden-Baden. Ein Hof der Abtei in der Pfarrei Oos war unter vier Bauern aufgeteilt. Traditionell mussten die Bauern ihre Zinsen am Tag des hl. Martin, dem 11. November, zahlen. Die Arbeit auf dem Feld war getan, die Ernte eingefahren. Dann kamen die Bauern zum Kloster und lieferten den festgelegten Teil der Ernte ab. Im Fall der vier Bauern der Pfarrei Oos waren dies im Jahr 1523: 20 Malter Hafer, ein halber Malter Gerste, zwei Simri Erbsen und zwei Simri Linsen. Der Malter ist ein altes, regional unterschiedlich berechnetes Getreidemaß. 20 Malter Hafer sind umgerechnet knapp 1,4 Tonnen, ein halber Malter Gerste etwa 42 Kilogramm. Hafer und Gerste gehörten zu den klassischen Getreidearten, die im Mittelalter angebaut wurden. Dazu kam vor allem Roggen, doch auch Dinkel und Hirse waren beliebt; Weizen wurde dagegen seltener angebaut als heute, weil er hohe Ansprüche an Klima und Bodenqualität stellt. Häufiger findet man ihn daher nur in Zonen mit mildem Klima wie dem Rheinland. Die übliche Form des mittelalterlichen Ackerbaus, wie er auch von den Klöstern betrieben wurde, war die Dreifelderwirtschaft. Das heißt: Auf einem Feld wurde im ersten Jahr Sommergetreide angebaut, im zweiten Wintergetreide, und im dritten blieb es brach, damit sich der Boden erholen konnte.

Die Erträge waren im Vergleich zu heute sehr gering: Das Verhältnis von Saatgut und Ernte lag bestenfalls bei eins zu vier, im frühen Mittelalter sogar noch darunter. Wobei man auf klösterlichen Besitzungen offenbar großen Wert auf eine regelmäßige Düngung des Bodens gelegt hat. In den Pachtverträgen, die das Kloster Maria Laach in der Eifel im 14. und 15. Jahrhundert abgeschlossen hat, wird stets auch explizit auf die Verpflichtung zur Düngung eingegangen. Und im englischen St. Edmundsbury holte man Dunghaufen aus der Stadt, um sie auf den klösterlichen Feldern auszubringen. Ein Simri, um auch dieses Maß noch zu erklären, entspricht – in etwa – zwanzig Kilogramm, so dass die Bauern den Nonnen also jeweils vierzig Kilogramm Erbsen und Linsen abgeben mussten.

Ob nun selbst bewirtschaftet oder nicht: Die Kulturlandschaft, wie wir sie heute kennen, ist in vielen Regionen das Werk der Mönche gewesen. Wälder wurden gerodet, Sümpfe trockengelegt – neues Ackerland entstand. Man denke nur an die zahlreichen Zisterzienserklöster in Brandenburg. Dabei ging die Kultivierung des Landes einher mit dessen politischer Durchdringung. Mission, Landwirtschaft und politische Herrschaft waren untrennbar miteinander verbunden. Die Atmosphäre, die bei einer solchen Pionierarbeit geherrscht haben mag, hat der Zisterzienser Isaak von Stella beschrieben, der selbst auf einer Insel vor La Rochelle an der französischen Atlantikküste unter widrigen Umständen ein Kloster gegründet hat: „Um dieses Feld zu roden, um nicht in Dornen zu säen, triefen wir in dieser zusätzlich brennenden Mittagssonne vor Schweiß. Nachdem wir uns so für die irdische Saat geplagt haben, wollen wir uns im Schatten der gastfreundlichen Eiche, die ihr dort drüben seht, ein wenig ausruhen. Dort wollen wir die Saat des göttlichen Wortes von der Spreu trennen, sie mahlen, den Teig daraus machen, sie backen und essen – nicht ohne inneren Schweiß.“ Bezeichnend für die benediktinische Grundhaltung ist hierbei die Symbiose, die körperliche und geistige Arbeit zum Lob Gottes einnehmen.

Gebet des hl. Bernhard um eine gute Ernte, Tafelmalerei, 1500, von Jörg Breu d. Ä. (um 1475/1480–1537). Bernhardsaltar (Ausschnitt) der Kirche des Zisterzienserstifts Zwettl.

Schon im „Vaterunser“ bitten Christen um das „täglich Brot“ – es ist das Grundnahrungsmittel über Jahrhunderte hinweg gewesen. Wer Brot möchte, benötigt Getreide, und wer einen Konvent von hundert oder mehr Mönchen versorgen muss, benötigt viel Getreide, und er benötigt die entsprechenden Gebäude, um es zu lagern und weiterzuverarbeiten. Dass die Mönche zunehmend Fleisch aßen, verringerte den Bedarf nicht, denn Korn wurde auch als Futtermittel für das Vieh benötigt.

Blicken wir also einmal mehr in den St. Galler Klosterplan: Am südlichen Rand der Anlage ist ein großes Gebäude eingezeichnet mit der Inschrift: „Scheune zur Aufbewahrung der jährlichen Frucht", es handelt sich demnach um den Getreidespeicher des Klosters. Sogar ein Dreschplatz ist vorgesehen, auf dem die Getreidekörner mit Dreschflegeln aus den Ähren gelöst werden. Für die Aufbewahrung des Korns ist gleichfalls ein eigenes Gebäude im Klosterplan eingezeichnet. Es liegt – und hier zeigt sich einmal mehr, wie durchdacht der Plan ist – umgeben von den klösterlichen Einrichtungen, die das Korn benötigt haben: Küche, Brauerei und Mühle.

Tatsächlich gab es auch in der mittelalterlichen Realität kein Benediktiner- oder Zisterzienserkloster ohne Ökonomie, die dabei in der Regel am Rand des ummauerten Bezirks lag, abseits der Klausur der Mönche. Bis heute kann man dies beispielsweise in dem einstigen Zisterzienserkloster Maulbronn sehen. Dort gibt es, an die Klostermauer angelehnt, mehrere Speichergebäude, in denen Getreide und Korn aufbewahrt wurden, daneben Klostermühle und Bäckerei. Das gleiche Bild im hessischen Seligenstadt: Auch hier liegt ein langgestrecktes Speichergebäude direkt an der Klostermauer, nicht weit davon entfernt die Mühle. In Cluny baute man im 13. Jahrhundert einen gewaltigen, 56 Meter langen und zwölf Meter breiten Kornspeicher. Besonderer Clou: Über eine Steinrinne konnte das Korn direkt in den Mühlenturm geleitet werden.

Wie kamen Klöster überhaupt an ihren zum Teil riesigen Grundbesitz? Zuerst vor allem

Pfleghof des Zisterzienserklosters Bebenhausen in Tübingen, erbaut zwischen 1478 und 1500. Pfleghöfe waren die wirtschaftlichen Standbeine der Klöster in den Städten.

durch Schenkungen aus dem schon mehrfach erwähnten Grund: Fromme Stifter glaubten ihrem Seelenheil etwas Gutes zu tun, indem sie Klöstern eben auch Ländereien schenkten – inklusive aller Hörigen, die darauf lebten. Auf der Basis dieses geschenkten Besitzes konnten die Mönche dann selbst Gewinne erwirtschaften, mit denen sie weitere Ländereien oder Besitzrechte zukaufen konnten. Ein Drittel der Fläche Westfalens war um das Jahr 1000 in klösterlichem Besitz, wobei Corvey die bedeutendste Abtei in der Region war. Der größte klösterliche Grundherr in dieser Zeit war die Abtei Fulda, deren Besitzungen fast über das gesamte Reich verstreut waren. Selbst ein kleineres, nur regional bedeutendes Kloster wie jenes der Birgittinnen im bayerischen Altomünster hatte in der frühen Neuzeit einen Grundbesitz von über 3000 Hektar.

Vielfach produzierten die Klöster weit mehr Korn, als sie selbst benötigten. Den Überschuss setzten die Mönche auf den Märkten der Städte ab. Zu diesem Zweck gründeten sie Klosterhöfe, wie sie sich mancherorts noch erhalten haben. Dort konnten Brüder übernachten, wenn sie in der Stadt zu tun hatten, vor allem aber konnten dort die Waren aus der klösterlichen Produktion zwischengelagert werden. Ein besonders schönes Beispiel ist der Bebenhausener Pfleghof in Tübingen, ein mächtiger Bau von 1492 mit eigener Kapelle. Das Erdgeschoss war ursprünglich eine offene Halle, wie man sie auch aus spätmittelalterlichen Kaufhäusern kennt. In Tübingen waren im Erdgeschoss Keltern gestanden, so dass die von den zehntpflichtigen Bauern der Umgebung angelieferten Trauben gleich verarbeitet werden konnten. In der Regel hatten die Klöster nicht nur einen Stadthof, sondern mehrere, meist in der eigenen Region, aber durchaus auch in größerer Entfernung. So hatte das Kloster Walkenried im Harz vier Stadthöfe in der näheren Umgebung (Nordhausen, Göttingen, Goslar und Osterwieck), aber darüber hinaus einen in beträchtlicher Entfernung: im fränkischen Würzburg. Das Zisterzienserkloster Salem am Bodensee hatte sage und schreibe 29 Pfleghöfe! Diese Stadthöfe sind beredte Beispiele für die umfangreichen wirtschaftlichen Aktivitäten der Klöster.

Wo immer möglich, haben Mönche und Nonnen Wein angebaut – eine Tradition, die sich zum Teil bis heute gehalten hat, wie etwa im Kloster der hl. Hildegard in Eibingen am Rhein. Leiterin des Klosterweinguts ist eine Nonne, die zugleich ausgebildete Winzerin ist. Bewirtschaftet werden 6,5 Hektar Rebfläche – 70.000 Liter Wein fassen die modernen Edelstahltanks in den Kellern der Abtei. Schon zu Zeiten Hildegards wurde von den Nonnen, zuerst auf dem Rupertsberg bei Bingen, dann auch in Hildegards zweitem Kloster in Eibingen, Wein angebaut. Und auch dies hing eng mit Schenkungen an das Kloster zusammen. Denn Mitglieder des Konvents auf dem Rupertsberg waren vor allem Töchter aus dem benachbarten Adel. Und was konnten deren Eltern dem Kloster als „Opfergabe" schenken? Natürlich Weinberge, von denen sie selbst genug hatten. Nachdem sie während des Dreißigjährigen Krieges hatten fliehen müssen, machten sich die zurückgekehrten Nonnen 1641 sofort wieder daran, ihre Weinberge in Ordnung zu bringen, indem sie 26.000 Rebstöcke neu setzten. Nur so konnten sie sich wieder eine wirtschaftliche Grundlage schaffen, und eine solche Grundlage war letztlich die Voraussetzung dafür, dass auch das Gotteslob wieder ungestört gesungen werden konnte.

Mönche beim Rebschnitt, Fayencemalerei von Daniel Mayer an einem Kachelofen, Zisterzienserabtei Salem, 1733.

Der wirtschaftliche Erfolg der Benediktiner war kein Selbstzweck. Das Kanonikerstift St. Paul in Boppard hat im 12./13. Jahrhundert insgesamt 100 Weinberge geschenkt bekommen; 100.000 Weinstöcke hatte das Stift, als es im Rahmen der Säkularisation 1803 aufgelöst wurde. In und um Boppard waren über sieben Mal mehr Weinstöcke in klösterlichem als in adligem Besitz.

Natürlich haben auch die Mönche in den großen Klöstern Burgunds Wein angebaut.

Rechts: Clos de Vougeot, eine der besten Weinlagen Frankreichs, wurde von den Mönchen des Zisterzienserklosters Cîteaux angelegt.

Laienrefektorium des ehemaligen Zisterzienserklosters Eberbach im Rheingau.
In dem Raum sind heute historische Keltern ausgestellt, die von der Bedeutung des Weinbaus für die Abtei zeugen.

Einer der berühmtesten Weinberge der Welt ist der Clos de Vougeot in der Nähe von Beaune. Es waren Zisterzienser aus dem Mutterkloster Cîteaux, die den Weinberg gegründet haben. Die alte Mauer, die ihn bis heute umschließt, ist um 1330 von den Mönchen errichtet worden. Auch in Chablis waren Mönche aus Cîteaux Pioniere des Weinbaus.

Die ersten zwölf Mönche des Zisterzienserklosters Eberbach im Rheingau kamen 1136 aus dem in der Champagne gelegenen Clairvaux. Und natürlich brachten sie ihre Kenntnisse im Weinbau mit. Die wirtschaftliche Bedeutung des Weinbaus für Eberbach kann dabei kaum überschätzt werden. Zwar waren nur 2,8 Prozent des klösterlichen Grund und

Bauern beim Pflügen mit Ochsen. Buchmalerei aus der Enzyklopädie „De universo" des Fuldaer Abts Hrabanus Maurus (um 776–856). Handschrift aus der Abtei Montecassino, 11. Jh.

Bodens mit Weinstöcken bepflanzt, doch wurden aus diesen über 40 Prozent der gesamten Einnahmen der Abtei erwirtschaftet. Über 60 Prozent des erzeugten Weins waren nicht für die Mönche, sondern für den Verkauf bestimmt. Gekeltert und ausgebaut wurde der Wein im Kloster selbst, auch als in späterer Zeit die Weinberge verpachtet waren. Diese diffizile Arbeit wollten die Mönche offensichtlich lieber vor Ort überwachen. Im ehemaligen Laienrefektorium sind heute eine ganze Reihe historischer Keltern ausgestellt, die einen Eindruck von der einstigen Arbeitsweise vermitteln. Die älteste stammt aus dem Jahr 1668. Mit Lastkähnen wurde der Wein auf dem Rhein verschifft. Ein wichtiger Abnehmer war etwa die Großstadt Köln, wo der Eberbacher Wein dann im Stadthof der Abtei verkauft wurde.

Die heute so charakteristischen terrassierten Hänge entlang von Rhein, Neckar oder Mosel gehen zum Teil auf königliche oder adlige Güter zurück. Aber auch an dieser Innovation – im frühen Mittelalter wurde Wein nur in der Ebene angebaut – waren Mönche an führender Stelle beteiligt.

Wie wichtig der Weinbau für sie war, mag abschließend ein Zitat des Seligenstädter Klosterchronisten Johannes Weinckens' von 1713 illustrieren. Der Klosterwein fülle die leeren Adern „mit gereinigtem Blut … und das Innere des Herzens selbst pflegt er angenehm zu erhitzen, und er zerstreut die hin- und herfliegenden Schatten, welche den Verstand verdunkeln, die Lebenskraft der Seelen belebt er, den Ekel des trägen Magens treibt er mit dem Saft des Nektars aus, die auftretenden Blähungen des Bauches zerstreut er, die entstehende Fieberhitze … bewacht er."

Zu den Wirtschaftsgebäuden mittelalterlicher Klöster gehören selbstverständlich Stallungen für die Tiere. Diese finden sich auch im St. Galler Klosterplan. In den Beischriften ist sogar genau aufgeführt, welche Tiere wo untergebracht werden sollten. Zunächst jene Tiere, die wenig erstaunen: Kühe, Ziegen und Schafe lieferten Milch bzw. Käse, darüber hinaus konnte ihre Wolle bzw. ihre Haut weiterverarbeitet werden. Das entsprach alles durchaus der Regel des hl. Benedikt. Doch findet sich gleichermaßen ein Schweinestall! Das heißt: In dem Plan wird davon ausgegangen, dass im Kloster Schweinefleisch gegessen wird. Das muss aber nicht zwangsläufig der Benediktregel widersprechen, denn kranke Mönche durften Fleisch essen, und auch für Besucher galt das strikte Verbot der Regel nicht. Allerdings wurde das Fleischverbot in St. Gallen auch schon früh recht phantasievoll umgangen. So schwärmt Ekkehard IV. in seinem „Liber Benedictionum" geradezu von Bärenfleisch, ohne dabei ein schlechtes Gewissen zu haben, denn: Der Ordensgründer habe doch nur den Genuss vierfüßiger Tiere verboten, und der Bär gehe doch zumeist aufrecht auf zwei Füßen.

Auch Stallungen für Pferde sind im Klosterplan vorgesehen. Nichts erfahren wir über ihre Verwendung. Es mag sein, dass einige als Reittiere auf Reisen genutzt wurden; vor allem aber dürfte es sich um Arbeitstiere gehandelt haben. Durch die Erfindung des Kummetgeschirrs konnten Pferde effektiv in der Landwirtschaft eingesetzt werden, beispielsweise beim Eggen. Für das schwerere Pflügen waren mittelalterliche Pferde dagegen kaum geeignet, waren sie doch deutlich kleiner und schwächer gebaut als die kräftigen Arbeitspferde, wie man sie aus der Neuzeit kennt. Zudem ist in dem Plan ein Hühnerstall eingezeichnet.

So wenig wie die Mönche allein ihre Felder bestellt haben, so wenig kamen sie in den Stallungen ohne Helfer aus. Auch das zeigt der Klosterplan, in dem Räume für Knechte und Hirten eingezeichnet sind; sogar ein eigenes Haus für die Schweinemäster findet sich.

Ein Blick in den tatsächlichen Viehbestand von Klöstern lässt erkennen, dass der St. Galler Plan durchaus repräsentativ ist. Ein im Jahr 812 geschriebenes Inventar des Klosters Staffelsee im Werdenfelser Land führt folgende Tiere auf: ein Pferd, 26 Ochsen, 20 Rinder, ein Stier, fünf Kälber, 87 Hammel, 14 Lämmer,

Mönche bei der Landarbeit, französische Buchmalerei, 1372. Bibliothèque royale, Brüssel. Im Vordergrund ist ein Pferd zu sehen, das eine Egge zieht.

Mönche spalten einen Baumstamm. Buchmalerei in einer Initiale, frühes 12. Jh.; aus: „Kommentar zum Buch Hiob“ von Papst Gregor dem Großen. Bibliothèque municipale, Dijon, Ms. 173, fol. 59r.

Bauern bei der Ablieferung des Zehnten an ein Kloster. Historisierender Holzschnitt nach einer Zeichnung von Charles Joseph Mettais, 1866. Der Zehnte war eine der wichtigsten Einnahmequellen mittelalterlicher Klöster.

17 Böcke, 70 Ziegen, 90 Schweine, 63 Gänse und 50 Hühner. Auch in späteren Zeiten ändert sich daran nicht viel; lediglich die Zahl der Pferde steigt enorm an. So zählt ein Inventar des Klosters Seligenstadt zu Beginn des 17. Jahrhunderts insgesamt 13 Pferde, 26 Ochsen (sowohl für die Mast wie auch als Zugvieh), 122 Schweine und 84 Schafe auf. Dazu kam selbstverständlich Federvieh, das schon den mittelalterlichen Mönchen den Ausweg aus Benedikts Fleischverdikt gewiesen hatte. Im Zisterzienserinnenkloster Althaldensleben im heutigen Sachsen-Anhalt wurden 1561 gezählt: 86 Pferde, sechs Zugochsen, 238 Rinder, 145 Schweine und 1557 Schafe. Im Zisterzienserkloster Bebenhausen gab es 1494 insgesamt 40 Ochsen, 159 Rinder, 876 Schafe, 102 Pferde und 202 Schweine. Ein weiteres Beispiel mag das Bild abrunden: Auf dem Klostergut Röderhof der Benediktinerabtei Huysburg gibt ein Inventar von 1549 folgenden Viehbestand an: 84 Pferde, 90 Rinder, 128 Schweine und 320 Schafe. In den Stallungen des Birgittinnenklosters Altomünster standen um 1600 unter zwölf Zugpferde, 20 Kühe, zwei Stiere, elf Jungrinder, 20 Ochsen, 31 Schweine, neun Schafe, ein Hahn und 64 Hühner. Doch das ist noch gar nichts gegen Clairvaux, das Kloster des hl. Bernhard: Dort hatten die Mönche allein 900 Rinder. Das Kloster Bebenhausen hatte um 1500 eine Schafherde mit 2000 Tieren. Je nach Größe des Konvents reichte dieser Viehbestand für den Eigenbedarf aus, doch kam es sowohl vor, dass Überschüsse verkauft werden konnten, als auch, dass im umgekehrten Fall zugekauft wurde. Nicht unerwähnt bleiben darf, dass die Tiere bzw. deren Produkte nicht nur gegessen wurden. Aus den Fellen der Schafe stellte man Wolle her, aus den Häuten das kostbare Pergament, aus Talg schließlich Seifen und Kerzen …

Ein ganz wichtiges Kleintier soll an dieser Stelle nicht vergessen werden: die Biene – ihr Honig war das mittelalterliche Süßungsmittel schlechthin, und aus ihrem Wachs wurden gleichfalls Kerzen gemacht, reiner und kostbarer als die aus Talg hergestellten. Zwar wurde zum Süßen auch Rohrzucker verwendet, doch war diese Importware aus Süditalien sehr viel teurer als der selbsterzeugte Honig. Gesüßt wurden im Mittelalter nicht nur Speisen, sondern vor allem auch der Wein, dem zudem Gewürze beigemischt wurden. Bei einem weiteren beliebten Getränk war Honig sogar der Hauptbestandteil: im Met, ein gegorener Sud aus Wasser und Honig, der beispielsweise in St. Gallen als süßer Nachtisch (!) gereicht wurde. Dementsprechend mussten die Klöster genügend Honig produzieren. So werden in dem bereits erwähnten Inventar des Klosters Staffelsee von 812 insgesamt 17 Bienenstöcke aufgeführt. Auch unter den Waren, die zinspflichtige Bauern an Klöster abgeben mussten, findet sich Honig – so beispielsweise im 11. Jahrhundert in Fulda. Dieser Bauern hatten sogar eine eigene Bezeichnung: „meldatores“, also „Honigzinser“.

Vor allem die Zisterzienser sind dafür bekannt, dass sie Wälder in dünn besiedelten Regionen gerodet und in Kulturland umgewandelt haben. Doch haben Klöster ebenso Forstwirtschaft betrieben. Für ihre Bauvorhaben benötigten sie Bauholz, ebenso in der Küche und natürlich zum Heizen, wie der folgende Auszug aus einem Urbar des Klosters Prüm in der Eifel von 1222 zeigt: „Jede [bäuerliche] Hufe hat nach Prüm ein Klafter Holz zu fahren, also einen Holzstoß oder Holzhaufen von zwölf Fuß Länge und sechs Fuß Breite; für diesen Holzstoß führt jede Hufe zwölf Wagenladungen an. Dieses Holz erhält der Klosterkämmerer und besorgt davon den Brüdern reichlich Feuerung im Wärmezimmer während des ganzen Winters, von Allerheiligen bis Ostern; das Feuer wird zu Beginn der Frühmette angelegt und brennt durch bis zum Vespergottesdienst.“

Und nicht zuletzt: Wälder waren unersetzlich als Nahrungsreviere für die Tiere des Klosters. Schweine fraßen Eicheln, andere Tiere das Laub und die Rinde von Büschen und Bäumen. Der starke Verbiss durch die Tiere hemmte die natürliche Verjüngung des Waldes erheblich; übrig blieben oft nur große Solitärbäume oder vereinzelte Baumgruppen. Nachhaltige Forstwirtschaft war kein mittel-

**Der Lorscher „Bienensegen“**

Wie wichtig die Biene für die Mönche war, zeigt ein althochdeutscher Reim aus dem 9. Jahrhundert, der als „Lorscher Bienensegen“ in die Literaturgeschichte eingegangen ist. Lorsch war ein 764 erstmals erwähntes Benediktinerkloster mit engsten Verbindungen zum karolingischen Herrscherhaus. Von den Klostergebäuden haben sich nur geringe, dafür aber umso bedeutendere Reste erhalten, allen voran die karolingische Torhalle, der das Kloster die Eintragung in die Weltkulturerbe-Liste der Unesco verdankt. In dem berühmten Skriptorium des Lorscher Klosters schrieb ein Mönch an den Rand einer damals weitverbreiteten, jedoch nie in das Neue Testament aufgenommenen „Offenbarung des Apostels Paulus“ den „Bienensegen“:

*Kirst, imbi ist hucze*
*Nu fluic du, vihu minaz, hera*
*Fridu frono in godes munt*
*Heim zi comonne gisunt*
*Sizi, sizi, bina*
*Inbot dir sancte Maria*
*Hurolob ni habe du*
*Zi holce ni fluc du*
*Noh du mir nindrinnes*
*Noh du mir nintuuinnest*
*Sizi vilu stillo*
*Uuirki godes uuillon*

*Christus, der Bienenschwarm ist hinaus.*
*Nun flieg du, mein Vieh, herbei.*
*Im Frieden des Herrn, in Gottes Schutz,*
*Heimzukommen gesund.*
*Sitze, sitze, Biene*
*Gebot dir die heilige Maria.*
*Die Erlaubnis hast du nicht;*
*In den Wald sollst du nicht fliegen.*
*Weder sollst du mir entrinnen,*
*Noch mir entkommen.*
*Sitz ganz still,*
*Wirke Gottes Willen.*

Der Hintergrund für diesen Bienensegen ist also ganz profan: Ein Bienenschwarm ist ausgeflogen – und soll nun, mit Gottes Hilfe, möglichst rasch zurückkommen. Darauf bezieht sich die erste Strophe. In den beiden nächsten Strophen werden die Bienen förmlich dazu aufgefordert, erst gar nicht wegzufliegen: „Sizi, sizi, bina“! Denn ein Bienenvolk ist kostbar; sein Verlust für das Kloster ein wirtschaftlicher Schaden.

alterliches Kriterium – auch nicht bei Mönchen und Nonnen. Je mehr die Äbte fürstengleich wurden und sich im Lebensstil an ihre weltlichen Pendants anpassten, wurden Wälder zudem zu bevorzugten Jagdrevieren. Bereits Ende des 12. Jahrhunderts ließ Abt Samson vom englischen Kloster St. Edmundsbury mehrere Wildparks anlegen – ausschließlich zu seinem privaten Jagdvergnügen.

Eine wichtige Einnahmequelle vieler Klöster war der – den Zisterziensern ursprünglich verbotene – Besitz von Zehnten. Die religiöse Begründung für diese Abgabe findet sich im Buch Leviticus: „Aller Zehnte vom Boden, vom Saatertrag des Feldes wie von den Baumfrüchten gehört Jahwe; er ist Jahwe geweiht.“ Im Mittelalter folgerte man daraus, dass dieser zehnte Teil dem „örtlichen Vertreter Jahwes“, dem Pfarrer bzw. dem Eigenkirchenherrn zustand. Indem sich aber viele Klöster immer mehr Pfarreien inkorporierten (etwa durch adlige Schenkungen), ging der Zehnt an sie über.

„Honigschlecker“ in der Zisterzienser-Klosterkirche von Birnau am Bodensee, Stuckplastik, 1748/50, von Joseph Anton Feuchtmayer (1696–1770).
Die Figur erinnert an die in den Klöstern weitverbreitete Imkerei, gilt aber zugleich als Symbol für die „honigsüße“ Beredsamkeit Bernhards von Clairvaux.

## Handwerk und Handarbeit

Landwirtschaft und Selbstversorgung bedingen Handwerker und Werkstätten. Im Klosterplan von St. Gallen befinden diese sich südlich des Refektoriums. In den Beischriften des Plans ist auch hier wieder ganz genau zu lesen, um welche Werkstätten es sich gehandelt hat: Wir finden Räume für Schuster und Sattler, Drechsler, Walker, Gerber, Gold- und Eisenschmiede. An diese Werkstätten anschließend folgen Brauerei, Bäckerei und Mühle. Bei einem Blick auf die Anlage von Maulbronn, wie sie sich Besuchern bis heute darbietet, trifft man auf ganz ähnliche Handwerkszweige. So gibt es am westlichen Rand, angelehnt an die Klostermauer, eine Schmiede, eine Wagnerei und eine Küferei (zur Herstellung der Fässer).

In seinem Kommentar zur Benediktregel hat der Mönch Hildemar († um 850) diesen Bereich des Klosters gleichfalls näher beschrieben: „Die Werkstätten nämlich sind Häuser, in denen die verschiedenen Handwerke ausgeübt werden, das heißt wo die einen Kleider, die anderen Schuhe nähen, wieder andere breite und schmale Schwerter, noch andere Schlüssel herstellen und die übrigen anderen verschiedenen Dinge. Und der hl. Benedikt hat gut gesagt, dass auch die Klausur des Klosters eine Werkstätte sei, da ja wie in den Werkstätten von verschiedenen Meistern die verschiedenen Künste geübt werden … Während die einen lesen, singen die anderen, tun wieder andere etwas mit ihren Händen, arbeiten weitere in der Küche und dergleichen mehr."

Welche Dimensionen klösterliche Werkstätten annehmen konnten, zeigt ein Blick nach Frankreich, in das Zisterzienserkloster Fontenay. Die dortige Schmiede gleicht von ihren Ausmaßen eher einer Fabrik der beginnenden Industrialisierung als der gängigen Vorstellung eines mittelalterlichen Klosters. 53 Meter ist der zweischiffige, mit Kreuzrippen gewölbte Raum lang. Fontenay ist ein gutes Beispiel dafür, wie geschickt die Mönche die Wasserkraft zu nutzen verstanden. Denn um die Hämmer und das Gebläse der Schmelzöfen zu betreiben, wurde eigens ein Bach umgeleitet. Die riesige Schmiede dürfte im Zusammenhang mit dem von Fontenay in großem Stil betriebenen Erzabbau in Verbindung stehen. In mehreren, bis zu elf Meter tiefen Schächten wurde das wertvolle Gestein bereits im 12. Jahrhundert abgebaut.

Dass Klöster Bergbau betrieben, war keine Seltenheit. So beteiligte sich das Zisterzienserkloster Walkenried maßgeblich am Abbau der großen Eisenerzvorkommen im Harz, etwa am Rammelsberg bei Goslar. Das Zisterzienserkloster Waldsassen in Oberfranken baute ebenfalls im großen Stil Eisenerz ab. Im 15. Jahrhundert gehörten dem Kloster elf Hammer-

Beispiel mittelalterlicher Frühindustrialisierung: die Schmiede des Zisterzienserklosters Fontenay in Burgund.

werke, in denen das Eisenerz verhüttet wurde. Hatten Konversen die Hammerwerke zunächst noch selbst bewirtschaftet, ging man später dazu über, die Industrieanlagen zu verpachten. Aufgrund des großen klösterlichen Waldbesitzes war die Bereitstellung der gewaltigen Holzmengen, die für die Verhüttung benötigt wurden, kein Problem.

Auch andere Schätze der Erde bescherten den Klöstern einträgliche Geschäfte, und es mussten nicht immer Zisterzienser sein – andere Orden waren nicht minder aktiv. So gehörten dem Augustiner-Chorherren-Stift St. Zeno in Bad Reichenhall mehrere Solequellen. In großen Sudpfannen wurde daraus Salz gewonnen – das „weiße Gold" des Mittelalters, das nicht nur als Würzmittel, sondern vor allem zum Konservieren unverzichtbar war. Die Zisterzienserklöster Walkenried und Riddagshausen waren an der Ausbeutung der Salzvorkommen in Lüneburg beteiligt, und das Kloster Salem am Bodensee besaß Salinen im nun wahrlich nicht benachbarten Salzburg. Auf dem Landweg wurde das Salz über Augsburg und Memmingen nach Lindau gebracht und von dort weiter per Schiff nach Salem – ein Hinweis auch darauf, dass man im Mittelalter wenn immer möglich aufgrund der schlechten Straßenverhältnisse den Wasserweg für Transporte nutzte. Ob Eisen oder Salz – die zur Produktion und Weiterverarbeitung notwendigen handwerklichen Fähigkeiten waren in den Klöstern vorhanden, und nicht nur das: Die Mönche waren dabei auch technologische Trendsetter.

Während man in den Städten noch bis ins 19. Jahrhundert hinein Wasser am Brunnen holen musste, wurden in vielen Klöstern schon im Mittelalter Wasserleitungen verlegt, die das kostbare Nass überall dort hinführten, wo es benötigt wurde. Für die Kathedralpriorei Christchurch (bei Canterbury) wurde in der Mitte des 12. Jahrhunderts eigens ein Plan gezeichnet, nach dem diese Leitungen verlegt werden sollten. In vielen Kartäuserklöstern gab es schon im Mittelalter in allen Zellen fließendes Wasser. Besonders wichtig war die Ausnutzung der Wasserkraft bei den Mühlen, die zu jeder Klosteranlage gehörten. Bewusst legten vor allem die Zisterzienser ihre Klöster in der Nähe von Wasserläufen an. Doch Mühlen gab es nicht nur im Bereich des Klosters selbst. So besaß etwa das bayerische Zisterzienserkloster Fürstenfeld im 14. Jahrhundert insgesamt 19 Mühlen.

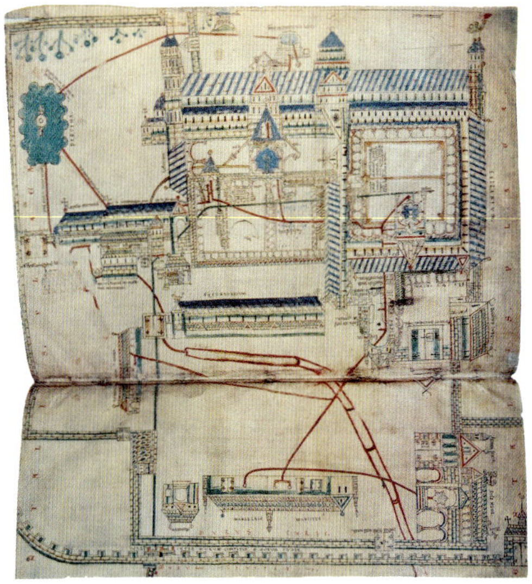

Grundriss der Kathedralpriorei Christchurch bei Canterbury mit eingezeichneten Wasserleitungen, 12. Jh.

Gegenüber: Doppelseite aus dem Musterbuch des Zisterzienserstifts Rein bei Graz, 13. Jh.
Dargestellt sind Szenen des mittelalterlichen Alltagslebens.

In einer Lebensbeschreibung des hl. Bernhard wird dieser Aspekt für seine Abtei Clairvaux besonders hervorgehoben: „Ein Arm dieses Flusses, der die zahlreichen Werkstätten der Abtei durchquert, wird überall gesegnet wegen der Dienste, die er erweist. Sein Bett ist nicht von der Natur ausgehöhlt, sondern durch die Arbeit der Mönche. Doch in die Abtei eingelassen, stürzt er sich zuerst mit Ungestüm in die Mühle, wo er sehr beschäftigt ist und sich viel Bewegung verschafft, sowohl um den Weizen zwischen den Mühlsteinen zu zerstoßen, als auch um das feine Sieb anzutreiben, das das Mehl von der Kleie trennt. Schon ist er im benachbarten Gebäude; er füllt die Kessel. Aber der Fluss sagt sich noch nicht los. Die Walker, die sich nahe der Mühle niedergelassen haben, rufen ihn zu sich. Er ist in der Mühle damit beschäftigt, die Nahrung der Brüder zu bereiten, man ist also ermächtigt zu fordern, das er sich jetzt um ihre Kleidung kümmert. Er widerspricht nicht. Er hebt und senkt abwechselnd diese schweren Stampfer und erspart damit den Walkern eine große Strapaze. Wie er mit beschleunigten Wirbeln so viele Räder dreht, so verlässt er sie schäumend, damit er sozusagen sich selbst besänftige und weicher werde. Dort herausgehend tritt er in die Lohgerberei, wo er, um die notwendigen Materialien für das Schuhwerk der Brüder zu bereiten, ebenso viel Aktivität und Sorgfalt zeigt, dann teilt er sich in eine Menge kleiner Arme, besichtigt während seines willfährigen Laufs die verschiedenen Arbeiten und sucht überall aufmerksam jene, die seinen Dienst benötigen, ob es sich darum handelt zu kochen, zu sieben, zu zermalmen, zu begießen, zu waschen oder zu mahlen; seine Mitwirkung anzubieten, verweigert er nie. Schließlich entfernt er den Müll und lässt alles sauber hinter sich."

Doch nicht erst die Zisterzienser haben das Wasser für ihre Zwecke gebändigt. Um 554

**Das Reiner Musterbuch**

Wie vergleichsweise rational Kunst und Handwerk in Klöstern organisiert sein konnten, zeigt das im 13. Jahrhundert entstandene „Reiner Musterbuch" aus dem Zisterzienserstift Rein bei Graz. Darin hat ein Schreiber Vorlagen aufgezeichnet für die Mönche des Skriptoriums: Tiere, Pflanzen, Fabelwesen, aufwändig gestaltete Initialen ... Das Alphabet ist in drei verschiedenen Schriftarten aufgeführt, die gleichfalls als Vorlage für die Kopisten dienten. Das Reiner Musterbuch richtet sich aber nicht nur an die klösterlichen Illuminatoren, sondern auch an die Handwerker. Denn es enthält gleichfalls 40 verschiedene Muster-Ornamente für Bodenfliesen und Glasfenster. Tatsächlich finden sich diese und ähnliche Ornamente auch in der Realität, ohne diese nun eindeutig dem Reiner Musterbuch oder einer anderen Vorlage zuordnen zu können. Fakt aber ist eine gewisse Vereinheitlichung, die Folge dieser und anderer Vorlagen war.

Für die Nachwelt nicht minder interessant sind zwölf Szenen aus dem mittelalterlichen Alltag auf den ersten Seiten des Musterbuchs. Vielleicht dienten auch diese Bilder als Vorlagen für die Ausmalung von Räumen. Dargestellt sind beispielsweise Viehzucht und Ackerbau. Schafe, Ziegen, Schweine und ein Esel weisen auf die in Klöstern oder Bauernhöfen gehaltenen Tiere hin, Hütehunde auf die lange, gemeinsame Geschichte von Menschen und Hunden. Bäuerlichen Alltag illustriert eine weitere Szene, auf dem ein Ochse Pflug und Egge zieht. Doch während bäuerliches Leben in der Buchmalerei häufiger thematisiert wird (man denke etwa an das berühmte Stundenbuch des Herzogs von Berry), sind mittelalterliche Handwerkerdarstellungen schon sehr viel seltener. Umso aufschlussreicher ist da das Reiner Musterbuch. Ein Schmied ist bei der Arbeit am Amboss zu sehen, ein Zimmermann deckt ein Dach mit Holzschindeln; in seiner Hand hält er ein Beil und eine Haspel, eine Frau ist am Webstuhl abgebildet, ein Mann zieht Leder durch ein Schabeisen, um Schuhe daraus zu machen, Fischer sind beim Einholen ihres Netzes dargestellt ... Dies sind alles Tätigkeiten, wie sie auch von Mönchen (und im Fall des Webstuhls von Nonnen) ausgeübt wurden. Zwei Szenen zeigen dann direkt klösterlichen Alltag: So ist ein Schreiber bei seiner Arbeit im Skriptorium zu sehen, und auf der nächsten Seite wird ein Priester gezeigt, der gerade die Heilige Messe zelebriert – Symbol für das Gotteslob, dem im Kloster nichts vorgezogen werden durfte.

gründete der römische Staatsmann und Gelehrte Cassiodor auf den Gütern seiner Familie in Kalabrien das Kloster Vivarium. Die Nähe zu dem „fischreichen Fluss Pellena" sollte nicht nur den Speiseplan der Mönche bereichern: „Von Menschenhand gebändigt fließt er, wo immer es nötig ist, bei euch ein und führt genug Wasser für eure Gärten und Mühlen. So ist er da, wenn man ihn braucht, und fließt ab, sobald er seine Aufgaben erfüllt hat. Treu erfüllt er sein Amt, schreckt nicht durch sein Ungestüm und fehlt nicht, wenn er benötigt wird."

Nachweise von mittelalterlichen Werkstätten sind selten. Ein Beispiel dafür bietet das bereits erwähnte Kloster Staffelsee, von dem sich keinerlei bauliche Reste erhalten haben, nachdem es wohl infolge eines Ungarneinfalls zerstört und dann verlassen wurde. Doch kamen bei archäologischen Ausgrabungen Werkzeuge aus karolingischer Zeit zum Vorschein, die darauf schließen lassen, dass in dem Kloster Metall verarbeitet wurde. Auch Schlackenreste wurden gefunden, vor allem aber Reste eines Bleimodells, das bei der Herstellung eines liturgisches Gefäßes – vielleicht eines Weihrauchfasses – verwendet wurde. Einen seltenen Einblick in eine mittelalterliche Holzschnitzerwerkstatt ermöglicht ein Relief auf einer Chorwange aus dem Kloster Pöhlde im Harz (um 1280). Aufgrund von Kleidung und Tonsur ist der Künstler eindeutig als Mönch ausgewiesen. Auf einigen Urkunden der Abtei Himmelspforten bei Würzburg sind Namen von Mönchen bzw. Konversen mit ihren Funktionen überliefert: Müller, Bäcker, Weber, Schuhmacher, Kürschner – auch das sind Nachweise handwerklicher Tätigkeiten im Kloster.

Im Mittelalter waren die klösterlichen Skriptorien Zentren der Buchmalerei. Mit der Erfindung des Buchdrucks entfiel diese klassische monastische Tätigkeit größtenteils. Damit verloren die Klöster zwar ihre weitgehende Monopolstellung in der Buchproduktion. Doch passten sich manche schnell an die neue Zeit an: Das erste italienische Buch wurde 1465 in dem Benediktinerkloster S.ta Scolastica in

Gegenüber: Bau des Augustiner-Chorherrenstifts Klosterneuburg bei Wien, Tafelmalerei von Roland Frueauf d. J., um 1500. Rechts im Bild das Gründerpaar, der Babenberger-Markgraf Leopold III. mit seiner Frau Agnes, einer Schwester Kaiser Heinrichs V.

Links: Mönch bei der Arbeit in einer Werkstatt, Chorstuhlwange aus dem Kloster Pöhlde im Harz, um 1280. Niedersächsisches Landesmuseum, Hannover.

Subiaco gedruckt. Klosterdruckereien (wenngleich nicht immer dauerhaft erfolgreiche) gab es auch in Augsburg (1472), Wessobrunn (1503), Ottobeuren (1508) oder Tegernsee (1573). Damit sollten, wie Abt Quirin II. von Tegernsee es formulierte, „etliche, treffliche und gute Schriften und Bücher, so vor Jahren von gelehrten, frommen Vätern desselben Klosters geschrieben und hinterlassen worden, an das Licht kommen möchten, eine ganz vollkommene Druckerei mit allerlei lateinischen und deutschen Buchstaben eingerichtet, als dass nunmehr auch große Werke darin verfertigt und gefördert werden mögen".

In der Fürstabtei Kempten im Allgäu gab man sich mit der Druckerei allein nicht zufrieden, sondern produzierte auch gleich noch das Papier selbst. Von 1543 bis zur Auflösung in der Säkularisation zu Beginn des 19. Jahrhunderts besaß das Stift eine Papiermühle, in der – wie damals üblich – aus alten Lumpen und unter Einsatz von reichlich Wasser Papier hergestellt wurde. Die Papiermacherei war ein diffiziles Handwerk, vor allem das Schöpfen des Papiers erforderte viel Erfahrung. Allerdings waren es im Kempten nicht die Mönche selbst, die in der Papiermühle arbeiteten, sondern angestellte Arbeitskräfte.

Die großen Kathedralen des Mittelalters wurden oft über Jahrzehnte hinweg von spezialisierten Handwerkern unter der Leitung eines *magister operis* errichtet. Organisiert waren sie in der Bauhütte, die ihren Namen tatsächlich von dem auf der Baustelle zuerst eingerichteten, provisorischen „Dach über dem Kopf" für Werkmeister und Handwerker hat. Zwar blieben nicht immer alle Handwerker dauerhaft bei einer Baustelle, doch insgesamt waren die mittelalterlichen Bauhütten eingespielte Teams, in denen jeder Handwerker seine klar abgegrenzte Aufgabe hatte. Während die Fuhrleute und die Hilfskräfte meist aus der näheren Umgebung stammten, waren die Fachkräfte – wie die Steinmetze – von Baustelle zu Baustelle wandernde Spezialisten. An den großen gotischen Kathedralen arbeiteten oft mehrere hundert Handwerker gleichzeitig. Wie sah dies bei den Klöstern aus? In der zisterziensischen Idealvorstellung sollte auch der Bau von Kloster und Kirche von den Mönchen selbst in Angriff genommen werden, inklusive der vorbereitenden Rodungen oder Trockenlegungen bzw. der Einrichtung der Baustelle.

Dieses Bild vermittelt auch eine Tafelmalerei des 15. Jahrhunderts aus Maulbronn. Alle Arbeiter auf der Klosterbaustelle sind durch Habit und Tonsur eindeutig als Mönche gekennzeichnet. Holz und Steine werden von ihnen mit den entsprechenden Werkzeugen bearbeitet, im Hintergrund werden die Steine für den Kirchenbau über einen Tretkran an die entsprechende Stelle des schon weit vorangeschrittenen Kirchenbaus gehievt. Genauso soll sich auch der hl. Bernhard mit seinen Gefährten in Clairvaux an die Arbeit gemacht haben:

Mönche beim Bau der Klosterkirche von Maulbronn, Tafelmalerei, 15. Jh. Landesmedienzentrum, Baden-Württemberg.
Anders als die spätmittelalterliche Malerei annehmen lässt, waren Mönche am Bau ihrer Klöster nur sehr eingeschränkt beteiligt. Die Beteiligung weltlicher Arbeiter war unerlässlich.

„Die einen [Brüder] schnitten das Holz, andere schlugen die Steine zurecht, und wieder andere bauten die Mauern."

Bei der Maulbronner Tafelmalerei handelt es sich um eine idealisierende Darstellung des späten Mittelalters, in dem die Zahl der Konversen bereits so niedrig war, dass diese kaum dazu in der Lage gewesen wären, ein ambitioniertes Bauprogramm allein zu verwirklichen – selbst wenn zisterziensische Kloster- und Kirchenbauten nicht den ornamentalen und figuralen Zierat der großen Kathedralen besaßen und daher mit deutlich weniger Aufwand errichtet werden konnten. Und die zwölf Mönche, die traditionell zur Gründung eines neuen Zisterzienserklosters ausgesandt wurden (analog den zwölf Aposteln), hätten eine solche Aufgabe noch viel weniger bewerkstelligen können. Die schematisierte vereinheitlichte Bauweise, die selbst schmückende Details einschloss (siehe das Reiner Musterbuch), ändert daran wenig.

Der Zisterzienser-Spezialist Jens Rüffer vermutet daher, dass einzig für die ersten Holzbauten der Anteil der klostereigenen Werkleute größer war: „Bei den steinernen Großprojekten ab der Mitte des 12. Jahrhunderts dagegen, die zunehmend spezialisierte Fachkräfte benötigten, ist kaum noch mit größerer Beteiligung von Mönchen und Laienbrüdern zu rechnen." Dies ist auch vor dem Hintergrund der gewaltigen Ausmaße mancher Projekte kaum mehr anders vorstellbar. So sollte die (allerdings niemals vollendete) Klosterkirche der Abtei Vale Royal in Cheshire fast 130 Meter lang werden; über 200 Handwerker arbeiteten 1278 gleichzeitig auf der gigantischen Baustelle – Handwerker, die bezahlt wurden und für die sogar eigens Unterkünfte gebaut wurden, die ergo keine Mönche waren. Es mögen darüber hinaus auch Konversen an dem Bau mitgewirkt haben, die Mehrheit stellten sie nicht. Und selbst in der zitierten Vita des hl. Bernhard erfährt man, dass die Brüder das Kloster nicht allein gebaut hätten, sondern „rasch Arbeiter eingestellt" worden seien, wobei damit wohl einfache Hilfskräfte gemeint sind.

Wie die Zusammenarbeit zwischen Mönchen und weltlichen Handwerkern auf der Klosterbaustelle ausgesehen haben mag, illustriert eine Episode aus dem Leben Sugers von St-Denis. Über die Suche nach geeignetem Holz für den Bau der neuen Abteikirche schreibt er: „Die Zimmerleute von Paris [also keine Mönche], die man darum befragt hatte, hatten geantwortet, ihrer Meinung nach werde man niemals welche finden: In der näheren Umgebung fehle es an Wäldern; man werde das Holz aus der Gegend von Auxerre holen." Doch Suger kannte sich in der Umgebung seines Klosters offensichtlich besser aus: „Ich erhob mich frühmorgens; in Begleitung der Zimmerleute und mit den Maßen der Balken versehen, begaben wir uns hastig zu jenem Wald, den man Yveline nennt."

Die handwerkliche Arbeit der Mönche beschränkte sich im Allgemeinen auf jene Bereiche, die im Plan von St. Gallen oder im Kommentar Hildemars aufgeführt sind, also auf das Kloster im engeren Sinne und die täglichen Arbeiten, die dort anfielen. „In der Küche, in der Mühle und den übrigen Werkstätten sollen sie mit eigener Hand arbeiten und zu gelegener Zeit ihre Kleider selbst waschen", hatte bereits die Aachener Synode 816 festgestellt. Dazu kamen kunstlerische und kunsthandwerkliche Tätigkeiten. Und so halten es Benediktiner und Zisterzienser bis heute. In einem großen Kloster wie der oberbayerischen Erzabtei St. Ottilien mit 110 Mönchen kann dabei gleichwohl eine beeindruckende Liste zusammenkommen: Landmaschinentechnik, Schlosserei, Installationswerkstatt, Malerei, Schuhmacherei, Zimmerei, Elektrowerkstatt, Metzgerei, Bäckerei, Buchbinderei, Schneiderei, Kfz-Werkstatt – alle diese Betriebe werden von Mönchen geführt, auch die klostereigene Feuerwehr … Dazu kommen in St. Ottilien ein 200 Hektar großes Ökonomiegut mit eigener Viehzucht, eine Gärtnerei und ein Verlag mit Druckerei. Die Zeiten mögen sich seit dem Mittelalter geändert haben – am „laborare", am Arbeiten mit den eigenen Händen, wie es der hl. Benedikt in seiner Regel vorgeschrieben hat, halten auch die Mönche von heute fest.

Abt Suger (1081–1151), auf der Baustelle der neuen Klosterkirche von St-Denis, Gemälde, um 1635/45, von Justus van Egmont (um 1601–1674). Musée des Beaux-Arts, Nantes.

# Klosterwirtschaft und Klosterarchitektur der Bettelorden

Gegenüber: Einkleidung des hl. Petrus von Verona (um 1206–1252), Gemälde, um 1440/50, von Antonio Vivarini (um 1415 – um 1484). Petrus von Verona steht beispielhaft für die Verstrickung der Dominikaner in die Inquisition; 1252 wurde er in Mailand von Anhängern der Katharer ermordet.

Ein Franziskaner und ein Dominikaner weisen die Spende eines Wucherers zurück, Buchmalerei, 13. Jh. Bibliothèque nationale, Paris, Ms. Lat. 11560.

Bei allen Orden, die nach der Regel des hl. Benedikt leben, ist die Selbstversorgung Programm. Doch was war die wirtschaftliche Grundlage der Bettelorden – also von Franziskanern, Dominikanern, Augustinereremiten und Karmeliten? Haben sie wirklich im Wortsinn gebettelt, in der Stadt, vor den Kirchentüren? Der hl. Franziskus wollte dies jedenfalls nicht ausschließen. In seiner ersten Regel schreibt er: „Und wenn es notwendig ist, sollen sie um Almosen ausgehen und sich nicht schämen, sondern vielmehr bedenken, dass unser Herr Jesus Christus, der Sohn des lebendigen, allmächtigen Gottes … sich nicht schämte, für uns arm und Fremdling zu werden. Auch er, die seligste Jungfrau Maria und seine Jünger lebten von Almosen.“ Allerdings hat Franziskus sowohl in dieser ersten Fassung der Regel als auch in der 1223 vom Papst bestätigten Version die Brüder – nicht anders als Benedikt von Nursia – zur Arbeit verpflichtet. Sie sollten jenes Handwerk ausüben, das sie kennen, „wenn es ihrem Seelenheil nicht zuwiderläuft und ehrbar verrichtet werden kann“. Er begründete dies in der ersten Regel unter anderem mit einem Verweis auf den 127. Psalm, in dem es heißt: „Von deiner Hände Arbeit wirst du dich ernähren, glücklich wirst du sein, und es wird dir wohlergehen.“ In der endgültigen Regel fehlt dieser Querverweis, und Franziskus spricht nur noch ganz allgemein davon, dass der Müßiggang der Feind der Seele sei.

Gleichwohl gibt es signifikante Unterschiede zu Benediktinern oder Zisterziensern: Franziskus verbot seinen Brüdern ausdrücklich, für ihre Arbeit Geld anzunehmen, sondern erlaubte lediglich die Annahme der „zum Unterhalt notwendigen Dinge“, sprich: von Naturalien. In der ersten, wesentlich längeren Fassung seiner Regel verdammt der Heilige das Geld sogar regelrecht: Man dürfe Geld und Münzen nicht höher einschätzen als Steine, „denn der Teufel will jene verblenden, die danach verlangen … Und wenn wir irgendwo Münzen fänden, so sollen wir uns um dieselben nicht kümmern wie um den Staub, den wir mit Füßen treten.“ Und anders als im traditionellen Mönchtum sollte nicht nur der einzelne Mönch arm sein – auch die Gemeinschaft als solche durfte nichts besitzen: „Die Brüder sollen nichts zu eigen haben, weder ein Haus noch eine Niederlassung noch irgendeine Sache.“ Diese radikale Armutsforderung führte noch zu Lebzeiten des Ordensgründers zu erheblichen Konflikten. Denn in letzter Konsequenz hätte dies bedeutet, dass die „Minderen Brüder“ überhaupt kein festes Dach über dem Kopf ihr Eigen nennen, kein Kloster im allgemeinen Sinn des Wortes hätten gründen können.

Aus dieser Zwickmühle half den Franziskanern eine List, die dem Wortlaut der Regel nicht widersprach, aber dennoch eigene Niederlassungen ermöglichte: Papst Gregor IX. war ein großer Förderer der Franziskaner und der Dominikaner, von denen er sich Unterstützung im Kampf gegen die häretischen Bewegungen der Zeit versprach. 1228 sprach er Franz von Assisi heilig – nur zwei Jahre nach dessen Tod. In zwei Bullen schuf er 1230/31 die Grundlage dafür, dass sich die Franziskaner wie ein „normaler“ Orden entwickeln konnten: Zuerst erlaubte er den Brüdern, über „Mittelsmänner“ auch Geld anzunehmen. Schließlich erklärte er, dass alle Niederlassungen der Franziskaner dem Heiligen Stuhl gehörten. De facto konnten die „Minderen Brüder“ nun Klöster bauen, die aber de jure nicht ihnen, sondern dem Papst gehörten. Die alte Vorstellung freier Wanderprediger griffen zu Beginn des 16. Jahrhunderts die Kapuziner wieder auf. Als Reformorden der franziskanischen Bewegung wollten sie zur alten, radikalen Armut zurückkehren. Ihren Lebensunterhalt sollten sie sich ausschließlich erbetteln. Doch gründeten bald auch die Kapuziner ihre ersten Klöster.

Das Tätigkeitsfeld der Bettelorden war die Stadt, wo sie predigten, sich um Arme und Kranke kümmerten, an der Universität den theologischen Nachwuchs ausbildeten. Für eine größere Landwirtschaft, wie sie Benediktiner und Zisterzienser hatten, fehlte dort schlicht der Platz. Dementsprechend waren die Klöster der Bettelorden viel kleiner; meist waren sie am Rand der Stadt angesiedelt, oftmals direkt an der Stadtmauer. Bald gab es kaum mehr eine Stadt von nur mittlerer Größe

Barfüßerkirche in Basel, historische Fotografie, 1835.
Die Kirche gehört zu den herausragenden Beispielen der Bettelordensarchitektur in der Schweiz.

ohne Niederlassung eines Bettelordens. Es waren Benediktinerklöster im Taschenformat mit Kirche, Dormitorium und Refektorium, gruppiert um einen Kreuzgang. Wirtschaftsräume spielten dagegen eine untergeordnete Rolle.

Doch um zur Eingangsfrage zurückzukehren: Wie erwirtschafteten die Bettelmönche ihren Lebensunterhalt? Zum einen und nicht zuletzt durch Spenden und fromme Stiftungen. Dies war durch die Intervention Gregors IX. seit 1230 ja selbst den Franziskanern erlaubt. Und so erhielten bald auch die Bettelorden zahlreiche Zuwendungen von Gläubigen, die hofften, damit ihrem Seelenheil zu nutzen. Dies waren zum einen die Bürger der Städte, in denen die Bettelorden ihre Klöster hatten. Doch auch Adlige zählten in großer Zahl zu den Wohltätern der Bettelmönche, „weil man von ihnen, den in Armut rein Gebliebenen, die wirksamste Fürsprache im Himmel erhoffte" (Norbert Nussbaum). Reichten diese Zuwendungen nicht aus, warben Franziskaner und Dominikaner durchaus offensiv um materielle Unterstützung, oder einfacher gesagt: Sie gingen betteln. Da es in größeren Städten oft mehrere Klöster von Bettelorden gab, teilten sie die Stadt auf, und jeder durfte nur in seinem zugewiesenen Bezirk betteln.

Auch wenn die materielle Ausstattung der Klöster in den großen, wohlhabenden Reichs- und Bischofsstädten auf diese Weise gesichert war, blieb die Schlichtheit weiterhin Programm. So legten die Statuten des Ordens von 1260 fest: „Weil aber die Erlesenheit und der Überfluss direkt der Armut entgegenstehen, ordnen wir an, dass die Erlesenheit der Gebäude an Malereien, Tabernakeln, Fenstern und Säulen und dergleichen, ebenso das Übermäßige an Länge, Breite und Höhe möglichst streng vermieden werde … Die Kirchen sollen in keiner Weise gewölbt werden, mit Ausnahme des

Chors. Im Übrigen soll der Campanile der Kirche nirgends nach Art eines Turmes errichtet werden; ferner sollen die Glasfenster weder mit Historien noch mit Bildern bemalt werden …“

Besonders beeindruckend ist diese Schlichtheit bis heute in den frühen Bettelordenskirchen spürbar. Schlichter geht es fast nicht mehr, ist der erste Eindruck, wenn man etwa in die zwischen 1283 und 1310 erbaute Dominikanerkirche im elsässischen Colmar tritt. Die Säulen sind nicht nur bar jedes figuralen und ornamentalen Schmucks, wie dies auch Bernhard von Clairvaux für die Kirchen der Zisterzienser gefordert hatte – die Säulen in Colmar haben nicht einmal Kapitelle. Die flache Holzdecke verstärkt noch diesen Eindruck von strenger Einfachheit.

Das beste Beispiel für die Bettelordensarchitektur in der Schweiz ist die aus dem frühen 14. Jahrhundert stammende Barfüßerkirche in Basel, die seit 1894 als Historisches Museum der Stadt genutzt wird. Noch hielt man sich auch hier an die Vorschriften, doch reizte man diese so weit wie möglich aus. Alle architektonische Sorgfalt wurde daher auf den in die Höhe strebenden, lichtdurchfluteten und natürlich gewölbten Chor gelegt; das niedrigere, flachgedeckte Langhaus wirkt dagegen streng und schlicht.

Doch auch diese Zurückhaltung wurde in späteren Jahrhunderten nicht mehr überall eingehalten. Die ehemalige Franziskanerklosterkirche St. Luzen in Hechingen (1586/89) beispielsweise wirkt nur von außen so bescheiden, wie man sich das Gotteshaus eines Bettelordens in einer kleinen Stadt vorstellt. Doch sobald man die Kirchentüren geöffnet hat, steht man in einem überbordend geschmückten Renaissanceraum, dessen praller Farbenreichtum kaum zu überbieten ist. Fast überflüssig zu erwähnen, dass nicht nur der Chor, sondern auch das Langhaus eingewölbt ist. Woher hatten die

Von außen so bescheiden, wie es sich für ein Gotteshaus der Minderen Brüder geziemt, innen aber prachtvoll und farbenfroh stuckiert: die ehemalige Franziskaner-Klosterkirche St. Luzen in Hechingen, erbaut zwischen 1586 und 1589.

Das Kloster S. Marco in Florenz wurde 1299 von Silvestrinern, einem heute gänzlich verschwundenen Bettelorden, gegründet. 1437 holte Cosimo de Medici Dominikaner aus dem nahen Fiesole in das Kloster. In den folgenden Jahren wurden nicht nur der Kapitelsaal und der Kreuzgang mit prächtigen Fresken geschmückt, sondern – absolut ungewöhnlich – auch die Zellen der Mönche. Bemerkenswert ist der Künstler: Fra Angelico war selbst Dominikanermönch! In die Darstellungen vom Leben und Leiden Christi wob der Maler immer wieder auch Heilige des Dominikanerordens ein, die er damit gleichsam zu Zeugen des Heilsgeschehens machte. Weshalb diese Pracht? Wie im bescheidenen Hechingen stand auch in Florenz der Auftraggeber dahinter: Cosimo de Medici reihte sich damit ein in die lange Schar der reichen und mächtigen Florentiner, die Kirchen mit grandiosen Kunstwerken ausstatteten. Ab und an zog sich der mächtige Mann sogar selbst in eine Zelle des Klosters zurück, um dort zu beten. Die wirtschaftliche Grundlage der Dominikaner von S. Marco hieß Cosimo de Medici!

Als Franz von Assisi nur zwei Jahre nach seinem Tod heiliggesprochen wurde, setzte ein bis heute nicht nachlassender Pilgerstrom in die umbrische Kleinstadt ein, der einerseits die Kassen der Stadt und der Bettelmönche füllte, andererseits aber auch den Bau einer größeren Kirche erforderlich machte. Über der romanischen Unterkirche, in die die Gebeine des Heiligen überführt wurden, erhebt sich die hochgotische, 1253 von Papst Gregor IX. persönlich geweihte Oberkirche. Beide Kirchen sind über und über mit Fresken bemalt, herausragend die Szenen aus dem Leben des hl. Franziskus von Giotto di Bondone im Langhaus der Oberkirche. Für den Papst war der Wert dieses Heiligen unschätzbar, denn er bewies, dass die Forderung nach evangelischer Armut keineswegs in die Häresie führen musste. Dies sollte den Pilgern in Giottos Freskenzyklus vor Augen geführt werden. Die Diskrepanz zwischen der Pracht dieser Kirche und dem Armutsideal des Heiligen führte allerdings, wie nicht anders zu erwarten, zu Differenzen unter den Anhängern des Heiligen. Doch Elias von Cortona, der die Gemeinschaft seit dem Tod des hl. Franz leitete, setzte den Bau im Bund mit dem Papst durch, weil er den Menschen, die nach Assisi strömten, das Leben und Wirken des Heiligen in möglichst strahlenden Bildern veranschaulichen wollte. Auch insgesamt steht Elias von Cortona für das Aufweichen der radikalen Armutsforderungen. Dies mag nicht ganz im Einklang mit Franziskus' Vorstellungen gestanden haben, doch legte er damit die Basis für den Aufbau von auch wirtschaftlich tragfähigen Ordensstrukturen, die letztlich mit dazu beigetragen haben, dass es auch heute noch Franziskaner gibt.

Gegenüber: Krönung der Jungfrau Maria, Fresko von Fra Angelico (Guido di Pietro, zwischen 1386/1400 bis 1455) in der Zelle 9 des Dominikanerklosters S. Marco in Florenz, 1440/41.
Unter dem Heilsgeschehen versammelt sind – neben dem namengebenden Evangelisten Markus (rechts) – heilige Mönche: Thomas von Aquin, Dominikus und Petrus von Verona für die Dominikaner, Benedikt von Nursia und Franz von Assisi.

Links: Der hl. Franziskus (1181/82–1226) predigt den Vögeln, Fresko des so genannten Franziskusmeisters in der Unterkirche von S. Francesco in Assisi, um 1260.

Franziskaner das Geld, eine solche Kirche zu bauen? Sie hatten es überhaupt nicht – und damit kommt ein weiterer Wirtschaftsfaktor ins Spiel: Graf Eitel-Friedrich IV. von Zollern war der Bauherr von Kirche und Kloster. Die katholische Grafschaft Zollern war förmlich eingekreist von dem protestantischen Württemberg. Die Franziskaner holte er als Prediger für das Volk; sie sollten die Menschen in seiner Grafschaft bei der katholischen Stange halten. Und die Ausstattung der Klosterkirche sollte einerseits seiner eigenen Herrschaft weiteren Glanz verleihen, aber nicht minder die einfachen Menschen beeindrucken, sie sprachlos machen vor so viel Pracht – und Macht – der katholischen Kirche.

Auch in der nicht eben reichen Grafschaft Zollern spendeten die Bürger in Sorge um ihr Seelenheil und trugen damit zur materiellen Wohlfahrt des Klosters bei. Zudem hatten die Mönche ein fest umrissenes Gebiet, in dem sie betteln durften; ein Gebiet, das weit über die engen Stadtgrenzen hinausreichte. Dazu kam die Unterstützung durch das Grafen- bzw. seit 1623 Fürstenhaus: Wöchentlich erhielten die rund 30 Mönche 25 Pfund Rindfleisch, dazu jährlich ein Rind, ein Schwein, zwei Zentner Schmalz, Salz – und Wein, immerhin fast elf Hektoliter. Ihr Bier brauten die Mönche selbst, und offensichtlich scheint es recht wohlschmeckend gewesen zu sein, denn auch die Herrschaft wurde damit beliefert. Interessant ist, dass die Spenden aber nicht nur aus der Grafschaft bzw. dem Fürstentum selbst kamen. Eine ganze Reihe süddeutscher Adelsfamilien hat das Kloster unterstützt, zum Teil wohl aufgrund verwandtschaftlicher Beziehungen mit den Zollern. Ebenso spendeten Weltgeistliche zum Dank für die Unterstützung durch die Patres; so wurde auch die Seelsorge zum einträglichen Geschäft. Darüber hinaus finden sich im Verzeichnis von St. Luzen zahlreiche Mönche, die anlässlich ihrer Profess zum Teil erhebliche Geldbeträge spendeten. So stand das Kloster auf wirtschaftlich durchaus gesunden Füßen.

Schwieriger war das Problem der Sicherung des Lebensunterhalts bei den „franziskanischen" Klarissen zu bewerkstelligen. Die Nonnen lebten zurückgezogen in Klausur, weshalb Betteln von vornherein nicht in Frage kam. Die Klarissen erhielten daher zunächst eine am benediktinischen Leben orientierte Regel, die ihnen gemeinschaftlichen Besitz gestattete. Zwar setzten sich bald an franziskanischen Idealen orientierte Ordnungen durch, und an die „benediktinische" Anfangszeit erinnert seither vor allem noch der Titel „Äbtissin", den die Vorsteherinnen von Klarissenklöstern bis heute führen. Virulent bliebt das Problem der wirtschaftlichen Basis der Klöster. Das zeigte sich auch bei der Gründung des Klarissenklosters im vorderösterreichischen Villingen 1480. In der Chronik des Klosters wird die schwierige Anfangszeit so beschrieben: „Als nun die erwürdigen frauen ewig eingeschlossen waren in einem engen haus, ist darbey wenig bedacht worden der stiftung und des zeitlichen einkomens halber, darvon sich die frawen sich in dem göttlichen dienst ufhalten könden, unangesehen sie nürgent mer hin künden komen zue bettlen oder ihr notthwendige ufenthaltung zue virsehen. Habent mer ufsehens gehabt uf das geistlich als zeitlich gestüft. Darum sein sie von gott niemals verlassen worden, wie das heilig evangelium sagt: Suechet zum ersten das reich gottes, so werden euch die andere ding alle geben werden. Also haben sie zue ersten angefangen die clausur und gleich einen strengen und steten gotsdienst dag und nacht. Letztlich haben sie erst uf das zeitlich gedacht, da dan gar wenig vorhanden war, und sein die gueten, frumen frauen nye mal anderst gestift worden, als was iedwedere von ihrem armüertle dem gottshaus hat zuegebracht, wan sie den hailigen orten angelegt hat, welches dan das mehrer mal gar wenig war. Zum anderen hatten sye auch nicht, als was frume, andechtige leit ihren seelen hie und dort zue drost, etwan ein jardag und gedechtnus ufgericht haben, welches das mehrer mal mit so schlechten almuessen geschehen, dass mir uns in disser schweren zeit schüer nit möglich ist, den ufnam der heiligen messen zue erfüllen wegen großer armuet des closters und anderer vilfeltiger ursach halben. Von dissen zweyen stucks erhalt sich unser seligest clesterlin noch biß uf

Hl. Klara (1194–1253) als Nonne, Gemälde, 1518, von Berto de Giovanni (1495–1529). Galleria Nazionale dell'Umbria, Perugia.

den heutigen dag an einiges gestift in haliger, großer und empfendlicher armuet ..."

Tatsächlich ist das Villinger Klarissenkloster stets ein bescheidenes Haus geblieben. Davon zeugt die schlichte Klosterkirche aus dem 18. Jahrhundert bis heute.

Das in einem engen Schwarzwaldtal gelegene Klarissenkloster Wittichen verdankte seine wirtschaftliche Basis vor allem der Verehrung seiner 1347 verstorbenen Gründer-Äbtissin Luitgard. Je mehr Wundertaten sich an ihrem Grab ereigneten, umso mehr strömten die Pilger – und mit ihnen die frommen Stiftungen. Schon zu Lebzeiten Luitgards hatte Papst Johannes XXII. allen Sündern und Bekennern, „die in besagtes Kloster zur Verehrung, zum Gebet oder auf Pilgerfahrt zu allen Festen der Heiligen, die hier Reliquien oder Altäre haben, herbeikommen oder andere fromme Werke verrichten", einen 40-tägigen Ablass erteilt und damit den Spendenfluss in Gang gesetzt. In der Nähe solch heiliger Plätze bestattet zu werden, war sehr begehrt. Auch dieses Privileg wurde den Nonnen durch Stiftungen gedankt. Zu den frühen Förderern von Wittichen gehörten selbst hohe Adlige wie Herzog Albrecht von Österreich, der dem Kloster 400 Gulden zukommen ließ. Dank zahlreicher weiterer Stiftungen adliger Familien kam im Lauf der Zeit ein stattlicher Besitz zusammen, der landwirtschaftliche Flächen, Wald und Immobilien umfasste.

Es war auch bei den Bettelorden durchaus verbreitet, dass Mönche und Nonnen bei ihrem Eintritt in das Kloster (oder erst zur Profess) eine Spende übergaben. Zumindest für seinen Orden hatte der hl. Franziskus dies eigentlich strengstens untersagt. Zwar sollten die künftigen Brüder ihre gesamte Habe verkaufen, aber den Erlös den Armen – und nicht dem Orden – zukommen lassen. Nur wenn sie an „lebensnotwendigen Sachen Mangel" litten, durften sie etwas annehmen, aber keinesfalls Geld, auch nicht über Mittelsmänner. Das Beispiel von St. Luzen in Hechingen zeigt, dass sich spätere Generationen bei der Suche nach Einkünften nicht immer an diese Maßgabe gehalten haben. Dass man dabei mitunter sogar seine Grundsätze aufzugeben bereit war, zeigt der Brief eines Dominikaner-Provinzials an einen Prior aus der Zeit um 1275. Bei den Dominikanern kam der Gelehrsamkeit größte Bedeutung zu. Daher sollten nur Novizen aufgenommen werden, denen man zutraute, das anspruchsvolle Studienprogramm des Ordens zu bewältigen. Dies schärfte der Provinzial dem Prior in dem genannten Brief noch einmal ein, nachdem es in der Vergangenheit einige Missstände in dieser Beziehung gegeben zu haben scheint. Doch er machte eine bezeichnende Ausnahme: „Den Novizen aber, dessen Vater den Brüdern mit geeigneten Wohltaten beigestanden ist, könnt ihr zur Profess zulassen, ohne dass sein geringes Wissen ein Hinderungsgrund wäre, wenn er nur sonst geeignet ist."

Verdient haben die Bettelorden nicht zuletzt an ihrer ureigensten Tätigkeit: der Seelsorge. Ein wichtiges Instrument waren dabei die Jahrzeitstiftungen. Darunter verstand man im Mittelalter im Prinzip nichts anderes als heute; daher seien an dieser Stelle die entsprechenden Richtlinien des Bistums Basel aus dem Jahr 2005 zitiert: „Eine Jahrzeitstiftung ist eine so genannte Schenkung mit Auflagen, im kirchlichen Recht als unselbständige fromme Stiftung bezeichnet, und bedeutet, dass ein bestimmter Geldbetrag an eine natürliche oder juristische Person bezahlt wird. Diese verpflichtet sich, dafür zu sorgen, dass Priester nach Meinung derjenigen, die eine Jahrzeitstiftung errichtet haben, die Messe feiern und dafür aus dem Ertrag des Stiftungsvermögens das Messstipendium erhalten." Auch wenn Mönche in Nonnenklöstern Heilige Messe feierten oder Weltgeistliche unterstützten, wurden sie dafür entlohnt. Ebenso erhielten sie als Beichtväter einen kleinen Obolus von reuigen Sündern. Mit dem erwirtschafteten Vermögen erwarben die Bettelorden ihrerseits Häuser und Grundstücke, aus denen wiederum Einnahmen erzielt werden konnten. Dabei sahen sich vor allem die Franziskaner unter einem erheblichen Legitimationszwang. Sie übertrugen daher die Vermögensverwaltung einem Laien, dem so genannten Schaffner.

Selige Luitgard (1291–1348), erste Äbtissin des Klarissenklosters Wittichen, Gemälde in der Klosterkirche (Detail).
Die Wallfahrten zu ihrem Grab, verbunden mit zahlreichen Stiftungen, brachten dem Schwarzwald-Kloster erhebliche Einnahmen und sicherten seine wirtschaftliche Basis.

# Gästehaus und Pilgerherberge

Gastfreundschaft schrieb man im mittelalterlichen Kloster groß. Unerwartete Besucher wurden hier genauso willkommen geheißen wie geladene Gäste, vor allem aber Mönche von auswärts sowie Pilger aller sozialer Schichten. Gasthaus und Pilgerherberge des Klosters hielten für jeden von ihnen eine meist warme Mahlzeit und ein Nachtlager bereit.

## Mönchische Gastfreundschaft

Mönche wie Nonnen entzogen sich durch ihren Aufenthalt hinter der Klostermauer dem Treiben der Welt. In der Benediktregel wird das als ein „Werkzeug der geistlichen Kunst" bezeichnet. Der Bereich des Klosters und die Beständigkeit der Gemeinschaft bildeten dafür die „Werkstatt". Klosterbrüder und -schwestern sollten, wo immer möglich, im Kloster bleiben und jeglichen Kontakt zur Außenwelt meiden. Mit den Bestimmungen zur Aufnahme von Gästen im Kloster hob dieselbe Benediktregel diese Anordnungen zumindest für Einzelne gleich wieder auf. Hatte Bruder Pförtner einen Gast gemeldet, sollten ihm nämlich der Obere, also der Abt, und die Brüder eilig entgegengehen, mit ihm beten und den Friedenskuss tauschen: „Alle Fremden, die zum Kloster kommen, sollen aufgenommen werden wie Christus; denn er wird sagen: ‚Ich war fremd, und ihr habt mich aufgenommen'", fordert Benedikt, und bei Begrüßung und Abschied wird tiefe Demut verlangt: „Man verneige sich, werfe sich ganz zu Boden und verehre so in ihnen Christus, der in Wahrheit aufgenommen wird." Benedikts Forderung nach dem Empfang durch Abt und Brüder für jeden Gast wurde indes bald differenziert – Hochgestellte wurden von Hochgestellten, Könige und Bischöfe vom Abt, Brüder von einem Bruder empfangen.

Seiten 204/205: Brotverteilung an Arme, Kranke und Pilger. Relief am Sarkophag von Bischof Martín Rodríguez (1236–1242) in der Kathedrale von Léon.

### Wandermönche

Neben den *Hospites spirituales* durften auch Gyrovagen (Wandermönche) auf klösterliche Gastfreundschaft hoffen. Sie hielten sich jeweils für einige Tage in ständig wechselnden Klöstern auf, ohne zu arbeiten, und nutzten unter Vorwänden die Gastfreundschaft der Klöster aus. Ihre Faulheit und ihr parasitenhaftes Verhalten rügt auch die Benediktregel: „Ihr Leben lang ziehen sie landauf, landab und lassen sich für drei oder vier Tage in verschiedenen Klöstern beherbergen. Immer unterwegs, nie beständig, sind sie Sklaven der Launen ihres Eigenwillens und der Gelüste ihres Gaumens." Um diese – aber auch andere zu lange bleibende Gäste – zum Weiterziehen zu bewegen, bedienten sich die Mönche in ihrer Verzweiflung so manches Mal einiger Mittel, die dem Sinn der Benediktregel zuwiderliefen, etwa der Bereitstellung von denkbar dürftiger Nahrung, schmuddeligem Bettzeug oder müffelnden Matratzen …

Wer aber waren die Gäste, denen Abt und Brüder die Füße waschen sollten und die ein Quartier und Verpflegung erwarten durften? Und in welchen Räumlichkeiten sollte dies vonstatten gehen? Mit diesen Fragen musste sich jedes Kloster auseinandersetzen, dem Besuch bevorstand – egal ob von Mönchen der eigenen oder auch anderer Kongregationen, überhaupt von Christen aller sozialen Schichten, vom Bettler bis zum König. Besonders den Brüdern im Glauben und den Pilgern sollte die angemessene Ehre erwiesen werden – doch was war darunter zu verstehen? Wie konnte dieses Ideal von Benediktinern und Zisterziensern jahrhundertelang in die Wirklichkeit umgesetzt werden? Oberste Maxime war dabei für jedes Kloster, die Regel nicht zu verletzen und gleichzeitig den Konvent nicht unnötig in seinem Tagesablauf zu stören.

Zunächst einmal ist davon auszugehen, dass das Gebot Benedikts immer wieder missbraucht worden ist, von Klöstern, die – manchmal auch infolge von wirtschaftlicher Not, Raub und Krieg – wenig gastfreundlich waren, aber auch von Gästen, die sich als Schmarotzer erwiesen und für das Kloster eine wirtschaftliche Last bedeuteten.

Als Hauptquelle Benedikts gilt die um 500 vermutlich in Südgallien oder Süditalien entstandene „Magisterregel", deren Verfasser in erster Linie Kleriker und Brüder anderer Klöster als seine Gäste ansieht. Wohlgelitten waren als *Hospites spirituales* fremde Brüder, die sich durch Mitarbeit den Bestimmungen der klösterlichen Gastaufnahme anpassten. Gerne wurden auf sie nach Möglichkeit die Vorgaben Benedikts angewandt, der die unbefristete Aufnahme fremder, von weit her kommender Mönche durchaus befürwortete, die sich mit dem begnügten, was sie vorfanden und nicht durch übertriebene Ansprüche Verwirrung ins Kloster brachten.

Mitunter wurden gelehrte Mönche auch zu wissenschaftlichen Besuchen in ein anderes Kloster eingeladen. So konnte etwa der Benediktiner Richer von St-Rémi in Reims davon ausgehen, dass seine Gastgeber es ihm an nichts mangeln lassen würden, als er im März

**Der klösterliche *Portarius***

Wie heute noch an dem oder der Concierge in französischen Mehrfamilienhäusern, kam am Pförtner eines Klosters niemand ungesehen vorbei. Die Besucher des Klosters wurden schon in der Benediktregel in zwei Gruppen unterteilt: Der Mächtige klopfte mit der Hand – oder der Faust – an die verschlossene Klosterpforte, während der Arme demütig rief. Auf dieses Rufen antwortete der Portarius mit „Dank sei Gott", während er dem Mächtigen entgegenging, um demütig den Segen zu erbitten, nach dem Regelkommentar des Smaragdus etwa, indem er die rechte Hand bittend zur Erde hielt.

Erst jetzt fragte der Pförtner nach dem Grund des Kommens. Wollte etwa ein Gast einem Mönch ein Geschenk oder einen Brief überbringen, musste der Pförtner erst beim Abt die Erlaubnis dazu einholen. Ein künftiger Novize durfte gar nicht eingelassen werden, und der arme klösterliche Gast wurde sogleich in die Herberge geschickt – wo er dann vom Portarius versorgt wurde –, während andere Gäste dem Abt gemeldet wurden, der dann entschied, wer sie zu begrüßen, ihnen also entgegenzugehen habe. Ein während der Essenszeit oder des Gottesdienstes eintreffender Gast musste eine entsprechende Wartezeit in Kauf nehmen …

Das Amt des Portarius, der – mit Unterstützung seiner Gehilfen – selbst auch die Kranken zu versorgen hatte, erforderte die Fähigkeit, mit Menschen umgehen zu können. Man vertraute es daher besser einem alten, erfahrenen und weisen Mönch an, denn es war Brücke und Bindeglied zwischen der Welt „draußen" und der Abgeschlossenheit des Klosters.

Das Aufgabengebiet des Pförtners war breit gefächert, für seinen Etat war der Zehnte von allen Einkünften, Almosen und Schenkungen jeglicher Art in Geld und Naturalien vorgesehen. Mit steigender „Kundschaft" an der Klosterpforte wurden diese (zusätzlichen) Funktionen in der zweiten Hälfte des 9. Jahrhunderts schließlich auf zwei Amtsträger verteilt: Nun sollte sich der *Custos hospitum* um die wohlhabenden Gäste kümmern, während der Almosenier *(eleemosynarius)* die Armen zu versorgen hatte.

An der Klosterpforte. Kupferstich von Friedrich August Dinger (1827–1904) nach einem Gemälde von August Friedrich Siegert (1820–1883), 1862.

991 der Einladung des Klerikers Heribrand von Chartres Folge leistete. Mit nur einem Packpferd, ohne Bargeld oder Kleider zum Wechseln und andere notwendige Dinge wurde er in Orbais und Meaux freundlich aufgenommen. Seinen Erzählungen kann entnommen werden, dass die Klöster auf den etwa 50–60 Kilometer auseinander liegenden Tagesetappen des Reisewegs der von Benedikt geforderten Gastfreundschaft durchaus nachkamen.

Um die Mitte des 12. Jahrhunderts pflegten die beiden großen benediktinischen Reformorden, Cluniazenser und Zisterzienser, die Gastfreundschaft in unterschiedlicher Weise – und ihre beiden großen Äbte, Bernhard von Clairvaux und Petrus Venerabilis von Cluny, führten einen schriftlichen Disput darüber, wie die Gastlichkeitsvorschriften der Benediktregel eingehalten und zugleich die Menge der Gäste bewältigt werden könne. Die Zisterzienser kreideten den Cluniazensern unter anderem an, dass nicht alle Gäste genau nach der Regel mit Kopfneigung und Prostration begrüßt würden, und auch dass an der Pforte nicht immer ein greiser und zugleich weiser Bruder sitze, der eigentlich die Ankömmlinge stets mit den Worten „Deo gratias" („Dank sei Gott") begrüßen sollte. Petrus Venerabilis verteidigte seine Auffassung gegen diese Vorwürfe, fordere Benedikt doch vom Abt die Sorge dafür, dass den Gästen nichts Notwendiges fehle, also ihren ehrenhaften und aufmerksa-

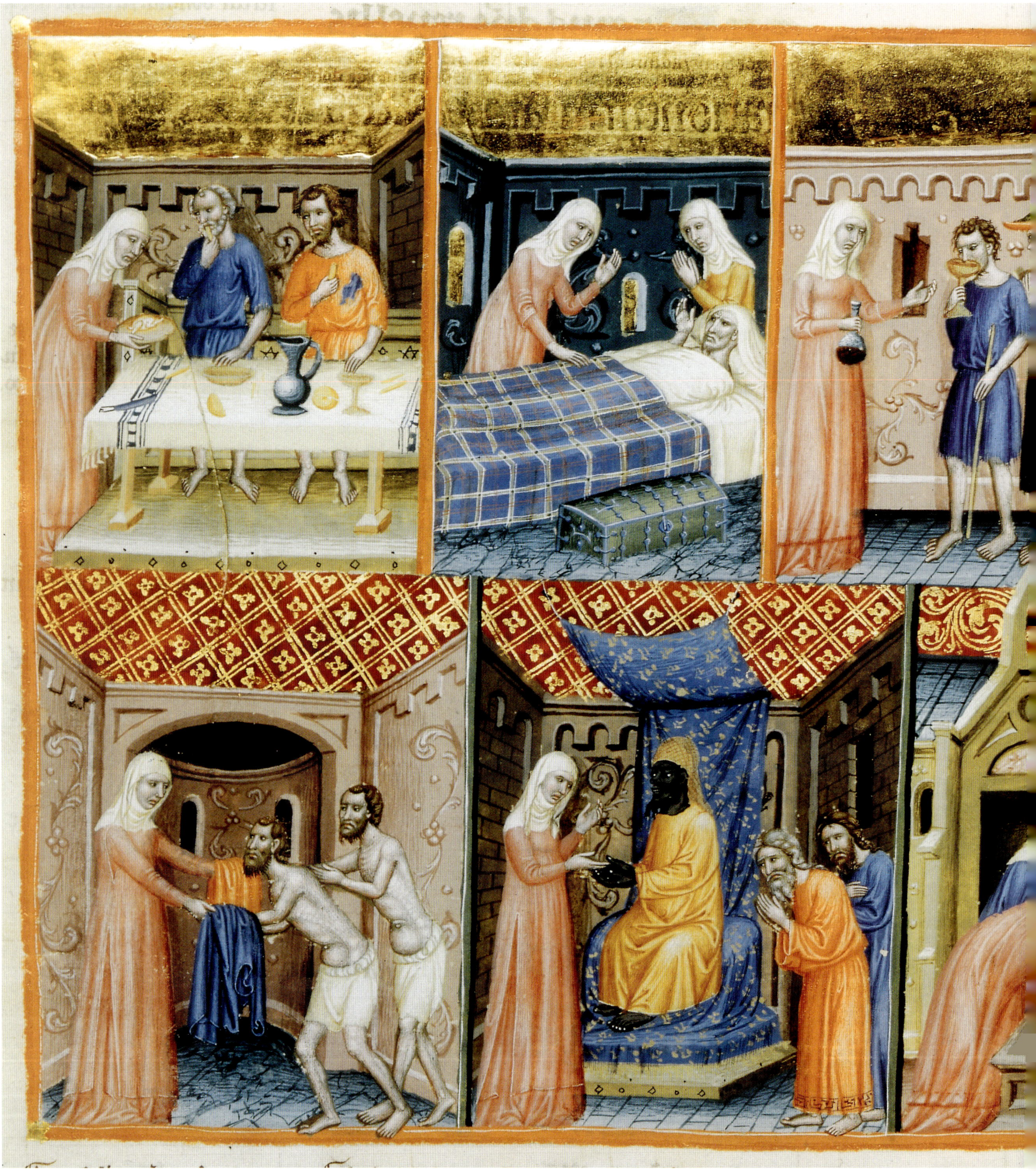

men Empfang, nicht aber auf Kosten des Dienstes an Gott und der übrigen Gebote der Regel. Angesichts der Menschenmengen, die nach Cluny strömten, sah er eine größere Notwendigkeit darin, alle aufzunehmen, als die Regel in übertriebener und „sinnstörender" Weise zu befolgen. Es stünden die Tore der Cluniazenserklöster und ihrer Gasthäuser tagsüber immer offen – und wenn sie geschlossen seien, befinde sich stets ein weiser Bruder dort. Allerdings könne sich auch ein Bruder durch Weisheit auszeichnen, der noch kein Greis sei – eine Auffassung, die bereits Hildemar von Civate in seinem karolingischen Regelkommentar vertreten hatte …

Soziale Unterschiede machten auch die Hirsauer. Wie in Cluny differenzierte Wilhelm von Hirsau zwischen „Gästen" und „Armen". Auf eine Begründung der ungleichen Gästepraxis verzichtete er jedoch. In Hirsau wurden wie anderswo Gäste im Gästehaus *(domus hospitum)* bewirtet, während Arme im *Domus pauperum* – dem Haus der Armen – Almosen, Nachtquartier und Nahrung erhielten. Die Hirsauer Konstitutionen gehen auf Unterschiede nicht näher ein. Einzig bei den höheren sozialen Schichten scheint ein gewisser Komfort der Unterbringung durch: Nur Herzöge, Grafen oder sonstige ehrwürdige Personen sollten in ihren Schlafräumen in den Genuss zweier brennender Kerzen kommen, bis sie wohlbehalten in ihrem Bett lagen …

Die Zisterzienser breiteten sich seit dem 12. Jahrhundert über ganz Europa aus – wenn sie die Gästevorschriften der Benediktregel anfangs tatsächlich möglichst wortgetreu befolgt haben sollten, waren auch sie ein Jahrhundert später in der Realität zu Kompromissen genötigt. Wenn auch in weniger prunkvollem Rahmen, so wurden dann doch auch bei den Zisterziensern Herrscher, ordenseigene Äbte und vornehme Leute besser behandelt als einfache Gäste und Arme. Der Speiseplan war auf ihren sozialen Rang ausgerichtet: weißes Brot, besondere Speisen, Wein und besseres Bier blieb auch hier den vornehmen Gästen vorbehalten.

Einige Jahrhunderte später erlebte der Zisterziensermönch Konrad Burger die monasti-

Verpflegung, Betreuung und Beherberg von Pilgern bis hin zur Bestattung durch Nonnen. Miniatur des 13. Jh.s. Bibliothèque nationale, Paris.
Die hier Barmherzigkeit übenden Nonnen handeln in Anlehnung an Matthäus 25,35–36:
„Denn ich war hungrig, und ihr habt mir zu essen gegeben; ich war durstig, und ihr habt mich getränkt; ich war fremd, und ihr habt mich beherbergt; ich war nackt, und ihr habt mich bekleidet; ich war krank, und ihr habt mich besucht; ich war im Gefängnis, und ihr seid zu mir gekommen."
Rätselhaft bleibt dabei die dunkelhäutige Thronfigur in der Mitte der unteren Bildzeile – eine „schwarze Madonna"?

### Klosterhaft

Die klösterliche Gastfreundschaft erstreckte sich auch auf Gefangene, Verbannte und Geiseln. Insbesondere Reichsklöster wie Lorsch, Corvey, Fulda, Reichenau und St. Gallen mit ihren festen, aus Stein gebauten Häusern eigneten sich auch als Gefängnis. Hier konnten vielleicht zum Tode verurteilte Staats gefangene festgesetzt sein, deren Strafe – mitunter nach einer möglichen Verstümmelung – in lebenslange Klosterhaft umgewandelt worden war. So hat wohl auch Karls des Großen Vetter, Bayernherzog Tassilo, nach seiner Unterwerfung die letzten Jahre seines Lebens als Gast in Lorscher Klosterhaft verbracht – der Legende nach geblendet. Den Sohn des abgesetzten Bayernherzogs, Theudo, wies man in das Kloster St. Maximin ein, seine beiden Töchter nach Chelles und Laon – Tassilos Gattin soll daraufhin freiwillig den Schleier genommen haben und ebenfalls in ein Kloster gegangen sein ...

Tassilo III. († 794) im Kloster. Kupferstich nach dem kürfürstlich bayerischen Jagd- und Hofkupferstecher Johann Michael Mettenleitner (1768–1853), spätere Kolorierung.

sche Gastfreundschaft in ihrer ganzen Bandbreite. Seine Erinnerungen an den Dreißigjährigen Krieg und die Flucht aus dem Breisgau über die Schweiz bis nach Morimond in Frankreich spiegeln seinen Erwartungshorizont wider. Er rechnete – trotz der schweren Zeiten – wie selbstverständlich in Klöstern mit ausreichender Nahrung und Unterbringung. In Tennenbach, Wettingen und Altenryf wurden neben den eigenen auch die Gastmönche gut mit Speis und Trank versorgt, jeder bekam bei Tisch Geschirr und Besteck und erhielt im Winter eine wärmende Bettdecke. Auch in Clairvaux wurde Gastfreundschaft nach wie vor geübt; es gab aber auch abschreckende Beispiele: In Beaulieu wurden Burger und sein Begleiter schon nach einer Nacht weitergeschickt, mit wunden, verfrorenen Füßen bei Eiseskälte und knietiefem Schnee – weil man ihr Zimmer benötigte. Und in Morimond schließlich wurden ihnen zwar Zellen im Dormitorium angewiesen, die aber ohne Fenster waren, und das Bett bestand aus Stroh und zwei groben Leintüchern. Hinzu kam die schneidende Kälte mangels einer Wärmestube, und um den Kamin versammelten sich die Alten, Jüngere waren nicht zugelassen – von der angemessenen Ehrung der Gäste, die Benedikt einst gefordert hatte, hier also keine Spur …

Auch im Mittelalter schwankte die Wirklichkeit klösterlicher Gastfreundschaft zwischen den Maximalforderungen Benedikts und deren unzulänglicher Verwirklichung in vielen Klöstern. Allein schon die monastischen Gäste unterschiedlicher Stellung konnten ein Kloster in den verschiedensten Funktionen beehren: Als Boten, Wallfahrer oder Prediger, als Visitatoren oder auf dem Weg zum Generalkapitel etwa der Zisterzienser in Cîteaux war ihnen Gastfreundschaft zu gewähren. Darüber hinaus sollte das Kloster Gäste jeder Art empfangen: Vornehme, (weltliche) Pilger und Arme, Kaufleute, Künstler, Handwerker, Studenten und Dichter baten um Einlass. Nach der Benediktregel sollten zwar alle Gäste gleichmäßig behandelt werden, aber auch Benedikt erlaubte mit Verbeugung bzw. Prostration Unterschiede. Die Regelkommentatoren der Karolingerzeit, allen voran Hildemar von Civate, interpretierten denn auch die Regel dahingehend, dass selbstverständlich nicht alle auf die gleiche Weise aufgenommen werden könnten, sondern dass bei der Lesung, bei Speis und Trank unterschieden werden müsse – schließlich sollte ein Gast gemäß seinem Rang Aufnahme finden. Die entsprechend unterschiedliche Bedienung der Gäste erfordere denn auch nach Möglichkeit die Einrichtung voneinander getrennter Herbergen für Bischöfe, Adlige und Arme, wo alles Nötige zubereitet werden könne.

Ähnliche Vorstellungen hatte auch der Urheber des Klosterplans von St. Gallen. Für die Gastfreundschaft als traditionelle Aufgabe benediktinisch geprägter Klöster sah der – vielleicht von Walahfrid Strabo stammende – Plan tatsächlich drei verschiedene Komplexe vor. Entsprechend einer Bestimmung des Aachener Konzils von 817 sollten monastische Gäste *(fratres supervenientes)* einen Empfangsraum und ein separates Dormitorium mit Latrinen an der Nordwand der Kirche vorfinden – in unmittelbarer Nähe zur Schule und mit Eingang in die Kirche von Norden. Nicht vorgesehen waren ein eigenes Refektorium und eine eigene Küche für die Gastmönche. Sie aßen offenbar zusammen mit den Konventsangehörigen.

Eine weitere Herberge – nördlich der Kirche – war für die Gäste des Abtes bestimmt; von der dritten (für Pilger und Arme) südlich der Kirche wird noch zu sprechen sein. Für die Gäste des Abtes sollte der am aufwändigsten gestaltete Komplex bereitgehalten werden. Dieses Gästehaus *(domus hospitum)* neben dem Abtspalast war möbliert und enthielt Schlafräume mit Kamin, Toiletten, Speiseraum und Küche. Zur Versorgung der Gäste waren überdies Bäckerei und Brauerei vorgesehen, dazu Stallungen und separate Räume für Diener. Die hier unterzubringenden Gäste gehörten offensichtlich der höheren Gesellschaftsschicht an. Der St. Galler Klosterplan ist ein Idealplan, von dem später einige Anregungen auch in St. Gallen selbst verwirklicht wurden. Das separate Gästehaus für vornehme Gäste gehörte aber eher nicht dazu. Auf dieses deutet nur eine unklare Äußerung in der Chronik Ekkehards hin. Es ist daher gut möglich, dass in St. Gallen nur ein einziges großen Gästehauses vorhanden war, mit Platz für das gemeine Volk wie auch für sozial hochgestellte Gäste. Wo allerdings Könige oder Bischöfe untergebracht wurden, ob sie eventuell über ein eigenes Gebäude verfügten oder im – seit dem Abbatiat Grimalds schriftlich bezeugten und durch Grabungen bestätigten – repräsentativen Wohnsitz des Abtes außerhalb der Klausur wohnten, muss offen bleiben. Grimald allerdings, seit 841 Abt in St. Gallen, wurde niemals Mönch. Aber auch wenn er es der Kleidung nach nicht war – so berichtet Ratpert in seinen St. Galler Klostergeschichten – lebte er dennoch wie ein Mönch mit entsprechender Einstellung; insbesondere seine Freigiebigkeit im Almosenspenden sollte ihm den Namen „Vater der Armen“ einbringen, auch wenn er genau genommen der erste Laienabt in St. Gallen ist, der in strengem Sinne nicht mehr Teil der Mönchsgemeinschaft war.

Bewirtung von Pilgern. Fresko im Refektorium der alten Kathedrale von Lérida, 13. Jh. (?).

Aufnahme von Pilgern und Besuch der Reliquien. Miniatur zur Beschreibung einer Reise ins Heilige Land und nach Ägypten im Jahr 1336, wohl 15. Jh. Teil einer Sammelhandschrift. Bibliothèque nationale, Paris, Ms. Fr. 2810, fol. 125.

Ein einziges Gästehaus ist beispielsweise auch aus der englischen Zisterze Beaulieu in Hampshire überliefert. Nach einer relativ detaillierten Klosterrechnung für das Jahr 1269/70 gab es dort – genauso wie in manch anderen Zisterzen – nur ein einziges Gästehaus für Gäste jeder Art. Der St. Galler Klosterplan ist in puncto Gästehaus vielleicht als „Verbesserungsvorschlag“ anzusehen, mit dessen Realisierung bekannte Missstände hätten behoben werden können.

Natürlich gab es auch Klöster, die über entsprechende Gästehäuser verfügten. Sie lagen meist im Westen der Klosteranlage, nahe der Pforte und der Abtei, und boten Platz für weltliche und geistliche Besucher des Abtes oder der Äbtissin. Bei Frauenklöstern kamen dort auch Familienangehörige von Konventualinnen unter, die trotz anders lautender Vorschriften den Kontakt zu Töchtern und Schwestern nicht aufgeben wollten. Da sie diese Gastfreundschaft in nicht wenigen Fällen mit mitunter recht wertvollen Geschenken vergalten, drückte so manch eine Äbtissin beide Augen zu …

Die Gäste eines Abtes konnten nun zwar auch ranghöhere Kirchendiener sein, man rechnete aber offenbar mehr mit weltlichen hohen Gästen. Diese waren nicht der mönchischen Disziplin unterworfen, vor allem nicht deren Schweigegebot. Bei ihnen konnte es bis lange in die Nacht lebhaft zugehen, und wenn sie sich bis Mitternacht, zuweilen auch lautstark, unterhielten oder gar grölend Witze rissen, war die Gästeherberge besser weit vom Schlafsaal der Mönche entfernt, damit diese nicht gestört wurden.

Schon die Magisterregel schrieb vor, dass das Gästehaus etwas entfernt vom Kloster liegen sollte – allerdings mit einem Schlafsaal, in dem sich außer den Betten nichts befinden sollte, damit sich keine Gelegenheit zum Stehlen ergebe. Die beiden rund um die Uhr dort Wache stehenden Mönche sollten die Tür von innen verschlossen und den Schlüssel verborgen halten, damit kein Gast den Saal ohne ihr Wissen verlassen könne. Damit eventuell zur Verfügung gestellte Küchengeräte und Tischwäsche, Töpfe, Pfannen, Bratspieße und Kessel usw. nicht während eines Gastaufenthaltes „verschwanden“, empfahl die Magisterregel überdies die überraschende *(ex improviso)* Kontrolle der Zelle der Gastmönche auf klösterliches Eigentum, Eisengeräte und andere Dinge – das klingt nun weniger nach „gehobenen“ Gästen, auch wenn der hier angedeutete Hang zur Mitnahme von Herbergsgütern heutzutage mehr noch von gehobenen Hotels als von einfachen Gasthäusern beklagt wird … Und dass sich nicht jeder Gast zu benehmen wusste, war manch einem Kloster in Erinnerung, das einmal die Leute König Karls des Kahlen beherbergt hatte – sie sollen sich mitunter wie eine Räuberbande aufgeführt haben.

Unterwegs zu Land und zu Wasser. Robert de Borron, „L'Estoire del Saint Graal“, 13. Jh. Bibliothèque nationale, Paris, Ms. Fr. 95, fol. 61v.

Wie aber sollte ein Abt sich nun seiner hohen weltlichen Gäste außerhalb der Schlafkammern annehmen? Die Benediktregel gestattete dem Abt seinem Gast zuliebe eine Unterbrechung des Fastens – allgemein vorgeschriebene Fastentage ausgenommen – und sah gleichzeitig eine eigene Küche für Abt und Gäste vor, daneben aber auch einen Tisch, den der Abt immer mit Gästen und Pilgern gemeinsam haben sollte. Auch die Umsetzung dieser Bestimmungen gestaltete sich in der Realität schwierig. Die Benediktregel sagt nämlich nicht, wo denn dieser Tisch des Abtes stehen soll. Geht man davon aus, dass dieser seinen Platz – natürlich – im Refektorium haben muss, stellt sich allerdings die Frage, was denn dann mit den Laien ist, denen der Zugang zum Refektorium verwehrt war.

Erneut wartet der St. Galler Klosterplan mit einer Lösung auf, die die Benediktregel interpretiert, gleichzeitig aber von den Beschlüssen der Synode von 817 abweicht: Nach dem Plan ist nämlich auch Laien der Zugang zum Refektorium gestattet, wo eigens eine Gästebank für sie vorgesehen ist. Der Abt konnte also wählen, wo er mit wem speiste.

Auch der Klosterreformer Benedikt von Aniane († 821) hatte schon in den Jahren zuvor, obwohl Befürworter der strengen Befolgung der Benediktregel, sowohl an die Gäste als auch an seine Mönche gedacht: Er vertrat die Auffassung, der Abt dürfe eines Gastes wegen den Brüdern und sich selbst die übliche Essensration etwas erhöhen. Natürlich freuten sich dann die Mönche über die Ankunft von Brüdern, wenn weißes Brot auf den Tisch kam und man es mit der Abstinenz nicht gar zu streng sah. Die Befolgung des Gebotes, jedem Gast heiter *(hilaris)* zu begegnen, fiel ihnen daher sicher nicht schwer, auch wenn Gespräche mit Gästen seit der Aachener Synode von 817 nur ausgewählten „gebildeten Brüdern“ gestattet waren und bereits im Folgejahr auf monastische Besucher beschränkt wurden.

Klostergäste konnten sich durchaus als große Belastung erweisen – darunter fielen neben den zu versorgenden Armen, für die ja ohnehin Mittel vorgesehen waren, alle Gäste, die während ihres Aufenthaltes erkrankten. Die Weiterreise konnte man Schwerkranken nicht zumuten, also mussten sie zuerst gesundgepflegt – und damit natürlich auch verpflegt – werden. Mitunter verstarben sie auch im Kloster – ohne oder auch mit Testament, bei dessen Abfassung die Brüder gleichfalls Hilfe geleistet hatten. Dann oblag dem Kloster auch ein ordentliches Begräbnis, die vorschriftsmäßige Aufbewahrung der Hinterlassenschaft des Verblichenen sowie die Benachrichtigung von eventuellen Erben. Diese Aufgaben sahen die Klöster indes als barmherzige Werke christlicher Nächstenliebe an, die zwar die Klosterkasse strapazierten, dies aber mit gewisser Berechtigung. Die sterblichen Überreste der 1146 in der Abtei Hersfeld verstorbenen Königin Gertrud – König Konrad eröffnete zu diesem Zeitpunkt einen Hoftag in Sachsen – sollten allerdings nach Ebrach überführt werden.

Weniger gern sah man wohl meist vornehme Gäste zu Pferd anreisen. Wie schon in germanischer und römischer Zeit, musste auch im Frühmittelalter eingeschränkte Gastlichkeit unentgeltlich gewährt werden. Für eine bis drei Nächte hatte grundsätzlich jeder ein Recht auf Unterkunft, Holz und Feuer – um sich selbst zu wärmen, insbesondere bei schlechter Witterung seine Kleider zu trocknen oder auch wilde Tiere zu vertreiben. Die klösterlichen Gastgeber mussten daher mit ausreichend Brennholz ausgestattet sein – andernfalls stand zu befürchten, dass frierende Gäste womöglich das wenige Mobiliar verheizen würden …

Gäste mit Pferden beanspruchten zudem Wasser für ihre Tiere und Pferdefutter und erhielten oft auch noch Hilfe beim Einkauf von Lebensmitteln, sofern sie keine eigenen mit sich führten oder keine Mittel besaßen, um solche zu kaufen. Klöster, auch in der Nähe gelegene Märkte boten gerne Lebensmittel, aber auch Stroh, Heu und Hafer zum Kauf an. Als etwa Abt Geoffroy von Vendôme gegen Ende des 11. Jahrhunderts vor einem Unwetter in einem Priorat von St-Florent in Saumur Zuflucht suchte, wurde er zunächst wenig begeistert empfangen. Der Cellerar des Klosters erklärte ihm nämlich, er habe keinen Platz im Stall für die zwölf Pferde der Ankömmlinge, obwohl man 20 darin hätte unterbringen können. Einlass wurde ihnen erst gewährt, als Abt Geoffroy erklärte, seine Leute würden Brot, Wein, Fisch und Käse mit sich führen und für alles weitere Erforderliche aufkommen. Heu und benötigtes Pferdefutter erhielten sie trotzdem nicht …

Lieber gehen als kommen sahen Klöster allerdings oft auch Visitatoren. Während ihres Besuches mussten sie im Allgemeinen von der klösterlichen Gemeinschaft unterhalten werden. Ein derartiger Besuch konnte ein Kloster an den Rand des Ruins bringen, und nicht wenige Äbte und ihre Mönche widersetzten sich diesen Kontrollbesuchen. Bischöfe, Archidiakone und Dekane beanspruchten nämlich schon seit dem Frühmittelalter in von ihnen besuchten Klöstern und Kirchen ähnliche Gastungen, wie sie sich im Laufe der Jahrhunderte für große und auch kleinere Herrscher entwickeln sollten. Bis in das 13. Jahrhundert hinein hört man von Klagen über zu große Gefolge an Leuten, Pferden, Hunden und Jagdvögeln nebst ruinösen Forderungen bei bischöflichen Visitationen im Kloster. So trieb etwa ein Besuch des Archidiakons von Richmond das englische Kloster Brindlington in den Bankrott, weil er 97 Pferde, 21 Hunde und drei Jagdvögel mitbrachte. Ähnlich schlechte Erfahrungen machten wohl die dem Erzbischof von Rouen unterstellten Kirchen und Klöster. Manche konnten zwar ein Privileg vorweisen, das sie von ihrer Pflicht, den Bischof oder dessen Stellvertreter zu beherbergen und zu verköstigen, befreite; andere griffen zu bisweilen rabiaten Methoden der Selbsthilfe, wie die Mönche des der Benediktinerabtei St-Ouen in Rouen angeschlossenen St-Michel, die sich kurzerhand verbarrikadiert haben sollen, während Visitatoren andernorts auch mit Steinwürfen empfangen wurden – was nun gar nicht in Einklang mit der Benediktregel steht …

Gegenüber: Visitation des hl. Korbinian (zwischen 670 und 680 bis zwischen 724 und 730) in einem Frauenkloster. Tempera auf Holz, Oberösterreich, um 1490. Gemäldegalerie, Augustinerchorherrenstift Klosterneuburg. Derartige Visitationen waren tragende Elemente der Reformen, durch die die Einhaltung der Regel überprüft wurde.

## Herrscher auf Reisen

Ganz Europa erlebte von der Völkerwanderung bis in das Spätmittelalter eine Epoche der Herrschaft, die sich in kaum zu ermessendem Grad auf die Hilfe der Gastung stützte. Ob in Island, Skandinavien oder Osteuropa, im Gebiet des Fränkischen Reiches oder in den Ländern des Mittelmeers: Überall waren weltliche und kirchliche Herrscher nahezu andauernd unterwegs. Kaiser oder König, Herzog oder Graf, sei es der Papst oder ein Bischof, Abt oder Legat, sie waren ständig auf Reisen – natürlich nicht zum reinen Vergnügen, sondern um Recht zu sprechen und zu vollstrecken. Sie hielten Versammlungen ab, führten Beratungen, feierten Kirchenfeste und visitierten Herrschaftsgebiete; sie gingen auf Jagd und führten Krieg – und immer benötigten sie auf ihren Reisen ein Nachtlager und Verpflegung, bereitgestellt von ihren Untergebenen …

Königshalle. Ehem. Benediktinerabtei Lorsch, 1. Hälfte 9. Jh.
Die Torhalle ist eines der ältesten vollständig erhaltenen Baudenkmäler Deutschlands mit karolingischen Wandmalereien und gotischen Fresken im Obergeschoss.

Wohl gab es etwa im Fränkischen Reich auch Königspfalzen wie Ingelheim und Frankfurt, Königshöfe und Bischofssitze, etwa in Worms und Speyer, aber auch die Klöster wurden gerne in die entsprechende Pflicht genommen. Natürlich betrachtete man die Anwesenheit eines Königs oder Kaisers hier wie in einer Pfalz oder einer Stadt zunächst als Ehre für die Besuchten, mit der ihr Ansehen und ihre Stellung bestätigt wurden. Gleichzeitig mussten sie dabei aber auch ein Zeugnis ihrer wirtschaftlichen Leistungsfähigkeit ablegen. Man durfte dann durchaus auf „Gegenleistungen“ in Form von Schenkungen oder Privilegien hoffen. Dennoch hielten sich dabei der Stolz darauf, den hohen Besucher entsprechend seinem Rang würdigen zu können, und die für den Konvent spürbare Belastung, die der Unterhalt des meist zahlreichen Gefolges mit sich brachte, die Waage. Zu diesem Unterhalt gehörte eine angemessene Verköstigung mit qualitätvollem, reichhaltigem Angebot an Speisen und Getränken sowie die Bereitstellung einer Unterkunft mit gehobenem, der Bequemlichkeit dienendem Mobiliar. Oft bleibt daher unklar, ob der Empfang von Herrschern und Mächtigen freiwillig, erzwungen oder Gewohnheit war. Es kann auch nicht beurteilt werden, ob die meist von einzelnen Chronisten eines Klosters überlieferte Freude oder der Schrecken über das Erscheinen des Herrschers samt Gefolge tatsächlich „echt“ sind und welche Motive hinter den erbrachten Leistungen stehen – neben Pflicht und Berechnung zählt hierzu durchaus tatsächliche Freude, aber etwa auch Furcht …

Je höher der Gast gestellt war, desto aufwändiger gestaltete sich die Vorbereitung für dessen würdigen Empfang. Da mit dem Rang des Gastes meist auch die Zahl seines Gefolges anstieg, wurde das Kloster besser rechtzeitig informiert. Königliche Besuche wurden oft längerfristig angesagt, insbesondere dann, wenn ein spezieller Grund dafür vorlag. Gerne wurde der Herrscher auch zu besonderen Gelegenheiten vom Kloster eingeladen. Zur feierlichen Weihe der Klosterkirche etwa war seine Anwesenheit meist mit umfangreichen Gegenleistungen verbunden. Wie bei Staatsbesuchen der Gegenwart, wurden herrscherliche Visiten in eher abgelegenen Klöstern meist von längerer Hand geplant, wenn es einen Besuchsgrund gab. Die Gäste waren angemeldet, es konnten entsprechende Vorkehrungen getroffen werden.

In karolingischer Zeit waren 14 Reichsklöster zu militärischen und wirtschaftlichen Leistungen verpflichtet, ebenso zum Gebet für den König, dessen Familie und das Reich. Darin spiegelten sich allerdings auch Rang und Würde des jeweiligen Klosters wider, und durch Besuche des Herrschers wurde dies allen Menschen vor Augen geführt. Als 774 die neue Kirche des Klosters Lorsch geweiht werden sollte, ritt Abt Gundeland dem König sogar bis Speyer entgegen – eine sehr großzügig ausgelegte Befolgung der Forderung Benedikts, nach der der Obere eines Klosters und die Brüder dem Gast voll dienstbereiter Liebe entgegeneilen sollten … Von Speyer aus holte Gundeland also Karl den Großen ein, der sich in Begleitung der Königin Hildegard und seiner Söhne Karl und Pippin befand, umrahmt von Fürsten und mehreren Bischöfen.

Zwar bestand die in Anlehnung an römische Triumphbogen konzipierte Königshalle in Lorsch zu dieser Zeit wohl noch nicht, man hatte aber möglicherweise für das Fest einen Triumphbogen errichtet. Karl konnte nämlich mit einem triumphalen Einzug rechnen, hatte er doch soeben erst das Langobardenreich erobert und war in Rom als Exarch empfangen worden. Seit Ende des 8. Jahrhunderts konnte der Abt den König dann in Lorsch von der Klosterpforte zur Königshalle geleiten und ihn durch diesen Triumphbogen führen – dabei hat er den König vermutlich gestützt. Diese Geste symbolisiert den Dienst von Bischöfen und Äbten am König als Stellvertreter Gottes.

Königsbesuche bedeuteten Höhepunkte im Leben eines Klosters – und erhebliche Belastungen für die Gemeinschaft der Mönche, aber auch der Nonnen und Stiftsdamen. Insbesondere in den großen Stiften der Ottonenzeit konnte von einem ruhigen, abgeschiedenen Klosterleben oftmals nicht wirklich die Rede sein. Das 936 auf Betreiben von Königin Mathilde gegründete Quedlinburg etwa musste bis zur Mitte des 12. Jahrhunderts fast jährlich einen Hoftag ausrichten und Gesandtschaften empfangen. Überhaupt hatten die Äbtissinnen aller großen Reichsstifte derartige Hoflager für den beständig seinen Ort wechselnden Herrscher und die zahlreich herbeiströmenden Teilnehmer zu gewährleisten und zu organisieren.

König wie Abt und Äbtissin waren sich natürlich bewusst, dass ein solcher Besuch das Kloster durchaus ruinieren konnte, wenn er sich in die Länge zog oder das Gefolge zu groß und womöglich noch undiszipliniert war. Zeigte sich der König indes durch Gunsterweise erkenntlich, blieb sein Besuch dennoch in guter Erinnerung. Lorsch hatte Karls Besuch einen wertvollen Hof in Oppenheim zu verdanken, und auch andere Herrscher kamen hier dank der verkehrsgünstigen Lage in den folgenden Jahrhunderten wohl gerne vorbei, auch

Empfang Kaiser Heinrichs III. (1039–1056) bei seinem Antrittsbesuch im Kloster Echternach. Perikopenbuch Heinrichs III., Echternach, zwischen 1039 und 1043. Staats- und Universitätsbibliothek Bremen, Ms. b. 21, fol. 3v.
Die Handschrift ist ein Geschenk des Echternacher Abtes Humbert (1028–1051) an das salische Kaiserhaus und sollte eine Bittschrift unterstützen.

**Der zeremonielle Empfang des Herrschers.**

Kam der Besuch eines Königs in einem bedeutenden Kloster einem Staatsakt gleich, war der Ablauf natürlich bis ins kleinste Detail festgelegt. Ein in Cluny entwickelter „Empfangsordo“ erlaubt die Rekonstruktion dieses Zeremoniells, in dem der König als Gesalbter des Herrn in ähnlich feierlicher Prozession wie kostbare Reliquien oder hohe kirchliche Würdenträger eingeholt wurde:

War die Ankunft des Herrschers gemeldet, sollten auf Anordnung des Abtes oder Priors alle Brüder in der Kirche zusammenkommen und dort ihre vornehmste Kleidung anlegen – Mönche den Chormantel, Klosterschüler die Talarkukulle. Dann zog der Konvent zum Klang von zwei Glocken in einer Prozession mit genau geregelter Reihenfolge durch das Kirchenschiff und das Portal aus. In fünf streng symmetrischen Dreierreihen eröffneten die Träger von drei Kreuzen, dem Gefäß mit Weihwasser, zwei Weihrauchfässern sowie sechs brennenden Leuchtern und drei Evangeliaren den Zug. In Zweierreihen schlossen sich ihnen Konversen an sowie die Schüler mit ihren Lehrern. Als Nächstes kam „der Herr Abt“, auf den – wiederum in Zweierreihen – die Mönche folgten, alle in tiefem Schweigen.

War der Herrscher, von geeigneten Leuten des Klosters eingeholt, angekommen, stieg er spätestens an der Klosterpforte vom Pferd, um vom Abt mit der von Benedikt gebotenen Demutsgeste begrüßt zu werden: Er warf sich vor dem König auf die Erde nieder. Dieser küsste ehrfürchtig das kostbarste der drei hinausgetragenen Evangeliare, worauf er mit Weihrauch geehrt wurde. Nach dem nun einsetzenden Gesang von Mönchen und wohl auch Schülern zogen unter dem Geläut aller Glocken König und Abt, Konvent und Gefolge des Herrschers in die Kirche. Dort waren mittlerweile vor dem Heilig-Kreuz- und dem Hauptaltar Teppiche ausgerollt worden, auf denen sich der König zum Gebet niederwerfen sollte. Der Abt intonierte Gebete oder Lieder, die – im Wechselgesang vorgetragen – wieder das Gottesgnadentum betonten, und die Messfeier konnte beginnen.

Sog. „Chormantel der Kaiserin Kunigunde“. Seidendamast und Goldstickereien, um 1000 und 15. Jh. Diözesanmuseum Bamberg.
Der wohl noch vor der Jahrtausendwende entstandene Kaisermantel stammt vielleicht aus dem Erbe Kaiser Ottos III. († 1002). Seine Goldstickereien zählen zu den großartigsten Leistungen damaliger byzantinischer Webkunst. Um die Mitte des 15. Jh.s wurde der wohl früheste „Heinrichsmantel“ für das Volk zum „Chormantel“ der 1200 heiliggesprochenen Kaiserin umgedeutet, ihr Bildnis für den Rückenschild des Mantels gefertigt.

Gegenüber: Der Schlossberg von Quedlinburg mit Blick auf die westlichen Doppeltürme der heutigen dritten Stiftskirche, die nach 1129 im Beisein König Lothars von Supplingenburg geweiht wurde.

wenn bis zum letzten königlichen Besuch durch Rudolf von Schwaben 1077 lediglich 18 Königsaufenthalte sicher nachweisbar sind – schließlich ist eine lückenhafte Überlieferung zu berücksichtigen und überdies standen im Umkreis von ein bis zwei Tagreisen auch in Pfalzen, Königshöfen und Bischofssitzen Quartiere zur Verfügung.

Dennoch dürfte es auch in Lorsch ähnlich wie in anderen Klöstern eine „Pfalz“ gegeben haben. Derartige Gebäude konnten den Herrscher und sein Gefolge auch über mehrere Tage aufnehmen, sie verfügten neben entsprechenden Schlafgelegenheiten über Repräsentationsräume, meist auch über ein eigenes Oratorium zur Feier des herrscherlichen Gottesdienstes. Allerdings scheint die Abtei seit Beginn des 11. Jahrhunderts wirtschaftlich so schwach gewesen zu sein, dass sie zur Verköstigung des ganzen Hofes auch nur für kürzere Zeit kaum noch in der Lage war. Der Klosterbrand von 1090, dem wohl auch die zur Unterbringung vornehmer Gäste geeigneten Baulichkeiten zum Opfer fielen, tat ein Übriges – die einstige Bedeutung des Klosters ging zurück. Kein Herrscher kam mehr nach Lorsch,

die Verpflichtung zur Heeresfolge wie die Forderung des Fürbittgebets blieben indes bis zur Aufhebung der Reichsabtei bestehen.

Die gegen Ende des 11. Jahrhunderts auf einem Felsvorsprung westlich von Wien errichtete Benediktinerabtei Melk, eine Stiftung des Babenbergers Leopold II., war wie alle größeren Klöster im deutschen Sprachraum noch lange Zeit verpflichtet, eine geeignete Zimmerflucht für kaiserliche Besuche zur Verfügung zu stellen, also prächtig ausgestattete Räume, die bei Gelegenheit auch für offizielle klösterliche Zwecke benutzt werden konnten. Als erste Zwischenstation an der Donau auf der Reise von Wien nach Deutschland beherbergten die kaiserlichen Gemächer in Melk 1782 auch den Papst, später zweimal Napoleon, und nach dem Ende des Alten Reiches waren die österreichische Monarchen häufige Gäste.

Allgemein betrachtet besteht also ein enger Zusammenhang zwischen der Häufigkeit von königlichen Besuchen in einer Reichsabtei – aber auch anderen Klöstern – und der Gunst oder Ungunst von deren Verkehrslage, die indes im Einzelfall große Auswirkungen auf die Entwicklung eines Klosters haben konnten. Lag das Kloster an einer oft frequentierten Straße, diente es dem König eher als Herberge. Und natürlich nahm er an einem häufiger von ihm besuchten Kloster größeren Anteil als einem abgelegenen, das er vielleicht nur dem Namen nach kannte – mit den jeweiligen Vor- und Nachteilen …

Für die Benediktinerabtei Stablo im heutigen Belgien sind in über einem halben Jahrhundert nur magere fünf Königsaufenthalte nachweisbar. Kaum eine andere Reichsabtei hat derart wenige Besuche zu verzeichnen. An diesem „abgeschiedenen" Ort in den Ardennen hatte der Merowingerkönig Sigibert III. um die Mitte des 7. Jahrhunderts dem hl. Remaclus einen ausgedehnten Besitzkomplex zur Gründung einer Abtei übertragen. Remaclus wurde in Stablo begraben, und mit der wachsenden Verehrung seines heiligen Gründers wuchs auch die Bedeutung des Klosters. Unter den Reformäbten Odilo (938–954) und Poppo (1020–1048) entwickelte sich Stablo zu einer herausragenden königlichen und kaiserlichen Abtei, die nun keineswegs mitten in der Wildnis lag, sondern direkt von einer Römerstraße berührt wurde. Dennoch befand sich Stablo für die „Königsstraßen" im Abseits und musste nicht damit rechnen, auf der „Durchreise" des Königs beehrt zu werden. Hier kam der Herrscher nicht grundlos her. König Heinrich III. etwa nahm im Juni 1040 auf Einladung von Abt Poppo an der Weihe der neu errichteten Abteikirche teil, ebenso zahlreiche weitere namentlich genannte Gäste – was natürlich zur Aufwertung von Stablo beitrug …

Die Abtei Hersfeld hingegen sah nicht nur denselben König Heinrich III. einen Monat später zur Weihe der Krypta und der nach dem Brand von 1038 wiederhergestellten Kirche, als die Gebeine der hll. Lull und Wigbert in die neue Krypta transferiert wurden. Auch sein Sohn Heinrich IV. besuchte die Abtei mehrfach und feierte hier 1066 das Pfingstfest. Im Sommer 1071 verbrachte er auf dem Zug von Sachsen zur Mainzer Synode erneut eine Nacht im Kloster. Vielleicht atmeten die Klosterbrüder auf, als der Herrscher schon tags darauf abreiste – dann war ihre Freude jedenfalls nur von kurzer Dauer. Bei der Weiterreise sollte nämlich Liupold von Meersburg, ein vertrauter Freund des Königs, in Udenhausen tödlich verunglücken. Daraufhin kehrte der Zug nach Hersfeld zurück, wo der Ritter in der Mitte der Kirche feierlich bestattet wurde – natürlich mit entsprechender Gedächnisstiftung des Herrschers …

Nur zwei Jahre später befand sich der Herrscher auf der Flucht. Bei Nacht und Nebel hatte sich Heinrich mit wenigen Begleitern – darunter Herzog Berchtold von Kärnten, Bischof Eberhard von Naumburg und Bischof Benno von Osnabrück – aus der belagerten Harzburg geschlichen und stand nach dem Weg über Eschwege erneut vor der Pforte von Hersfeld, um sich hier vier Tage aufzuhalten. Angesichts der angespannten Lage des Herrschers fiel das Empfangszeremoniell diesmal sicherlich bescheidener aus, als in den Ordines geregelt … Das Kloster mag über diesen Besuch wenig erfreut gewesen sein, denn die Bischöfe von

Gegenüber: Stift Melk oberhalb der Donau, nach 1700.
Ein Kennzeichen des noch heute bestehenden Benediktinerklosters ist seine beispiellose, großartige Geschlossenheit von Kirche und Konventsgebäuden.

Der Frankenkönig Sigibert III. († 656) übergibt dem Mönch Remaclus die Gründungsurkunde des Klosters Stablo. 1. Hälfte 10. Jh. Staatsbibliothek Bamberg, Msc. Hist. 161, fol. 109v.

Gegenüber: Heiratsurkunde der byzantinischen Prinzessin Theophanu, Fulda (?), zum 14. April 972. Niedersächsisches Staatsarchiv Wolfenbüttel, 6 Urk. II.

Maiestas Domini mit kaiserlicher Familie. Elfenbeinplatte, Mailand, 962/983. Civiche Raccolte d'Arte Applicata, Castello Sforzesco, Mailand, Inv. Nr. A 15.
Die kniend dargestellte Familie lässt sich nicht eindeutig identifizieren. Es kommen sowohl Otto I. und Adelheid mit dem kleinen Otto II. in Betracht, als auch Otto II. († 983) und Theophanu mit Otto III. Der Sockel mit der auffallend großen Inschrift *Otto imperator* ist ohne Parallele.

Würzburg und Bamberg stießen hier mit ihren gegen Polen aufgebotenen Kontingenten zum Herrscher, der schließlich dem Aufgebot seines Gegners Rudolf von Schwaben bis Grebenau entgegenzog.

Schutz vor Verfolgung, insbesondere der Schutz der Königin, gehörte ebenfalls zu den erwarteten Diensten der Klöster. Der Obhut des streng königstreuen Hersfeld wurde denn auch Anfang 1074 die hochschwangere Königin Berta anvertraut: Im Januar war die Burg Asenberg gegen die Thüringer gefallen, und damit gerieten auch andere königliche Plätze in große Bedrängnis. Hartwig von Hersfeld – von Heinrich IV. selbst erst ein gutes Jahr zuvor als Abt eingesetzt – holte die Königin auf Geheiß des Herrschers aus der eingeschlossenen Burg Volkenroda und brachte sie in sein sicheres Kloster. Dort kam am 12. Februar ihr Sohn Konrad zur Welt. Ob sie allerdings ihren zwangsweisen Aufenthalt in Lorsch in Erwartung der Scheidungsverhandlungen aus dem Jahr 1069 vergessen hatte, sei dahingestellt. Die von Heinrich IV. angestrebte Auflösung der ihm aufgezwungenen Verbindung war an der Weigerung des Papstes gescheitert …

Die Mönche von Lorsch hatten auch schon früher eine Königin zu Gast gehabt – während der Kämpfe gegen Aufständische im Rheinland unter der Führung von Ottos Bruder Heinrich und seinem Schwager Giselbert suchte dort 939 die Gattin von Otto dem Großen Zuflucht, des englischen Königs Edmund Tochter Edith.

Otto selbst ist ein Beispiel dafür, dass Herrschern – neben klösterlichen Reisezielen zu hohen Kirchenfesten – nicht nur die Gräber von Heiligen „eine Reise wert" waren. Sie suchten natürlich auch die Kirchen auf, in denen ihre Familienangehörigen ruhten. Von Otto dem Großen weiß man, dass er häufiger nach St. Alban in Mainz kam, wo nach und nach seine älteren Kinder – Liutgard und Liudolf aus der Ehe mit Edith, 968 schließlich auch sein ältester Sohn Wilhelm, der Erzbischof von Mainz – begraben worden waren.

Kloster Fulda, die vornehmste Abtei des Reiches, hatte sich Konrad I. schon bei einem seiner früheren Besuche als Grablege auserkoren. 918 wurde er wunschgemäß in der Abteikirche des hl. Bonifatius in der Nähe des Kreuzaltars bestattet. Große Aufgebote an weltlichen und kirchlichen Würdenträgern sollte das Kloster in späteren Jahren erleben. Kaiser Heinrich II. zog 1020 mit Papst Benedikt VIII. von Bamberg hierher, der eine feierliche *Missa publica* zelebrierte. In der langen Zeugenreihe einer in diesen Tagen ausgestellten Urkunde erscheinen die drei Erzbischöfe von Mainz, Köln und Trier, dazu zehn Bischöfe und vier Äbte, drei Herzöge und eine große Anzahl an Grafen, Trägern von Hofämtern und andere … Mehrere Hoftage sollten in den kommenden 150 Jahren in Fulda abgehalten werden. Hatten frühere Herrscher in der Oster- und Passionszeit teilweise eine Pilgerfahrt an das Bonifatius-Grab unternommen, so wurde die Abtei in einer Zeit, in der andere Klöster ihre Funktion als herrscherliche Absteige verloren, in das System der Orte von überregionaler Bedeutung einbezogen mit der Funktion einer „königlichen" Pfalz.

Wie sich dann ein derartiger Klosteraufenthalt, angefangen beim Empfang der Königin, gestaltete, bleibt oftmals der Phantasie des Einzelnen überlassen. Es ist anzunehmen, dass sonst übliche Höflichkeit bezeugende Ehrerbietungen im „Ernstfall" der Gefahr wohl eher reduziert wurden. In friedlichen Zeiten stand der feierlich gestaltete Empfang für die Königin – so überliefert es der Ordo des Klosters Farfa – dem des Königs jedenfalls kaum nach. Die strenge Klausur verbot in Fulda allen Frauen, sogar der Königin, das Betreten der Stiftskirche. Lothar von Supplingenburg wich daher zur Feier des Pfingstfests 1132 mit Königin Richenza in die Kirche auf dem Neuenberg aus …

Im Übrigen waren Herrscher und Gefolge auch immer wieder „nur" unterwegs von einem Ort zum nächsten. Die Rückreise von der Hochzeit Ottos II. in Rom führte den kaiserlichen Hof im Sommer 972 über Ravenna und Mailand nach St. Gallen – wo der Besuch der beiden Kaiserpaare, Otto I. und Adelheid sowie Otto II. und Theophanu, auch in der klostereigenen Chronistik seinen Niederschlag fand, denn er wird in Ekkehards Klosterge-

**Die schönste Urkunde des Mittelalters**

Insbesondere Königinnen und Kaiserinnen erhielten anlässlich ihrer Eheschließung ein Witwengut, die Wittumsausstattung, deren Übergabe auch urkundlich belegt sein kann. Die Ehegatten der Herrscherinnen fügten im Laufe der Jahre weitere Schenkungen hinzu, die dieses Gut vergrößerten – etwa, wenn die einst minderjährige Braut die Volljährigkeit erreichte, oft auch zur Geburt des Thronfolgers oder weiterer Kinder. Für diese Schenkungen gefertigte Urkunden gehörten zum persönlichen Besitz der Königinnen und Kaiserinnen, den sie wohl meist mit sich führten. Gelegentlich hinterlegten sie sie auch in einem Kloster – aufgrund ihrer Bedeutung wohl ebenfalls persönlich.

Kaiserin Adelheid war 937 als Sechsjährige zunächst mit Lothar von Italien verlobt und 947 verheiratet worden. Die beiden Urkunden für ihre Wittumsausstattung hinterlegte sie im Kloster S. Salvatore in Pavia, das sie mit umfangreichen Schenkungen ausstattete, andere übergab sie ihrer Lieblingsstiftung Selz.

Als 972 die byzantinische Prinzessin Theophanu in Rom mit Adelheids Sohn Otto II. verheiratet wurde, erfolgte im Rahmen dieser Feierlichkeiten auch die Krönung der Braut zur Kaiserin. Den Text ihrer berühmten Heiratsurkunde trug ein Schreiber aus dem Skriptorium des Klosters Fulda mit Goldtinte auf einen reich gemusterten Grund. In der Frage, ob es sich bei dieser Urkunde um das Original handelt oder um eine (etwas) spätere Prunkabschrift, streitet sich die Wissenschaft. Sie wurde jedenfalls von Theophanu im Stift Gandersheim hinterlegt, wo ihre Tochter Sophia, die spätere Äbtissin, erzogen und in Anwesenheit von Theophanu und ihrem Sohn Otto III. 989 als Nonne aufgenommen wurde.

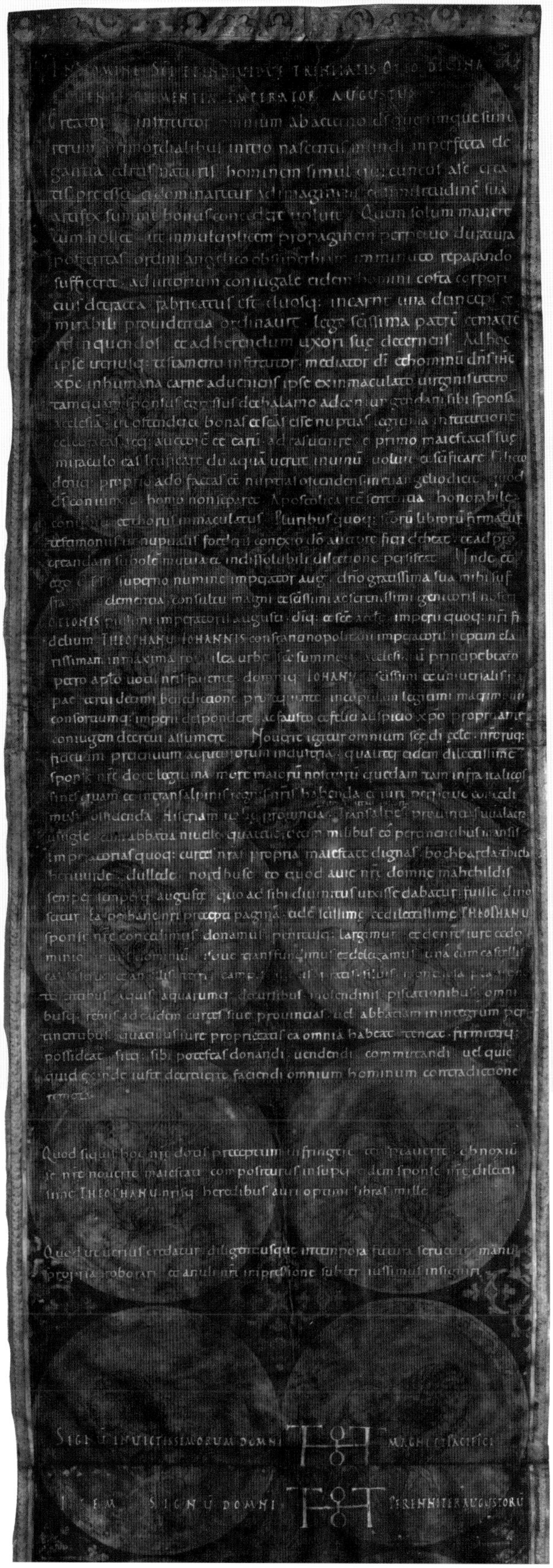

schichten beschrieben. Otto II. muss bei dieser Gelegenheit einen wenig gerne gesehenen Sonderwunsch geäußert haben. Er wollte nämlich die Klosterbibliothek sehen – und der Abt, so Ekkehard, wagte nicht, ihm diesen Wunsch abzuschlagen: „Doch gab er den Befehl zum Öffnen erst nach dem scherzhaften Vorbehalt, dass ein so mächtiger Räuber Kloster und Brüder nicht ausplündern dürfe." Dennoch – so erzählt Ekkehard weiter, habe Otto mehrere der Bücher mit sich fortgetragen und erst später auf Ekkehards I. Bitten einige davon wieder zurückgegeben …

## Das Kloster als Versammlungsort

Ganz oben: Der Bischof segnet einen Pilger und dessen Ausrüstung vor dem Aufbruch. Manuskript, 13. Jh. Stadtbibliothek, Besançon.

Oben: Bursenreliquiar aus dem Schatz des Dionysosstiftes in Enger bei Herford, 2. Hälfte 8. Jh. Kunstgewerbemuseum Staatliche Museen zu Berlin, Stiftung Preußischer Kulturbesitz.
Das Bursenreliquiar gehört mit dem Tassilokelch zu den Hauptwerken der Schatzkunst aus der 2. Hälfte des 8. Jh.s.

Gegenüber: Rückführung der Heilig-Blut-Reliquie. Öl auf Leinwand, 1738. Münster Reichenau-Mittelzell, nördliches Seitenschiff.

Das Christentum kennt wie die anderen Hochreligionen die fromme, religiöse Reise *(peregrinatio religiosa)* zu einem Ort besonderer Heilsvermittlung. Schon die ersten Christen hatten – mit der Bibel als Reiseführer – die Stätten des Wirkens Jesu aufgesucht.

Durch die Anerkennung und Verbreitung der Verehrung von Reliquien durch Ambrosius von Mailand († 397) und Augustinus entstanden zahlreiche, teilweise auch nichtbiblische Heiligenkulte mit lebhaftem Pilgerverkehr. Die leiblichen Überreste (von lat. *reliquiae)* von Heiligen oder Märtyrern wurden als Reliquien im Altar, Reliquienkreuz oder Schrein geborgen. Diese Heiligen und Märtyrer galten als wahre Förderer und Verteidiger eines Klosters. Da nördlich der Alpen, anders als in Rom, nur wenige Christen das Martyrium erlitten hatten, kamen dem Grab des hl. Dionysius, des Schutzpatrons der Franken, in St-Denis bei Paris, und dem Grab des hl. Martin in Tours besondere Bedeutung zu.

Konnte ein Kloster kein Grab seiner Gründungsheiligen vorweisen, wurden verehrungswürdige Reliquien dorthin überführt, bevorzugt Körperreliquien, aber auch Berührungsreliquien – also alles, was ein Heiliger besessen, berührt oder besprochen hatte. Dazu zählte auch alles von seinem Grab bis hin zum Staub von der Abdeckplatte oder dem Öl der dort brennenden Lampen. Die häufig sich zum Mittelpunkt einer Wallfahrt entwickelnden verehrten Gegenstände, die im Zusammenhang mit dem Heilsgeschehen standen, wurden in kostbaren Behältnissen aufbewahrt. Die Großen im Reich führten oftmals Teile der Reliquien in kostbar geschmückten Bursen mit sich.

Für das Inselkloster Reichenau etwa wurden vor allem im 9. und 10. Jahrhundert Reliquien aus ganz Europa zusammengetragen, darunter die in kostbaren Schreinen geborgenen Gebeine der hll. Johannes und Paulus. Die „Heilig-Blut-Reliquie", der Legende nach von Abt Waldo von Reichenau (786–806) Kaiser Karl dem Großen einst aus dem Heiligen Land überbracht, ist ein kleines Kreuz aus Gold und Edelsteinen, in das Kreuzpartikel und das Blut des Erlösers eingelassen gewesen sein sollen.

925 als Stiftung auf die Reichenau gelangt, wurde sie im Dreißigjährigen Krieg vor den Schweden bei den Zisterzienserinnen in Freiburg-Günterstal sicher verwahrt und kehrte erst 1738 auf die Reichenau zurück, wo sie bis heute zu den wichtigsten Reliquien zählt.

Reliquien wurden als Unterpfand des heiligen Beistands angesehen, von deren Anblick oder gar Berührung man sich Wunder versprach – auch die Heilung von Krankheiten.

Pilgerreisen dienten aber auch dem Zweck der Buße. Im 7. und 8. Jahrhundert legten insbesondere irische Mönche mit ihrer oft lebenslangen Pilgerschaft einen Grund für die Christianisierung des kontinentalen Europa; die „Entdeckung" des Jakobsgrabes im spanischen Galizien durch Bischof Theodemir (vor 842) begründete einen bis heute florierenden Pilgerverkehr nach Santiago de Compostela, dem bedeutendsten Wallfahrtsort auf der Iberischen Halbinsel.

Zu den berühmtesten Grabortern wie Rom, Santiago de Compostela, Canterbury oder Köln zogen Pilger aus der ganzen Christenheit, an andere Gräber nur die nächsten Nachbarn, aber immer wegen der in den Reliquien enthaltenen, vom Heiligen verdienten Gotteskraft, derentwegen sie Wunder wirkten. Daher bemühten sich die Wallfahrer und Pilger an Heiligengräbern um Sekundär-Reliquien als Amulette, Kontaktreliquien, die sie als Andenken mit nach Hause nehmen konnten.

Der Mont-St-Michel in der Normandie hatte bereits seit dem 10. Jahrhundert einen regen Strom an Wallfahrern aus dem gesamten Abendland zu verzeichnen, die vor allem den Ort der Erscheinung des Erzengels verehrten, aber auch die Reliquien, die Anfang des 8. Jahrhunderts aus dem Michaelsheiligtum des Monte Gargano transferiert worden waren. Die Einkünfte aus der Wallfahrt kamen den in der Abtei ansässigen Benediktinern zugute.

Die Verehrung des hl. Landelin, der um 640 in Ettenheimmünster den Märtyrertod erlitten haben soll, ist historisch etwa um das Jahr 1000 fassbar. Der Legende nach setzte sie bereits im 7. Jahrhundert an seinem Grab in Münchweier ein, wo ein kleines Kloster entstand, das Bischof Etto von Straßburg 734 nach Ettenheimmünster verlegte. Fortan wurde er in beiden Orten verehrt. 1183 sprach Bischof Heinrich I. dem Kloster wegen seiner Gastfreundschaft gegenüber den Pilgern seine Anerkennung aus – der früheste historische Beleg für eine Wallfahrt zum hl. Landelin und zugleich für die Fürsorge der Mönche gegenüber den Wallfahrern, aus dem allerdings nicht hervorgeht, ob sich die Mönche der Pilger eher am Grab des Heiligen in Münchweier oder an der Stelle seines Martyriums, den Quellen von Ettenheimmünster, annahmen. Die Pilger gaben aber wohl bis in die frühe Neuzeit dem Grab als Wallfahrtsziel den Vorzug.

Um 1050 setzte im burgundischen Benediktinerkloster Vézelay ein neuer Kult um die hl. Maria Magdalena ein. Ihre Gebeine, so berichtet die „Legenda aurea“, waren schon im 9. Jahrhundert aus Aix-en-Provence nach Burgund gebracht worden und wurden nun in Vézelay aufbewahrt, das in kürzester Zeit eines der meistbesuchten Pilgerziele Europas wurde und zugleich als Versammlungsort für die Pilger nach Santiago de Compostela diente, wo sich besonders an Festtagen die Massen drängten. In Klöstern wie in Einsiedeln in der Schweiz oder in St-Michel in Frankreich, Wallfahrtsorten mit europaweitem Einzugsgebiet, kampierten die Pilgerscharen oft – bei entsprechender Witterung – unter freiem Himmel, in mitgebrachten oder klostereigenen Zelten, aber auch in Massenquartieren im Kreuzgang und in der Kirche. Letzteres war nicht ganz ungefährlich. So soll ein Großbrand der Kirche von Vézelay im Jahr 1120 mehr als 1000 Pilger das Leben gekostet haben. 150 Jahre später wurden in St-Maximin in der Provence Gebeine der Magdalena gefunden und von Papst Bonifatius VIII. für echt erklärt – die Bedeutung von Vézelay ging daraufhin fast auf den Nullpunkt zurück …

Zum Aufschwung des Pilgerwesens trugen auch die Bevölkerungsvermehrung seit der Jahrtausendwende und die Herausbildung einer Infrastruktur entlang der klassischen Pilgerstraßen bei. An der Via S. Jacobi in Frankreich und Nordspanien etwa entstanden im Abstand von etwa 10 bis 15 Kilometern Pilgerherbergen und -hospitäler. Insbesondere an schwer zugänglichen Pässen und Flussübergängen boten Bruderschaften und sich neu bildende religiöse Gemeinschaften – armen Pilgern kostenlos – Unterkunft und Verpflegung für wenigstens einen, maximal zwei bis drei Tage. Bei schlechtem Wetter, insbesondere im Gebirge, durfte man auch schon einmal etwas länger bleiben.

Die mittelalterlichen Quellen berichten von Pilgern, die in der Mehrzahl zu Fuß und in kleineren Gruppen unterwegs waren, darunter auch Frauen und Kinder. Die soziale Zugehörigkeit reichte dabei vom König bis zum Bettler, umfasste also Angehörige aller Stände. Als Pilger auf dem Weg zu den Heiligen ihrer Zielorte, die sie – zumindest noch im Früh- und Hochmittelalter – um Heilung und Hilfe anflehen wollten, baten sie auch an der Klosterpforte unterwegs um Einlass und Gastfreundschaft in Erwartung eines Nachtlagers und von etwas Essbarem.

Die Benediktregel gab auch in diesem Punkt den Klöstern Verhaltensrichtlinien vor: Alle Gäste sollten wie Christus selbst aufgenommen werden. Allen sollte die angemessene

Wallfahrer am Grab des hl. Märtyrers Landelinus in Münchweier. Holzschnitt, spätes 15. Jh. Regierungspräsidium Freiburg i. Br., Archive und Bibliothek, Denkmalpflege. Rechts im Bild ist der Tod des Märtyrers dargestellt. Landelinus war ein schottischer Königssohn, der auf dem Kontinent ein Einsiedlerleben führen wollte. Für einen Zauberer gehalten, wurde er auf Betreiben des Grafen Gisiko von dessen Jägern überfallen und enthauptet.

Gegenüber oben: Reliquienprozession mit Bischof, Klerus und Gemeinde. Miniatur aus dem *Matthias-Corvinius-Graduale,* Buda, um 1480/90 (?). Nationalbibliothek Széchényi, Budapest, Cod. lat. 424, folio 50r.

Gegenüber unten: Sceilg Michíl (Skellig Michael), Westirland. Der Felsen im Atlantik mit den steinernen Bienenkorbhütten und Bethäusern in 220 Metern Höhe war im Mittelalter ein beliebtes und schwer erreichbares Ziel angelsächsischer Pilger.

Bischof Theodemir entdeckt das Apostelgrab. Miniatur aus dem Tumbo A. Kathedralarchiv Santiago de Compostela.
Die Legende von der angeblichen Auffindung der Gebeine des hl. Jakobus d. Ä. um 820 führte zur Errichtung einer Kirche über seinem Grab und eines Klosters. Santiago de Compostela wurde in der Folgezeit neben Jerusalem der bekannteste Wallfahrtsort der Christenheit.

Krypta unter dem Altar mit silbernem Schrein, 19. Jh. Kathedrale von Santiago de Compostela.
In den Resten des römischen Mausoleums sollen hier im 9. Jh. die Gebeine von Jakobus d. Ä. begraben worden sein. Im 16. Jh. vor Francis Drake versteckt, wurden sie nach ihrer Wiederentdeckung 1879 in den Silberschrein umgebettet. In ihm wird heute verehrt, was man für Überreste des Jakobus und seiner beiden Schüler Theodorus und Athanasius hält.

Ehre erwiesen werden, besonders aber – neben den Brüdern im Glauben, also Mönchen anderer Klöster – den Pilgern. Insbesondere bei der Aufnahme von Armen und Fremden sollte die Gastfreundschaft dabei auch dem Grundsatz verpflichtet sein: Wer Hilfe braucht, soll sie erhalten.

Nun hatte Benedikt nicht mit der wachsenden Zahl der um Einlass bittenden Pilger – von den Armen meist nicht unterschieden – rechnen können, als er seine Regel verfasste. Zur Zeit Ludwigs des Frommen († 840) sollen in St-Riquier täglich 300 Arme, 150 Witwen und 60 Kleriker versorgt worden sein. Selbst wenn diese Zahlen ein wenig „gerundet" wurden – eine enorme Aufgabe für das Kloster.

Wie derartigen Herausforderungen von Seiten eines Klosters begegnet werden sollte, sagt die Benediktregel nicht. Die Klöster mussten selbst zu Lösungen kommen, auf der Suche nach einem möglichen Einklang zwischen der Regel und den jeweiligen klimatischen, wirtschaftlichen, sozialen und kirchlichen Verhältnissen. Wie schwierig eine solche Kompromissfindung im Alltag war, zeigen etwa die Überlegungen des Magisters Hildemar von Civate in seinem um die Mitte des 9. Jahrhunderts verfassten Regelkommentar. Sehr um das Funktionieren der klösterlichen Gastfreundschaft besorgt, stellte Hildemar „Verständnisfragen", denen er mögliche Lösungen folgen ließ. Da die Benediktregel von den Mönchen ja nichts Unmögliches verlange, sei etwa unter der Formulierung „alle" vielleicht zu verstehen: „alle, die das Kloster aufnehmen kann"? Ähnlich wird bei der Zahl der Betten argumentiert. Benedikts Forderung nach „Betten in ausreichender Zahl" müsse so verstanden werden, dass man so viele Arme aufnehme, wie es bezogene Betten gebe – schließlich konnte man nicht mehr geben, als man selbst hatte …

In den Tagen Hildemars hatten sich die Verhältnisse geändert. Zwei bis drei Gäste am Tag zur Zeit Benedikts sei eine Sache gewesen – nun aber war das Kloster offensichtlich derart überfordert, dass Hildemar einen Theodulf seufzen lässt: „Bei Gott, wenn der hl. Benedikt jetzt da wäre, er ließe die Türen zusperren!"

Obwohl die Gastfreundschaft viele Klöster überforderte, wurde das Gebot, im Armen Christus aufzunehmen, mancherorts dennoch weit ausgelegt. Abt Smaragdus von St. Mihiel in der Diözese Verdun wollte um 820 nicht warten, bis Gäste kämen, sondern vielmehr nach ihnen suchen, damit sie nicht vielleicht auf Straßen sitzen oder außerhalb von Häusern liegen müssten. Bei Nebel und Schneetreiben sowie im Gebirge wollte man wohl auch dem Armen mit Rufen oder Glockengeläut entgegengehen, um zu verhindern, dass er sich verirre oder erfriere.

Die an der Klosterpforte rufenden Armen und Pilger konnten aber bestenfalls noch mit dem Nötigsten versehen werden. Auch das reiche Cluny wurde mit derartigen Schwierigkeiten konfrontiert: Lange Zeit hatte man dort am Todestag eines Mönches dessen Essensportion einem Armen gegeben. Als der Konvent um die Mitte des 12. Jahrhunderts etwa 300 Mönche zählte, aßen 10.000 Arme für die 10.000 verstorbenen Cluniazenser über das Jahr mit. Natürlich überstieg das die wirtschaftlichen Möglichkeiten auch einer reichen Abtei, und als sich die Mönche über schlechtes Brot und verwässerten Wein beschwerten, sah Abt Petrus Venerabilis Handlungsbedarf. Die Zahl der Gedenkrationen wurde auf höchstens 50 pro Tag gekürzt.

Andere Klöster begrenzten die Zahl der täglichen Gäste eingedenk der Zahl der Apostel oft auf zwölf, gelegentlich wurde auch eine kleinere Zahl reichlich, das heißt auch mit Fleisch versorgt, während alle übrigen einfachere Kost erhielten – mindestens Brot und Wasser, mancherorts auch eine warme Mahlzeit aus einem Brei von Hülsenfrüchten und Hirse.

Der St. Galler Klosterplan zeigt südwestlich der Basilika zwischen Wirtschaftsgebäuden und südlichem Abschluss des Klausurrechtecks ein Gebäude, das die Armen und Pilger beherbergen soll – das Gästehaus war für sie also nicht vorgesehen, desgleichen die dazugehörigen Wirtschaftsgebäude. Auch das Pilger- und Armenhaus ist durch einen schmalen Gang mit einem Gebäude verbunden, in dem sich eine Brauerei und eine Bäckerei befinden – man nimmt an, dass hier (weniger qualitätvolles) Brot und Bier extra für die Armen und Pilger hergestellt wurden.

Folgt man dem St. Galler Klosterplan weiter, so ist hier unterschwellig angedeutet, dass die Aufnahme von Pilgern und Armen im Bewusstsein des Klosters einem Gnadenerweis gleichkommt. Die Pilgerherberge ist größtenteils unmöbliert, ihre beiden großen Dormitorien, Kammer und Vorratsraum sind ohne Einrichtungsgegenstände, nur im um die zentrale Feuerstelle gruppierten Aufenthalts- und Speiseraum erstrecken sich an den Wänden Bänke. Betten und Tische fehlen, ebenso hygienische Einrichtungen oder Pferdeställe – Letztere benötigten die rund zwei Dutzend zu Fuß kommenden Pilger oder Armen nicht, denen hier Obhut gewährt werden sollte. Ihre Kontaktperson zur Klausur war der Pförtner, dessen Aufenthaltsraum durch einen Kamin heizbar war.

An die Kammer des Verwalters schließt sich ein langgestreckter, ringsum mit Bänken ausgestatteter Raum an. Er bildet den Eingang zur Klausur und ist gleichzeitig Besuchsraum, der einerseits zum Gespräch zwischen Mönchen und Gästen, andererseits für die Fußwaschung bereitsteht. Nach der Benediktregel sollen Abt und Brüder zusammen allen Gästen die Füße waschen – die tägliche Praxis wie die Kommentare zur Regel wichen häufig davon ab. Hildemar etwa wollte die Fußwaschung nicht auf alle Gäste bezogen wissen, da insbesondere der Reiche darin keine Ehrung sehe, sondern sie eher für lächerlich und töricht halte, woraus dem Kloster am Ende noch Schaden erwachsen könne.

Bei Heerscharen von täglich nach Cluny strömenden Gästen – Abt Petrus Venerabilis zählt hier auch Ritter, Bauern, Hörige, Gaukler, sogar Frauen auf, die von der gastfreundlichen Liebe nicht ausgeschlossen seien – konnte man diese Forderung Benedikts schlichtweg nicht mehr befolgen, sollten Chorgebet, Messen und die weiteren Gebote noch erfüllt werden. So beschränkte man sich nun darauf, das ganze Jahr hindurch täglich drei Gästen Hände und Füße zu waschen – zwar habe der Abt dafür zu sorgen, dass den Gästen nichts Notwendiges fehle, dass sie ehrenhaft, liebevoll und mit größter Aufmerksamkeit empfangen würden, doch durften darüber der Dienst Gottes und die übrigen Gebote der Regel nicht Schaden leiden.

Der Klosterplan spiegelt keineswegs die Wirklichkeit in St. Gallen wider. Das hier dargestellte Gästehaus für vornehme Gäste ist nur undeutlich in der Chronik Ekkehards bezeugt, während mehrere Urkunden ein Gästehaus für Arme und Pilger nennen. Das deutet vielleicht darauf hin, dass auch die Gastfreundschaftspraxis der Abtei dem Plan in der Realität widersprach und die Gäste- und Armensorge in St. Gallen nicht gänzlich voneinander getrennt war: Möglicherweise gab es überhaupt nur ein großes Gästehaus. Wahrscheinlich voneinander getrennt, hielten sich dann hier sozial hoch- und niedriggestellte Gäste auf, von Königen und Bischöfen natürlich abgesehen …

Die Gastfreundschaft bestimmte einen Großteil des klösterlichen Alltags. Millionen

**Das *Hospitium pauperum* von Corbie**

Mit Zahlen untermauerte Schilderungen der klösterlichen Armenfürsorge in karolingischer Zeit sind selten. Abt Adalhard im nordfranzösischen Corbie vermittelt indes ein klares Bild von seiner Institution „Gästehaus der Armen". Zwei *Hospitalarii* mussten dort die täglich bereitgestellten 45 Mischbrote und fünf Weizenbrote für die Armen verteilen – und so disponieren, dass mal mehr, mal weniger Arme versorgt werden konnten. Obwohl deren Zahl differierte, konnten jeweils zwölf von ihnen im Kloster nächtigen. Für sie stand eine bestimmte Menge an Mischbrot bereit sowie etwas Geld für die Weiterreise. Ein Fünftel aller Pforteneinnahmen sollten für die Armenfürsorge aufgewendet werden; zur weiteren Verpflegung zählten täglich zwei Becher Bier (Wein nach Ermessen des Oberen), Käse, Speck, Gemüse, Aale und Vieh aus den klostereigenen Gütern – Cellerar und Pförtner mussten sie zu bestimmten Anteilen für die Armenfürsorge zur Verfügung stellen.

In Corbie fanden auch Kleriker auf Reisen *(clerici peregrini)* Aufnahme im *Hospitium pauperum*, wurden also zu den Armen gerechnet, wenn auch mit Sonderbehandlung: Für sie wurden die fünf Weizenbrote bereitgestellt, sie speisten ausnahmslos im Refektorium – und nur ihnen wurden die Füße gewaschen, wie es die Aachener Synodentexte eigentlich für alle *Peregrini* vorsahen.

von Pilgern kamen im Mittelalter in ihren Genuss – im Rahmen der jeweiligen Möglichkeiten, des Engagements Einzelner und des jeweiligen „Ansturms" von zu betreuenden Leuten.

Als im 11. Jahrhundert im Kloster St-Chaffre-du-Monestier in Velay einem Mönch die Sorge für Arme und Pilger anvertraut wurde, wirkte dieser 30 Jahre lang zum Segen seiner Schutzbefohlenen. Er setzte das Pilgerhaus instand und vergrößerte es. Arme und Pilger von nah und fern fanden sich daraufhin ein und erhielten, was sie benötigten – im gesunden Maß, ohne Verschwendung oder Geiz, ganz im Sinne der bei den Benediktinern hoch angesehenen Kardinaltugend des Maßhaltens …

Kurz vor dem Ziel: Blick auf die Westfassade der Kathedrale von Santiago de Compostela, 1738–1750. Die von Fernando de Casas y Nóvoa errichte Barockfassade ersetzte die alte, vollendete Vorderfront im romanischen Stil. Dahinter verbirgt sich die fast vollständig erhaltene und größte romanische Kirche Spaniens.

Benedikt und seine Zeitgenossen bis hin zu Gregor dem Großen hatten die Auffassung vertreten, dass das Gold der Kirche nicht dazu da sei, gehortet zu werden, sondern zur Linderung der Not der Bedürftigen. Im Extremfall bedeutete dies, dass gegebenenfalls sogar Messkelche „versilbert" und der Erlös an die Armen verteilt werden sollte. Auch später wurde noch gelegentlich nach dieser Maxime gehandelt. In den Hungerjahren gegen Ende des 12. Jahrhunderts verkauften Klöster wertvolles liturgisches Gerät für die Armenspeisung. St-Benoît-sur-Loire trennte sich etwa von einem kostbaren Silberkreuz, um 500–700 Hunger leidende Menschen täglich verpflegen zu können. Dennoch konnten sie nicht verhindern, dass viele vor den Klosterpforten den Hungertod erlitten – in Val-St-Pierre sollen es im Jahr 1197 täglich an die 1700 gewesen sein …

Materielle Schwierigkeiten sollten dann insbesondere seit der zweiten Hälfte des 13. Jahrhunderts zahlreiche Abteien dazu bringen, bei den Ordenskapiteln der Cluniazenser und Zisterzienser um Erlaubnis zu bitten, für kürzere oder auch längere Zeiträume gar keine Gäste mehr aufnehmen zu müssen. Pilger mussten auf die Spitäler und Hospize ausweichen, die an den Pilger- und Handelsstraßen auch, aber nicht nur von Klöstern geführt wurden. Etwa seit der Jahrtausendwende zunächst meist in Spanien und Italien gegründet, breiteten sie sich später über ganz Europa aus. Ein wichtiges Spital der Cluniazenser war etwa Hormillos del Camino im Burgalesischen, das Notre Dame de Rocamadour unterstand. Die Zisterzienserinnen in Las Huelgas bei Burgos unterhielten neben ihrer Königsherberge auch eine Armenherberge, die Benediktiner betreuten den Komplex von Montserrat. Guadalupe in der Estremadura schließlich, neben Santiago de Compostela und Montserrat bei Barcelona der dritte große Wallfahrtsort auf der Iberischen Halbinsel, unterstand den Hieronymiten und zeugte von deren Gastfreundschaft und Reichtum.

Als im 13./14. Jahrhundert die Spitäler und Hospize dann nahezu alle Städte und viele Dörfer erreicht hatten, rangierte indes die (lokale) Armenfürsorge deutlich vor der Pilgerversorgung. Und die Entwicklung der gewerblich-kommerziellen Gastlichkeit führte schließlich dazu, dass die Tätigkeit der Kirche, von herrschaftlichen und politischen Rücksichten abgesehen, schrittweise auf den mildtätigen Bereich der Armen- und Krankenfürsorge beschränkt wurde, während die übrigen Reisenden zum Gastwirt gehen mussten – die Einnahmequelle der zahlenden Gäste wurde auch bei so manchem Kloster gerne gesehen. In Aubrac etwa, das im französischen Zentralmassiv an dem abgelegenen, nur für Pilger interessanten Weg von Le Puy nach Conques lag, und wo früher Reisenden gerade einmal so viel Brot und Wasser gereicht worden war, dass sie nicht verhungerten, wurde ab 1466 von den Gästen ein Kostenbeitrag erhoben …

Ein nicht unbedeutender Faktor bei der Entwicklung des Pilgerwesens waren auch die Kreuzzüge, die Bußübung und Kriegszug vereinten. Als Werk der Buße waren sie, ähnlich dem Pilgerwesen, von liturgischen Handlungen umrahmt und wurden daher als eine Form bewaffneter Pilgerfahrt mit umfassender Ablasserwartung angesehen. Auch der Beginn eines Kreuzzugs – befohlen durch den Mund des Papstes – konnte in einem Kloster erfolgen: In der neuen Kirche von Vézelay rief Bernhard von Clairvaux 1146 in Anwesenheit von Ludwig VII. und seiner Gemahlin Eleonore von Aquitanien zum Zweiten Kreuzzug auf,

1190 versammelten sich hier Franzosen und Engländer unter Philippe Auguste und Richard Löwenherz, Sohn der Eleonore und Heinrichs II. von England, zum Dritten Kreuzzug.

Für viele Männer stand bei der Teilnahme an einem Kreuzzug – Frauen war der Zug ins Heilige Land verboten – der 1095 von Urban II. verkündete Kreuzzugsablass (Vergebung und Nachlass von Schuld und Buße) im Vordergrund, auch der Erwerb anderer Ablässe sollte im Spätmittelalter zu einem Wandel im Frömmigkeitsverhalten der Pilger führen. Neben den zahlreichen regionalen oder lokalen Wallfahrtsorten, die mit jährlicher Regelmäßigkeit aufgesucht wurden, stellten sich neu entstehende Pilgerorte von überregionaler Bedeutung im Spätmittelalter zumeist in den Dienst der zunehmenden Marien- oder Eucharistieverehrung. Diese führte nach dem „Blutwunder von Bolsena“ 1263, bei dem der Überlieferung nach Blutstropfen aus einer Hostie hervorgetreten sein sollen, im Folgejahr zur Einführung des Fronleichnamsfestes durch Papst Urban IV. Bei diesem Fest verehrt die katholische Kirche die Eucharistie, es wird bis heute am auf den ersten Sonntag nach Pfingsten folgenden Donnerstag gefeiert. Den Mittelpunkt des Festes bildet eine Prozession, bei der die konsekrierte Hostie in einer Monstranz durch die Straßen getragen wird. Selten wird indes darauf hingewiesen, dass das Fronleichnamsfest bereits 1246 in Lüttich nach Visionen der belgischen Nonne Juliana von Lüttich eingeführt und vom Papst erst 1264 für die ganze Kirche verbindlich vorgeschrieben wurde.

Die Reformatoren schließlich lehnten das Pilgern – mit Ausnahme der Jerusalemfahrt – ab. Die Tradition der *Peregrinatio religiosa* lebt daher bis heute nur in den katholischen Ländern fort.

Fronleichnamsprozession von Nonnen außerhalb der Klostermauern mit Mitgliedern des Klerus, die das Ostensorium mit der wundertätigen Hostie tragen. Ablassbrief des Zisterzienserinnenklosters Herkenrode, 1363. Provinciaal Musem voor religieuze Kunst, Sint-Truiden, Belgien.

Seiten 232/233:
Pfalzgraf Ottheinrich († 1559) betet mit ritterlichem Gefolge vor der Stadtkulisse von Jerusalem.
Tapisserie, Neuburg 1541. Bayerisches Nationalmuseum München, T. 3860.
Der Aufenthalt und das Beten unmittelbar am Grab Christi war der Höhepunkt jeder Jerusalem-Wallfahrt.

**Organisierte Pilgerreisen als Vorläufer der modernen Gruppenreise**

Nach der Kreuzauffindung durch Helena (um das Jahr 326), der Errichtung der Grabeskirche in Jerusalem und der Geburtskirche in Bethlehem unter Kaiser Konstantin war Jerusalem zum „Urpilgerort“ geworden.

Seit dem 12. Jahrhundert waren mit der Fahrt nach Jerusalem, Rom und Santiago de Compostela spezielle Privilegien verbunden. Die kostspielige Pilgerfahrt nach Jerusalem konnten allerdings nur Wohlhabende, Adlige oder Patrizier, antreten.

Im Frühjahr und im Herbst wurde von Venedig aus mit wenigen Hundert Reisenden zur acht- bis zehnwöchigen Schiffsreise nach Jaffa und zurück aufgebrochen, um im Heiligen Land auf den Spuren Christi und der Apostel zu wandeln und an den heiligen Stätten in Jerusalem, Bethlehem und anderswo zu beten. Die den Transport anbietenden venezianischen Reeder waren dazu von der Lagunenrepublik lizensiert. In Palästina übernahmen mameluckische Geleitsleute den Schutz der Pilger; in Jerusalem wurden sie von den Franziskanermönchen vom Zionsberg betreut und geführt, inklusive Einladung an die Tafel des Abtes. Mehrere Pilgerberichte des späteren 15. Jahrhunderts überliefern die Gefahren dieser perfekt organisierten Reisen, bei denen nicht nur fremdartige Speisen und ungewohntes Klima den Passagieren zusetzten. Neben den Wetterkapriolen, insbesondere den Herbststümen, gefährdeten im östlichen Mittelmeer agierende Piraten, Waffenschmuggler und kriegerische Auseinandersetzungen mit der osmanischen Flotte Leib und Leben der Pilger. Ein Übriges tat die Gewinnsucht der Unternehmer, die ihre Schiffe entgegen geschlossenen Kontrakten mit Personen überluden und Handelsgüter mit sich führten, mit denen sich weit mehr verdienen ließ als mit frommen Pilgern ...

Den mit Abstand erfolgreichsten Pilgerbericht des späten Mittelalters verfasste der Dekan des Mainzer Domkapitels, Bernhard von Breydenbach. Im mittleren Alter brach er im April 1483 mit Begleitern zur Wallfahrt nach Jerusalem auf. Seine 1486 erstmals publizierte „Peregrinatio ad Terram Sanctam“ („Pilgerreise ins Heilige Land“) wurde bis 1520 in 24 weiteren Ausgaben gedruckt und in fünf Sprachen übersetzt. Seine Beliebtheit verdankt der Bericht aber wohl vor allem den opulenten Holzschnitten des Utrechter Malers Erhard Reuwich, der Breydenbach begleitet hatte. Am 22. April 1486 brach auch Konrad Grünenberg, Ratsmitglied, Bürgermeister und Baumeister zu St. Stephan, von Konstanz aus in das Heilige Land auf. Der detaillierte Bericht seiner Jerusalemreise endet mit der Rückkehr nach Venedig am 16. November 1486.

Der letzte Reichsfürst, der eine solche organisierte Pilgerfahrt nach Jerusalem unternahm, war der junge Ottheinrich 1521. Drei Jahre später wurde den Franziskanern in Jerusalem ein Teil ihres Klosters entzogen, 1551 mussten sie in die innere Stadt umziehen und konnt en die Pilger nicht mehr so gut wie früher betreuen. Bald darauf war die Wallfahrt nach Jerusalem als perfekt organisierte Veranstaltung zum Erwerb geistlicher und weltlicher Verdienste in dieser Form nicht mehr möglich.

Ber von Hirnheim
Engelhart von hirschhorn Ritter
Georg von wendüng Ritter
Reinhart von neineck Ritter
Georg graf zu zweienbruck herr zu bitsch
Der durchleuchtig hochgeborn fürst und her her otthainrich pfalzgraf bey rein hertzog in nidern und obern bairn zoge uber mer gen jerusalem zum heiligen grab im iar nach der gepurt cristi 1·5·21

# Der Klostergarten

Beim Stichwort „Klostergarten“ denkt man sofort an Kräuter und an Hildegard von Bingen. Tatsächlich spielte die Heilkunde in klösterlichen Gärten eine wichtige Rolle. Doch nicht minder wurden die Gaben des Gartens in der Küche verwendet. Ein dritter Aspekt betrifft nicht den realen klösterlichen Garten, sondern dessen großen symbolischen Wert als Abbild des Paradieses.

## Kräuter und Heilkunde

Zentren der mittelalterlichen Krankenpflege waren die Klöster. Behandelt wurden nicht nur Mönche oder Nonnen, sondern grundsätzlich alle Kranken, die dort Heilung suchten. Allerdings wurden die „armen Kranken“ nicht im Hospital der Mönche gepflegt, sondern im Pilgerhaus. Erst im späten Mittelalter und dann vor allem in der frühen Neuzeit übernahmen mehr und mehr die Hospitäler der Städte diese Aufgabe. Die Sorge um die Kranken wurde bereits in den Klöstern des hl. Pachomios großgeschrieben: „Es ist wunderbar zu sehen, mit welcher Sorgfalt und erfinderischen Liebe man die Kranken bediente und für ihre Nahrung sorgte“, begeisterte sich der Kirchenvater Hieronymus. Auch die Mönchsväter Benedikt und Augustinus legten großen Wert auf die Pflege der kranken Brüder. In „Consuetudines“ und Kommentaren ist dieser Aspekt dann – wie üblich – weiter vertieft worden. Vor diesem Hintergrund erstaunt es nicht, wie ausgedehnt im St. Galler Klosterplan die – um es mit einem modernen Wort zu beschreiben – medizinischen Einrichtungen sind. Der Komplex ist am Ostrand der Anlage angesiedelt. Dort finden sich Hospital, Ärzte- und Aderlasshaus. Der medizinische Bereich verfügt über eine eigene Kapelle, eine eigene Küche und ein eigenes Bad. Da Kräuter vor allem als Heilmittel Verwendung fanden, entspricht es dem rationalen Aufbau des Klosterplans, dass sich der Kräutergarten an das Ärztehaus anschließt. Der Plan führt sogar detailliert die Namen der Kräuter auf, die dort angepflanzt werden sollten: Iris, Rosen, Salbei, Kresse, Raute, Kreuzkümmel, Lilien, Liebstöckel, Poleiminze, Fenchel, Rosmarin, Pfefferminze, Bockshornklee, Frauenminze, Pfefferkraut (ein Balsamgewächs) und Stangenbohnen. Die enge Verbindung zwischen Kräutergarten und Krankenhaus zeigt sich auch darin, dass der „Infirmarius“, der Krankenpfleger, für beide Bereiche zuständig

**Seite 234/235:**
**Der Klostergarten der ehemaligen Benediktinerabtei Seligenstadt in Hessen wurde in den letzten Jahren aufwändig rekonstruiert. Es werden spezielle Führungen durch Ökonomiebereich und Garten angeboten, die Einblicke in das Wirtschaftsleben eines Klosters geben.**

war. Der berühmteste Klosterarzt des Mittelalters war Notker II. von St. Gallen (um 905–975). Sein Ruf war bereits zu Lebzeiten so legendär, dass er von Kaiser Otto I. an seinen Hof geholt wurde.

Dass sich Mönche bisweilen gern krankmeldeten, wurde schon im Kapitel über die Essensgewohnheiten erwähnt. Doch im Hospital waren nicht nur die Fastengebote gelockert. Dies galt gleichermaßen für das Schweigegebot. Dass mit Heilkräutern gewürzter Wein als Arznei beliebt war, dürfte wohl ebenfalls kaum einen Mönch abgeschreckt haben. Vor allem im Winter dürfte die Tatsache, dass der Tagesraum des Hospitals beheizbar war, dessen Attraktivität weiter gesteigert haben. Besonders geschwächte Brüder durften es sich im Krankenhaus sogar in einem Federbett bequem machen.

Die Tatsache, dass Schwerkranke selbst im Hospital abgesondert wurden, weist darauf hin, dass die mittelalterlichen Mönche durchaus eine Vorstellung von der Ansteckungsgefahr vieler Krankheiten hatten (was die Attraktivität möglicherweise wiederum etwas verringert haben mag). Dass ein gewisses Misstrauen gleichwohl angebracht war, zeigt sich in den *Gewohnheiten* der Reformbewegung des Stifts Melk in der Wachau: Der Krankentrakt dürfe nicht zu einer Taverne verkommen, heißt es dort. Es spricht Bände, dass in einem Inventarverzeichnis der Benediktinerabtei auf dem Michelsberg in Bamberg vom Ende des 15. Jahrhunderts ausgerechnet für das Infirmarium besonders edle Gläser, Trinkbehälter und Besteck aufgeführt sind. Doch sind dies Auswüchse, wie sie vor allem im späten Mittelalter vorkommen und wie sie beispielsweise die Reformbewegung von Melk bekämpfte.

Fühlte sich ein Mönch krank, musste er dies in der täglichen Zusammenkunft der Gemeinschaft im Kapitelsaal vor allen anderen Brüdern sagen. Der Abt konnte ihm dann erlauben, das

Kräutergarten der Abtei Fontevrault im Tal der Loire. Das Doppelkloster wurde 1101 gegründet und diente den ersten Plantagenets als Grablege.

Gegenüber: Der gelehrte Mönch und Dichter Notker Balbulus (Notker der Stammler, um 840–912) im Klostergarten von St. Gallen. Gemälde eines unbekannten Meisters, 18. Jh. Katholischer Konfessionsteil des Kantons St. Gallen, St. Gallen.

Hospital aufzusuchen, wenn sich sein Zustand nicht von allein besserte. War er wieder genesen und vom Infirmarius für geheilt erklärt worden, meldete er sich ebenfalls im Kapitelsaal zurück. Da er während seiner Krankheit die Regel gebrochen hatte, musste er dafür wiederum vor allen um Verzeihung bitten.

Die Zisterzienser nahmen in der Anfangszeit weniger Rücksicht auf Krankheiten der Brüder. Sie sollten als Prüfungen Gottes angenommen werden. Daher sah etwa Bernhard von Clairvaux keine Veranlassung, Kranke von der strengen, asketischen Lebensweise der frühen Zisterzienser zu entbinden. Die Folge: „Einer ist krank, der andere kränker, fast keiner gesund als Folge der unmenschlichen Strenge. Der Hunger fördert noch die Blässe, und die schlechten Säfte blähen Geschwüre auf."

Infirmarie (Krankensaal) der Abtei Ourscamp in der Picardie, entstanden um 1220. Im Hintergrund die Ruine der Kirche der ehemaligen Zisterzienserabtei.
Die große Zahl der Mönche vieler Klöster machte den Bau großer Krankensäle notwendig – so entstanden die ersten Krankenhäuser des Mittelalters, noch vor den Hospitälern in den Städten.

Zwar hat sich von den ursprünglichen Klosterbauten in St. Gallen bekanntlich nichts erhalten, doch gibt es noch heute eine Reihe von Beispielen für Infirmarien aus dem Mittelalter. Am bekanntesten ist der heute als Kapelle genutzte Krankensaal der Abtei Ourscamp in der Picardie (erbaut um 1220) – ein Beleg dafür, dass auch die Zisterzienser mit der Zeit das Thema Krankheit in einem milderen Licht sahen. Der dreischiffige, rippengewölbte Raum ist 46 Meter lang und 16 Meter breit. Dass er auch als „Saal der Toten" bezeichnet wird, hat nichts mit einer womöglich hohen Sterblichkeitsrate der kranken Mönche zu tun. Vom 16. Jahrhundert an wurden im einstigen Hospital die Toten aufgebahrt und gewaschen – daher die vermeintlich makabre Bezeichnung. Drei Fensterreihen kennzeichnen die Außenfront: Die oberen Reihen waren ursprünglich verglast, wohingegen die schmalen Fenster unten nur mit einem Holzverschlag verschlossen waren, der geöffnet werden konnte, um frische Luft einzulassen.

Auch das Hospital von Ourscamp war abseits der eigentlichen Klostergebäude eingerichtet worden, um die Ansteckungsgefahr für die gesunden Mönche zu verringern. Nicht anders war dies im großen Infirmarium von Cluny, einem gewaltigen Bau mit rund 100 Bettenplätzen, dem „ersten beheizbaren Großkrankenhaus in der Geschichte des Abendlands" (so der Medizinhistoriker Heinrich Schipperges).

Als im späten Mittelalter die Konvente kleiner wurden, war auch die Zeit der großen Infirmarien vorbei; für die Klöster, die sich der Reformbewegung des Stifts Melk angeschlossen hatten, waren sogar Einzelzimmer für die Kranken vorgeschrieben. Damit reagierte man auch auf die Pest, die im späten Mittelalter nicht nur ganze Dörfer, sondern auch viele Konvente weitgehend ausgelöscht hatte.

Antibiotika kannte das Mittelalter nicht. Daher konzentrierte sich die Behandlung einerseits auf besseres Essen, das den Kranken wieder zu Kräften kommen lassen sollte, und andererseits auf die Verabreichung von Heilkräutern – sei es als heißer Aufguss, untergemischt in Getränken (wie dem erwähnten Würzwein) oder bei äußerer Behandlung in Form von Salben und Tinkturen. Dazu kamen importierte Gewürze, die heute nur noch kulinarische Verwendung finden wie Nelken, Pfeffer, Ingwer oder Zimt, die im Mittelalter aber sowohl in Küche wie Apotheke ihren Platz hatten.

Schauen wir uns einige der Heilkräuter einmal näher an – und beginnen mit dem Salbei, dem schon der Reichenauer Mönch Walahfrid Strabo (808–849) in seinem Kräuterbuch „Hortulus“ den ersten Rang eingeräumt hat: „Leuchtend blüht Salbei ganz vorn am Eingang des Gartens, süß von Geruch, voll wirkender Kräfte und heilsam zu trinken. Manche Gebresten der Menschen zu heilen, erwies er sich nützlich, ewig in grünender Jugend zu stehen hat er verdient.“ Hauptsächlich wirkt Salbei durch die ätherischen Öle, die er enthält. Verwendet wurde er vor allem als Aufguss gegen Halsschmerzen. Bei häufiger Heiserkeit sollte Pfefferminztee helfen.

Ebenfalls bei Walahfrid Strabo und im St. Galler Klosterplan aufgeführt ist die Raute – eine wahre Wunderpflanze: „Rührt man nur leicht sie an, verbreitet sie starke Gerüche. Kräftig vermag sie zu wirken, mit vielfacher Heilkraft versehen, so wie man sagt, bekämpft sie besonders verborgene Gifte, reinigt den Körper von Säften, die ihn verderblich befallen.“ Tatsächlich wurde die Raute schon in der Antike bei allen nur denkbaren Stichen von Insekten oder Bissen von giftigen Tieren verwendet.

Ein weiteres Beispiel für in beiden Quellen aufgeführte Heilkräuter ist der Fenchel. Walahfrid Strabo geht in diesem Fall auch näher auf die Art und Weise ein, wie das Kraut verabreicht wurde: „Ziemlich süß von Geschmack und süßen Geruches desgleichen. Nützen soll er den Augen, wenn Schatten sie trügend befallen, und sein Same, mit Milch einer Mutterziege getrunken, lockre, so sagt man, die Blähung des Magens und fördere lösend alsbald den zaudernden Gang der lange verstopften Verdauung. Ferner vertreibt die Wurzel des Fenchels, vermischt mit dem Weine … und so genossen, den keuchenden Husten.“ Ähnliche Verwendung fand die Frauenminze: „Kocht man die Wurzel … fördert sie träge Verdauung und regelt glücklich den Stuhlgang.“

Etwas erstaunen mag aus heutiger Sicht, dass im Klosterplan von St. Gallen auch Iris, Lilien und Rosen im Heilkräutergarten vorgesehen sind. Doch hier hilft Walahfrid Strabo gleichfalls weiter: Die Wurzel der Iris wurde in Wein gerieben und sollte – so genossen – „der Blase grausame Schmerzen“ lindern. Lilien sollten zuerst im Mörser zerrieben und der Saft dann ebenfalls mit Wein vermischt getrunken werden. Das sollte gegen Schlangenbisse helfen. Schließlich empfiehlt Walahfrid Umschläge mit Liliensaft gegen Verrenkungen und Quetschungen. Die Rose besingt er geradezu hymnisch als „Blume der Blumen“. Das aus der Destillation von Rosenblüten gewonnene Rosenöl wurde in zahlreichen medizinischen Essenzen verwendet, auch aufgrund seines angenehmen Dufts, mit dem andere, weniger wohlriechende Inhaltsstoffe überdeckt werden sollten. Zudem wurde Rosenöl zur Hautpflege eingesetzt.

Zu den häufigsten medizinischen Eingriffen, die im Mittelalter vorgenommen wurden, gehörte der Aderlass, bei dem aus einer Vene Blut entnommen wurde. Das sollte den Kreislauf entlasten und das Blut entgiften. Dies hing auch mit der antiken Vorstellung von den vier Körpersäften – Blut, schwarze Galle, gelbe Galle, Schleim – zusammen. Waren diese in einem ausgewogenen Verhältnis, war der Mensch gesund. Jeder dieser Säfte stand nach antiker und mittelalterlicher Auffassung für eine bestimmte Eigenschaft: das Blut beispielsweise für Gutmütigkeit, aber auch für Naivität, die gelbe Galle für Aggressivität, aber auch für Mut und Kühnheit, die schwarze Galle für Ernsthaftigkeit, aber auch für Angst, der Schleim für Vernunft, aber auch für Trägheit. Überwog einer dieser Säfte, überwogen bei einem Menschen die diesem Saft zugeschriebenen Eigenschaften. Er wurde zum Sanguiniker, Choleriker, Melancholiker oder Phlegmatiker. In einer klösterlichen Gemeinschaft aber durfte es keine extremen Charaktere geben; nicht umsonst war die Ausgeglichenheit, das rechte Maß einer der wichtigsten Faktoren in der Regel des hl. Benedikt. Nun ging man davon aus, dass der Aderlass ein geeignetes Mittel dazu wäre, die Körpersäfte in Gleichklang zu bringen. Der Eingriff wurde daher nicht nur bei Kranken vorgenommen, sondern auch vorbeugend bei Gesunden. So wurden etwa in der englischen Abtei St. Edmundsbury alle Mönche zu bestimmten Zeiten zur Ader gelassen. Es ist daher nicht verwunderlich, dass es im St. Galler Klosterplan sogar ein

Nonnen in einem Klostergarten, mittelalterliche Buchmalerei. Der Garten ist von einer Mauer umschlossen und wird so zu einem *Hortus conclusus* entsprechend der klösterlichen Abgeschiedenheit von der Welt.

Rekonstruierter Klostergarten von Cîteaux. Das Mutterkloster des Zisterzienserordens wurde 1898 von Trappisten wiederbesiedelt. Von den mittelalterlichen Klosterbauten sind nur geringe Reste erhalten.

Nonnen bei der Gartenarbeit im Karmelitinnenkloster St-Denis, um 1770. Berühmtestes Mitglied des Konvents war Louise-Maria de Bourbon, eine Tochter Ludwigs XV., die 1771 in das Kloster eintrat.

Gegenüber: Der Aderlass, Buchmalerei in der Initiale einer Handschrift, 12. Jh. Der Aderlass wurde im Mittelalter nicht nur im Krankheitsfall, sondern zum Teil auch vorbeugend angewandt.

eigenes Aderlasshaus gibt. Nicht überall war man allerdings so freigebig, alle Brüder pauschal zur Ader zu lassen. So wird in den „Consuetudines" von Klosterrath festgelegt, dass ein Aderlass nur auf ärztliches Anraten hin vorgenommen werden durfte. Dabei sollte auch in die Überlegungen miteinbezogen werden, ob der Aderlass sich nicht sogar als gesundheitsschädigend herausstellen und „zur Ursache eines größeren Leidens" werden könnte.

Jeder, der schon einmal Blut gespendet hat, weiß, dass man sich danach entkräftet fühlt. Daher gibt es bis heute noch mancherorts die Tradition, Blutspendern im Anschluss eine kleine Mahlzeit zu reichen. Das ist dann gar nicht so weit entfernt von der Praxis des Aderlassens in den Klöstern des Mittelalters. Allerdings durften die Brüder im Anschluss zum Teil sogar mehrere Tage auf der Krankenstation verbringen und sich erholen – inklusive einer deutlich aufgestockten Verpflegung. In Verdun gab es als kleine Leckerei noch zusätzlich Salzgebäck für die zur Ader gelassenen Brüder.

Eng verknüpft sind nicht nur im St. Galler Plan, sondern auch in der klösterlichen Realität, Krankenpflege und Hygiene. So legte der hl. Benedikt in seiner Regel fest: „Man gebe den Kranken Gelegenheit zu Bädern, so oft es für sie förderlich ist; den Gesunden aber und besonders den Jüngeren gestatte man es seltener." Das Vollbad wurde demnach mehr als medizinisches Instrument denn als Mittel zur Körperreinigung betrachtet. Gleichwohl pendelten sich in späteren *Gewohnheiten* feste Badetermine für die Mönche ein, beispielswei-

se vor hohen Feiertagen. In den Klöstern der Hirsauer Reform etwa durfte nur vor Ostern und Weihnachten ohne ausdrückliche Erlaubnis gebadet werden, so wie dies bei der Aachener Reformsynode von 816 festgelegt worden war. In anderen Klöstern war man nicht ganz so streng. Der hl. Augustinus meinte in seiner Regel, dass für gesunde Brüder ein Vollbad im Monat reichen müsse. So hielten es auch die Klöster der Melker Reform, wobei den Mönchen eingeschärft wurde, das Bad in „gebührender Schamhaftigkeit“ zu nehmen und sich an das Schweigegebot zu halten.

Im östlichen Mönchtum wurde das Baden zum Teil sogar noch strenger reglementiert als im Westen. So wurden die Mönche eines Klosters in der Hauptstadt Konstantinopel um 1050 ausdrücklich noch einmal daran erinnert,

### Hildegard von Bingen

Erwähnt man heute die Stichwörter „Kräuter“, „Klostermedizin“ und „Mittelalter“, fällt automatisch der Name Hildegard von Bingen (um 1098–1179). Unüberschaubar ist die Zahl der Bücher über ihr Leben und mit – echten oder vermeintlichen – Rezepten und Gesundheitstipps von ihr. Im Alter von zehn Jahren übergaben die adligen Eltern ihre Tochter der Klausnerin Jutta von Sponheim zur weiteren Ausbildung. 1136 übernahm Hildegard selbst die Leitung des Klosters auf dem Disibodenberg am Zusammenfluss von Nahe und Glan. Hildegard war eine der gelehrtesten Frauen ihrer Zeit, doch zur Berühmtheit wurde sie durch ihre Visionen, über die sie selbst schrieb: „Aus dem offenen Himmel fuhr blitzend ein feuriges Licht hernieder. Es durchdrang mein Gehirn und setzte mein Herz und die ganze Brust wie eine Flamme in Brand ... Und plötzlich erhielt ich Einsicht in die Schriftauslegung, in den Psalter, die Evangelien und die übrigen katholischen Bücher des Alten und Neuen Testaments.“ 1151 veröffentlichte sie ihre visionäre Schrift „Scivias“, von der kein Geringerer als Bernhard von Clairvaux höchst beeindruckt war. Und Papst Eugen III. schrieb ihr: „Wir freuen uns, Tochter, und jubeln im Herrn, weil dein ehrenvoller Ruf sich so in die Weite und Breite ergießt, dass du für viele ein Wohlgeruch des Lebens zum Leben bist und die Schar der gläubigen Völker voll des Lobes über dich ausruft: Wer ist die, die da aus der Wüste gleich einer Rauchsäule aufsteigt?“

Zwischen 1147 und 1151 gründete Hildegard ein eigenes Kloster auf dem Rupertsberg an der Mündung der Nahe in den Rhein. 1165 folgte die Gründung eines zweiten Klosters in Eibingen im Rheingau. Zwischen 1150 und 1160 schrieb sie ihr naturkundliches und medizinisches Hauptwerk, „Das Buch von dem inneren Wesen der verschiedenen Naturen der Geschöpfe“, in dem sie das Wissen ihrer Zeit, basierend auf volkstümlicher Erfahrung und antikem Erbe, zusammenfasste. Zwar ist die Originalschrift Hildegards nicht erhalten, doch ist sie in verschiedenen Abschriften überliefert. An erster Stelle stand für Hildegard – gemäß benediktinischer Tradition – stets das rechte Maß zu halten; und eine gesunde Lebensführung als Voraussetzung dafür, gar nicht erst krank zu werden bzw. Krankheiten bewältigen zu können. Erst dann sollten Medikamente zum Einsatz kommen, die aber allein nicht zur Genesung führen würden. Ärzte müssten sich den Kranken zuwenden, mit ihnen leiden und Barmherzigkeit üben. Persönlicher Zuspruch ließe sich nicht einfach durch Salben ersetzen. Aderlass und andere chirurgische Eingriffe sollten erst dann eingesetzt werden, wenn andere Mittel nicht zum Erfolg geführt hätten – quasi als Ultima Ratio.

Vision der hl. Hildegard von Bingen (um 1098–1179), Porträt in einer Handschrift ihres „Liber divinorum operum simplicis hominis“ („Buch eines einfachen Menschen von den göttlichen Werken“), um 1230. Biblioteca Governativa Statale, Lucca.

dass das Bad im Kloster für die Kranken gebaut worden sei und nicht, um den gesunden Brüdern ein angenehmes Leben zu verschaffen. Diese sollten „gänzlich ohne Bad leben“.

Keinesfalls sollte Baden ein Vergnügen sein. Davor wird auch in den „Consuetudines“ von Klosterrath (Kerkrade) gewarnt. Zwar sollte das „Baden des Körpers auf medizinischen Rat hin ohne Murren“ denjenigen gewährt werden, „die dessen bedürfen“. Doch fordere die Vernunft auch, dass man nicht dem Verlangen eines jeden nachgebe, „weil manchmal gemeint wird, auch wenn es schädlich ist, sei es nützlich, weil es erfreut“. Daher sollte stets ein Arzt zu Rate gezogen werden, ob einem „kranken Bruder durch Baden oder auf eine andere Weise geholfen werden“ könne. „An dem Platz jedoch, an dem gebadet wird, soll man sich nicht auf unnütze Worte oder Geschwätz verlegen, sondern allein das, was notwendig ist, kurz vorbringen.“ An erster Stelle sollte dabei ein Gebet stehen, das das Bad des Mönchs in Verbindung brachte mit dem „Bad der Taufe“.

Im Kloster der hl. Radegundis von Poitiers (um 520–587) durften nicht nur die Nonnen baden. Zweimal wöchentlich war das Bad für die armen Kranken reserviert. Die gebürtige thüringische Königstochter soll die Kranken sogar selbst gewaschen haben. Dies unterstreicht einmal mehr die Bedeutung der Klöster für die Krankenpflege gerade im frühen Mittelalter.

Wieder eindeutig dem Bereich der Körperpflege zugeordnet ist die regelmäßige Rasur. Sie fand bei den Benediktinern im Schnitt alle zwei Wochen statt; für die Fastenzeit galt ein dreiwöchiger Rhythmus. Bei den Regularkanonikern scheinen ähnliche Vorschriften üblich gewesen zu sein. In den „Gewohnheiten" von Klosterrath (Kerkrade) wird darüber hinaus noch festgelegt, dass sich die Brüder am Tag der Rasur auch die Haare waschen und die Kleidung wechseln sollten. Die Rasur betraf zum einen die Barthaare, zum anderen aber auch die Tonsur – jenes Kennzeichen von Mönchen über Jahrhunderte hinweg, bei dem nur ein Haarkranz übrig blieb und das ursprünglich wohl ein Symbol der Buße war.

So wie in den Klöstern das kulturelle Erbe der Antike bewahrt worden ist, so haben Mönche und Nonnen auch dafür gesorgt, dass die antiken Kenntnisse auf dem Gebiet der Medizin nicht in Vergessenheit geraten sind. Im Christentum gab es jedoch auch Stimmen, die Krankheiten als Strafe für begangene Sünden betrachteten. Ambivalent war dazu die Haltung Basilios' des Großen. Für den Vater des östlichen Mönchtums gab es einerseits Krankheiten, die körperliche Ursachen hatten. Gott selbst habe den Menschen „die Heilkunde gewährt, „damit wir den Leidenden wenigstens etwas Erleichterung zu bieten vermöchten". Auch die für die einzelnen Krankheiten geeigneten Kräuter „sind nicht von selbst aus der Erde entsprosst, sondern offenbar nach dem Willen des Weltschöpfers dazu hervorgebracht worden, dass sie uns nützen. So ist die Anwendung der natürlichen Kraft in den Wurzeln und Blumen oder in den Blättern, Früchten und Säften, oder was aus Metallen oder aus dem Meer gewonnen wird, zum Nutzen des Körpers der Erfindung von Speisen und Getränken ähnlich."

Andererseits gebe es Krankheiten, die Gott als Strafe für begangene Sünden oder zur Bewährung verhängt habe. Diese Kranken müssten „stillschweigend und auf ärztliche Hilfe

Hl. Damian als Apotheker, um 1610. Gemälde aus der Jesuitenresidenz in Freiburg im Üechtland (Schweiz). Pharmazeutisches Museum, Basel. Der Arzt Damian starb bei einer Christenverfolgung 303 den Märtyrertod. Er ist der Schutzpatron der Apotheker und der Ärzte.

verzichtend die über sie verhängten Leiden mit Geduld ertragen" – und schließlich die eigenen Fehler erkennen. Andere gingen noch weiter und betrachteten alle Heilkunst als Eingriff in den unergründlichen Heilsplan Gottes.

Gegen eine solche Sichtweise wandte sich vehement der anonym gebliebene Autor des Lorscher Arzneibuchs. Das 764 erstmals erwähnte Kloster Lorsch war seit 774 ein Königskloster und als solches einer der wichtigsten Träger der karolingischen Renaissance. In diesem Zusammenhang ist auch das aus der Zeit um 795 stammende Arzneibuch zu sehen. Es stellt eine Art Enzyklopädie des medizinischen Wissens dar, das vor allem aus antiken Quellen stammt. Doch um dieses Wissen anwenden zu können, mussten zuerst die aus religiöser Sicht vorgebrachten Argumente gegen die Heilkunde entkräftet werden, „weil ich die Notlage der Hilfsbedürftigen für wichtiger ansah als den Tadel derer, die gegen mich tobten". Und wie ließen sich die Argumente seiner Gegner entkräften? Er werde ihnen nicht mit seinen eigenen Worten erwidern, „sondern mit denen der Heiligen Schriften". Also zählte der Autor Beispiele auf, die er in der Schrift selbst fand: Fragte nicht der Prophet Jesaja, weshalb eine schwellende Wunde nicht umwickelt und mit Heilsalbe behandelt worden sei? Und war nicht beim Propheten Jeremia die Rede davon, dass eine Narbe nur deshalb nicht abheilte, weil sie nicht mit Balsam behandelt wurde? Auch Beispiele aus dem Neuen Testament zählt der Lorscher Autor auf: Riet nicht der Apostel Paulus allen Schwachen, Gemüse zu essen? Oder ein wenig Wein zu trinken „wegen deines Magens und deiner häufigen Krankheiten"?

Allerdings war sich der Autor des Lorscher Arzneibuchs mit Basilios darin einig, dass nicht alle Krankheiten körperliche Ursachen hätten, sondern ebenso Strafe für eine Sünde oder Bewährungsprobe sein könnten. Doch anders als dieser meint er, dass auch diese Beschwerden – heute würde man sie wohl psychosomatisch nennen – durch menschliche Hilfe

Die 1148 gegründete Zisterzienserabtei Sénanque (Vaucluse) ist umgeben von ausgedehnten Lavendelfeldern.
Während Lavendelöl heute vor allem als Basis für Parfums genutzt wird, wurde Lavendel in den mittelalterlichen Klostergärten hauptsächlich als Heilpflanze angebaut, die z. B. bei entzündeten Augen verwendet wird .

geheilt werden könnten. Und er gibt eine Beschreibung der Medizin, die verblüffend modern wirkt: „Die Medizin ist die Wissenschaft von den Heilverfahren. Sie ist erdacht worden zu Ausgeglichenheit und Wohlbefinden des Körpers"; eine ganzheitliche Medizin schwebte dem Lorscher Mönch vor, wie sie auch heute wieder vielerorts propagiert wird. Und wie ein heute nicht minder gültiges Plädoyer forderte der Autor vehement, medizinische Behandlung nicht vom Reichtum der Patienten abhängig zu machen. Seinen ärztlichen Kollegen rief er dazu das Vorbild Christi ins Gedächtnis, der den kranken Diener eines römischen Hauptmanns geheilt habe: „Er, der vom Himmel kommt, verschmäht es nicht, zu einem Diener auf Erden zu gehen, und wir, die wir Staub und Asche sind, halten es unter unserer Würde, zu unbemittelten Kranken zu gehen. Schaut auch nicht darauf, welchen Lohn ihr in der jetzigen Welt, sondern welchen ihr in der zukünftigen empfangt. Denn selig werdet ihr sein, wenn ihr denen eure Pflege angedeihen lasst, die es offenkundig euch nicht entgelten können. Nichts dürft ihr von ihnen verlangen, wenn ihr Lohn finden wollt in der ewigen Ruhe." Unumwunden schreibt er anderer Stelle: „Du Arzt, beachte das Vermögen des Armen und des Reichen; unterschiedliche Lage erfordert unterschiedliches Maß. Ist einer reich, möge es eine rechte Gelegenheit zum Gewinn sein, ist er arm, lass dich mit einer Winzigkeit abfinden."

In der Folge führt der Autor Hunderte von Beschwerden und Krankheiten auf und was gegen sie zu tun sei. Dabei plädiert er, wenn immer möglich, für die Verwendung heimischer Kräuter an der Stelle exotischer Gewürze: „Was immer Arabien, was der Indus an Wohlgerüchen darbietet, was immer die Woge des Ozeans herbeiführt, Zimt, Myrrhe, Nardenblatt und prangende Röhrenkassie, Balsam, Weihrauch, Kalmus und koryzischen Safran: Diese können Spezereienhandlungen großen Stils sich leisten und ein Haus, das an ungeheurem Reichtum überfließt. Wir dagegen erfreuen uns an den gewöhnlichen Kräutern der Wiesen, welche das flache Land und die hohen Berge hervorbringen. Seid deshalb gegrüßt, ihr heiligen Berge und Felder der Heimat, denn eure Gaben taugen für viele Behandlungen." Also empfiehlt er Fenchelsaft und Honig gegen Magendrücken, getrocknete Rosen, Schlafmohnsamen und Schlehenkerne gegen Nierenschmerzen, Kümmel vermischt mit Wein gegen Augenkrankheiten, eine Mischung aus Mandeln, Pfefferkörnern, Senf und Honig gegen Husten, Kauen von Buchenblättern gegen Mundgeruch, in Wein gekochte Blätter von Zwetschgenbäumen gegen Halsweh … Da er vielfach antikes Wissen wiedergibt, kommen trotz seines Plädoyers für heimische Kräuter auch Weihrauch, Myrrhe und andere Exoten vor. Aus heutiger Sicht verwunderlich mögen die Ingredienzien aus tierischen Bestandteilen wirken, etwa wenn er gegen Wunden im Rachen „die Asche einer lebendig verbrannten jungen Schwalbe und Myrrhe von gleichem Gewicht mit Honig vermischt" empfiehlt und gegen Darmverschlingung „das Blut einer zerrupften Fledermaus, das man auf den Bauch streicht".

Das Lorscher Arzneibuch, das heute in der Staatsbibliothek Bamberg aufbewahrt wird und dank einer Dissertation komplett in deutscher Übersetzung vorliegt, mag ein Symbol für den reichen medizinischen Erfahrungsschatz sein, der in mittelalterlichen Klöstern bewahrt worden ist. An historischer Stätte wurde vor einigen Jahren ein großer Kräutergarten auf der Basis des Lorscher Arzneibuchs angelegt, der diesen Erfahrungsschatz heutigen Besuchern mit allen Sinnen nahebringt. Im hessischen Seligenstadt wurde im so genannten Apothekergarten sogar der historische Klostergarten des 18. Jahrhunderts rekonstruiert.

Abschließend sei noch darauf hingewiesen, dass in den Klöstern nicht nur auf die Kraft von Kräutern vertraut wurde, sondern durchaus auch chirurgische Eingriffe stattfanden. So wurden Geschwulste herausgeschnitten, Knochensplitter aus Wunden entfernt, gebrochene Beine geschient, Blutungen mit dem Einsatz von Glüheisen gestoppt … Zur Betäubung wurde den Patienten ein mit Schierling getränkter Schwamm vor Nase und Mund gehalten.

Die karolingische Torhalle des ehemaligen Benediktinerklosters Lorsch (9. Jh.) gehört zum Weltkulturerbe der Unesco.
Im Skriptorium der Abtei entstand um 795 das „Lorscher Arzneibuch", eine Enzyklopädie des medizinischen Wissens.

# Der klösterliche Nutzgarten

Gegenüber: Grande Chartreuse bei Grenoble. Vedute von 1756 in der Kartause Ittingen (Thurgau). Jedem Mönchshäuschen ist ein eigener kleiner Garten zugeordnet. Darüber hinaus sind innerhalb des ummauerten Bereichs weitere, größere Nutzgärten zu sehen, die von den Laienbrüdern bewirtschaftet wurden.

Apfelernte, Buchmalerei aus der Wenzelsbibel, 1390–1400. Österreichische Nationalbibliothek, Wien, Cod. 2759, fol. 119r. Äpfel waren in den Klostergärten nördlich der Alpen die am meisten angebaute Obstsorte.

Nichts im klösterlichen Leben ist ohne Bezug zur Heiligen Schrift. Dies gilt auch für Feld und Garten. So schreibt Cassiodor, der bereits erwähnte Gründer des Klosters Vivarium in Kalabrien, in seiner „Einführung in die geistlichen und weltlichen Wissenschaften“: „Es gehört sich für den Mönch, den Garten zu pflegen, den Acker zu bestellen und sich an der Fruchtbarkeit des Obstbaums zu erfreuen, heißt es doch in Psalm 127: Was die Hand dir erwarb, du darfst es genießen, leben wirst du im Glück und Wohlergehen.“ Eine Wohltat sei es, „die Ermatteten mit süßen Früchten … zu kräftigen“. Auch der hl. Benedikt hat in seiner Regel den Genuss von Obst und frischem Gemüse empfohlen. Und um 1200 stellte der Zisterziensermönch Helinand von Froidmont (bei Beauvais) die rhetorische Frage: „Was ist natürlicher, was gesünder, als jene Art Speise und Trank, die allein die Natur als Koch und Arzt schmackhaft macht?“ Ein weiteres Indiz dafür, dass Obst häufiger auf den Tisch kam, ist, dass es für viele beliebte Obstarten so genannte Redezeichen gegeben hat – das heißt: Die zum Schweigen verpflichteten Mönche konnten ihren Wunsch nach einer bestimmten Frucht ausdrücken, ohne sprechen zu müssen. Für Dinge, die im klösterlichen Alltag nur selten vorkamen, gab es solche Redezeichen nicht.

So gehörte zu jedem mittelalterlichen Benediktiner- oder Zisterzienserkloster ein Obst- und Gemüsegarten. Und ein solcher findet sich selbstverständlich auch im St. Galler Klosterplan, im Südosten der Anlage. Das Gärtnerhaus könnte darauf hindeuten, dass die Mönche sich nicht selbst um den Garten gekümmert haben, zumal im Plan noch Schlafplätze für die Knechte des Gärtnermeisters eingezeichnet sind. Im Gemüsegarten sind insgesamt 18 schmale, rechteckige Beete eingezeichnet; jedes Beet ist mit einem Pflanzennamen versehen, als da wären: Zwiebel, Lauch, Sellerie, Koriander, Dill, Mohn, Rettich, Mangold, Knoblauch, Schalotte, Petersilie, Kerbel, Kopfsalat, Pastinake, Kohl und Schwarzkümmel. Zwar wurde auch einigen dieser Pflanzen heilende Wirkung zugesprochen, doch sind sie insgesamt eindeutig der Küche zugeordnet. Gemüse und Gewürze sind nebeneinander angepflanzt, wie dies in ländlichen Nutzgärten bis heute der Fall ist.

Walahfrid Strabo gibt in seinem „Hortulus“ zahlreiche Hinweise darauf, was mittelalterliche Mönche alles unternommen haben, damit das Gemüse in ihrem Garten auch ordentlich spross: „Mist zu verteilen aus trockenen Körben im Erdreich“ empfahl der Reichenauer Mönch zur Düngung. Schwieriger wurde es schon mit dem Unkraut – da half nichts anderes, als es mit der Hacke auszureißen. Die „Gänge des lichtscheuen Maulwurfs“ sollte der eifrige Gärtner vernichten. Und er durfte im Frühjahr nicht vergessen, alles ordentlich umzugraben. Wärmte die Sonne allzu sehr, sollte er in „geräumigen Krügen“ Wasser heranschleppen. Doch Vorsicht: Nicht in „heftigem Schwalle“ darf ein guter Gärtner sein Gemüse gießen, sondern „tropfenweise … aus den eigenen Händen, damit nicht „allzu reichliche Fluten die keimenden Saaten verschwemmen“. Tipps, die heute noch so gültig sind wie vor 1200 Jahren …

Etwas ungewöhnlich erscheint auf den ersten Blick, dass der Friedhof der Mönche im St. Galler Klosterplan zugleich der Obstbaumgarten ist. Doch gibt es dafür Vorbilder sowohl in der klassischen Antike als auch in der germanischen Vorstellung von heiligen Bäumen, die den Kreislauf des Lebens symbolisierten. Und die christliche Symbolik kennt gleichfalls den Baum mit seinem immerwährenden Wechsel von Blüten, kraftstrotzenden und schließlich doch abfallenden Blättern als Metapher für den ewigen Rhythmus des Lebens. In der Mitte des Baumgartens/Friedhofs auf dem St. Galler Klosterplan steht ein Kreuz, dessen Inschrift beide Aspekte miteinander verbindet: „Unter den Hölzern, die dem Erdboden entsprießen, ist stets das heiligste das Kreuz, an dem die Äpfel des ewigen Heils duften.“

13 verschiedene Obstarten sieht der Plan vor: Apfel, Birne, Pflaume, Speierling, Mispel, Kastanie, Feige, Quitte, Pfirsich, Haselnuss, Mandel, Maulbeere und Walnuss. Auch Lorbeerbäume sind eingezeichnet. Zwar werden seine getrocknete Blätter bis heute vielfach in

der Küche verwendet, doch kann er auf dem Friedhof der Mönche zugleich als Symbol des ewigen Lebens gelten.

Dass der St. Galler Klosterplan weniger ein konkreter Bauplan ist als eine Idealvorstellung, zeigt sich gerade auch in der Wahl der Pflanzen: Feigen und Mandeln beispielsweise sind höchst frostempfindlich und daher wenig geeignet für das St. Galler Klima. Allerdings gab es beide Früchte durchaus: als Importware aus Südeuropa, Feigen in getrockneter Form.

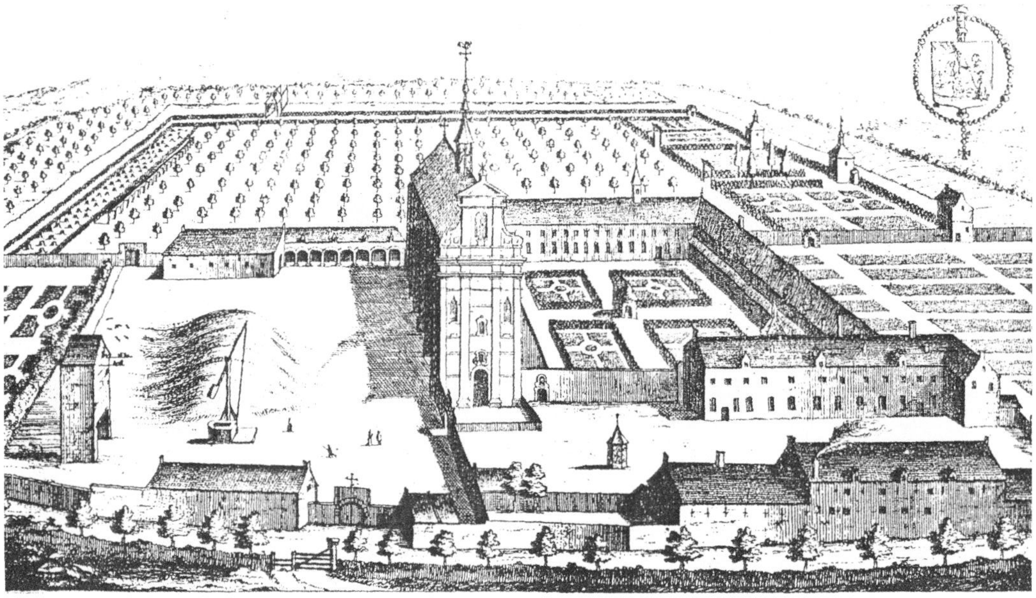

Bethlehemiten-Kloster bei Löwen (Flandern), Kupferstich, 17. Jh. Nördlich der Klosterkirche sind ausgedehnte Obstbaumwiesen zu erkennen, die sicherlich mehr als den Eigenbedarf des kleinen Chorherrenstifts abgedeckt haben.

Mandeln wurden zerdrückt und gern mit Milch vermischt getrunken. Dass sie gleichwohl im Klosterplan auftauchen, muss nicht die Vermutung unterstützen, dass dieser ursprünglich im warmen Mittelmeerklima entstanden und dann auf der Insel Reichenau für St. Gallen kopiert worden ist. Denn alle Gemüse- und Obstarten des Plans finden sich gleichermaßen im „Capitulare de Villis", der berühmten Landgüterverordnung Karls des Großen. Darin sind 89 Pflanzen und deren Anbau beschrieben – ein Musterbuch für Landwirtschaft und Gartenbau in karolingischer Zeit. Selbst Hygienevorschriften fehlen nicht: „Mit ganz besonderer Sorgfalt ist darauf zu achten, dass alles, was mit den Händen verarbeitet und zubereitet wird … mit der größten Sauberkeit hergestellt wird."

Natürlich kannten die Reichenauer Zeichner des Klosterplans das „Capitulare de Villis". Sie mögen daher einfach einen Querschnitt der in diesem Musterbuch aufgeführten Obst- und Gemüsesearten beispielhaft aufgeführt haben. Welche Gemüse- und Obstarten in St. Gallen im Mittelalter wirklich angepflanzt worden sind, wissen wir nicht. Immerhin ist auf einer Stadtansicht von 1596 tatsächlich ein Obstgarten innerhalb des ummauerten Klosterbezirks abgebildet.

Tatsächlich wurden nördlich der Alpen, wie nicht anders zu erwarten, am häufigsten Äpfel angebaut. Die älteste heute noch kultivierte Apfelsorte, die Borsdorfer Renette, wurde erstmals um 1170 in den Verzeichnissen eines Klosters erwähnt: der Zisterzienserabtei Pforta in Sachsen-Anhalt. Borsendorf war eine Grangie des Klosters gewesen. Dabei ist es kein Zufall, dass dieser Apfel ausgerechnet im Umfeld von Pforta genannt wird. Denn Pforta war eine Gründung von Morimond (Champagne-Ardenne), und diese Abtei war im Mittelalter ein vielgerühmtes Zentrum des Obstbaus. Die ersten Mönche, die 1137 von dort nach Pforta gekommen sind, haben nicht nur ihre Kenntnisse mitgebracht, sondern auch zahlreiche Pflanzen. Der älteste deutsche Apfel ist also eigentlich ein französischer … Dass es in der Umgebung des ehemaligen Zisterzienserklosters Bebenhausen bei Tübingen noch heute zahlreiche Streuobstwiesen gibt, wird auf die klösterliche Tradition des Obstbaus zurückgeführt.

In seinem „Hortulus" beschreibt Walahfrid Strabo nicht nur zahlreiche Kräuter, sondern auch einige Obst- und Gemüsesorten. Besonders ausführlich befasst er sich mit dem Flaschenkürbis und der Melone. So erfahren wir über den Kürbis, dass er „nicht selten mit anderen Speisen … getränket im Fett der dampfenden Pfanne" gereicht wird. „Mögen fürwahr die wohl zubereiteten Stücke gar manchmal trefflich den Nachtisch versehen als süße Delikatesse." Und über die Melone schreibt er: „Zerteilt man das Gehäuse von Hand in zahlreiche Stückchen, so freut sich der Gastfreund bei Tische des guten Leckerbissens der Gärten. Denn Weiße des Fleischs und Aroma schmecken dem Gaumen, und nicht wird solcherlei Speise die harten Backenzähne erschrecken: Gekaut schon im eiligen Schluck, hält kühl mit natürlicher Kraft sie die Eingeweide des Leibes." Dieser Hinweis ist insofern besonders interessant, als er zeigt, dass Melonen offensichtlich roh gegessen wurden, während die meisten anderen Obstarten damals in der Regel in verarbeiteter Form – sei es gekocht, gebacken, gedörrt oder als Saft – auf den Tisch kamen. Wenn Obst roh gegessen wurde, wurde es zuvor geschält.

Eine weitere Obstart erwähnt Walahfrid Strabo in seiner Zueignung des „Hortulus" an den St. Galler Abt Grimald: „Wo der Pfirsich mit ungleichen Schatten die Strahlen zerstreuet, während die spielenden Knaben, die fröhliche Schule des Klosters dir die weißlichen Früchte mit zarter, flaumiger Schale sammeln …"

Im hessischen Kloster Seligenstadt sind im 18. Jahrhundert an Gemüsen genannt: Weißkraut, Blaukraut, Gurken, Wirsing, Spargel,

Zisterzienserinnenabtei Port-Royal-de-Champs bei Versailles, Gouache von Louise Magdeleine Cochin, 18. Jh.; im Hintergrund weiträumige Obstgärten.

Den ehemaligen Weinberg des Klosters Kamp (Niederrhein) ließ Abt Edmund Richterich um 1700 in einen barocken Terrassengarten umwandeln. Aus dem Nutzgarten wurde ein Lustgarten für den Abt und seine Gäste.

Sellerie, Kohlrabi, Zuckererbsen, Stangen- und Steckbohnen. An Obst gab es Äpfel, Birnen Heidelbeeren, Sauerkirschen, Mirabellen, Birnen und Quitten. Erst der Bau von Orangerien im Zeitalter des Barock ermöglichte auch in kälteren Gefilden den Anbau von Zitrusfrüchten. So wurde beispielsweise im Benediktinerkloster Muri im Aargau zwischen 1777 und 1780 eine große Orangerie erbaut, in der im Winter nicht nur die namengebenden Orangenbäume untergestellt werden konnten, sondern auch Melonen und Ananas, Palmen, Kaffeebäume und Zuckerrohr!

Noch heute können viele Menschen am besten abschalten, wenn sie in der Natur sind. Eine solche beruhigende, meditative, ja sogar gesundheitsfördernde Wirkung scheinen auch die Bäume des klösterlichen Obstgartens ausgeübt zu haben. So schreibt ein Mönch aus Clairvaux am Anfang des 13. Jahrhunderts: „Hinter der Abtei befindet sich ein ebenes und weites Land, das größtenteils von einer Mauer umschlossen ist. In diesem Gehege bilden viele Bäume allerlei Art, reich an verschiedenen Früchten, einen Obstgarten wie einen Hain, der – in der Nähe der Krankenzellen gelegen – den Brüdern in ihrer Schwachheit nicht geringen Trost gewährt, da er den Spaziergängern einen geräumigen Wandelraum und auch den Fieberkranken eine süße Ruhestatt bietet. Es sitzt der Kranke auf grünem Rasen unter dem Laub der Bäume, und zum Trost duftet seiner Nase der Kräutergarten entgegen. Das liebliche Grün der Kräuter und die Blumen sind seine Augenweide … Die Ohren liebkost mit süßen Weisen der bunten Vögel Gesang, und zur Heilung einer einzigen Krankheit besorgt vielerlei Trost die göttliche Liebe, da die Luft in reinem Glanz leuchtet, die Erde von Fruchtbarkeit duftet und er selber mit Augen, Ohren und Nase die Wonne der Farben, Lieder und Gerüche einschlürft. Wo der Obstgarten aufhört, beginnt der eigentliche Garten, durch Einschnitte in Beete geteilt oder durch dazwischen strömende Bächlein geschieden …"

Im Plan der englischen Kathedralpriorei Christchurch dient ebenfalls der Friedhof zugleich als Obstgarten – es scheint sich also um eine gängige Praxis gehandelt zu haben. Während der St. Galler Plan nur den Bereich des Klosters selbst abbildet, ist auf der Zeichnung von Christchurch zudem ein kleiner, außerhalb der Mauern gelegener Bereich dargestellt, weil dorthin noch eine Wasserleitung führt. Drei Bereiche sind durch Symbole und Beschriftung eindeutig zu identifizieren: „campus" (ein Getreidefeld), „vinea" (ein Weinberg) und „pomarium" – der Apfel- oder Obstgarten, symbolisch dargestellt durch drei Bäume mit roten Früchten daran.

Tatsächlich sieht man auf zahlreichen Kupferstichen der frühen Neuzeit, dass neben dem Obstgarten innerhalb des ummauerten Klosterbereichs weitere Areale außerhalb mit Obstbäumen bepflanzt waren. Wie ausgedehnt die Obstgärten von Klöstern sein konnten, zeigt etwa ein Kupferstich des Bethlehemiten-Klosters bei Löwen (Flandern) aus dem 17. Jahrhundert. Die zahlreichen Obstbäume, die darauf zu sehen sind, haben den Eigenbedarf des eher bescheidenen Klosters sicher bei Weitem überschritten und dienten den nach der Regel des hl. Augustinus lebenden Chorherren als wirtschaftliches Standbein. Ein ähnliches Bild vermittelt eine Gouache der Zisterzienserinnenabtei Port-Royal-des-Champs südwestlich von Versailles. Auch hier liegen ausgedehnte Obstgärten im Umfeld des Klosters. In der Steiermark liegt das Benediktinerstift St. Lambrecht. Hier wurde 1642 ein Obstgarten mit über 4400 Äpfel- und Birnbäumen angelegt.

In dieser Zeit wurden aber auch schon viele klösterliche Nutzgärten in barocke Ziergärten mit Springbrunnen, kunstvoll beschnittenen Hecken und Blumenrabatten verwandelt – die Äbte waren Kirchenfürsten, für die solche Anlagen zur Repräsentation wichtiger waren als Kräuter, Gemüse oder Obst, das man ebenso gut kaufen bzw. außerhalb des ummauerten Klosterbereichs anpflanzen konnte. Im Zisterzienserstift Lilienfeld in Niederösterreich ließ Abt Ignaz Schwingenschlögl um 1800 sogar einen englischen Landschaftsgarten anlegen –

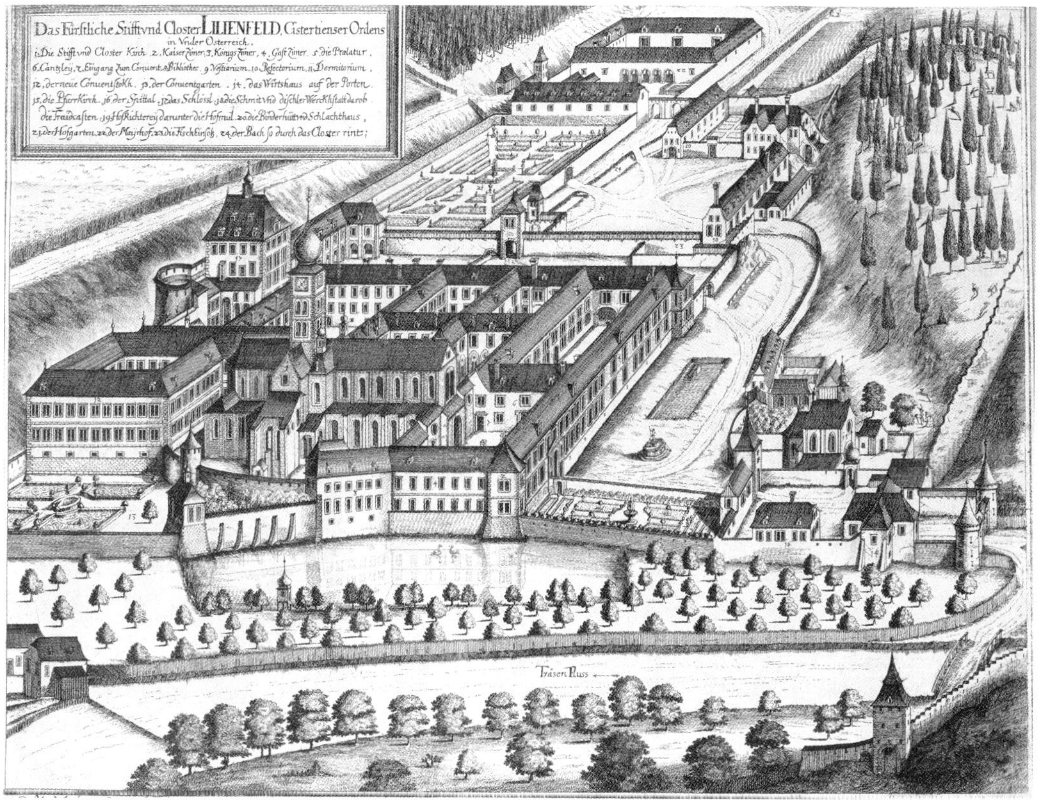


Stift Lilienfeld (Niederösterreich), Kupferstich, 1672, von Georg Matthäus Vischer (1628–1696). Das Zisterzienserstift wurde 1202 durch Herzog Leopold VI. von Österreich und der Steiermark gegründet.

inklusive eines klassizistischen Tempels als Aussichtspavillon.

Obst wurde in den Klöstern im Allgemeinen als Nachtisch gereicht. Hildegard von Bingen begründete diese Praxis so: „Nüchtern esse der Mensch zunächst etwas Warmes, damit der Magen sich erwärme, nichts Kaltes, weil dann der Magen so kalt wird, dass er nachher durch warme Speisen kaum erwärmen kann … Alles Obst, saft- und feuchtigkeitsreiche Nahrung vermeide er bei der ersten Mahlzeit, weil diese Speisen Schleim und Unruhe in den Säften herbeiführen würden; wenn er aber schon etwas genossen hat, kann er sie essen, und dann dienen sie mehr der Gesundheit als zur Schwächung des Körpers." Die gelehrte Äbtissin befürchtete demnach, dass die vier Körpersäfte ansonsten aus dem Gleichgewicht geraten könnten.

## Abbild des Paradieses

Mittelalterliche Gärten waren in erster Linie Nutzgärten. Das schloss aber keineswegs aus, dass man sich an der Schönheit von Gärten erfreute. Man denke nur an Walahfrid Strabos Begeisterung für Rosen oder an den überschwänglichen Ausruf eines irischen Mönchs, der im Baumgarten sitzend beim Gesang der Vögel an einem Manuskript arbeitet: „Fürwahr, es schütze mich der Herr. Schön schreibt es sich unter dem Blätterdach." Gärten kam im Mittelalter aber darüber hinaus große symbolische Bedeutung zu. Auch dafür ist Walahfrid Strabos „Hortulus" ein gutes Beispiel. Über Rose und Lilie schreibt er: „Diese beiden Blumen, berühmt und gepriesen, sind Sinnbild seit Jahrhunderten schon der höchsten Ehren der Kirche. Die im Blut des Martyriums pflückt die Geschenke der Rose, und die Lilien trägt im Glanze des strahlenden Glaubens Jungfrau Maria, Mutter, die du den Sohn hast geboren, Jungfrau, im Glauben ohne Makel, du Braut nach des Bräutigams Namen, Braut und Taube, du Hort und Herrin, verlässliche Freundin. Pflücke Rosen im Streit und brich frohe Lilien im Frieden. Aus dem Königstamm Jesse ist dir eine Blüte entsprossen … er hat die lieblichen Lilien geweiht durch sein Wort und sein Leben, färbend im Tod die Rosen, hat Frieden und Kampf seinen Jüngern auf dieser Erde gelassen, die Tugenden beider verbindend, beiden Siegen verheißend die Krone des ewigen Lebens." Wie hartnäckig Symbole doch sein können, gilt ein Lilienzweig bekanntlich bis heute als Symbol des Friedens. So stehen die weißen Lilien für die jungfräuliche Geburt, die roten Rosen für den Märtyrertod Christi am Kreuz. Diesen Aspekt hat auch der Fuldaer Abt Hrabanus Maurus in seiner 22-bändigen Enzyklopädie „De universo" aufgegriffen: „Die Lilie bedeutet Christus, der im Hohenlied sagt: ‚Ich bin eine Blume des Feldes und eine Lilie der Täler' und ebenso, ‚um zu weiden in dem Garten und Lilien zu sammeln' … Es kann aber auch unter Lilie die Jungfräulichkeit verstanden werden, weil die jungfräuliche Reinheit höher steht als alle anderen Tugenden …"

Was Walahfrid Strabo in seinem „Hortulus" beschrieben hat, haben mittelalterliche und frühneuzeitliche Künstler gemalt. 1473 schuf etwa Martin Schongauer seine „Madonna im Rosenhag" für die Dominikanerkirche in Straßburg, wo der kostbare Schatz bis heute zu sehen ist. Schongauers Tafelmalerei führt hin zu einer weiteren symbolischen Bedeutung des Gartens im Mittelalter: Hinter der sitzenden Madonna mit dem Jesuskind auf dem Arm ist ein rosenumrankter Zaun zu sehen, der den Garten begrenzt – es ist ein „hortus conclusus", ein abgeschlossenener Garten,

Seite 252: „Madonna im Rosenhag", Gemälde, um 1473, von Martin Schongauer (um 1450–1491). Dominikanerkirche Colmar, Elsass.

Seite 253: „Muttergottes in der Rosenlaube", Gemälde, um 1450, von Stephan Lochner (um 1400–1451). Wallraf-Richartz-Museum, Köln.

der im Mittelalter für das Paradies steht. Es ist der Garten der Gottesmutter Maria, auf den bereits das Hohelied des Alten Testaments verwiesen hat: „Ein verschlossener Garten bist du, meine Schwester Braut, ein verschlossener Garten, ein versiegelter Quell. Deine Triebe sind ein Garten von Granatbäumen mit den köstlichsten Früchten: Narde und Krokus, Kalmus und Zimt, mit allen Weihrauchhölzern, Myrrhe und Aloe samt all den besten Balsamen. Der Gartenquell ist ein Born lebendigen Wassers, das herabfließt vom Libanon."

„Paradiesgärtlein", oberrheinischer Meister, um 1420. Städel Museum, Frankfurt am Main.

Gegenüber oben: Albertus Magnus (um 1200–1280), nach einem Fresko von Fra Angelico (1386/1400–1455) im Dominikanerkloster S. Marco, Florenz, um 1441/42.

Gegenüber unten: Buchmalerei aus einer Handschrift des „Roman de la Rose", 14. Jh.
Die Anlage des Gartens entspricht der Beschreibung in den „Sieben Büchern über die Gewächse" des Dominikaner-Gelehrten Albertus Magnus.

Auf einem ganz ähnlichen Gemälde von Stefan Lochner (um 1400–1451), das ebenfalls für ein Kloster gemalt worden sein könnte, hält Christus einen Apfel in der Hand – er ist der neue Adam, der die Sünde besiegen und den Menschen das ewige Leben bringen wird. Bei Schongauer und Lochner bildet der Garten lediglich den Hintergrund für die Darstellung der Gottesmutter. Auf dem Bild eines oberrheinischen Meisters aus der Zeit um 1420 dagegen ist er selbst das Thema: In seinem „Paradiesgärtlein", das im Frankfurter Städel zu sehen ist, sitzt die hl. Maria lesend an einem Gartentisch, auf dem Kirschen liegen. Das Jesuskind spielt, auf dem Boden sitzend, mit einer Heiligen. Überall blüht und grünt es. In den Bäumen sitzen allerlei bunte Vögel. Eine Frau arbeitet an einem Hochbeet, wie man sie sich wohl auch in den Klöstern der Zeit vorstellen darf. Eine andere Frau pflückt einen Apfel – doch die Menschen in diesem Garten müssen keine Angst haben, aus dem Paradies vertrieben zu werden, denn Christus hat durch seinen Tod am Kreuz die Menschen von der Macht der Erbsünde befreit. Das „Paradiesgärtlein" ist von einer Mauer umschlossen, die fast an eine Burg denken lässt. Es herrscht im wahrsten Sinne des Wortes himmlischer Friede.

Für die Mönche in ihren Klöstern war das vom Kreuzgang umschlossene Geviert ein solcher *Hortus conclusus,* ein Sinnbild des Paradieses. Im Klosterplan von St. Gallen ist der so genannte Kreuzgarten durch Wege in vier Kompartimente unterteilt, auf denen wohl Gras oder Efeu wuchs. Bepflanzt ist er darüber hinaus nur im Schneidepunkt der vier Wegachsen mit einem einzigen Baum, der Historikern bisweilen Kopfzerbrechen bereitet hat: Denn das Laub des Sade- oder Sevenbaums ist giftig, und auch sein volkstümlicher Name „Stinkwacholder" kommt nicht von ungefähr. Allerdings wurden die Blätter des Sadebaums durchaus in der mittelalterlichen Medizin verwendet, und man sprach ihnen sogar unheilabwehrende Kräfte zu. Gleichwohl wurde die Vermutung geäußert, dass der Reichenauer Schreiber vielleicht doch einen echten Wacholder gemeint hat, der wie die Zypressen des mediterranen Raums als immergrünes Symbol des ewigen Lebens gut in den Kreuzgarten gepasst hätte. In Zisterzienserklöstern waren die in den Kreuzgarten ragenden Brunnenhäuser ein festes Element des Klosterbaus. Schöne Beispiele hierfür haben sich in Maulbronn und Bebenhausen erhalten. Sie greifen das Bild vom Wasser als Lebenspender auf, wie es im Hohenlied beschrieben ist und das im Christentum durch das Wasser der Taufe zum Symbol des Lebens schlechthin geworden ist. Auch in Benediktinerklöstern gibt es vielfach Brunnen im Kreuzgarten; oft sind diese dann zentral platziert an der Stelle des Sevenbaums im Klosterplan.

## Der Garten des Albertus Magnus

Unter den Autoren, die sich mit dem Thema „Garten" befasst haben, ist auch einer größten Gelehrten des Mittelalters: der Dominikaner Albertus Magnus. Er ist der Erste, der einen allein dem menschlichen Vergnügen dienenden Garten beschrieben hat. In seinen „Sieben Büchern über die Gewächse", die er wohl 1256/57 in Köln geschrieben hat, beschäftigt er sich einerseits mit sehr philosophischen Fragestellungen (wie den Unterschieden zwischen Tier- und Pflanzenseele), andererseits mit ganz konkreten botanischen Fragestellungen: Welchen Einfluss haben Klima und Standort auf das Wachstum von Pflanzen? Wie müssen Pflanzen gepflegt werden, damit sie gut wachsen? In einem anderen Buch beschreibt Albertus Magnus alle Pflanzen, die er kennt; auch geht er auf die medizinische Wirkung der verschiedenen Heilkräuter ein. Ein ganzes Buch befasst sich schließlich ganz konkret mit landwirtschaftlichen Fragen. Doch nicht alle Gärten, so Albert, dienen einem bestimmten Zweck: „Es gibt gewisse Plätze, die weniger dem Nutzen und reichen Fruchtertrag bestimmt sind als dem Vergnügen." Zwei Sinne sollen mit dem Lustgarten vor allem angesprochen werden: der Gesichtssinn und der Geruchssinn. Mit Augen und Nase soll dieser Garten wahrgenommen werden. „Das Auge wird durch nichts so sehr erquickt wie durch feines, nicht zu hohes Gras." Und damit dieses feine Gras nicht durch Unkraut überwuchert wird, sollen vor der Anlage eines Ziergartens alle Wurzeln ausgegraben und der Rest mit kochendem Wasser übergossen werden, „damit die Reste der Wurzeln und Samen, die im Boden verborgen sind, verbrüht werden". Anschließend an den Rasen soll eine quadratische Fläche mit Kräutern und Blumen bepflanzt werden, die Auge und Nase zugleich erfreuen. Verbunden werden sollen die beiden Bereiche des Gartens durch eine teilweise ebenfalls mit Blumen bepflanzte Rasenbank, auf der man bequem sitzen und den Garten genießen kann.

In die Mitte der Rasenfläche setzt der gelehrte Dominikaner noch einen Brunnen mit Ablauf, der einerseits beruhigend zu wirken vermag, andererseits zweckdienlich ist, um die Pflanzen zu gießen. Umgrenzt wird der Garten teilweise von Bäumen; hier empfiehlt Albertus Magnus Äpfel- und Birnbäume, Lorbeerbäume, Zypressen oder Granatapfelbäume. Versucht man, sich diesen Garten bildlich vorzustellen, mag man sich in das „Paradiesgärtlein" des oberrheinischen Meisters hineindenken; die Rasenfläche mit dem zentral platzierten Brunnen zeigt den Grundriss eines Kreuzes.

Doch ist auch die weltliche Lust in einem solchen Garten nicht fern. Aus dem 14. Jahrhundert stammt eine prachtvoll illuminierte Handschrift des „Roman de la Rose". Auf einer Miniatur ist eine vornehm gekleidete Gesellschaft beim Tanz in einem Ziergarten zu sehen, der geradezu nach den Weisungen des Albertus Magnus angelegt zu sein scheint: Der Garten ist umschlossen, also ein *Hortus conclusus,* die linke Hälfte wird von einer Rasenfläche mit einem zentralen Brunnen eingenommen, die rechte von einer Fläche mit Hochbeeten, der Rand des Gartens ist mit Obstbäumen bepflanzt. Einzig die Trennung der beiden Bereiche durch ein hölzernes Spalier findet sich bei Albertus Magnus' Ziergarten nicht.

Links: Zisterzienserkloster Salem am Bodensee, umgeben von ausgedehnten Obstplantagen. Tafelmalerei von Andreas Brugger, 1765.
Die frühere Reichsabtei (gegründet 1134) gehört zu den besterhaltenen Klosteranlagen im süddeutschen Raum. Seit 2009 gehört der ausgedehnte Komplex dem Land Baden-Württemberg.

Seiten 258/259:
Blick über den Klostersee auf die Konventsgebäude der ehemaligen Benediktinerabtei Seeon, im Hintergrund die markanten Doppeltürme der Klosterkirche.
Das Kloster Seeon wurde um 994 gegründet. Bis zur Säkularisation 1803 gehörte Seeon zu den reichsten Abteien Oberbayerns. Heute ist es Kultur- und Bildungszentrum des Bezirks Oberbayern.

# Bibliographie

## Allgemeine Nachschlagewerke


Lexikon der christlichen Ikonographie. 8 Bde., Rom/Freiburg/Basel/Wien 1968 ff.

Lexikon des Mittelalters. 9 Bde., München/Zürich 1980 ff.

Lexikon für Theologie und Kirche. 2. Aufl. 10 Bde., Freiburg 1957 ff.; 3. Aufl. 11 Bde., Rom/Freiburg/Basel/Wien 1993 ff.

Theologische Realenzyklopädie. 36 Bde., Berlin/New York 1977 ff.


## Weiterführende Literatur


Abegg, Regine: Funktionen des Kreuzgangs im Mittelalter – Liturgie und Alltag. In: Kunst + Architektur in der Schweiz 48/2 (1997) S. 6–24.

Abtei Maria Laach: Benediktinisches Klosterleben in Deutschland. Geschichte und Gegenwart, Berlin 1929.

Alef, Peter: Verwaltungs- und Wirtschaftsgeschichte des Benediktiner-Klosters Maria Laach bei Andernach im Mittelalter, Bonn 1914.

Althoff, Gerd: Adels- und Königsfamilien im Spiegel ihrer Memorialüberlieferung. Studien zum Totengedenken der Billunger und Ottonen, München 1984 (Münstersche Mittelalter-Schriften; 47).

Althoff, Gerd: Otto III. [Gestalten des Mittelalters und der Renaissance, Sonderausgabe], Darmstadt 1996.

Althoff, Gerd: Die Ottonen. Königsherrschaft ohne Staat, Stuttgart 2000.

Andre, Elsbeth: Ein Königshof auf Reisen. Der Kontinentaufenthalt Eduards III. von England 1338–1340, Köln/Weimar/Wien 1996 (Beihefte zum Archiv für Kulturgeschichte; 41).

Andresen, Carl (Hrsg.): Frühes Mönchtum im Abendland. Erster Band: Lebensformen, Zweiter Band: Lebensgeschichten, Zürich/München 1975.

Angenendt, Arnold: Das Frühmittelalter. Die abendländische Christenheit zwischen 400 und 900, Stuttgart 2001.

Angenendt, Arnold: Geschichte der Religiosität im Mittelalter, Darmstadt 2009.

Anstett, Peter R.: Kloster Maulbronn, München/Berlin 1985.

Averkorn, Raphaela: Die Cisterzienserabteien Berdoues und Gimont in ihren Beziehungen zum laikalen Umfeld. Gebetsgedenken, Konversion und Begräbnis. In: Franz Neiske/Dietrich Poeck/Mechthild Sandmann (Hrsg.): Vinculum Societatis. Joachim Wollasch zum 60. Geburtstag, Sigmaringendorf 1991, S. 1–35.

Bacht, Heinrich: Das Vermächtnis des Ursprungs. Studien zum frühen Mönchtum, 2 Bde., Würzburg 1972.

Balthasar, Hans Urs von: Die großen Ordensregeln. 7. Aufl., Einsiedeln 1994 (Lectio spiritualis; 12).

Beales, Derek: Europäische Klöster im Zeitalter der Revolution. 1650–1815, Wien/Köln/Weimar 2008.

Die Benedictusregel. Lateinisch/Deutsch. Herausgegeben im Auftrag der Salzburger Äbtekonferenz, Beuron 1992.

Berger, Jutta Maria: Gastfreundschaft im Kloster St. Gallen im 9. und 10. Jahrhundert. In: Studien und Mitteilungen zur Geschichte des Benediktinerordens und seiner Zweige 104 (1993) S. 41–134, 225–314.

Berger, Jutta Maria: Die Geschichte der Gastfreundschaft im hochmittelalterlichen Mönchtum. Die Cistercienser, Berlin 1999.

Berschin, Walter/Zettler, Alfons: Egino von Verona. Der Gründer von Reichenau-Niederzell (799), Stuttgart 1999 (Reichenauer Texte und Bilder; 8).

Berschin, Walter: Eremus und Insula. St. Gallen und die Reichenau im Mittelalter. Modell einer lateinischen Literaturlandschaft. 2. erw. Aufl., Wiesbaden 2005.

Berschin, Walter/Hellmann, Martin: Hermann der Lahme. Gelehrter und Dichter (1013–1954). 2. erw. Aufl., Heidelberg 2005.

Betschart, Andreas: Zwischen zwei Welten. Illustrationen in Berichten westeuropäischer Jerusalemreisender des 15. und 16. Jahrhunderts, Würzburg 1996 (Würzburger Beiträge zur Deutschen Philologie; 15).

Binding, Günther: Köln – Aachen – Reichenau. Bemerkungen zum St. Galler Klosterplan von 817–819, in: Kölner Universitätsreden, Köln 1981.

Binding, Günther: Was ist Gotik? Eine Analyse der gotischen Kirchen in Frankreich, England und Deutschland 1140–1350, Darmstadt 2000.

Boetticher, Annette von: Gütererwerb und Wirtschaftsführung des Zisterzienserklosters Riddagshausen bei Braunschweig im Mittelalter, Braunschweig 1990.

Bologna, Giulia: Die schönsten Bibeln des Mittelalters. Die kostbarsten abendländischen Kodizes und illuminierten Handschriften, München 2006.

Borgolte, Michael: Die mittelalterliche Kirche, München 1992.

Borgolte, Michael: Stiftungen und Stiftungswirklichkeiten, Berlin 2000.

Borst, Arno: Lebensformen im Mittelalter, Frankfurt/Berlin 1973.

Borst, Arno: Mönche am Bodensee, 610–1525, Sigmaringen 1997.

Borst, Otto: Alltagsleben im Mittelalter, Frankfurt am Main 1983.

Bosl, Karl: Geschichte des Mittelalters, München 1973.

Brandt, Michael/Eggebrecht, Arne (Hrsg.): Bernward von Hildesheim und das Zeitalter der Ottonen. Katalog der Ausstellung Hildesheim 1993. 2 Bde., Hildesheim/Mainz 1993.

Braunfels, Wolfgang: Abendländische Klosterbaukunst, Köln 1969.

Brühl, Carlrichard: Fodrum, gistum, servitium regis. Studien zu den wirtschaftlichen Grundlagen des Königtums im Frankenreich und in den fränkischen Nachfolgestaaten Deutschland, Frankreich und Italien vom 6. bis zur Mitte des 14. Jahrhunderts, Köln/Graz 1968 (Kölner Historische Abhandlungen; 14).

Brugger, Walter/Weitlauff, Manfred (Hrsg.): Kloster Frauenchiemsee 782–2003. Geschichte, Kunst, Wirtschaft und Kultur einer altbayerischen Benediktinerinnenabtei, Weißenhorn 2003.

Brown, Peter: Der heilige Augustinus. Lehrer der Kirche und Erneuerer der Geistesgeschichte, München 1975.

Bühler, Johannes (Hrsg.): Klosterleben im Mittelalter. Nach zeitgenössischen Quellen, Frankfurt am Main 1989.

Buhlmann, Michael: Bildung im mittelalterlichen Kloster – Mönchsgemeinschaft St. Georgen im Schwarzwald, St. Georgen 2007 (St. Georgener Klosterspuren 2007).

Burghardt, Rüdiger: Der Odilienberg. II. Herrad von Landsberg, Berlin 2004.
Buttinger, Sabine: Hinter Klostermauern. Alltag im mittelalterlichen Kloster, Darmstadt 2007.
Buttinger, Sabine: Mit Kreuz und Kutte. Die Geschichte der christlichen Orden, Stuttgart 2007.

Cassanelli, Roberto/López-Tello, García: Benediktinische Kunst. Kultur und Geschichte eines europäischen Erbes, Regensburg 2007.
Cassiodor. Institutiones divinarum et saecularium litterarum. Einführung in die geistlichen und weltlichen Wissenschaften. Hrsg. von Wolfgang Bürsgens, Freiburg im Breisgau 2003.
Cloedt, Filips de: Benedictus. Symbol abendländischer Kultur, Stuttgart/Zürich 1998.
Czaja, Roman/Heimann, Heinz-Dieter/Wemhoff, Matthias (Hrsg.): Klosterlandschaften. Methodisch-exemplarische Annäherungen, München 2008.

Deigendesch, Roland: Memoria bei den Kartäusern – Auswertungsmöglichkeiten kartäusischer Memorialquellen am Beispiel des Gütersteiner Anniversars (15.–16. Jahrhundert). In: Sönke Lorenz (Hrsg.): Bücher, Bibliotheken und Schriftkultur der Kartäuser. Festgabe zum 65. Geburtstag von Edward Potkowski, Stuttgart 2002 (Contubernium. Tübinger Beiträge zur Universitäts- und Wissenschaftsgeschichte; 59), S. 269–287.
Dinzelbacher, Peter/Hogg, James Lester (Hrsg.): Kulturgeschichte der christlichen Orden in Einzeldarstellungen, Stuttgart 1997.
Dobrinski, Claudia/Gedderth, Brunhilde/Wipfler, Katrin (Hrsg.): Kloster und Wirtschaftswelt im Mittelalter, München 2007.
Duby, Georges: Das Europa der Mönche und Ritter, Stuttgart 1984.
Duby, Georges: Die Kunst der Zisterzienser, Stuttgart 1993.
Duft, Johannes: Klosterbibliothek vor tausend Jahren. Zum Millennium des Besuches Kaiser Ottos des Großen im Kloster St. Gallen anno 972. Kleiner Führer durch die Ausstellung in der Stiftsbibliothek St. Gallen, St. Gallen 1972.
Duft, Johannes: Stiftsbibliothek St. Gallen, St. Gallen 1995.
Duft, Johannes (Hrsg.): Studien zum St. Galler Klosterplan, St. Gallen 1962.

Eberl, Immo: Die Zisterzienser. Geschichte eines europäischen Ordens, Ostfildern 2007.
Egli, Johannes (Hrsg.): Der Liber Benedictionum Ekkehards IV., St. Gallen 1909.
Ehrenschwendtner, Marie-Luise: Die Bildung der Dominikanerinnen in Süddeutschland vom 13.–15. Jahrhundert, Stuttgart 2004 (Contubernium; 60).
Eisermann, Falk/Schlotheuber, Eva/Honemann, Volker (Hrsg.): Studien und Texte zur literarischen und materiellen Kultur der Frauenklöster im späten Mittelalter. Ergebnisse eines Arbeitsgesprächs in der Herzog-August-Bibliothek Wolfenbüttel, 24.–26. Febr. 1999, Leiden/Boston 2004.
Ekkehard IV.: St. Galler Klostergeschichten, übersetzt von Hans F. Haefle, Darmstadt 1980 (Ausgewählte Quellen zur deutschen Geschichte des Mittelalters. Freiherr-vom-Stein-Gedächtnisausgabe; X).
Elbern, Victor H.: Goldschmiedekunst im frühen Mittelalter, Darmstadt 1988
Elm, Kaspar (Hrsg.): Beiträge zur Geschichte der Konversen im Mittelalter, Berlin 1980 (Berliner historische Studien; 2).
Elm, Kaspar (Hrsg.): Erwerbspolitik und Wirtschaftsweise mittelalterlicher Orden und Klöster, Berlin 1992 (Berliner Historische Studien; 17).
Elm, Kaspar (Hrsg.): Stellung und Wirksamkeit der Bettelorden in der städtischen Gesellschaft, Berlin 1981 (Berliner Historische Studien; 3).
Elm, Kaspar/Joerißen, Peter/Roth, Hermann Josef (Hrsg.): Die Zisterzienser. Ordensleben zwischen Ideal und Wirklichkeit, Köln 1980.
Engelbert, Pius: Die Vita Sturmi des Eigil von Fulda, Marburg 1968.
Engelmann, Ursmar (Hrsg.): Basilius Steidle 1903–1982. Beiträge zum alten Mönchtum und zur Benediktusregel, Sigmaringen 1986.
Epperlein, Siegfried: Bäuerliches Leben im Mittelalter. Schriftquellen und Bildzeugnisse, Köln/Weimar/Wien 2003.
Ernstin, Juliana: Chronik des Bickenklosters zu Villingen. 1238–1614. Hrsg. von Karl Jordan Glatz, Tübingen 1881.

Faust, Ulrich (Hrsg.): Die Benediktsregel. Lateinisch/Deutsch, Stuttgart 2009.
Feldmann, Christian: Hildegard von Bingen. Nonne und Genie. Neuausgabe, Freiburg/Basel/Wien 2008.
Felten, Franz Josef: Äbte und Laienäbte im Frankenreich. Studien zum Verhältnis von Staat und Kirche im frühen Mittelalter, Stuttgart 1980.
Fischer, Hermann: Mittelalterliche Pflanzenkunde, München 1929.
Foster, Norman: Schlemmen hinter Klostermauern, Hamburg 1979.
Frank, Isnard W. OP: Lexikon des Mönchtums und der Orden, Stuttgart 2005.
Frank, Karl Suso: Grundzüge der Geschichte des christlichen Mönchtums, Darmstadt 1975.
Frenz, Thomas: Eine Klosterschule von innen. In: Nathalie Kruppa (Hrsg.): Kloster und Bildung im Mittelalter, Göttingen 2006 (Studien zur Germania Sacra; 28 – Veröffentlichungen des Max-Planck-Instituts für Geschichte; 218), S. 49–59.
Fritsch, Susanne: Das Refektorium im Jahreskreis. Norm und Praxis des Essens in Klöstern des 14. Jahrhunderts, Wien/München 2008.

Ganz-Blättler, Ursula: Andacht und Abenteuer. Berichte europäischer Jerusalem- und Santiago-Pilger (1320–1520), Tübingen 3. Aufl. 2000 (Jakobus-Studien; 4).
Georgi, Wolfgang: Ottonianum und Heiratsurkunde 962/972. In: Anton von Euw/Peter Schreiner (Hrsg.): Kaiserin Theophanu. Begegnung des Ostens und Westens um die Wende des ersten Jahrtausends. Gedenkschrift des Kölner Schnütgen-Museums zum 1000. Todesjahr der Kaiserin. Bd. II., Köln 1991, S. 135–160.
Germania Benedictina, Zwölf Bde., Augsburg 1970 ff.
Gerwoch, Jan (Hrsg.): Das Jahrtausend der Mönche: Kloster Welt Werden 799–1803. Katalog, Köln 1999.
Gesellschaft für Geschichte des Weines (Hrsg.): Helmut Prößler, Koblenz 2000 Jahre und der Wein, Wiesbaden 1993, Ferdinand Pauly, Die Bedeutung der Klöster und Stifte für die Entwicklung des Weinbaus am Mittelrhein, Wiesbaden 1993;
Gilomen-Schenkel, Elsanne: Engelberg, Interlaken und andere autonome Doppelklöster im Südwesten des Reiches

(11.–13. Jh.). Zur Quellenproblematik und zur historiographischen Tradition. In: Kaspar Elm/Michael Parisse (Hrsg.): Doppelklöster und andere Formen der Symbiose männlicher und weiblicher Religiosen im Mittelalter, Berlin 1992 (Berliner Historische Studien; 18 – Ordensstudien; 8), S. 115–133.
Gleba, Gudrun: Klosterleben im Mittelalter, Darmstadt 2004.
Gleba, Gudrun: Klöster und Orden im Mittelalter, Darmstadt 2008.
Graf, Katrin: Bildnisse schreibender Frauen im Mittelalter. 9. bis Anfang 13. Jahrhundert, Basel 2002.
Grégoire, Reginald/Moulin, Léo/Oursel, Raymond: Die Kultur der Klöster, Stuttgart/Zürich 1995.
Gregor der Große: Der heilige Benedikt. Buch II der Dialoge: Lateinisch/Deutsch. Hrsg. im Auftrag der Salzburger Äbtekonferenz, St. Ottilien 2008.
Groiß, Albert: Spätmittelalterliche Lebensformen der Benediktiner von der Melker Observanz vor dem Hintergrund ihrer Bräuche, Münster 1999.

Haas-Gebhard, Brigitte: Die Insel Wörth im Staffelsee. Römische Befestigung, frühmittelalterliches Kloster, Pfarrkirche, Stuttgart 2000 (Führer zu archäologischen Denkmälern in Bayern; 2).
Härtel, Helmar: Geschrieben und gemalt: Gelehrte Bücher aus Frauenhand. Eine Klosterbibliothek sächsischer Benediktinerinnen des 12. Jahrhunderts, Wiesbaden 2006 (Ausstellungskataloge der Herzog August Bibliothek Nr. 86).
Hartmann-Virnich, Andreas: Was ist Romanik? Geschichte, Formen und Technik des romanischen Kirchenbaus, Darmstadt 2004.
Hauschild, Stephanie: Mönche – Maler – Miniaturen. Die Welt der mittelalterlichen Bücher, Ostfildern 2005.
Hauschild, Stephanie: Das Paradies auf Erden. Die Gärten der Zisterzienser, Stuttgart 2007.
Hauschild, Stephanie: Die sinnlichen Gärten des Albertus Magnus, Ostfildern 2005.
Hauser, Ulrich: Das Kloster Althaldensleben, 2003 (http://www.ecomusee.de/pdf/Zisterziensernonnenkloster.pdf).
Haverkamp, Alfred: Tenxwind von Andernach und Hildegard von Bingen. Zwei „Weltanschauungen" in der Mitte des 12. Jahrhunderts. In: Institutionen, Kultur und Gesellschaft. Festschrift für Josef Fleckenstein zu seinem 65. Geburtstag, Sigmaringen 1984.
Hawel, Peter: Das Mönchtum im Abendland. Geschichte. Kultur. Lebensform, Freiburg/Basel/Wien 1993.
Hecht, Konrad: Der St. Galler Klosterplan, Sigmaringen 1983.
Hennebo, Dieter: Gärten des Mittelalters, Hamburg 1962.
Herles, Helmut (Hrsg.): Von Geheimnissen und Wundern des Cäsarius von Heisterbach, Bonn 1991.
Heutger, Nicolaus: Kloster Walkenried. Geschichte und Gegenwart, Berlin 2007.
Heyer, Hans-Rudolf: Historische Gärten der Schweiz. Die Entwicklung vom Mittelalter bis zur Gegenwart, Bern 1980.
Hilpisch, Stephanus (Hrsg.): Aus frühmittelalterlichen Benediktinerklöstern, Düsseldorf 1926.
Hilpisch, Stephanus, Aus frühmittelalterlichen Frauenklöstern, Düsseldorf 1926.
Hilpisch, Stephanus: Geschichte des benediktinischen Mönchtums, Freiburg im Breisgau 1929.
Hiß, Albert: Kaltbrunn-Wittichen einst und jetzt. Chronik einer Schwarzwaldgemeinde und ihres Klosters, Freiburg im Breisgau 1966.
Hofer, Veronika/Benesch, Alfred: Himmelsgrün. Die schönsten Gärten im Klösterreich, Salzburg 2008.
Holtz, Leonhard OFM: Geschichte des christlichen Ordenslebens, Düsseldorf 2001.
Holzberger, Rudi: Kartäuser. Die Alternativen von Marienau. In: GEO. Das neue Bild der Erde, 3/1987, S. 36–54.
Horst, Eberhard: Heloisa und Abaelard, Biographie einer Liebe, München 2004.

Imhof, Michael/Stasch, Gregor K. (Hrsg.): Bonifatius. Vom angelsächsischen Missionar zum Apostel der Deutschen, Petersberg 2004 (dazu auch: Katalog zur Ausstellung im Vonderau Museum, Fulda).
Institut für mittelalterliche Realienkunde Österreichs (Hrsg.): Klösterliche Sachkultur des Spätmittelalters, Wien 1980.

Jacobs, Kai Uwe: Die Regula Benedicti als Rechtsbuch. Eine rechtshistorische und rechtstheologische Untersuchung, Köln/Wien 1987.
Jacobsen, Werner: Der Klosterplan von St. Gallen und die karolingische Architektur. Entwicklung und Wandel von Form und Bedeutung im fränkischen Kirchenbau zwischen 751 und 840, Berlin 1992.
Jahn, Wolfgang/Kirmeyer, Josef/Petz, Wolfgang/Brockhoff, Evamaria (Hrsg.): „Bürgerfleiß und Fürstenglanz". Reichsstadt und Fürstabtei Kempten, Augsburg 1998.
Jankrift, Kay Peter: Krankheit und Heilkunde im Mittelalter, Darmstadt 2003.
John, Timo/Rainer, Konrad: Spuren der Mönche auf der Insel Reichenau im Bodensee, Lindenberg 2008.
Johnson, Hugh: Hugh Johnsons Weingeschichte, Bern/Stuttgart 1990.
Jones, Peter Murray: Heilkunst des Mittelalters in illustrierten Handschriften, Stuttgart 1999.

Kaiser, Jürgen: Jakobswege in Europa, Stuttgart 2008.
Kaiser, Jürgen: Klöster in Baden-Württemberg. 1200 Jahre Kunst, Kultur und Alltagsleben, Stuttgart 2004.
Kaiser, Jürgen: St. Fridolinsmünster Bad Säckingen, Regensburg 2008.
Karten und Atlanten, Handschriften und Drucke vom 8. bis zum 18. Jahrhundert. Katalog zur Jahresausstellung in der Stiftsbibliothek St. Gallen (3. März bis 11. November 2007), St. Gallen 2007.
King, James C./Vogler, Werner (Hrsg.): The Culture of the Abbey of St. Gall. An Overview, Stuttgart/Zürich 1991.
Klein, Peter K. (Hrsg.): Der mittelalterliche Kreuzgang – The medieval Cloister – Le cloître au Moyen Age. Architektur, Funktion und Programm. Regensburg 2004.
Kleinen, Michael: Bischof und Reform. Burchard II. von Halberstadt (1059–1088) und die Klosterreformen, Husum 2004 (Historische Studien; 484).
Klueting, Edeltraud (Hrsg.): Fromme Frauen – unbequeme Frauen? Weibliches Religiosentum im Mittelalter, Hildesheim u. a. 2006 (Hildesheimer Forschungen; 3).
Koenig, Clara: Englisches Klosterleben im 12. Jahrhundert. Auf Grund der Chronik des Jocelinus de Brakelonda, Jena 1928.
Kohnle, Armin: Abt Hugo von Cluny (1049–1109), Sigmaringen 1993.

Knowles, David: Geschichte des christlichen Mönchtums. Benediktiner, Zisterzienser, Kartäuser, München 1969.
Kriss-Rettenbeck, Lenz/Möhler, Gerda (Hrsg.): Wallfahrt kennt keine Grenzen. Themen zu einer Ausstellung des Bayerischen Nationalmuseums und des Adalbert Stifter Vereins, München/Zürich 1984.
Krüger, Kristina: Orden und Klöster. 2000 Jahre christliche Kunst und Kultur, Königswinter 2007.
Kubach, Hans Erich/Köhler-Schommer, Isolde: Romanische Hallenkirchen in Europa, Mainz 1997.
Küster, Hansjörg: Geschichte der Landschaft in Mitteleuropa. Von der Eiszeit bis zur Gegenwart, München 1995.
Kunst- und Ausstellungshalle der Bundesrepublik Deutschland/Ruhrlandmuseum Essen: Krone und Schleier. Kunst aus frühmittelalterlichen Frauenklöstern, München 2005.

Laboa, Juan María (Hrsg.): Mönchtum in Ost und West. Historischer Atlas, Regensburg 2003.
Landesdenkmalamt Baden-Württemberg/Stadt Zürich: Stadtluft, Hirsebrei und Bettelmönch. Die Stadt um 1300, Stuttgart 1992.
Läpple, Alfred: Klöster und Orden in Deutschland, München/Zürich 1985.
Laube-Rosenpflanzer, Annett/Rosenpflanzer, Lutz: Kirchen, Klöster, Königshöfe. Vorromanische Architektur zwischen Weser und Elbe, Halle/Saale 2007.
Laudage, Johannes/Hageneier, Lars/Leiverkus, Yvonne: Die Zeit der Karolinger, Darmstadt 2006.
Lechleitner, Norbert: Lebenswissen aus dem Kloster, Ostfildern 2007.
Legner, Anton (Hrsg.): Ornamenta Ecclesiae. Kunst und Künstler der Romanik. Katalog zur Ausstellung des Schnütgen-Museums in der Josef-Haubrich-Kunsthalle. 3 Bde., Köln 1985.
Liebhart, Wilhelm: Altbayerisches Klosterleben. Das Birgittenkloster Altomünster 1496–1841, St. Ottilien 1987.
Legler, Rolf: Der Kreuzgang, Ein Bautypus des Mittelalters, Frankfurt 1989.
Linden, Franz-Karl Freiherr von: Die Zisterzienser in Europa. Reise zu den schönsten Stätten mittelalterlicher Klosterkultur, Stuttgart/Zürich 1997.
List, Claudia/Blum, Wilhelm: Buchkunst des Mittelalters. Ein illustriertes Handbuch, Stuttgart/Zürich 1994.
List, Claudia/Blum, Wilhelm: Sachwörterbuch zur Kunst des Mittelalters. Grundlagen und Erscheinungsformen, Stuttgart/Zürich 1996.
Lübeck, Konrad: Die Fuldaer Äbte und Fürstäbte des Mittelalters, Fulda 1951.
Lutterbach, Hubertus: Monachus factus est. Die Mönchwerdung im frühen Mittelalter. Zugleich ein Beitrag zur Frömmigkeits- und Liturgiegeschichte, Münster 1995 (Beiträge zur Geschichte des alten Mönchtums und des Benediktinertums; 44).

Marti, Susan: Malen, Schreiben und Beten. Die spätmittelalterliche Handschriftenproduktion im Doppelkloster Engelberg, Zürich 2002 (Züricher Schriften zur Kunst-, Architektur- und Kulturgeschichte; 3).
Mathäser, Willibald: Chronik von Tegernsee. Nach alten Dokumenten, aus neueren Quellen, mit persönlichen Bemerkungen zu Vergangenem und über Gegenwärtiges, München 1981.
Matheus, Michael (Hrsg.): Weinproduktion und Weinkonsum im Mittelalter, Stuttgart 2004.
Maurières, Arnaud/Ossart, Éric: Der mittelalterliche Garten. Burggärtlein, Klostergärten und Lustgärten, München 2003.
Mauser, Hans-Jörg/Schatz, Rudolf (Hrsg.): St. Luzen in Hechingen, Stuttgart 1991.
Mayer, Johannes Gottfried: Klostermedizin. Die Kräutergärten in den ehemaligen Klosteranlagen von Lorsch und Seligenstadt, Regensburg 2002.
Mayr-Harting, Henry: Ottonische Buchmalerei. Liturgische Kunst im Reich der Kaiser, Bischöfe und Äbte, Stuttgart/Zürich 1991.
Mente, Michael: Essen, Alltag und Verwaltung im Kloster. Das „Kreuzlinger Küchenbuch" von 1716. Text, Kommentar und Auswertung, Zürich 2005.
Merk, Heidrun: Der Mensch lebt nicht vom Brot allein. Klosterwirtschaft und Ernährung in der ehemaligen Benediktinerabtei Seligenstadt, Regensburg 2002.
Metzger, Franz/Feuerstein-Praßer, Karin: Die Geschichte des Ordenslebens. Von den Anfängen bis heute, Freiburg/Basel/Wien 2006.
Meyer-Sickendiek, Ingeborg: Gottes gelehrte Vaganten. Auf den Spuren der irischen Mission und Kultur in Europa, Stuttgart 1980.
Mollat, Michel: Die Armen im Mittelalter. München 1984.
Moraht-Fromm, Anna (Hrsg.): Kunst und Liturgie. Choranlagen des Spätmittelalters – ihre Architektur, Ausstattung und Nutzung, Ostfildern 2003.
Mühleisen, Hans-Otto (Hrsg.): Das Vermächtnis der Abtei. 900 Jahre St. Peter auf dem Schwarzwald, Karlsruhe 1993.
Müller, Ulrich/Wunderlich, Werner (Hrsg.): Künstler – Dichter – Gelehrte, Konstanz 2005 (Mittelalter Mythen 4).

Nordenfalk, Carl: Insulare Buchmalerei. Illuminierte Handschriften der Britischen Inseln 600–800, München 1977 (Die großen Handschriften der Welt; 4).
Nussbaum, Norbert: Deutsche Kirchenbaukunst der Gotik, Darmstadt 1994.

Ochsenbein, Peter (Hrsg.): Das Kloster St. Gallen im Mittelalter. Die kulturelle Blüte vom 8. bis zum 12. Jahrhundert, Darmstadt 1999.
Ochsenbein, Peter/Schmuki, Karl (Hrsg.): Studien zum St. Galler Klosterplan II, St. Gallen 2002.
Ohler, Norbert: Die Kathedrale. Religion, Politik, Architektur. Eine Kulturgeschichte, Düsseldorf/Zürich 2002.
Ohler, Norbert: Klösterliche Gastfreundschaft im Mittelalter. In: Geschichtsblätter Kreis Bergstrasse 22 (1989) S. 37–62.
Ohler, Norbert: Mönche und Nonnen im Mittelalter, Düsseldorf 2008.
Ohler, Norbert: Pilgerleben im Mittelalter. Zwischen Andacht und Abenteuer, Freiburg/Basel/Wien 1994.
Opitz, Claudia: Erziehung und Bildung in Frauenklöstern des hohen und späten Mittelalters. 12.–15. Jahrhundert. In: Elke Kleinau/Claudia Opitz (Hrsg.): Geschichte der Mädchen- und Frauenbildung. Bd. 1, Frankfurt/New York 1996, S. 63–77.
Oster, Uwe A.: Atlas des Mittelalters, München 2008.
Oster, Uwe A. (Hrsg.): Die großen Kathedralen. Gotische Baukunst in Europa, Darmstadt 2003.
Österreichische Gesellschaft für historische Gärten (Hrsg.): Historische Gärten in Österreich. Vergessene Gesamtkunstwerke, Wien/Köln/Weimar 1993.

Padberg, Lutz E. von: Bonifatius. Missionar und Reformer, München 2003.
Palmer, Nigel F.: Zisterzienser und ihre Bücher. Die mittelalterliche Bibliotheksgeschichte von Kloster Eberbach im Rheingau unter besonderer Berücksichtigung der in Oxford und London aufbewahrten Handschriften, Regensburg 1998.
Peschel, Thomas: Die Zeit im Mittelalter und in mittelalterlichen Klöstern, 2005/2006 (http://www.zeitzentrum.ch/uploadfiles/DE_100061.pdf).
Peyer, Hans Conrad: Von der Gastfreundschaft zum Gasthaus. Studien zur Gastlichkeit im Mittelalter. Hannover 1987 (Monumenta Germaniae Historica, Schriften; 31).
Picker, Hanns-Christoph: Der St. Galler Klosterplan als Konzept eines weltoffenen Mönchtums – Ist Walahfrid Strabo der Verfasser? In: Zeitschrift für Kirchengeschichte 119 (2008) S. 1–29.
Prinz, Friedrich: Askese und Kultur. Vor- und frühbenediktinisches Mönchtum an der Wiege Europas, München 1980.
Prinz, Friedrich: Frühes Mönchtum im Frankenreich, München 1988.
Prinz, Friedrich (Hrsg.): Mönchtum und Gesellschaft im Frühmittelalter, Darmstadt 1976.
Die Psalmen. Mit Meisterwerken des Mittelalters und der Renaissance; der ökumenische Text der Einheitsübersetzung. Mit einem Nachwort von Erich Zenger, Stuttgart/Zürich 1997.

Ratpert: St. Galler Klostergeschichten (Casus sancti Galli), hrsg. und übersetzt von Hannes Steiner, Hannover 2002.
Reinhardt, Hans: Der St. Galler Klosterplan, St. Gallen 1952.
Römer, Christof: Das Kloster Berge bei Magdeburg und seine Dörfer 968–1565. Ein Beitrag zur Geschichte des Erzstiftes Magdeburg, Göttingen 1970 (Veröffentlichungen des Max-Planck-Instituts für Geschichte; 30 – Studien zur Germania Sacra; 10).
Rösener, Werner: Agrarwirtschaft, Agrarverfassung und ländliche Gesellschaft im Mittelalter, München 1992.
Rösener, Werner: Bauern im Mittelalter, München 1985.
Rösener, Werner: Die Laienbrüder der Zisterzienser. Beruhte der ökonomische Erfolg des Ordens auf den Leistungen der Konversen? In: Rheingau Forum I/2000, S. 14–24.
Rösener, Werner: Reichsabtei Salem. Verfassungs- und Wirtschaftsgeschichte des Zisterzienserklosters von der Gründung bis zur Mitte des 14. Jahrhunderts, Sigmaringen 1974.
Rost, Maurus: Manuale Monasterii Iburgensis Super Consuetudinibus eiusdem. Handbuch des Iburger Klosters über dessen Gewohnheiten. Herausgegeben und übersetzt von Alfons Dalsing, Osnabrück 1986.
Rückert, Peter/Schwarzmaier, Hansmartin (Hrsg.): 850 Jahre Kloster Herrenalb. Auf Spurensuche nach den Zisterziensern, Stuttgart 2001 (Oberrheinische Studien; 19).
Rüffer, Jens: Die Zisterzienser und ihre Klöster. Leben und Bauen für Gott, Darmstadt 2008.

Sánchez de Murillo, José (Hrsg.): Das Mönchtum. Edith Stein Jahrbuch. Bd. 8, Würzburg 2002.
Sauer, Christine: Fundatio und Memoria. Stifter und Klostergründer im Bild, 1100 bis 1350, Göttingen 1993 (Veröffentlichungen des Max-Planck-Instituts für Geschichte; 109).
Sauer, Christine: Studium – Lektüre – Andacht. Zur Handschriftenproduktion im 13. Jahrhundert. Begleitbuch zu einer Ausstellung illuminierter Handschriften der Württembergischen Landesbibliothek Stuttgart vom 25. Januar bis 30. März 1996, Stuttgart 1996.
Schaab, Rupert: Mönch in Sankt Gallen. Zur inneren Geschichte eines frühmittelalterlichen Klosters, Ostfildern 2003 (Vorträge und Forschungen; 47).
Schattkowsky, Martina: Das Zisterzienserkloster Altzella 1162–1540, Leipzig 1985.
Schich, Winfried (Hrsg.): Zisterziensische Klosterwirtschaft zwischen Ostsee und Erzgebirge, Berlin 2004.
Schich, Winfried (Hrsg.): Zisterziensische Wirtschaft und Kulturlandschaft, Berlin 1998.
Schipperges, Heinrich: Die Kranken im Mittelalter, München 1990.
Schlotheuber, Eva: Klostereintritt und Bildung. Die Lebenswelt der Nonnen im späten Mittelalter. Mit einer Edition des ‚Konventstagebuchs‘ einer Zisterzienserin von Heilig-Kreuz bei Braunschweig (1484–1507), Tübingen 2004 (Spätmittelalter und Reformation N.R.; 24).
Schmidt, Manfred: Die Franziskaner-Bibliotheken Kaltern, Innichen, Signat und Klosterlechfeld – Le biblioteche francescane di Caldaro, San Candido, Signato e Klosterlechfeld, Brixen 2007 (Erschließung Historischer Bibliotheken in Südtirol – Censimento delle Biblioteche Storiche dell'Alto Adige; 3).
Schmitz, Philibert: Geschichte des Benediktinerordens, Einsiedeln/Zürich 1947.
Schreiner, Klaus: Hirsau und die Hirsauer Reform. Spiritualität, Lebensform und Sozialprofil einer benediktinischen Erneuerungsbewegung im 11. und 12. Jahrhundert. In: Hirsau St. Peter und Paul, 1091–1991. Teil II. Geschichte, Lebens- und Verfassungsformen eines Reformklosters, bearb. von Klaus Schreiner, Stuttgart 1991 (Forschungen und Berichte der Archäologie des Mittelalters in Baden-Württemberg, 10/2), S. 59–84.
Schreiner, Klaus: Mönchtum zwischen asketischem Anspruch und gesellschaftlicher Wirklichkeit. Spiritualität, Sozialverhalten und Sozialverfassung schwäbischer Reformmönche im Spiegel ihrer Geschichtsschreibung. In: Zeitschrift für Württembergische Landesgeschichte 41 (1982) S. 250–307.
Schrimpf, Gangolf (Hrsg.): Kloster Fulda in der Welt der Karolinger und Ottonen, Frankfurt am Main 1996.
Schrimpf, Gangolf/Leinweber, Josef/Martin, Thomas (Hrsg.): Mittelalterliche Bücherverzeichnisse des Klosters Fulda und andere Beiträge zur Geschichte der Bibliothek des Klosters Fulda im Mittelalter, Frankfurt am Main 1992 (Fuldaer Studien; 4).
Schubert, Ernst: Essen und Trinken im Mittelalter, Darmstadt 2006.
Schuler, Thomas: Gastlichkeit in karolingischen Benediktinerklöstern. Anspruch und Wirklichkeit. In: Hans Conrad Peyer (Hrsg.): Gastfreundschaft, Taverne und Gasthaus im Mittelalter, München/Wien 1983 (Schriften des Historischen Kollegs; 3), S. 21–36.
Schulz, Olaf: Deutschlands schönste Klostergärten, München 2008.
Schütz, Bernhard: Klöster. Kulturerbe Europas, München 2004.
Schwaiger, Georg (Hrsg.): Mönchtum. Orden. Kloster. Von den Anfängen bis zur Gegenwart, München 1993.
Schwaiger, Georg/Heim, Manfred: Orden und Klöster. Das christliche Mönchtum in der Geschichte, München 2002.

Schwind, Fred: Zu karolingerzeitlichen Klöstern als Wirtschaftsorganismen und Stätten handwerklicher Tätigkeit, in: Institutionen, Kultur und Gesellschaft. Festschrift für Josef Fleckenstein zu seinem 65. Geburtstag, Sigmaringen 1984.
Schwob, Anton/Kranich-Hofbauer, Karin (Hrsg.): Zisterziensisches Schreiben im Mittelalter – Das Skriptorium der Reiner Mönche. Beiträge der Internationalen Tagung im Zisterzienserstift Rein, Mai 2003, Bern u. a. 2005 (Jahrbuch für Internationale Germanistik Bd. 71).
Siebenmorgen, Harald (Hrsg.): 750 Jahre Zisterzienserinnen-Abtei Lichtenthal, Sigmaringen 1995.
Spicker-Beck, Monika/Keller, Theo: Klosterinsel Reichenau. Kultur und Erbe, Stuttgart 2001.
Staab, Johannes: Die Zisterzienser und der Wein am Beispiel des Klosters Eberbach, Eberbach 1986.
Steidle, Basilius: Memor periculi Heli sacerdotis de Silo. Zum Abtsbild der Regel Benedikts (Kap. 2,26). In: Erbe und Auftrag 52 (1976) S. 5–29.
Steidle, Basilius: Der Abt und der Rat der Brüder. Zu Kapitel 3 der Regel St. Benedikts (RB). In: Erbe und Auftrag 52 (1976) S. 339–353.
Steinbach, Sebastian: Das Geld der Nonnen und Mönche. Münzrecht, Münzprägung und Geldumlauf der ostfränkisch-deutschen Klöster in ottonisch-salischer Zeit (ca. 911–1125), Berlin 2007.
Stein-Kecks, Heidrun: Der Kapitelsaal in der mittelalterlichen Klosterbaukunst. Studien zu den Bildprogrammen, Berlin 2004.
Stoffler, Hans-Dieter: Kräuter aus dem Klostergarten. Wissen und Weisheit mittelalterlicher Mönche, Stuttgart 2002.
Stoll, Ulrich: Das „Lorscher Arzneibuch". Text, Übersetzung und Fachglossar zu einem Kompendium des 8. Jahrhunderts, Stuttgart 1992.
Stolz, Michael/Mettauer, Adrian (Hrsg.): Buchkultur im Mittelalter. Schrift – Bild – Kommunikation, Berlin/New York 2005.
Svoboda, Hanno: Die Klosterwirtschaft der Cistercienser in Ostdeutschland, Nürnberg 1930.
Sydow, Jürgen (Hrsg.): Die Zisterzienserabtei Bebenhausen. Germania Sacra. Neue Folge 16, Tübingen 1984.

Theophilus Presbyter: Schedula diversarum artium. I. Bd. Revidirter Text, Übersetzung und Appendix von Albert Ilg. Neudruck der Ausgabe 1874, Osnabrück 1970 (Quellenschriften für Kunstgeschichte und Kunsttechnik des Mittelalters und der Renaissance; 7).
Tremp, Ernst/Schmuki, Karl/Flury, Theres: Benediktinisches Mönchtum. Ausstellung zum Gedenken an die Aufhebung der Fürstabtei St. Gallen vor 200 Jahren, St. Gallen 2005.
Tremp, Ernst/Huber, Johannes/Schmuki, Karl: Stiftsbibliothek St. Gallen. Ein Rundgang durch Geschichte, Räumlichkeiten und Sammlungen, St. Gallen 2003.
Tschudy, Raimund: Die Benediktiner, Freiburg/Schweiz 1960.
Tutsch, Burkhardt: Studien zur Rezeptionsgeschichte der Consuetudines Ulrichs von Cluny, Münster 1998.

Uhl, Alois: Die Päpste und die Frauen, Düsseldorf/Zürich 2005.
Unterkircher, Franz: Reiner Musterbuch. Kommentar, Graz 1979.
Untermann, Matthias: Klöster in Deutschland. Ein Führer, Stuttgart 2008.
Untermann, Matthias: Klosterinsel Reichenau im Bodensee. Unesco-Weltkulturerbe, Stuttgart 2001.
Urban, Wolfgang: Orte der Stille, Stuttgart 1998.
Urban, Wolfgang: Wilhelm von Hirsau. Reformer und Klostergründer, Ostfildern 1991.
Uttenweiler, Bernhard: Das Gast- und Badhaus des Klosters Ettenheimmünster vor und nach der Säkularisation. Zugleich ein Beitrag zum Kult des heiligen Landelin. In: Ortssippenbuch Ettenheimmünster, Ettenheimmünster 2004, S. 369–389.

Vavra, Elisabeth (Hrsg.): Die Suche nach dem verlorenen Paradies. Europäische Kultur im Spiegel der Klöster, St. Pölten 2000 (Katalog des Niederösterreichischen Landesmuseums, Neue Folge; 428).

Weber, Max: Das Tennenbacher Güterbuch. (1314–1341), Stuttgart 1969 (Veröffentlichungen für geschichtliche Landeskunde in Baden-Württemberg, Reihe A. Quellen; 19).
Wehlt, Hans-Peter: Reichsabtei und König, dargestellt am Beispiel der Abtei Lorsch, mit Ausblicken auf Hersfeld, Stablo und Fulda, Göttingen 1970 (Veröffentlichungen des Max-Planck-Instituts für Geschichte; 28).
Weinfurter, Stefan (Hrsg.): Consuetudines Canonicorum Regularium Rodenses. Die Lebensordnung des Regularkanonikerstifts Klosterrath. Zwei Bände, Freiburg im Breisgau 1993.
Wellstein, Gilbert: Der Zisterzienserorden, Düsseldorf 1926.
Wiech, Monika: Das Amt des Abtes im Konflikt, Siegburg 1999.
Willmes, Peter: Der Herrscher-‚Adventus' im Kloster des Frühmittelalters, München 1976 (Münstersche Mittelalterschriften; 22).
Wischermann, Else Maria: Grundlagen einer cluniazensischen Bibliotheksgeschichte. Bestandteil des Quellenwerkes Societas et Fraternitas, München 1988 (Münstersche Mittelalter-Schriften; 62).
Wollasch, Joachim: Cluny – „Licht der Welt". Aufstieg und Niedergang der klösterlichen Gemeinschaft, Zürich/Düsseldorf 1996.
Wollasch, Joachim: Mönchtum des Mittelalters zwischen Kirche und Welt, München 1973 (Münstersche Mittelalter-Schriften; 7).

Zellinger, Johannes: Bad und Bäder in der altchristlichen Kirche. Eine Studie über Christentum und Antike, München 1928.
Zimmermann, Gerd: Ordensleben und Lebensstandard. Die Cura Corporis in den Ordensvorschriften des abendländischen Hochmittelalters, Münster 1973 (Beiträge zur Geschichte des alten Mönchtums und den Beneditkinerordens; 32).

**Internet-Hinweise**

Abteilung für mittelalterliche Geschichte der Universität Tübingen. Linksammlung Mönchtum: www.mittelalter.uni-tuebingen.de/?q=links/moenchtum.htm
Bibliothek der Kirchenväter. Eine Auswahl patristischer Werke in deutscher Übersetzung: www.unifr.ch/bkv/index.htm
Biographisch-bibliographisches Kirchenlexikon: www.bautz.de
Deutsche Ordensobernkonferenz: www.orden.de
Die Benediktiner im deutschsprachigen Raum: www.benediktiner.de
Liturgische Ordnung und Texte: www.erzabtei-beuron.de/liturgie
Ökumenisches Heiligenlexikon: www.heiligenlexikon.de
St. Galler Klosterplan: www.stgallplan.org/de

# Bildnachweis

Abbey de Lérins, Lérins: 16 o
AKG, Berlin: 4/5, 11, 12, 13, 14 o, 22 l, 26, 39 r, 48, 61, 67 l, 70, 76, 82 r, 83, 100 r, 102/103, 104, 108, 112, 116 l, 118 o, 121 r, 130 u, 132, 137, 138, 141, 143, 144, 147 o, 149, 150/151, 152, 153, 156 o, 164, 167, 170, 171, 175, 176/177, 178, 179, 186, 188/189, 192, 195, 201, 202, 207, 210, 216, 218, 222, 230, 237, 238, 239 u, 240/241 o, 242, 244, 245, 250, 255 o
Animabit, Tyrnau: 154
Archiv of the Slovak National Museum – Natural History Museum: 115
Archivio Scala, Florenz: 162
Badische Landesbibliothek, Karlsruhe: 79 r
Bayerisches Hauptstaatsarchiv, München: 41
Bayerische Staatsbibliothek, München: 91, 110
Biblioteca Apostolica Vaticana: 28, 90 l, 94, 96, 97 l, 100 l, 101
Bibliothèque Mazarine, Paris: 119 l
Bibliothèque nationale de France, Paris: 63, 74, 109, 159 l, 196
Bibliothèque Nationale et Universitaire de Strasbourg: 119 r
Bibliothèque royale de Belgique, Bruxelles: 169
Bildarchiv Monheim, Krefeld: 56 o, 58, 62 o, 64 r
Bildarchiv Preußischer Kulturbesitz, Berlin: 6/7, 15, 16 u, 17 r, 95 m, 97 r, 105 o, 107, 118 u, 181, 184, 185, 197, 224 u, 241 u, 249
Bodleian Library, Oxford: 106, 114 o
British Library, London: 49 o
Camerafoto Arte di Codato, Venedig: 59
Det Kongelige Bibliotek, Kopenhagen: 92
DK-images, London: 183
Domkapitel Aachen, F.: Ann Münchow: 67 r
Dommuseum Frankfurt, F.: Michael Benecke, Nentershausen: 128
Dr. Ludwig Reichert Verlag, Wiesbaden: 217
EMB-Archiv, Adligenswil: 10, 14 u, 18, 40, 45 u, 66, 85, 114 u, 142, 147 u, 200, 208/209, 211, 212, 213, 224 o, 228, 232/233, 239 o, 243, 252, 253, 254, 255 u
Erzabtei St. Peter, Salzburg: 24
Erzbischöfliches Ordinariat München Kunstreferat, F.: A. Bunz: 62 u
Faksimile Verlag, Luzern: 75 o, 78 u, 80, 89, F.: Stephan Gisler: 117, 191
Feist Joachim, Pliezhausen: 29, 57
Gaud Henri, Moisenay: 36/37
Gemeinnützige Stiftung Leonard von Matt, Buochs: 95 r
Germanisches Nationalmuseum, Nürnberg: 90 r, 116 r
Gramer Kurt, Bietighausen-Bissingen: 52 u
Historisches Museum Basel, F.: P. Portner: 198
Kantonale Denkmalpflege Aargau, F.: F. Jaeck: 25, 134
Katholischer Konfessionsteil des Kantons St. Gallen, St. Gallen, F.: Urs Baumann: 236
Keller Theo, Reichenau: 35, 225
Kolumba Museum, Köln, F.: Lothar Schnepf: 67 m
Landesarchiv Baden-Württemberg, Generallandesarchiv Karlsruhe: 87
Landesarchiv Nordrhein-Westfalen, Münster: 50
Landesmedienzentrum BW, Stuttgart: 44, 65, 194
Landesmuseum Württemberg, Stuttgart, F.: Peter Frankenstein, Hendrik Zwietasch: 51 u
Lensini Foto, Siena: 161
Martin Joseph, Madrid: 39 l, 52 o, 56 u
Mastronardi, Roberto, Montecassino: 99
Musée de la Tapisserie de Bayeux: 51 o
Musée d'Unterlinden, Colmar: 111
Nationalbibliothek Budapest: 226 o
National Library of Sweden, Stockholm: 21 l
Neumeister Fotografie, München: 204/205
Niedersächsisches Landesarchiv, Staatsarchiv Wolfenbüttel, 6 Urk 11: 223
Niedersächsisches Landesmuseum, Hannover: 193
Oronoz, Madrid: 72
Österreichische Nationalbibliothek, Wien: 98, 247
Oster Uwe A., Hechingen: 2/3, 19, 34, 130 o, 131, 136, 139, 155, 156 u, 157, 158, 159 r, 160, 172, 180, 187, 199, 203, 247, 258/259
Pawlitzki Micha, Augsburg: 145
Photo Jutta Brüdern, Braunschweig: 20, 64 l
Regierungspräsidium Freiburg i. Br., Archive und Bibliothek, Denkmalpflege: 227
Rheinisches Bildarchiv, Köln: 105 u, 125
Schneiders, Ulrike, Breitbrunn: Vorsatz, 54/55, 220, 256/257
Schütze/Rodemann Photo-Design, Halle/Saale: 38, 53
Sint-Truiden, Belgien: 231
Specter/Corbis, Zürich, F.: Gianni Dagli Orti: 146, F.: Philippe Lissac: 166, F.: Massimo Borchi: 182
Stadtarchiv Mönchengladbach: 49 u
Stadt Pfullingen: 121 l
Staatsbibliothek Bamberg, F.: Gerald Raab: 221
Stift Klosterneuburg: 215
Stift Zwettl: 113, F.: Franz Berger: 174
Stiftsarchiv Lilienfeld, F.: Harald Schmid: 251
Stiftsbibliothek Einsiedeln: 165
Stiftsbibliothek St. Gallen: 30, 31, 33, 42, 43, 45, 47, 60, 73, 77, 79 l, 81, 133 l
Stiftung Preußische Schlösser und Gärten Berlin-Brandenburg, Potsdam: 27
Universitätsbibliothek Heidelberg: 82 l, 84
Universitätsbibliothek Johann Christian Senckenberg, Frankfurt am Main: 71, 88
Universitäts- und Landesbibliothek, Bonn: 124
Universitäts- und Landesbibliothek, Düsseldorf: 122
Verwaltung der Staatlichen Schlösser und Gärten Hessen, F.: Werner Jagott: 234/235
Waldburg-Zeil'sches Gesamtarchiv Schloss Zeil, Leutkirch: 123
Wegner Ulrich, Pfullingen: 140
Württembergische Landesbibliothek, Stuttgart: 23, 129
Zentral- und Hochschulbibliothek Luzern, F.: Stephan Gisler: 68/69, 75 u
Zentralbibliothek Zürich: 78 o
Zisterzienserinnen-Abtei St. Marienstern, Panschwitz-Kuckau, F.: Winzeler: 120

# Register

**Aufnahmen aus Büchern:**
Basile, Giuseppe: Das Leben des Franz von Assisi in Fresken von Giotto, Verlag Herder Freiburg i. Br. 1999, F.: Stephan Gisler: 135
Batselier, Dom Pieter O.S.B.: Saint Benedict: Father of Western Civilization, René Coeckelberghs Stockholm 1981, F.: Stephan Gisler: 17 l, 21 r, 127, 133 r, 173
Brooke, Christopher/Zarneckl, George: The Flowering of the Middle Ages, Thames and Hudson London 1966, F.: Stephan Gisler: 190
Cazelles, Raymond: Les Très Riches Heures du Duc de Berry, Faksimile-Verlag, Luzern 1984, F.: Stephan Gisler: 148
Crisp F.: Medieval Gardens, Reprint, New York 1966, F.: Uwe A. Oster: 248
Schütz, Bernhard: Klöster. Kulturerbe Europas, Hirmer Verlag München 2004, F.: Stephan Gisler: 22 r

Kursive Ziffern beziehen sich auf Bilderläuterungen